阿昌族语言使用现状及其演变
The *Status Quo* and Evolution of The Language Use of the ACHANG Nationality

戴庆厦 主编

Edited by
Dai Qingxia

作者　戴庆厦　时　建　邱　月
　　　常俊之　赵　敏　崔　霞
　　　赵燕珍

Authors　Dai Qingxia　　Shi Jian　　Qiu Yue
　　　　Chang Junzhi　Zhao Min　Cui Xia
　　　　Zhao Yanzhen

商务印书馆
The Commercial Press
2008年·北京

图书在版编目(CIP)数据

阿昌族语言使用现状及其演变/戴庆厦主编.—北京：商务印书馆，2008
（新时期中国少数民族语言使用情况研究丛书）
ISBN 978-7-100-05637-3

Ⅰ.阿… Ⅱ.戴… Ⅲ.阿昌语—语言调查—调查研究—中国 Ⅳ.H262

中国版本图书馆 CIP 数据核字(2007)第 152151 号

所有权力保留。
未经许可，不得以任何方式使用。

ĀCHĀNGZÚ YǓYÁN SHǏYÒNG XIÀNZHUÀNG JÍQÍ YǍNBIÀN
阿昌族语言使用现状及其演变
戴庆厦　主编

商 务 印 书 馆 出 版
（北京王府井大街36号　邮政编码 100710）
商 务 印 书 馆 发 行
北京瑞古冠中印刷厂印刷
ISBN 978-7-100-05637-3

2008年4月第1版	开本 787×1092　1/16
2008年4月北京第1次印刷	印张 21½　插页 4

定价：48.00 元

作者在户撒乡古松前合影留念

目 录

前言 ………………………………………………………………………………… (1)

第一章 绪论 ……………………………………………………………………… (1)
　第一节 阿昌族的地理人文情况 ………………………………………………… (1)
　第二节 阿昌语的基本特点及使用情况 ………………………………………… (5)

第二章 阿昌语陇川方言使用情况 ……………………………………………… (6)
　第一节 社会概况 ………………………………………………………………… (6)
　第二节 语言使用情况 …………………………………………………………… (8)
　第三节 户撒乡访谈录 …………………………………………………………… (74)

第三章 阿昌语梁河方言使用情况 ……………………………………………… (80)
　第一节 社会概况 ………………………………………………………………… (80)
　第二节 语言使用情况 …………………………………………………………… (81)
　第三节 梁河县访谈录 …………………………………………………………… (142)

第四章 阿昌语潞西方言使用情况 ……………………………………………… (153)
　第一节 社会概况 ………………………………………………………………… (153)
　第二节 语言使用情况 …………………………………………………………… (156)
　第三节 高埂田村访谈录 ………………………………………………………… (214)

第五章 阿昌族稳定使用阿昌语的条件和因素 ………………………………… (225)
　第一节 小片聚居是阿昌语稳定使用的客观条件 ……………………………… (225)
　第二节 开放的语言观念有利于阿昌语的稳定使用 …………………………… (229)
　第三节 语言兼用有利于阿昌语保存 …………………………………………… (230)
　第四节 民族自信心的提高有助于阿昌语保存 ………………………………… (232)

第六章 阿昌族的语言转用 ……………………………………………………… (235)

第一节　阿昌族语言转用的类型 …………………………………（235）
第二节　阿昌族语言转用的原因 …………………………………（238）
第三节　阿昌族语言转用的启示 …………………………………（242）

第七章　汉语对阿昌语的影响 …………………………………………（244）
第一节　汉语影响的主要表现 ……………………………………（244）
第二节　汉语影响的基本特点 ……………………………………（255）
第三节　汉语影响的主要作用 ……………………………………（258）

第八章　结语 ……………………………………………………………（263）

附录
一　阿昌语语音系统 ………………………………………………（266）
二　阿昌语词汇 ……………………………………………………（283）
三　阿昌语基本句型 ………………………………………………（321）
四　田野调查工作日志 ……………………………………………（332）
五　照片 ……………………………………………………………（336）

参考文献 …………………………………………………………………（337）

后记 ………………………………………………………………………（338）

前　　言

　　阿昌族是分布在我国西南边疆的一个少数民族。阿昌族人口少，内部差异大，部分与其他民族杂居一处，长期以来受到汉、傣民族的影响，经济、文化、教育的发展相对落后。像这样一个小民族，在长期的历史发展过程中，由于民族竞争的存在，其本族母语能否保存下来？特别是进入现代化建设的新时期，其语言会不会由于民族差别的减少、民族关系的融洽、交通的便利，以及经济一体化和信息一体化的需要而走向濒危？这是现实生活提出的并需要中国语言学家回答的问题。

　　近期，国外语言学界研究濒危语言已成为热门，疾呼要抢救濒危语言。有些人认为，本世纪内世界的语言有 80% 都要消亡，而且把民族人口不足五万的语言都列入濒危语言。在这样的形势面前，一个重要的理论问题提到了我国语言学家的面前：濒危语言问题在我国的表现是否也是如此严峻？像阿昌族这样人口少的语言是否注定也会走向濒危？这是中国语言学家需要回答的另一个理论问题。

　　鉴于以上的理论问题，我们中央民族大学"985 工程创新基地"《阿昌族语言使用现状及其演变》调查组，于 2006 年 11 月至 2007 年 3 月，开展了阿昌族语言使用现状及其演变的调查研究。我们亲赴阿昌族地区做田野调查，走访了阿昌族分布的主要地区。在调查中，坚持从实际中注意总结理论，从微观中获取真知，力求能够通过这一个案调查，回答以上的问题。

　　我们希望这一亲手调查的阿昌族语言使用材料，能够为国家解决新时期的民族问题、制定民族语文政策提供参考，还希望能在几十年后为研究阿昌族语言使用的变化提供依据。

第一章 绪论

第一节 阿昌族的地理人文情况

　　阿昌族是居住在我国云南省边疆的少数民族，为全国七种"特少"民族之一。主要分布在德宏傣族景颇族自治州的潞西市和陇川、梁河、盈江等县，保山地区的腾冲县、龙陵县，大理白族自治州的云龙县等地也有少量分布。据第五次全国人口普查资料显示，阿昌族人口有31800余人。在缅甸，阿昌族被称为"迈达"族，人口约有四万多人，集中分布在克钦邦的密支那及掸邦的南欧、景栋等地。陇川县的户撒乡与梁河县的囊宋乡、九保乡是我国目前仅有的三个阿昌族自治乡，也是国内阿昌族最主要的聚居地。

　　阿昌族居住的地区是澜沧江与怒江两大水系相互切割交错而成的冲击地带，属于滇西高山峡谷区，海拔1000—2000米，地势北高南低，山势起伏陡峻。境内河流纵横，除大盈江、陇川江等较大河流外，还有囊滚河、囊宋河等支流以及无数山涧小溪。这里属于亚热带季风气候区，气候温和，雨量充沛，年均气温在18℃左右。温暖湿润的气候，肥沃的土地，茂盛的森林，加上平坦的坝区，都为阿昌族的生存繁衍及发展创造了有利条件。

　　阿昌族多在半山半坝区建村设寨。阿昌族寨子一般是由几十或上百户人家聚居而成。村寨距离远近不等，多有石头路或土路相连，村民、车辆往来不甚便利。阿昌族的住房与汉族无太大区别，一般都是砖瓦、木石结构的四合院建筑。正屋左右两边用于住宿，中间为堂屋，设有神龛、烛台、长桌和火塘。厢房楼上用于堆放粮食和其他生活资料，楼下一般用来关鸡拴牛。

　　阿昌族所处的地理位置与气候条件较适宜水稻的种植，水稻是当地最主要的农作物。在长期耕作实践中，阿昌族积累了丰富的种植经验，培育出多种水稻优良品种，比如，云龙县阿昌族优质稻种"红米枣"，梁河县阿昌族的"毫公安"，都享誉海内外。除了水稻以外，阿昌族地区还广泛种植玉米、小麦、大豆、薏米等粮食作物以及烟草、花生、油菜、棉花、油茶、甘蔗、核桃、板栗等经济作物。其中，油菜、甘蔗、油茶等因产量大、市场销路广，已成为该地区的支柱型经济作物。户撒坝区阿昌族栽培的"户撒烟"，不仅闻名滇西，而且深受缅甸、印度等邻邦边民的喜爱。阿昌族的手工业比较发达。陇川阿昌族生产的犁、锄、刀，在德宏享有盛誉，尤其是"户撒刀"，美观、锋利、耐用，既是必备的生产工具和防身武器，又是收藏佳品，是国内公认的三大民族刀具之一。梁河阿昌族的纯手工织锦，图案精美，色泽艳丽，富有浓郁的民族特色，曾参加过首届中国民间艺术博览会，受到广泛好评。

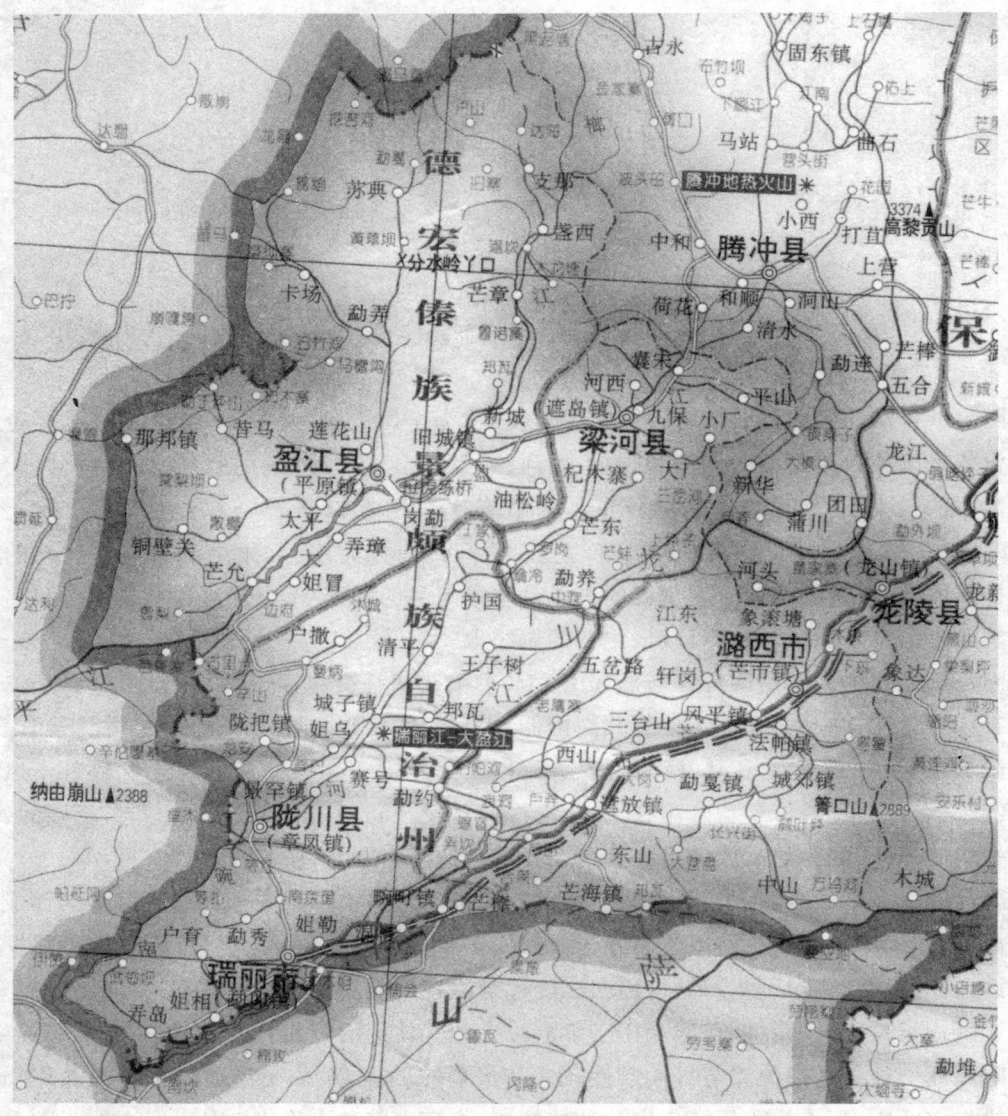

　　阿昌族历史悠久,汉文史籍中曾有"娥昌"、"萼昌"、"莪昌"、"阿昌"等读音相近的称谓。据古籍记载及有关专家考证,阿昌族是我国古代氐羌族群部落在向南迁徙过程中衍化融合而成的。早在先秦时期,部分氐羌族群部落由于受到其他民族侵扰及其他原因,开始从青藏高原一带向南迁徙,并与当地民族、部落长期杂居,最后融为一体。唐宋以后,族群的活动主要在北起金沙江,东至澜沧江上游,西至缅甸克钦邦境内伊洛瓦底江上游的辽阔地带。因当时该地区统称为"寻传",故而被称为"寻传蛮"。后来,"寻传蛮"分化为两部,一部衍化为现今景颇族的祖先,另一部则继续南迁,成为今日阿昌族的先祖。至十三世纪初,汉文典籍中始以"阿昌"作为对"阿昌族"先民的统一称谓。

公元十三至十四世纪，阿昌族定居于现今潞西、盈江及户撒地区，主要从事旱地耕作和渔猎。明朝洪武年间，云龙阿昌族向西南迁移至今德宏境内的梁河等地。至明永乐年间，政府先后在今德宏地区设立长官司，加强对阿昌族的管理。正统年间，明将王骥三征麓川，裁撤麓川平缅宣慰司，改设八大土司。当时的阿昌族地区大部分就处在干崖、南甸、猛卯和潞川诸土司统治之下。清朝大一统后，在滇全盘承袭明土司制度，延续前朝对阿昌族的管理方式。土司制度一直沿袭至解放初期。

阿昌族普遍信奉宗教，宗教信仰因居住地的不同存在明显差异。陇川户撒乡的阿昌族深受傣族文化影响，主要信仰小乘佛教。追溯历史，大约在公元十五世纪中期小乘佛教由邻邦缅甸、泰国传入德宏地区，最初仅为当地傣族信奉，后逐渐影响到阿昌族等其他民族。至清代中叶，小乘佛教已经发展成为德宏傣族、德昂族及阿昌族的主要宗教，阿昌族信仰小乘佛教的人数达到顶峰。直到解放后，阿昌族仍长期保留着一种传统习俗：一家若有两个或两个以上的儿子，则须送一个到奘房当和尚。凡于初一和十五生养的儿子必须到奘房学习。时至今日，陇川阿昌族地区信教之风仍颇盛行。与陇川阿昌族不同，梁河、潞西一带阿昌族的宗教信仰主要是祖先崇拜和自然崇拜，且明显受汉族道教文化的影响。具体而言，该地区的阿昌族将祖先视为崇拜的对象：他们赋予始祖"遮帕麻"和"遮咪麻"传奇式的英雄色彩，以隆重的"窝罗节"来纪念；他们崇拜历史进程中的先辈，在自家的堂屋普遍设有家堂，供奉祖宗牌位，逢年过节、婚丧嫁娶、孩子升学都要对先辈进行隆重祭奠。除祖先崇拜外，阿昌族还普遍信奉山神、猎神、水神、雷神、门神、灶神、树神等神灵。禁忌很多，如许多人认为矗立在村头寨尾的古树是庇护本地的树神，绝对不可随意挪动，否则会给全村带来瘟疫；夜间不可捕杀麂子，因为它是山神的使者；建新房时要先行谢过地神，否则家犬会无休止地哀嚎，等等。由于受到汉文化的影响，阿昌族的祖先崇拜和自然崇拜在一定程度上带有道教文化的特点，宗教活动常以道教形式来进行。民间还有做道场"驱鬼"、"叫魂"的做法。

阿昌族地区盛产稻米，普遍以稻米为主食。副食品主要有肉类、鱼类、蔬菜等。陇川一带的阿昌族特别喜爱食用米线，米线既可当饭又可作菜。阿昌族普遍喜食酸辣，干腌菜是餐桌上的必备菜。阿昌族成年男性大都喜好饮酒、吸烟，老年妇女有嚼槟榔、嚼烟的习惯。阿昌族民风纯朴，热情好客，常常邀请客人在堂屋的正方入座，以自家熬制的小锅米酒、鸡鸭鱼肉盛情款待来宾。

阿昌族的服饰具有鲜明的民族特色。男子着装与附近傣族、汉族相近。儿童、少年多穿白色、绿色服装，长者则偏爱黑色、蓝色。阿昌族女性的服饰主要包括包头、上衣、筒裙、花腰带、围裙、绑腿和围巾等。中老年妇女多裹以黑色或墨绿色"包头"，上身穿长袖对襟衣，开襟处常缀以四至五颗银扣，下身为织锦筒裙。年轻的媳妇一般"包头"较中年人的要稍小些，衣着以蓝、白、黑为主。逢节日盛会，"包头"上常裹以鲜艳棉绸制品，服装色彩艳丽，佩戴各种银饰。在较大的聚居区，阿昌族的服饰依旧较完整地保留着。但在小聚居区，由于受到周围民族的影响，服饰变化较大。比如，云龙县的阿昌族主要着现代汉族服饰或白族服装。梁河县阿昌族的未婚女子打扮通常与汉族姑娘无太大区别。

阿昌族婚恋形式大致可分为三种。一是通过媒人介绍,父母认可,最后男女青年缔结良缘。这是一种传统的婚恋方式。二是男女自由恋爱,但婚配与否最终还要父母做主。三是当地所谓的"拐姑娘",即"拐婚"。具体说来,就是青年男女两情相悦,但得不到父母首肯,于是,女方先行住在男方家中,造成事实婚姻,而后(通常为三天)再托媒说服双方家长(一般为女方父母)。这种婚俗历史虽并不长久,但在不少地区流行,成为青年男女恋爱婚配的形式之一。

阿昌族早先实行严格的族内婚,盛行单方姑舅表婚,即男子只能娶母亲兄弟姐妹的女儿,女子只能嫁给母亲兄弟姐妹的儿子。随着社会的发展和文化素质的提高,"族外不婚"的落后观念早已为年轻一代所摒弃,近亲结婚的陋习也日渐减少。现今每个村寨中都有为数不少的族际婚姻家庭,一个家庭中有两三个民族的并不鲜见。

阿昌族盛行土葬,死者一般都要埋到祖坟。葬礼的轻重视死者的年龄而定,寿限愈高,仪式愈隆重。丧葬的隆重与否还与死者家庭的经济能力相关。经济条件强的,操办得通常要隆重些;经济条件差的,操办得就要俭省一些。若亡者死于非命,葬礼往往从简,且不可葬于祖坟之内。死者若是因染恶疾而亡,则一般要先行火化才可入棺下葬。阿昌族在墓址的选择、碑文的撰写及坟墓的建造方面都深受当地汉族影响。近年来修建坟墓开始讲究排场。亡者身份高一些、家庭富裕点的,坟墓自然也较为气派、华贵,当地戏称为"五架房",普通百姓或家庭经济较困难的就只能修筑较低矮、简陋的"草房"。

阿昌族的民族传统节日丰富多彩且独具特色。除了"春节"、"清明"等汉族传统节日外,还有"立秋"、"拆秋"、"进洼"、"出洼"、"白紫"、"水节"等节日,其中最具民族特色的当属"阿露节"和"窝罗节"。阿露节,又称"会街节",原定于每年的农历十月二十六日举行,主要盛行于陇川县户撒乡一带。此节以供斋形式来达到避难祈福的目的,宗教色彩浓厚。"窝罗节"早先为每年农历正月初三初四举行,盛行于梁河、潞西等地。窝罗节主要是为纪念和歌颂阿昌族的始祖"遮帕麻"和"遮咪麻"开天辟地、驱除恶魔的丰功伟绩而举行的大型迎春祭祀活动。从 1994 年起,两大节日合并为"阿露窝罗节",时间定于每年的 3 月 20 日。节日到来,人们身着盛装,围绕"窝罗神台"尽情歌舞狂欢,舞蹈的动作有"日头打伞"、"月亮戴帽"、"双凤朝阳"、"双龙行路"等,这些古朴的舞蹈,是阿昌族先民渔猎、打谷、织布等劳作场景的形象反映。节日期间,还举行阿昌族的刀舞、棍术、拳术以及山歌对唱、春灯猜谜活动。

阿昌族的居住地为多民族交错杂居的地区,这里除了阿昌族外,还有汉、傣、景颇、傈僳、德昂等民族。长期以来,阿昌族与各民族在经济、文化方面相互交往,关系密切。阿昌族特别善于吸纳各民族文化,在与其他民族长期的交往中,不仅学会了先进的生产技术,而且极大地丰富了本民族的文化内涵,体现了民族文化的多样性。

第二节 阿昌语的基本特点及使用情况

　　阿昌语是阿昌族使用的语言,属汉藏语系藏缅语族彝缅语支,与同语支的缅语、载瓦语最为接近。阿昌语有陇川、梁河和潞西三个方言:陇川方言主要分布在陇川县户撒乡一带;梁河方言主要分布在梁河县曩宋乡和九保乡一带;潞西方言主要分布在潞西县江东乡一带。另有少量散居在保山地区的腾冲和龙陵县。三大方言在语音、词汇、语法方面均有一定的差异。总体上看,方言间的差异主要表现在词汇和语音上,语法差异较小。三大方言呈片状分布,相互间通话较困难。相比之下,梁河方言和潞西方言接近些。阿昌语没有文字,历来使用汉文。

　　三个方言在使用功能上存在较大差异。潞西方言和陇川方言的使用功能相对稳定,语言转用现象不突出,"阿昌语—汉语"双语人占绝大多数。而梁河方言的使用功能则呈明显下降态势,语言转用现象突出,汉语单语人比例较大。具体来讲,潞西、陇川方言区的阿昌族,除了一些在外地读书的学生、常年在外打工者以及居住在乡政府驻地的少数干部子女外,无论是耄耋老人还是学龄前儿童,无论是干部、农民还是商人,阿昌话都是"满口",阿昌语是他们在家庭、村寨、集市中的最主要的交际工具。阿昌语是维系本民族情感的重要纽带,在生活、工作中起着不可或缺的作用。该地区的阿昌族绝大多数人都能兼用汉语,"汉语—阿昌语"语码转换自如,双语人的比例相当高。为数不多的阿昌语单语人主要是一些行动不便的老人和部分学龄前儿童。与潞西、陇川方言的情况不同,梁河阿昌语的使用情况相对复杂一些。从地域上来看,梁河县除曩宋乡、九保乡、芒东乡等所辖的部分村寨保存阿昌语较好外,许多阿昌族村寨都存在不同程度的语言转用现象,有些村寨甚至已经完全转用汉语,汉语单语人的数量较大。从年龄段上看,50岁以上的阿昌族母语使用较为熟练,日常交流中母语的使用频度明显高于汉语。35—50岁年龄段的阿昌族,在阿昌语保存较好的村寨中,阿昌族本族语表达较流利顺畅,母语的使用频度略微高于汉语。而在阿昌语保存较差的村寨中,该年龄段的阿昌族母语的表达能力明显偏低,并且"汉语—阿昌语"语码转换常处于不能完全自觉的状态,汉语的使用频度也远高于阿昌语。20—35岁年龄段的阿昌族,大部分"听"、"说"能力相对较低。在阿昌语保存较好的村寨中,阿昌族尚能使用母语进行交流,但日常生活中的交际工具主要是汉语。在母语保存较差的村寨中,处于该年龄段的阿昌族仅能使用母语进行简单的日常交流,交际场景中常常出现交际一方(母语能力较强)使用阿昌语问话,另一方(母语能力较差)却使用汉语应答的现象。20岁以下年龄段的阿昌族,在许多地区已大部转用汉语,对阿昌语的掌握也仅限于个别词语和句子,母语交际能力基本丧失,成为汉语单语人。

第二章　阿昌语陇川方言使用情况

陇川县户撒乡是我国仅有的三个阿昌族民族乡之一，也是阿昌族人口的主要聚居地。据第五次人口普查统计，全国阿昌族人口共三万余人，其中有三分之一左右聚居在户撒乡。

第一节　社会概况

户撒乡位于陇川县西北部，距县城章凤53公里。户撒乡包括户撒坝及周围山区，全乡总体面貌是"两山夹一坝"的狭长小盆地。介于北纬24°21′～24°33′，东经97°4′～97°59′之间。坝区海拔1380～1480米，最高海拔2138米。南北长26.5公里，东西宽9.5公里。户撒河穿境而过。全乡面积251.4平方公里。

户撒乡东北连接清平乡大场、六昆两村；东南与清平乡广岭村、城子镇新寨村、姐乌乡磨水村相连；西北接盈江县，西南与缅甸比邻。坪山村公所的7个寨子（坪山、中寨、八官寨、南补、南补田、抗马、新屯）与缅甸接壤，国境线长4.35公里，国道"瑞腾"公路穿过坝子西南部进入盈江县。

户撒乡属南亚热带季风气候，年平均气温16.1℃，极端最低气温－5.1℃，最高气温31℃，全年日照总量1965小时，太阳总辐射为每平方米138～140千卡，年均无霜期278天，年降雨量2053毫米，相对湿度为84%，森林覆盖率为48.9%。

户撒阿昌族自称"勐撒"、"勐索"等，根据民间传说和历史研究，一般认为户撒的阿昌族是从大理的云龙地区，经过几代人的迁徙，才在户撒坝安定下来的。

户撒乡辖芒捧、朗光、潘乐、隆光、户早、项姐、明社、芒炳、保平、腊撒、坪山11个村民委员会，127个村民小组。全乡总户数为4781户，总人口22608人，其中阿昌族11955人，占全乡总人口的53%；汉族7269人，占32.2%；傈僳族2371人，占10.1%；景颇族418人，占1.8%；傣族358人，占1.6%；回族184人，占0.8%。

在全乡11个村委会中，除保平、项姐汉族占主体外，其余9个村，汉族均是少数。清代末期从陇川（今护国乡的大场）迁来的傈僳族主要聚居在坪山、腊撒、明社、芒炳、朗光等村委会的赖结山、城子山、满来山、坪山中寨、小海岛、老翁、公江等寨。从梁河、盈江等地迁来的傣族主要分布在腊撒、保平、项姐、朗光等村。景颇族主要分布在坪山、保平两个村。明清时期迁来的回族主要分布在隆光村委会的老马寨。

户撒乡是山区农业乡,全乡实有耕地面积 56178 亩,其中水田 36155 亩,旱地 20023 亩。农作物主要种植水稻、小麦、包谷、蚕豆,经济作物主要有油菜、草果、板栗等。2006 年全乡农村经济总收入 4188.86 万元,人民生活比较贫困。全乡非农业人口 751 人。2005 年外出打工人数 390 人。

手工业方面,户撒阿昌族以擅长制作铁器著称,户撒阿昌刀在国内外享有盛誉。李曼呆村的制银工艺世代相传,远近闻名。

户撒乡现有 14 所学校,初级中学 1 所,完小 6 所,1 个教学点,全乡小学有 86 个班级,初中有 12 个班级,在校学生数 2,308 人,占适龄入学人数的 91.2%,目前还有四所小学没有教学楼。初中生入学率低,在校生只有 521 人。而按适龄儿童推算,初中生人数应在 900 人左右。全乡教师年龄偏低,平均年龄只有 35—36 岁,骨干教师缺乏。学生的成绩一般低于当地汉族。

户撒地区位于以傣族为主体民族的陇川宣抚司和干崖宣抚司之间,在历史上不可避免地受到傣族文化的影响。因而,户撒阿昌族除信仰、崇拜祖先鬼神和自然物的原始宗教外,普遍信奉小乘佛教。教规、宗教仪式、宗教节日等都与傣族相同,佛经一律用老傣文抄写,用傣语诵读。称佛寺为"奘",佛塔为"广母"。奘房的式样与傣族相同,只是阿昌族的佛塔只有主塔没有附塔。奘房建筑大多为清代建筑,由此可推知小乘佛教至迟在明末清初就传入该地区。"文革"前整个户撒坝有奘房 47 座,佛塔 9 座。文革时期不少佛塔、佛寺被毁。据 2000 年 7 月统计,户撒当时有奘房 34 座。目前最典型的阿昌族奘房是芒旦奘房。各村寨都有宗教组织。根据 2000 年县民宗局调查统计,户撒乡现有小乘佛教徒 19342 人,从事宗教职业人员 49 人,其中佛爷 4 人,召尚 3 人,贺路 42 人。大的村寨均有贺路 1 人,大型佛寺活动主要由贺路领头组织。

由于信仰小乘佛教,解放前和解放后初期,有不少人懂得傣语,有的还会傣文。至今,仍有一些老人会傣语、傣文。

此外,汉族移民进入户撒地区后,汉传佛教与道教也进入这一地区。阿昌族不同程度地接受了汉传佛教和道教思想的影响,建起了一些寺庙、道观。现户撒坝北部赖结山上的皇阁寺就是道教、佛教合一的大型宗教活动场地。

解放前,阿昌族实行族内婚,很少与外族通婚;解放后,族外婚逐渐增多。婚俗除传统外,还曾有过逃婚、拉婚、抢婚和夫兄弟婚。现在青年男女婚恋自由。

阿昌族一般实行土葬,凶死者实行火葬。在户撒坝尾的腊撒,因受小乘佛教影响,凡自幼进过奘房、有功德的老人去世,不分男女一律火化。每个家族都有自己的祖坟。

在服饰上,由于长期与汉族、傣族杂居,男子着装与附近傣、汉等族男子基本相似。年长者喜穿黑色对襟衣,打藏青色包头,衣服上用银制扣子作装饰,青年男子多穿斜纹布上衣。男子服饰,户撒与腊撒不同。户撒男子头戴毡帽,腊撒男子头缠白布包头。中年以上妇女多穿黑色棉布制作的服装,头裹黑布包头,下身穿筒裙,小腿裹绑腿。年轻妇女一般着裤,包头窄小。年轻女子喜盘辫,身着各色对襟短衣,袖深较窄,穿长裤,系黑色小围腰,扎绣花长飘彩带。现在,青年已逐渐改穿汉服,只有部分中老年人仍穿着传统服饰。

户撒阿昌族过"阿露"节,现与梁河等地的"窝罗节"统一为阿露窝罗节,每年阳历三月二十日举行。此外还有传统的春节、火把节、尝新节、浇花水节,以及与佛教有关的进洼、出洼、烧白柴等节日。

第二节 语言使用情况

户撒阿昌族大多还保持使用自己的语言。除个别居住在乡政府驻地的干部子女的阿昌语水平不太高外,不论是在阿昌族聚居的村寨,还是在阿昌族与其他民族杂居的村寨,只要是土生土长的阿昌族,不分性别年龄,职业身份,都熟练掌握阿昌语。甚至是常年在外地打工或求学的人,也都能熟练使用阿昌语。他们与本族人在一起时均使用阿昌语交谈,他们认为使用阿昌语交谈自然、习惯,不好意思说别的语言。阿昌语在阿昌族的家庭生活、社会生活等各个方面都发挥了重要的作用,也是维系民族情感的重要纽带。

户撒阿昌族普遍兼用汉语,大多为"阿昌语—汉语"双语人。即便是在阿昌族高度聚居的寨子,也有 70% 左右的人基本掌握汉语。但各地阿昌族的汉语水平不一,在与汉族杂居的项姐、保平等村寨,汉语水平好一点,几乎都能熟练掌握汉语,儿童很小就能掌握汉语;而聚居度高的阿昌族村寨,如潘乐、芒旦等地,汉语水平就差一些,有一部分不经常外出或文化水平不高的中老年人和 12 岁以下的青少年汉语不太熟练。在离乡政府较近的纯阿昌族村寨里,儿童在上小学前接受 1—2 年的学前教育(汉语授课),便能基本掌握汉语,而在较偏远的阿昌族聚居度高的寨子,儿童入学前多不会汉语,不过一般都能在入学后很快掌握汉语,到了小学中高年级,就能基本掌握。此外阿昌族中有一些人还兼用傣语。但现在兼用傣语的人数已逐渐减少,均为兼用汉语所代替。

下面是户撒阿昌族语言使用不同类型的个案调查报告。

一 户早村语言使用情况

(一) 社会概况

户早村是户撒乡的一个阿昌族聚居的村寨,行政单位为户早村委会户早村民小组,是户早行政村下辖的 7 个自然村之一。它位于户撒乡政府东部 3.5 公里处,全组共有 34 户,现有人口 193 人。其中多为阿昌族,占总人口的 97%,另有 6 人为其他民族,占总人口的 3%,包括傣族 2 人,汉族 4 人。

户早村的农作物主要是水稻、大麦等,经济作物为油菜等。耕种面积为 300 多亩,牲畜为水牛、猪、鸡。2006年全组共有31台电视机,24辆摩托车,5台手扶拖拉机。

(二)语言使用的基本特点

户早村的居民主要以阿昌语为交际工具。从调查的情况看,户早村民基本上都能熟练地掌握阿昌语。无论在村寨内部还是家庭内部,无论在劳动中还是在休息时,无论男女老幼,阿昌族都是使用阿昌语交流信息、表达感情。本次调查统计了全组的34户,共176人(不包括其他民族6人及6岁以下儿童11人)的语言使用情况。

表1 不同年龄段阿昌语语言能力统计表

年龄段	总人口	熟练 人口	熟练 百分比	一般 人口	一般 百分比	不会 人口	不会 百分比
6—19岁	65	65	100%	0	0%	0	0%
20—50岁	80	80	100%	0	0%	0	0%
50岁以上	31	31	100%	0	0%	0	0%
合计	176	176	100%	0	0%	0	0%

从表1可得知,在户早,不同年龄段的村民都能熟练掌握阿昌语。阿昌语在户早村属于稳固使用型。从调查中看到,户早村民都使用阿昌语。外族人到户早后,为了适应生活环境,也逐渐掌握了阿昌语,与阿昌族村民交流时不再使用汉语或其他民族语言。

表2 不同年龄段汉语语言能力统计表

年龄段	总人口	熟练 人口	熟练 百分比	一般 人口	一般 百分比	不会 人口	不会 百分比
6—19岁	65	57	87.7%	7	10.8%	1	1.5%
20—50岁	80	79	98.8%	1	1%	0	0%
50岁以上	31	24	77.4%	5	16.1%	2	6.5%
合计	176	160	90.9%	13	7.4%	3	1.7%

从表2中可以看出,20—50岁村民都能够熟练地使用汉语。6—19岁年龄段中,10.8%的人是"一般"级。只有1.5%的人是"不会"级,主要是6岁左右尚未入学的儿童。50岁以上年龄段的,大多能够使用汉语。其中只有5人是"一般"级,2人是"不会"级,主要是因为不经常出门,文化水平不高。

总体来看,户早村90.9%的人能够熟练地使用汉语,不会汉语的只有1.7%,可以说,该村绝大部分人都是"阿昌语—汉语"双语人。

(三) 户早村家庭语言使用情况一览表

序号①	家庭关系	姓名	年龄	文化程度	第一语言及水平	第二语言及水平	备注
1	户主	李金保	55	初中	阿昌语熟练	汉语熟练	
	妻子	康相恩	60	小学	阿昌语熟练	汉语一般	
	长子	李翁团	30	小学	阿昌语熟练	汉语熟练	
	三子	李小老	23	小学	阿昌语熟练	汉语熟练	
	长孙	李加福	12	小学	阿昌语熟练	汉语一般	
	次孙	李加中	7	小学	阿昌语熟练	汉语一般	
	长媳	熊贵兰	32	小学	阿昌语熟练	汉语熟练	
	三媳	沙小兰	22	初中	阿昌语熟练	汉语熟练	
2	户主	尹赛诚	54	小学	阿昌语熟练	汉语一般	
	长子	熊先	25	初中	阿昌语熟练	汉语熟练	
	长媳	彭新玉	27	初中	阿昌语熟练	汉语熟练	
3	户主	李买常	29	小学	阿昌语熟练	汉语熟练	
	母亲	穆晓板	58	小学	阿昌语熟练	汉语一般	
	妻子	石小襄	28	小学	阿昌语熟练	汉语熟练	
4	户主	穆新朝	41	小学	阿昌语熟练	汉语熟练	
	妻子	熊小散	40	小学	阿昌语熟练	汉语一般	
	长女	穆召弟	19	初中	阿昌语熟练	汉语熟练	
	次女	穆软弟	17	初中	阿昌语熟练	汉语熟练	
	三女	穆满弟	14	初中	阿昌语熟练	汉语熟练	
	长子	穆建成	7	小学	阿昌语熟练	汉语一般	
5	户主	曹海德	49	小学	阿昌语熟练	汉语熟练	
	妻子	郭祖兰	45	小学	汉语熟练	阿昌语熟练	汉族
	长子	曹金才	19	初中	阿昌语熟练	汉语熟练	
	长女	曹金彩	15	小学	阿昌语熟练	汉语熟练	
6	户主	赖品晃	61	文盲	阿昌语熟练	汉语不会	
	长子	穆安全	43	初中	阿昌语熟练	汉语熟练	
	长媳	雷小唤	40	小学	阿昌语熟练	汉语熟练	
	次子	穆安生	35	高中	阿昌语熟练	汉语熟练	
	长孙女	穆永兰	18	初中	阿昌语熟练	汉语熟练	
	次孙女	穆永艳	15	初中	阿昌语熟练	汉语熟练	
	长孙	穆永高	11	小学	阿昌语熟练	汉语熟练	
	次孙	穆扬帆	8	小学	阿昌语熟练	汉语熟练	

---

① 本书家庭语言使用情况表中序号均表示各村寨内部每户家庭的编号。

（续表）

7	户主	穆恩福	55	小学	阿昌语熟练	汉语熟练	
	妻子	曹保义	53	小学	阿昌语熟练	汉语熟练	
	长子	穆云三	32	文盲	阿昌语熟练	汉语熟练	
	次子	穆云春	30	小学	阿昌语熟练	汉语熟练	
	四女	穆会英	21	小学	阿昌语熟练	汉语熟练	
	长孙	穆长命	8	小学	阿昌语熟练	汉语熟练	
	次媳	赖金凤	28	小学	阿昌语熟练	汉语熟练	
	长孙	穆祖代	4		阿昌语一般	汉语不会	
8	户主	穆老讲	66	小学	阿昌语熟练	汉语熟练	
	妻子	康贵英	60	小学	阿昌语熟练	汉语熟练	
	长子	穆兴荣	40	小学	阿昌语熟练	汉语熟练	
	长媳	赖小贡	40	小学	阿昌语熟练	汉语熟练	
	长孙女	穆祖香	19	初中	阿昌语熟练	汉语熟练	
	次孙女	穆相平	17	初中	阿昌语熟练	汉语熟练	
	三孙女	穆满香	14	小学	阿昌语熟练	汉语熟练	
	长孙	穆石钟	12	小学	阿昌语熟练	汉语熟练	
9	户主	彭山头	42	小学	阿昌语熟练	汉语熟练	
	妻子	穆红喃	46	小学	阿昌语熟练	汉语熟练	
	次女	彭芹岁	18	初中	阿昌语熟练	汉语熟练	
	长子	彭芹生	16	初中	阿昌语熟练	汉语熟练	
	次子	彭买生	13	小学	阿昌语熟练	汉语熟练	
10	户主	康顺弟	52	小学	阿昌语熟练	汉语熟练	
	长子	曹天德	34	文盲	阿昌语熟练	汉语熟练	
	三女	曹咪妹	21	初中	阿昌语熟练	汉语熟练	
	孙子	曹祖园	10	小学	阿昌语熟练	汉语熟练	
	孙女	曹园丽	8	小学	阿昌语熟练	汉语一般	
11	户主	熊红莲	61	文盲	阿昌语熟练	汉语熟练	
	次子	穆新文	34	小学	阿昌语熟练	汉语熟练	
	次媳	赖金玉	37	小学	阿昌语熟练	汉语熟练	
	长孙女	穆慧芳	15	小学	阿昌语熟练	汉语熟练	
	长孙	穆慧昌	13	小学	阿昌语熟练	汉语熟练	
12	户主	穆板团	44	初中	阿昌语熟练	汉语熟练	
	丈夫	闫生亮	47	初中	汉语熟练	阿昌语熟练	汉族
	长子	穆青华	17	初中	阿昌语熟练	汉语熟练	
	次子	穆新龙	10	小学	阿昌语熟练	汉语熟练	
13	户主	曹海朋	52	小学	阿昌语熟练	汉语熟练	
	妻子	郭晓满	46	小学	傣语熟练	汉语熟练	傣族
	长子	曹凹	26	小学	阿昌语熟练	汉语熟练	
	长女	曹保合	21	小学	阿昌语熟练	汉语熟练	
	次子	曹保生	18	小学	阿昌语熟练	汉语熟练	

(续表)

14	户主	李新迈	51	初中	阿昌语熟练	汉语熟练	
	妻子	熊保英	63	文盲	阿昌语熟练	汉语熟练	
	长子	穆忠万	23	初中	阿昌语熟练	汉语熟练	
15	户主	赖顺德	39	小学	阿昌语熟练	汉语熟练	
	妻子	穆喃文	38	小学	阿昌语熟练	汉语熟练	
	长子	赖富	16	初中	阿昌语熟练	汉语熟练	
	次子	赖富生	14	小学	阿昌语熟练	汉语熟练	
16	户主	穆老伍	62	小学	阿昌语熟练	汉语熟练	
	妻子	赖团英	56	小学	阿昌语熟练	汉语熟练	
	长子	穆永生	30	文盲	阿昌语熟练	汉语熟练	
	次子	穆发生	26	初中	阿昌语熟练	汉语熟练	
	长媳	熊满玉	32	小学	阿昌语熟练	汉语熟练	
	长孙	穆剑雄	10	小学	阿昌语熟练	汉语熟练	
	次孙	穆建康	8	小学	阿昌语熟练	汉语熟练	
	次媳	雷拉芹	27	小学	阿昌语熟练	汉语熟练	
	三孙	穆建强	3		阿昌语一般	汉语不会	
17	户主	赖顺才	54	小学	阿昌语熟练	汉语熟练	
	妻子	李小焕	45	小学	傣语熟练	汉语熟练	傣族,阿昌语熟练
	长子	赖新德	18	小学	阿昌语熟练	汉语熟练	
	次女	赖德秀	17	初中	阿昌语熟练	汉语熟练	
	长媳	穆芹妹	22	初中	阿昌语熟练	汉语熟练	
18	户主	穆艾乖	44	小学	阿昌语熟练	汉语熟练	
	母亲	熊小山	71	文盲	阿昌语熟练	汉语不会	
	妻子	赖小青	45	小学	阿昌语熟练	汉语熟练	
	弟弟	穆文龙	31	小学	阿昌语熟练	汉语熟练	
	长女	穆祖芹	21	初中	阿昌语熟练	汉语熟练	
	长子	穆祖发	18	初中	阿昌语熟练	汉语熟练	
	次女	穆顺芹	17	初中	阿昌语熟练	汉语熟练	
	三女	穆满芹	10	小学	阿昌语熟练	汉语熟练	
	弟媳	赖永兰	34	小学	阿昌语熟练	汉语熟练	
	侄女	穆艳芬	7	小学	阿昌语熟练	汉语一般	
	孙女	穆艳芳	6		阿昌语熟练	汉语不会	
	次孙女	穆艳慧	3		阿昌语一般	汉语熟练	
19	户主	穆长保	67	文盲	阿昌语熟练	汉语熟练	
	三子	穆新有	40	小学	阿昌语熟练	汉语熟练	
	三媳	熊小云	38	小学	阿昌语熟练	汉语熟练	
	孙子	穆祖强	16	初中	阿昌语熟练	汉语熟练	
	孙女	穆祖会	11	小学	阿昌语熟练	汉语熟练	

(续表)

20	户主	穆有德	52	小学	阿昌语熟练	汉语熟练	
	妻子	熊买焕	56	小学	阿昌语熟练	汉语熟练	
	长子	穆老朵	25	初中	阿昌语熟练	汉语熟练	
	次女	穆晓亮	18	初中	阿昌语熟练	汉语熟练	
	次子	穆爱过	17	初中	阿昌语熟练	汉语熟练	
	儿媳	寸美芹	17	初中	阿昌语熟练	汉语熟练	
21	户主	穆顺广	74	文盲	阿昌语熟练	汉语熟练	
	妻子	肖来云	80	文盲	阿昌语熟练	汉语熟练	
	儿媳	董双仙	37	高中	汉语熟练	阿昌语一般	汉族
	儿子	穆有红	40	初中	阿昌语熟练	汉语熟练	
	长孙女	穆晓林	15	初中	阿昌语熟练	汉语熟练	
	次孙女	穆林妹	13	初中	阿昌语熟练	汉语熟练	
22	户主	穆永福	54	小学	阿昌语熟练	汉语熟练	
	妻子	曹晃凹	53	小学	阿昌语熟练	汉语一般	
	长子	穆新来	18	初中	阿昌语熟练	汉语熟练	
	次女	穆相等	11	小学	阿昌语熟练	汉语熟练	
	母亲	穆喃松	76	文盲	阿昌语熟练	汉语一般	
23	户主	穆兴常	56	小学	阿昌语熟练	汉语熟练	
	妻子	曹寒酸	49	小学	阿昌语熟练	汉语熟练	
	长子	穆新贵	30	文盲	阿昌语熟练	汉语熟练	
	次子	穆新买	26	小学	阿昌语熟练	汉语熟练	
	长女	穆买来	16	初中	阿昌语熟练	汉语熟练	
	长媳	襄晓酸	28	小学	阿昌语熟练	汉语熟练	
	长孙	穆兴宽	4		阿昌语一般	汉语熟练	
	次媳	赖晓兰	26	小学	阿昌语熟练	汉语熟练	
	次孙	穆祖生	3		阿昌语一般	汉语熟练	
24	户主	穆老盖	47	小学	阿昌语熟练	汉语熟练	
	妻子	银保连	42	小学	阿昌语熟练	汉语熟练	
	长子	穆祖安	19	初中	阿昌语熟练	汉语熟练	
	三女	穆祖芬	17	初中	阿昌语熟练	汉语熟练	
25	户主	雷晓顶	55	小学	阿昌语熟练	汉语熟练	
	长子	穆安和	37	小学	阿昌语熟练	汉语熟练	
	次子	穆平安	27	中专	阿昌语熟练	汉语熟练	
	长媳	赖连焕	34	小学	阿昌语熟练	汉语熟练	
	长孙女	穆贵兰	16	初中	阿昌语熟练	汉语熟练	
	次孙女	穆贵香	13	小学	阿昌语熟练	汉语熟练	
	三孙女	穆满够	12	小学	阿昌语熟练	汉语熟练	

(续表)

26	户主	雷晓红	49	小学	阿昌语熟练	汉语熟练	
	长子	穆买贵	28	文盲	阿昌语熟练	汉语熟练	
	次子	穆世贵	23	初中	阿昌语熟练	汉语熟练	
	三女	穆小算	17	初中	阿昌语熟练	汉语熟练	
	长媳	严祖留	28	小学	阿昌语熟练	汉语熟练	
	长孙	穆建青	4		阿昌语一般	汉语不会	
27	户主	李长林	57	小学	阿昌语熟练	汉语熟练	退伍军人
	妻子	赖保英	50	小学	阿昌语熟练	汉语熟练	
	长子	李维华	27	文盲	阿昌语熟练	汉语熟练	
	长媳	彭乔妹	27	小学	阿昌语熟练	汉语熟练	
	长孙	李加兴	3		阿昌语一般	汉语不会	
28	户主	李金二	54	小学	阿昌语熟练	汉语熟练	村支书
	妻子	景晓琐	52	小学	阿昌语熟练	汉语熟练	
	长子	李洪发	27	小学	阿昌语熟练	汉语熟练	
	次子	李生发	25	初中	阿昌语熟练	汉语熟练	
	长媳	喃天芹	29	小学	阿昌语熟练	汉语熟练	
	长孙	李加望	6		阿昌语熟练	汉语一般	
	次媳	赖远芹	24	小学	阿昌语熟练	汉语熟练	
	次孙女	李加凤	2		阿昌语一般	汉语不会	
29	户主	穆翁板	41	小学	阿昌语熟练	汉语熟练	
	妻子	雷老晃	44	小学	阿昌语熟练	汉语熟练	
	长子	穆财发	19	初中	阿昌语熟练	汉语熟练	
	次女	穆喃更	12	初中	阿昌语熟练	汉语熟练	
	儿媳	赖红仙	29	初中	阿昌语熟练	汉语熟练	
30	户主	李有生	42	小学	阿昌语熟练	汉语熟练	
	妻子	曹买连	41	初中	阿昌语熟练	汉语熟练	
	长女	李四妹	21	初中	阿昌语熟练	汉语熟练	
	三女	李焕弟	15	初中	阿昌语熟练	汉语熟练	
	次女	李四焕	16	初中	阿昌语熟练	汉语熟练	
	四女	李圣兰	13	小学	阿昌语熟练	汉语熟练	
	五女	李舒婷	10	小学	阿昌语熟练	汉语一般	
	长子	李书富	6		阿昌语熟练	汉语熟练	
31	户主	穆红财	36	小学	阿昌语熟练	汉语熟练	
	妻子	曹品罗	40	小学	阿昌语熟练	汉语熟练	
	长女	穆仙云	11	小学	阿昌语熟练	汉语熟练	
	次女	穆仙兰	9	小学	阿昌语熟练	汉语熟练	
	次子	穆维龙	4		阿昌语一般	汉语不会	
32	户主	穆贵安	39	高中	阿昌语熟练	汉语熟练	
	妻子	尹家平	36	初中	阿昌语熟练	汉语熟练	
	长子	穆建玲	11	小学	阿昌语熟练	汉语熟练	

(续表)

33	户主	李翁散	26	初中	阿昌语熟练	汉语熟练	
	妻子	相咪	29	小学	阿昌语熟练	汉语熟练	
	女儿	李家燕	5		阿昌语熟练	汉语不会	
34	户主	曹拉周	34	小学	阿昌语熟练	汉语熟练	
	妻子	段芬云	29	小学	汉语熟练	阿昌语一般	汉族
	儿子	曹祖林	1		阿昌语不会	汉语不会	

二 上户昔村语言使用情况

(一) 社会概况

上户昔村是户撒乡的一个阿昌族聚居的村寨,行政单位为户早村委会上户昔村民小组,是户早村下面的7个自然村之一。上户昔村位于户撒乡政府东部5公里处。上户昔村共有居民12户,总人口69人,其中阿昌族有67人,占总人口的97.1%。除阿昌族外,还有汉族2人。

上户昔村主要农作物是水稻,经济作物为油菜等。主要牲畜为水牛、猪、鸡等。全村共有10台电视机,6辆摩托车和1台手扶拖拉机。

(二) 语言使用的基本特点

上户昔村的居民主要以阿昌语为交际工具。在平时交际中都使用阿昌语。只有与外族交谈时才使用汉语。不论是家庭内部,还是村寨内部,不论是群众之间,还是干群之间,都使用阿昌语交谈。几乎所有人的第一语言都是阿昌语。

阿昌语在上户昔村属于稳固使用型。在12户60人(不包括汉族2人和6岁以下儿童7人)中,属于熟练型有60人,占总数的100%。即便是外来的2个汉族人,也都基本掌握了阿昌语。

这里的居民,普遍都会汉语,也能用汉语作一般的交际,只有6.7%的人还不会汉语。汉语熟练的多为受过学校教育的和外出打工的年轻人。受学校教育少的或没有外出过的人,大多只具有比较简单的汉语表达能力。

表1　不同年龄段阿昌语语言能力统计表

年龄段	总人口	熟练		一般		不会	
		人口	百分比	人口	百分比	人口	百分比
6—19岁	21	21	100%	0	0%	0	0%
20—50岁	32	32	100%	0	0%	0	0%
50岁以上	7	7	100%	0	0%	0	0%
合计	60	60	100%	0	0%	0	0%

表 2　不同年龄段汉语语言能力统计表

年龄段	总人口	熟练 人口	熟练 百分比	一般 人口	一般 百分比	不会 人口	不会 百分比
6—19 岁	21	20	95.2%	1	4.8%	0	0%
20—50 岁	32	30	93.7%	2	6.3%	0	0%
50 岁以上	7	1	14.3%	2	28.6%	4	57.1%
合计	60	51	85.0%	5	8.3%	4	6.7%

（三）上户昔村家庭语言使用情况一览表

序号	家庭关系	姓名	年龄	文化程度	第一语言及水平	第二语言及水平	备注
1	户主	熊广元	36	脱盲	阿昌语熟练	汉语熟练	
	妻子	赖保莲	40	初中	阿昌语熟练	汉语熟练	
	长女	熊芹凤	16	初中	阿昌语熟练	汉语熟练	
	长子	熊凤昌	11	小学	阿昌语熟练	汉语熟练	
	次子	熊凤青	10	小学	阿昌语熟练	汉语熟练	
2	户主	熊保生	47	小学	阿昌语熟练	汉语熟练	
	妻子	尹买乐	48	小学	阿昌语熟练	汉语一般	
	长子	熊应昌	23	初中	阿昌语熟练	汉语熟练	
	次子	熊金保	16	初中	阿昌语熟练	汉语熟练	
	长媳	赖仙美	24	小学	阿昌语熟练	汉语熟练	
	长孙	熊祖春	0		阿昌语不会	汉语不会	
3	户主	尹小曼	57	半文盲	阿昌语熟练	汉语熟练	
	长子	曹新来	22	初中	阿昌语熟练	汉语熟练	
	长媳	赖永妹	21	小学	阿昌语熟练	汉语熟练	
	长孙	曹四代	0		阿昌语不会	汉语不会	
4	户主	曹广林	44	小学	阿昌语熟练	汉语熟练	
	妻子	石云焕	48	脱盲	阿昌语熟练	汉语熟练	
	长子	曹新元	25	小学	阿昌语熟练	汉语熟练	
	长女	曹新兰	24	小学	阿昌语熟练	汉语熟练	
	次子	曹新有	18	小学	阿昌语熟练	汉语熟练	
	长媳	尹永芹	24	小学	汉语熟练	阿昌语一般	汉族
	孙女	曹秋容	4		汉语熟练	阿昌语熟练	
5	户主	熊中元	33	小学	阿昌语熟练	汉语熟练	
	妻子	赖小芹	32	小学	阿昌语熟练	汉语熟练	
	长女	熊翠莘	14	初中	阿昌语熟练	汉语熟练	
	长子	熊翠林	13	小学	阿昌语熟练	汉语熟练	
	母亲	熊小顶	68	文盲	阿昌语熟练	汉语不会	
	次女	熊翠芬	10	小学	阿昌语熟练	汉语熟练	

(续表)

6	户主	熊开友	32	文盲	阿昌语熟练	汉语熟练	
	妻子	曹喃尹	32	小学	阿昌语熟练	汉语熟练	
	长子	熊祖民	13	小学	阿昌语熟练	汉语熟练	
	次子	熊祖强	0		阿昌语不会	汉语不会	
7	户主	曹新过	55	小学	阿昌语熟练	汉语不会	
	妻子	余绍连	59	脱盲	阿昌语熟练	汉语不会	
	长子	曹远全	31	小学	阿昌语熟练	汉语熟练	
	次子	曹永和	17	初中	阿昌语熟练	汉语熟练	
	长媳	杨七妹	27	初中	汉语熟练	阿昌语一般	湖南汉族
8	户主	熊正和	41	初中	阿昌语熟练	汉语熟练	
	妻子	赖小云	46	小学	阿昌语熟练	汉语熟练	
	长女	熊蜜芳	15	初中	阿昌语熟练	汉语熟练	
	次女	熊芳妹	13	小学	阿昌语熟练	汉语熟练	
9	户主	熊常保	49	初中	阿昌语熟练	汉语熟练	
	妻子	穆买团	54	小学	阿昌语熟练	汉语一般	
	长子	熊所留	16	初中	阿昌语熟练	汉语熟练	
	女儿	熊所芹	12	小学	阿昌语熟练	汉语熟练	
10	户主	曹永元	38	小学	阿昌语熟练	汉语熟练	
	妻子	赖德秀	42	小学	阿昌语熟练	汉语熟练	
	长女	曹相等	16	初中	阿昌语熟练	汉语熟练	
	次女	曹相思	14	初中	阿昌语熟练	汉语熟练	
	弟弟	曹中明	33	初中	阿昌语熟练	汉语熟练	
	弟弟	曹中万	30	小学	阿昌语熟练	汉语熟练	
	长子	曹春华	10	小学	阿昌语熟练	汉语熟练	
	侄子	曹春海	8	小学	阿昌语熟练	汉语一般	
	二弟媳	雷小乐	25	小学	阿昌语熟练	汉语熟练	
	弟长女	曹秋丽	2		阿昌语一般	汉语不会	
	弟弟	曹中义	24	初中	阿昌语熟练	汉语熟练	
	弟媳	穆小远	18	初中	阿昌语熟练	汉语熟练	
	侄女	曹秋妹	0		阿昌语不会	汉语不会	
11	户主	尹喃告	74	文盲	阿昌语熟练	汉语不会	
	长子	曹混远	45	小学	阿昌语熟练	汉语熟练	
	长媳	雷相弟	43	小学	阿昌语熟练	汉语熟练	
	孙子	曹先助	14	小学	阿昌语熟练	汉语熟练	
	次子	曹远项	38	小学	阿昌语熟练	汉语熟练	
	三子	曹远东	29	初中	阿昌语熟练	汉语熟练	
	孙女	曹会丽	2		阿昌语一般	汉语不会	
12	户主	熊长保	57	小学	阿昌语熟练	汉语一般	
	妻子	石金娣	44	小学	阿昌语熟练	汉语一般	
	长子	熊小岩	25	小学	阿昌语熟练	汉语熟练	
	次子	熊小等	17	初中	阿昌语熟练	汉语熟练	

三 连勐村语言使用情况

(一) 社会概况

连勐村是阿昌族聚居的村寨,隶属户撒乡户早村委会。连勐村距乡政府所在地以东约 4 公里,有"毛路"(当地方言指用碎石铺成的一种简易公路)与之相连。连勐村周围主要是阿昌族寨子,稍远处还有汉族、傈僳族等村寨。连勐村共 24 户,134 人。其中阿昌族 130 人,其他民族 4 人。

连勐村经济以水稻、玉米、油菜、茶叶、甘蔗等的种植为主,大型牲畜主要有水牛、黄牛。连勐村电视机普及率接近 100%,有一半以上的家庭还拥有电话机、摩托车和手扶拖拉机。2006 年连勐村的人均收入居八个村民小组的前列。

(二) 语言使用的基本特点

1. "阿昌语—汉语"兼用是连勐村语言使用的主要特点。

在家庭、村寨以及本族人之间,阿昌语是最主要的交际工具。据实地调查统计,连勐村 121 个(6 周岁以上,含 6 周岁)阿昌族村民中,母语掌握程度为"熟练"的为 100%(见表1)。在与其他民族进行交流时或在非户撒阿昌语使用地区,连勐村村民通常使用汉语。据统计,约 90.8% 的阿昌族村民基本掌握汉语(含熟练掌握和一般掌握),不能使用汉语进行交际的多为低龄儿童和七八十岁以上的老人(见表2)。连勐村村民"阿昌语—汉语"普遍兼用的成因是:小范围内的高度聚居性使阿昌语成为本族人之间最主要的交际工具;大范围内的杂居使汉语成为族际交际的最主要的工具。

表 1 不同年龄段阿昌语语言能力统计表

年龄段	总人口	熟练 人口	熟练 百分比	一般 人口	一般 百分比	不会 人口	不会 百分比
6—19 岁	47	47	100%	0	0%	0	0%
20—50 岁	59	59	100%	0	0%	0	0%
50 岁以上	15	15	100%	0	0%	0	0%
合计	121	121	100%	0	0%	0	0%

表 2 不同年龄段汉语语言能力统计表

年龄段	总人口	熟练 人口	熟练 百分比	一般 人口	一般 百分比	不会 人口	不会 百分比
6—19 岁	47	33	70.2%	5	10.6%	9	19.1%
20—50 岁	59	55	93.2%	4	6.8%	0	0%
50 岁以上	15	8	53.3%	2	13.3%	5	33.3%
合计	121	96	79.3%	11	11.5%	14	13.2%

2. 阿昌语的掌握情况在不同年龄段上存在一些差异。

单从"阿昌族家庭语言使用状况一览表"来看,该村青少年、中年人和老年人阿昌语在语言能力上的差异并不明显。但我们在入户访谈中发现,不同年龄段母语人在阿昌语的掌握程度上仍有差异。主要是青少年对母语固有成分的遗忘率较高;对所测试词语的应答时间间隔较长。经济的发展、教育程度的提高以及电视的广泛普及等因素,是本族语代际差异产生的主要原因。

(三)连勐村家庭语言使用情况一览表

序号	家庭关系	姓名	年龄	文化程度	第一语言及水平	第二语言及水平	备注
1	户主	康幕罕	75	文盲	阿昌语熟练	汉语熟练	
	长子	雷相过	49	小学	阿昌语熟练	汉语熟练	
	长媳	康老英	49	小学	阿昌语熟练	汉语熟练	
	孙女	雷生萍	21	初中	阿昌语熟练	汉语熟练	
	次孙女	雷东萍	18	初中	阿昌语熟练	汉语熟练	
	三孙女	雷卫萍	12	小学	阿昌语熟练	汉语熟练	
	孙子	雷卫生	10	小学	阿昌语熟练	汉语熟练	
2	户主	寸才会	59	小学	阿昌语熟练	汉语熟练	
	妻子	曹顺莲	60	文盲	阿昌语熟练	汉语一般	
	长子	寸守新	24	初中	阿昌语熟练	汉语熟练	
	三女	寸永芹	15	小学	阿昌语熟练	汉语熟练	
	孙子	寸建军	5		阿昌语熟练	汉语不会	
	长媳	雷芹香	29	小学	阿昌语熟练	汉语熟练	
3	户主	雷翁软	45	文盲	阿昌语熟练	汉语熟练	
	妻子	彭保英	41	文盲	阿昌语熟练	汉语一般	
	次子	雷乔宝	12	小学	阿昌语熟练	汉语熟练	
	长子	雷永贵	16	初中	阿昌语熟练	汉语熟练	
4	户主	彭老慢	74	文盲	阿昌语熟练	汉语不会	
	长子	彭老实	39	文盲	阿昌语熟练	汉语熟练	
	长媳	项元焕	37	小学	阿昌语熟练	汉语熟练	
	次子	彭安全	35	文盲	阿昌语熟练	汉语熟练	
	孙子	彭灵生	9	小学	阿昌语熟练	汉语熟练	
	孙子	彭买顺	6		阿昌语熟练	汉语不会	学前
5	户主	彭伍寿	43	小学	汉语熟练	阿昌语不会	陇川汉族
	长女	彭亚存	19	初中	阿昌语熟练	汉语熟练	
	长子	彭亚留	16	初中	阿昌语熟练	汉语熟练	

(续表)

6	户主	彭顺德	66	文盲	阿昌语熟练	汉语熟练	
	妻子	腾老更	58	文盲	阿昌语熟练	汉语不会	
	长子	彭老代	37	初中	阿昌语熟练	汉语熟练	
	长媳	雷喃腊	42	小学	阿昌语熟练	汉语熟练	
	四女	彭长安	25	初中	阿昌语熟练	汉语熟练	
	四子	彭长兴	18	初中	阿昌语熟练	汉语熟练	
	长孙	彭长生	13	小学	阿昌语熟练	汉语熟练	
	次孙	雷金良	13	小学	阿昌语熟练	汉语熟练	
	三孙	彭长合	2		阿昌语一般	汉语不会	
	孙女	彭长妹	1		阿昌语不会	汉语不会	
7	户主	雷老广	53	文盲	阿昌语熟练	汉语熟练	
	妻子	彭恩板	54	文盲	阿昌语熟练	汉语不会	
	长子	雷岩保	30	高中	阿昌语熟练	汉语熟练	
	四女	雷焕香	20	高中	阿昌语熟练	汉语熟练	
	长女	雷保香	23	初中	阿昌语熟练	汉语熟练	
	孙子	雷祖成	7	小学	阿昌语熟练	汉语一般	
	孙子	雷祖山	5		阿昌语一般	汉语不会	
8	户主	雷买全	55	文盲	阿昌语熟练	汉语熟练	
	妻子	穆老江	51	文盲	阿昌语熟练	汉语熟练	
	长子	雷老称	28	初中	阿昌语熟练	汉语熟练	
	三子	雷东生	12	初中	阿昌语熟练	汉语熟练	
	次子	雷生明	21	初中	阿昌语熟练	汉语熟练	
	三女	雷东芹	17	初中	阿昌语熟练	汉语熟练	
	次媳	穆小英	22	初中	阿昌语熟练	汉语熟练	
	孙子	雷建国	1		阿昌语不会	汉语不会	
9	户主	彭生宝	40	小学	阿昌语熟练	汉语熟练	
	妻子	麻应妹	32	小学	傈僳语熟练	汉语熟练	傈僳族
	长子	彭艳发	11	小学	阿昌语熟练	汉语熟练	
	次子	彭愿忠	5		阿昌语熟练	汉语一般	
10	户主	雷广发	47	文盲	阿昌语熟练	汉语熟练	
	妻子	寸红英	45	文盲	阿昌语熟练	汉语一般	
	长女	雷新宝	19	初中	阿昌语熟练	汉语熟练	
	长子	雷金林	13	初中	阿昌语熟练	汉语熟练	
	次子	雷阿金	11	小学	阿昌语熟练	汉语熟练	
11	户主	雷应发	38	文盲	阿昌语熟练	汉语熟练	
	妻子	寸喃长	40	文盲	阿昌语熟练	汉语熟练	
	母亲	线老帅	87	文盲	阿昌语熟练	汉语不会	
	长女	雷保存	13	小学	阿昌语熟练	汉语熟练	
	次女	雷永存	9	小学	阿昌语熟练	汉语熟练	
	三女	雷永芳	7	小学	阿昌语熟练	汉语一般	

（续表）

12	户主	康阳秀	48	文盲	阿昌语熟练	汉语熟练	
	丈夫	杨边有	55	文盲	汉语熟练	阿昌语一般	四川汉族
	长女	雷买芹	20	初中	阿昌语熟练	汉语熟练	
	次子	雷买强	12	小学	阿昌语熟练	汉语熟练	
13	户主	彭连得	65	文盲	阿昌语熟练	汉语一般	
	长子	寸应才	42	小学	阿昌语熟练	汉语熟练	
	长媳	彭安秀	37	小学	阿昌语熟练	汉语熟练	
	长孙	彭祖玲	17	初中	阿昌语熟练	汉语熟练	
	次孙	彭祖元	14	初中	阿昌语熟练	汉语熟练	
	孙女	彭祖欢	11	小学	阿昌语熟练	汉语熟练	
	三孙	曹元	5		阿昌语熟练	汉语不会	
14	户主	寸守德	21	初中	阿昌语熟练	汉语熟练	
15	户主	康自喃	59	文盲	阿昌语熟练	汉语熟练	
	次子	彭新有	30	小学	阿昌语熟练	汉语熟练	
	三子	彭相乖	27	中专	阿昌语熟练	汉语熟练	
	孙子	彭仙和	8	小学	阿昌语熟练	汉语一般	
	孙女	彭团仙	9	小学	阿昌语熟练	汉语一般	
	孙女	彭永仙	6		阿昌语熟练	汉语一般	学前
	次媳	雷喃米	26	小学	阿昌语熟练	汉语熟练	
16	户主	彭寿兴	45	文盲	阿昌语熟练	汉语熟练	
	长子	彭领生	20	初中	阿昌语熟练	汉语熟练	
17	户主	赖保英	78	文盲	阿昌语熟练	汉语熟练	
	长子	彭红发	48	文盲	阿昌语熟练	汉语熟练	
	长媳	尹老四	47	文盲	阿昌语熟练	汉语一般	
	次女	彭喃平	25	初中	阿昌语熟练	汉语熟练	
	孙女	彭喃安	23	初中	阿昌语熟练	汉语熟练	
	孙女	彭喃杆	19	初中	阿昌语熟练	汉语熟练	
	孙女	彭艳萍	11	小学	阿昌语熟练	汉语熟练	
	孙女	彭平焕	6		阿昌语熟练	汉语不会	学前
18	户主	胡安亮	50	文盲	汉语熟练	阿昌语熟练	汉族
	母亲	线老亿	85	文盲	阿昌语熟练	汉语不会	
	妻子	彭板莫	47	文盲	阿昌语熟练	汉语熟练	
	长子	彭进才	18	初中	阿昌语熟练	汉语熟练	
	次子	彭院生	13	初中	阿昌语熟练	汉语熟练	
19	户主	雷红保	46	小学	阿昌语熟练	汉语熟练	
	妻子	曹老更	45	文盲	阿昌语熟练	汉语一般	
	妹妹	雷喃够	26	小学	阿昌语熟练	汉语熟练	
	次女	雷开莲	18	初中	阿昌语熟练	汉语熟练	
	次子	雷开发	21	初中	阿昌语熟练	汉语熟练	
	孙女	雷春艳	3		阿昌语一般	汉语不会	

(续表)

20	户主	彭长磨	50	文盲	阿昌语熟练	汉语熟练	
	长子	彭青安	32	初中	阿昌语熟练	汉语熟练	
	次子	彭青恩	30	小学	阿昌语熟练	汉语熟练	
	三子	彭青玲	27	小学	阿昌语熟练	汉语熟练	
	四子	彭青四	23	初中	阿昌语熟练	汉语熟练	
	五子	彭青长	21	初中	阿昌语熟练	汉语熟练	
	长女	彭青聪	17	初中	阿昌语熟练	汉语熟练	
	儿媳	曹招云	22	初中	阿昌语熟练	汉语熟练	
21	户主	彭寿明	42	小学	阿昌语熟练	汉语熟练	
	妻子	项顺娣	39	文盲	阿昌语熟练	汉语熟练	
	长子	彭兴龙	19	初中	阿昌语熟练	汉语熟练	
	次子	彭兴元	17	初中	阿昌语熟练	汉语熟练	
	三子	彭兴文	13	小学	阿昌语熟练	汉语熟练	
22	户主	彭四安	34	小学	阿昌语熟练	汉语熟练	
	妻子	穆拉够	32	小学	阿昌语熟练	汉语熟练	
	儿子	彭长富	7	小学	阿昌语熟练	汉语一般	
23	户主	彭宝富	43	文盲	阿昌语熟练	汉语熟练	
	妻子	赖老英	41	文盲	阿昌语熟练	汉语熟练	
	弟弟	彭新福	35	小学	阿昌语熟练	汉语熟练	
	长子	彭艳青	14	小学	阿昌语熟练	汉语熟练	
	长女	彭艳芬	10	小学	阿昌语熟练	汉语熟练	
	次女	彭丽芬	6		阿昌语熟练	汉语不会	学前
	三女	彭春香	4		阿昌语熟练	汉语不会	
24	户主	彭寿有	38	文盲	阿昌语熟练	汉语熟练	
	妻子	梁喃果	41	小学	阿昌语熟练	汉语熟练	
	长女	彭艳团	14	初中	阿昌语熟练	汉语熟练	
	次女	彭保团	11	小学	阿昌语熟练	汉语熟练	
	长子	彭保万	8	小学	阿昌语熟练	汉语一般	

四 芒旦村语言使用情况

(一) 社会概况

芒旦村是户撒乡的一个阿昌族聚居的小村寨。行政单位为芒炳村委会芒旦村民小组,是芒炳行政村下辖的 18 个自然村之一。它位于户撒乡政府西南方向 10 公里处,分布于公路沿线北侧的小坡上。芒旦村有居民 37 户,总人口 163 人,其中阿昌族有 156 人,约占总人口的 95.7 %。除阿昌族外,还有汉族 4 人,景颇族 2 人,傣族 1 人。

芒旦村主要种植水稻,还种植油菜、草果等经济作物。由于经济收入单一,加上水源不足,与其他收入较高的阿昌族地区相比相对贫困。

芒旦村有不少人信仰小乘佛教。村内立有奘房一座,并在后山上立有佛塔一尊。在许多家庭的堂屋,都供有小乘佛教的牌位。他们同傣族一样过宗教节日。居民中有些当过和尚、佛爷的。有的老年人,还习得了傣文,能吟颂佛经。

芒旦村的学校教育,虽然近几十年有了很大的发展,但仍处于落后状态,九年义务教育未能普及,大多数儿童上完小学就不能再升入中学,有的甚至小学就辍学回家。其原因主要与经济有关,但还与多年来学习气氛不浓、缺乏比较强烈求学愿望有一定关系。

(二) 语言使用的基本特点

1. 芒旦村的居民主要以阿昌语为交际工具。在平时交际中,都使用阿昌语。只有与外族交谈时才使用汉语。根据调查得知:芒旦村 141 个阿昌族村民(不包括 14 个 6 岁以下的儿童以及 1 个聋哑人)的第一语言都是阿昌语,并且 100% 都能熟练地掌握运用阿昌语(见表1)。即便是芒旦村里的 4 个汉族、2 个景颇族和 1 个傣族,都基本掌握了阿昌语,能使用阿昌语与寨子里的人交流。这说明,即便是外来民族,在阿昌语的语言环境中也必然会被阿昌语同化。

表 1　不同年龄段阿昌语语言能力统计表

年龄段	总人口	熟练 人口	熟练 百分比	一般 人口	一般 百分比	不会 人口	不会 百分比
6—19 岁	44	44	100%	0	0%	0	0%
20—50 岁	75	75	100%	0	0%	0	0%
50 岁以上	22	22	100%	0	0%	0	0%
合计	141	141	100%	0	0%	0	0%

2. 芒旦村的居民,虽然 69.6% 都会汉语(见表2),也能用汉语作一般的交际,但在总体上不像其他许多地区那样熟练,只有 34.8% 的人能熟练掌握汉语,他们多为受过教育的和外出过的年轻人,而那些受教育少的或没有外出过的人,大多只具有比较简单的汉语表达能力。

表 2　不同年龄段汉语语言能力统计表

年龄段	总人口	熟练 人口	熟练 百分比	一般 人口	一般 百分比	不会 人口	不会 百分比
6—19 岁	44	26	59.1%	16	36.4%	2	4.5%
20—50 岁	75	19	25.3%	30	40.0%	26	34.7%
50 岁以上	22	4	18.2%	3	13.6%	15	68.2%
合计	141	49	34.8%	49	34.8%	43	30.4%

（三）芒旦村家庭语言使用情况一览表

序号	家庭关系	姓名	年龄	文化程度	第一语言及水平	第二语言及水平	备注
1	户主	雷长娣	41	小学	阿昌语熟练	汉语一般	
	姐姐	雷老棍	46	小学	阿昌语熟练	汉语不会	
	长子	雷咳俩	18	小学	阿昌语熟练	汉语一般	
	长女	雷相英	16	小学	阿昌语熟练	汉语熟练	
	次女	雷二妹	11	小学	阿昌语熟练	汉语熟练	
	次子	雷相弄	8	小学	阿昌语熟练	汉语一般	
2	户主	许保和	45	小学	阿昌语熟练	汉语一般	
	妻子	雷麻例	45	小学	阿昌语熟练	汉语不会	
	长女	许喃软	14	小学	阿昌语熟练	汉语熟练	
	长子	许顺林	11	小学	阿昌语熟练	汉语熟练	
3	户主	许保常	37	小学	阿昌语熟练	汉语熟练	
	妻子	刀老恩	37	小学	阿昌语熟练	汉语一般	
	长子	许顺得	13	小学	阿昌语熟练	汉语熟练	
	长女	许顺芬	10	小学	阿昌语熟练	汉语熟练	
4	户主	彭开远	34	小学	阿昌语熟练	汉语熟练	
	妹妹	彭团芳	29	小学	阿昌语熟练	汉语不会	
	弟弟	彭团发	28	小学	阿昌语熟练	汉语不会	
5	户主	尹长娣	35	小学	阿昌语熟练	汉语一般	
	长子	许文兴	14	初中	阿昌语熟练	汉语熟练	
	次子	许文助	8	小学	阿昌语熟练	汉语一般	
6	户主	康老听	50	小学	阿昌语熟练	汉语不会	
	妻子	石等清	46	小学	阿昌语熟练	汉语不会	
	三子	石训才	21	小学	阿昌语熟练	汉语一般	
	四子	石才保	24	小学	阿昌语熟练	汉语一般	
7	户主	梁老细	65	小学	阿昌语熟练	汉语不会	
	长子	彭德元	42	小学	阿昌语熟练	汉语一般	
	长女	彭拉滚	34	小学	阿昌语熟练	汉语不会	
	次子	彭艾所	27	小学	阿昌语熟练	汉语熟练	
	长孙女	彭白喃	17	初中	阿昌语熟练	汉语熟练	
	次媳	石祖会	26	小学	阿昌语熟练	汉语一般	
	长孙	彭文静	6	小学	阿昌语熟练	汉语不会	
	次孙女	彭文利	1		阿昌语不会	汉语不会	
8	户主	彭保七	45	小学	阿昌语熟练	汉语熟练	
	妻子	线老哽	42	小学	阿昌语熟练	汉语一般	
	次女	彭美兰	18	小学	阿昌语熟练	汉语熟练	
	长子	彭桥留	6	小学	阿昌语熟练	汉语一般	

（续表）

9	户主	彭保信	52	高中	阿昌语熟练	汉语熟练	
	妻子	木喃保	52	小学	阿昌语熟练	汉语一般	
	次女	彭换拔	26	小学	阿昌语熟练	汉语熟练	
	长子	彭常德	23	小学	阿昌语熟练	汉语熟练	
	三女	彭兰秀	20	小学	阿昌语熟练	汉语熟练	
	次子	彭克贵	17	高中	阿昌语熟练	汉语熟练	
10	户主	彭喃伍	45	脱盲	阿昌语熟练	汉语一般	
	次女	尹岩喊	27	小学	阿昌语熟练	汉语熟练	
	长孙	尹明会	6	小学	阿昌语熟练	汉语熟练	
11	户主	杨兴孝	47	初中	汉语熟练	阿昌语一般	汉族
	妻子	线喃腊	36	脱盲	阿昌语熟练	汉语一般	
	父亲	线翁底	70	文盲	阿昌语熟练	汉语不会	
	母亲	彭拉五	66	文盲	阿昌语熟练	汉语不会	
	长女	线老闷	19	小学	阿昌语熟练	汉语熟练	
	长子	线加科	12	小学	阿昌语熟练	汉语熟练	
	次女	线爱萍	8	小学	阿昌语熟练	汉语一般	
12	户主	许老听	34	脱盲	阿昌语熟练	汉语熟练	
	妻子	雷老顺	31	小学	阿昌语熟练	汉语熟练	
	长子	许文忠	11	小学	阿昌语熟练	汉语熟练	
	次子	许文全	9	小学	阿昌语熟练	汉语一般	
	长女	许文凤	7	小学	阿昌语熟练	汉语一般	
13	户主	黄元湘	76	文盲	汉语熟练	阿昌语熟练	汉族
	妻子	雷焕焕	67	文盲	阿昌语熟练	汉语一般	
	长子	黄兴龙	36	小学	阿昌语熟练	汉语熟练	
	长媳	杨翠仙	36	小学	汉语熟练	阿昌语一般	瑞丽汉族
	长孙	黄凡帮	15	小学	阿昌语熟练	汉语熟练	
	次孙	黄加帮	14	小学	阿昌语熟练	汉语熟练	
14	户主	彭立所	40	小学	阿昌语熟练	汉语一般	
	母亲	雷兴焕	82	小学	阿昌语熟练	汉语不会	
	女儿	彭喃咪	32	小学	阿昌语熟练	汉语一般	
	女婿	王贵昌	33	小学	汉语熟练	阿昌语一般	汉族
	孙女	彭聪艳	5		阿昌语熟练	汉语不会	
	孙子	彭聪万	0		阿昌语不会	汉语不会	
15	户主	雷老清	72	文盲	阿昌语熟练	汉语不会	
	长媳	刀老辍	41	文盲	阿昌语熟练	汉语不会	
	次子	雷定伍	38	小学	阿昌语熟练	汉语不会	
	三子	雷老重	28	小学	阿昌语熟练	汉语一般	
	长孙	雷吞水	9	小学	阿昌语熟练	汉语一般	
	次孙	雷梦也	13	小学	阿昌语熟练	汉语熟练	

(续表)

16	户主	彭老相	58	小学	阿昌语熟练	汉语一般	
	四子	彭开有	30	小学	阿昌语熟练	汉语熟练	
17	户主	线老二	66	小学	阿昌语熟练	汉语不会	
	妻子	许喃保	66	小学	阿昌语熟练	汉语不会	
	长子	线长命	23	小学	阿昌语熟练	汉语一般	
18	户主	许老月	72	文盲	阿昌语熟练	汉语不会	
	长子	孙富寿	56	小学	阿昌语熟练	汉语熟练	
19	户主	梁三保	49	小学	阿昌语熟练	汉语一般	
	妻子	雷喃乖	48	脱盲	阿昌语熟练	汉语不会	
	长女	梁相换	26	小学	阿昌语熟练	汉语不会	上了几天学就辍学
	长子	梁恩补	21	小学	阿昌语熟练	汉语一般	
	三女	梁相胡	17	小学	阿昌语熟练	汉语熟练	
	次子	梁小顺	12	小学	阿昌语熟练	汉语熟练	
20	户主	石喃摆	62	小学	阿昌语熟练	汉语不会	
	侄子	石岩保	26	小学	阿昌语熟练	汉语不会	在缅甸出生,后来回中国
21	户主	彭老龙	47	脱盲	阿昌语熟练	汉语不会	
	母亲	许保团	47	脱盲	阿昌语熟练	汉语不会	
	长子	彭兴过	25	小学	阿昌语熟练	汉语一般	
	长女	彭麻瑞	19	小学	阿昌语熟练	汉语一般	
	次子	彭兴贵	16	小学	阿昌语熟练	汉语一般	
22	户主	石喃腊	46	脱盲	阿昌语熟练	汉语不会	
	长子	石老清	29	脱盲	阿昌语熟练	汉语不会	
	丈夫	李春明	34	小学	阿昌语熟练	汉语不会	
	次子	石仙才	4		阿昌语熟练	汉语不会	
23	户主	雷石保	67	文盲	阿昌语熟练	汉语不会	
	妹妹	雷老珍	68	文盲	阿昌语熟练	汉语不会	
24	户主	尹连爬	28	小学	阿昌语熟练	汉语一般	
	妻子	曹买存	27	小学	阿昌语熟练	汉语一般	
	儿子	尹明艳	5		阿昌语熟练	汉语不会	
	女儿	尹明香	0		阿昌语不会	汉语不会	
25	户主	尹线过	61	脱盲	阿昌语熟练	汉语熟练	
	妻子	雷去相	61	脱盲	阿昌语熟练	汉语熟练	
	四女	尹买团	18	小学	阿昌语熟练	汉语一般	
	长子	尹乔发	21	小学	阿昌语熟练	汉语一般	

(续表)

26	户主	线老棍	60	文盲	阿昌语熟练	汉语不会	
	次子	梁老慢	26	小学	阿昌语熟练	汉语一般	
	次媳	彭仙兰	24	小学	阿昌语熟练	汉语不会	
	次女	梁团果	20	小学	阿昌语熟练	汉语不会	小学三年级辍学
	三子	梁老玖	17	小学	阿昌语熟练	汉语不会	小学五年级辍学
	长孙	梁生富	5		阿昌语熟练	汉语不会	
	次孙	梁力为	0		阿昌语不会	汉语不会	
27	户主	梁板弄	38	脱盲	阿昌语熟练	汉语熟练	
	妻子	刀喃衰	39	脱盲	阿昌语熟练	汉语不会	
	长子	梁老赛	12	小学	阿昌语熟练	汉语熟练	
	长女	梁仙够	9	小学	阿昌语熟练	汉语一般	
28	户主	彭老孟	49	小学			聋哑人
	妻子	杨老等	48	小学	阿昌语熟练	汉语熟练	
	长子	彭长贵	14	小学	阿昌语熟练	汉语一般	
29	户主	张发科	47	小学	阿昌语熟练	汉语熟练	
	妻子	尹喃六	48	小学	阿昌语熟练	汉语不会	
	次子	张富贵	17	小学	阿昌语熟练	汉语不会	
	长子	张家富	21	小学	阿昌语熟练	汉语一般	
	长媳	刀团芬	20	小学	阿昌语熟练	汉语一般	
	孙女	张祖芹	3		阿昌语一般	汉语不会	
30	户主	彭老四	66	脱盲	景颇语熟练	阿昌语熟练	阿昌族,因战乱被景颇人抱养
	妻子	李麻陆	57	文盲	景颇语熟练	阿昌语一般	景颇族
	次子	彭麻腊	24	小学	阿昌语熟练	汉语一般	
	三子	彭麻土	29	小学	阿昌语熟练	汉语一般	
	次媳	石喃陆	21	小学	阿昌语熟练	汉语一般	
	三子媳	石喊腊	20	初中	阿昌语熟练	汉语熟练	
	长孙女	彭集苹	3		阿昌语一般	汉语不会	
	次孙女	彭祖欢	2		阿昌语一般	汉语不会	
31	户主	彭老开	40	小学	阿昌语熟练	汉语一般	
	母亲	梁老等	72	文盲	阿昌语熟练	汉语不会	
32	户主	石才和	27	小学	阿昌语熟练	汉语一般	
	儿媳	雷喃算	26	小学	阿昌语熟练	汉语一般	
	长女	石相哽	8	小学	阿昌语熟练	汉语一般	
	次女	石相喊	4		阿昌语熟练	汉语不会	

(续表)

33	户主	彭老咪	39	小学	阿昌语熟练	汉语熟练	
	妻子	孙老四	36	小学	阿昌语熟练	汉语熟练	
	长子	彭锁柱	13	初中	阿昌语熟练	汉语熟练	
	长女	彭亚存	4		阿昌语熟练	汉语不会	
34	户主	许才发	32	小学	阿昌语熟练	汉语不会	会傣语
	妻子	二荣	26	小学	傣语熟练	阿昌语一般	傣族,汉语一般
	长女	许二美	8	小学	阿昌语熟练	傣语熟练	汉语一般
	长子	许二明	4	小学	阿昌语熟练	汉语不会	
35	户主	尹新保	53	小学	阿昌语熟练	汉语不会	
	妻子	石老肿	53	文盲	阿昌语熟练	汉语不会	
	三子	尹常发	18	小学	阿昌语熟练	汉语不会	
	次子	尹常有	21	小学	阿昌语熟练	汉语不会	
36	户主	梁翁散	37	小学	阿昌语熟练	汉语一般	
	妻子	彭等清	34	小学	阿昌语熟练	汉语不会	
	长女	梁老闷	13	小学	阿昌语熟练	汉语熟练	
	长子	梁仙和	12	小学	阿昌语熟练	汉语熟练	
37	户主	彭麻干	37	小学	阿昌语熟练	景颇语一般	汉语不会
	妻子	杨麻盖	31	小学	景颇语熟练	阿昌语一般	景颇族,汉语不会
	长女	彭换买	11	小学	阿昌语熟练	景颇语熟练	汉语一般
	长子	彭棒相	9	小学	阿昌语熟练	景颇语熟练	汉语一般

五 来席村语言使用情况

(一) 社会概况

来席村是户撒乡的一个阿昌族聚居的小村寨,行政单位为户早村委会来席村民小组,是户早行政村下辖的7个自然村之一。它位于户撒乡政府东部2.5公里处,全组共有30户,总人口172人。其中阿昌族占总人口的95.9%,另有7人为其他民族,包括傣族4人,汉族2人,景颇族1人。

来席村的农作物主要是水稻,经济作物为油菜等,耕种面积为300多亩,牲畜为水牛、猪、鸡。2006年全组共有20多台电视机,10部座机电话,20多部手机,15辆摩托车,8台手扶拖拉机。

(二) 语言使用的基本特点

本次调查了全村30户人家,共149人(不包括其他民族7人和6岁以下儿童16人)。调查显示：来席村阿昌族居民主要以阿昌语为交际工具。阿昌语在来席村稳固使用。从表1中可以看出，在来席，不同年龄段的阿昌族村民的第一语言都是阿昌语，并且基本上都能熟练掌握阿昌语。阿昌族在家庭内部及村寨内主要使用阿昌语进行日常交流。即使是由不同民族组成的家庭也都使用阿昌语。外来人口融入这一语言环境，也能不同程度地学会阿昌语，与阿昌族村民交流时不再使用汉语或其他民族语言。

表1　不同年龄段阿昌语语言能力统计表：

年龄段	总人口	熟练		一般		不会	
		人口	百分比	人口	百分比	人口	百分比
6—19岁	60	60	100%	0	0%	0	0%
20—50岁	67	67	100%	0	0%	0	0%
50岁以上	22	22	100%	0	0%	0	0%
合计	149	149	100%	0	0%	0	0%

同时，来席阿昌族村民都能熟练地掌握汉语，从表2中可以看出，20—50岁年龄段的村民都能够熟练地使用汉语。6—19岁年龄段中，93.3%的人都是"熟练"级。50岁以上年龄段的，大多能够使用汉语。其中有2人一般，3人不会，主要是因为不经常出门，文化水平不高。

总体来看，来席村94%的人能够熟练地使用汉语，不会汉语的只有2%，该村绝大部分人都是"阿昌语—汉语"双语人。

表2　不同年龄段汉语语言能力统计表：

年龄段	总人口	熟练		一般		不会	
		人口	百分比	人口	百分比	人口	百分比
6—19岁	60	56	93.3%	4	6.6%	0	0%
20—50岁	67	67	100%	0	0%	0	0%
50岁以上	22	17	77.3%	2	9.1%	3	13.6%
合计	149	140	94.0%	6	4.0%	3	2.0%

（三）来席村家庭语言使用情况一览表

序号	家庭关系	姓名	年龄	文化程度	第一语言及水平	第二语言及水平	备注
1	户主	康开德	60	脱盲	阿昌语熟练	汉语一般	
	妻子	赖喃着	56	小学	傣语熟练	汉语熟练	傣族
	长子	康顺宝	37	脱盲	阿昌语熟练	汉语熟练	
	次子	康三宝	26	小学	阿昌语熟练	汉语熟练	
	三子	康弯宝	24	初中	阿昌语熟练	汉语熟练	
	四子	康宝和	22	初中	阿昌语熟练	汉语熟练	
	二女	康红英	29	脱盲	阿昌语熟练	汉语熟练	
	长媳	雷小芹	33	小学	阿昌语熟练	汉语熟练	
	孙子	康滇富	12	小学	阿昌语熟练	汉语熟练	
	次孙	康订文	10	小学	阿昌语熟练	汉语一般	
	三孙	康定才	7	小学	阿昌语熟练	汉语一般	
	二媳	曹妹	25	小学	阿昌语熟练	汉语熟练	
	二孙	康定能	5		阿昌语一般	汉语不会	
	次孙	康定忠	2		阿昌语一般	汉语不会	
	四媳	熊相娣	23	小学	阿昌语熟练	汉语熟练	
	孙子	康定聪	1		阿昌语不会	汉语不会	
2	户主	曹晓宅	54	小学	阿昌语熟练	汉语一般	
	妻子	雷老摆	48	小学	傣语熟练	汉语熟练	傣族
	长女	曹相云	28	脱盲	阿昌语熟练	汉语熟练	
	四女	曹贺英	17	初中	阿昌语熟练	汉语熟练	
	五女	曹七妹	9	小学	阿昌语熟练	汉语熟练	
	姐姐	曹江保	59	文盲	阿昌语熟练	汉语熟练	
	孙女	曹新玉	6		阿昌语熟练	汉语一般	
	孙女	曹新够	4		阿昌语一般	汉语不会	
	女婿	石小四	32	小学	阿昌语熟练	汉语熟练	
3	户主	郭老排	73	文盲	阿昌语熟练	汉语熟练	
	三子	康吞昂	36	脱盲	阿昌语熟练	汉语熟练	
	四子	康晓乖	32	脱盲	阿昌语熟练	汉语熟练	
	三媳	寸喃乖	27	脱盲	阿昌语熟练	汉语熟练	
	孙女	康彩兰	7	小学	阿昌语熟练	汉语一般	
	孙女	康彩妹	5		阿昌语一般	汉语不会	
	四媳	穆软磨	31	脱盲	阿昌语熟练	汉语熟练	
	孙女	康彩玉	2		阿昌语一般	汉语不会	

（续表）

4	户主	曹宝安	51	小学	阿昌语熟练	汉语熟练	
	妻子	邓树仙	41	小学	汉语熟练	阿昌语熟练	汉族
	长子	曹春生	24	高中	阿昌语熟练	汉语熟练	
	次子	曹春卫	19	初中	阿昌语熟练	汉语熟练	
	长媳	赖乔玉	24	初中	阿昌语熟练	汉语熟练	
	长孙	曹文丽	0		阿昌语不会	汉语不会	
5	户主	穆兴朝	30	小学	阿昌语熟练	汉语熟练	
	弟弟	穆朝思	28	小学	阿昌语熟练	汉语熟练	
	妹妹	穆相等	18	小学	阿昌语熟练	汉语熟练	
6	户主	康老四	49	小学	阿昌语熟练	汉语熟练	
	妻子	冯李板	46	小学	傣语熟练	汉语熟练	傣族
	长子	康顺等	18	初中	阿昌语熟练	汉语熟练	
	二女	康顺莲	15	初中	阿昌语熟练	汉语熟练	
	次子	康顺来	12	小学	阿昌语熟练	汉语熟练	
7	户主	曹金钱	47	小学	阿昌语熟练	汉语熟练	
	妻子	熊喊岁	48	小学	阿昌语熟练	汉语熟练	
	长子	曹广林	25	小学	阿昌语熟练	汉语熟练	
	三子	曹信讲	17	小学	阿昌语熟练	汉语熟练	
	四子	曹加富	15	小学	阿昌语熟练	汉语熟练	
8	户主	康田有	52	小学	阿昌语熟练	汉语熟练	
	妻子	许陆英	47	小学	阿昌语熟练	汉语熟练	
	儿子	康定春	12	初中	阿昌语熟练	汉语熟练	
9	户主	熊买团	43	小学	阿昌语熟练	汉语熟练	
	长子	康开雄	19	小学	阿昌语熟练	汉语熟练	
	次子	康开才	17	初中	阿昌语熟练	汉语熟练	
	长女	康开美	15	小学	阿昌语熟练	汉语熟练	
	长孙	康利伟	0		阿昌语不会	汉语不会	
	儿媳	雷兴丹	21	小学	阿昌语熟练	汉语熟练	
10	户主	康小开	43	脱盲	阿昌语熟练	汉语熟练	
	妻子	寸喃么	39	小学	阿昌语熟练	汉语熟练	
	长女	康买焕	19	小学	阿昌语熟练	汉语熟练	
	二女	康买四	16	初中	阿昌语熟练	汉语熟练	
	三女	康买够	15	初中	阿昌语熟练	汉语熟练	
	长子	康买贵	11	小学	阿昌语熟练	汉语熟练	
	母亲	梁老玉	62	文盲	阿昌语熟练	汉语熟练	
11	户主	康小羊	48	小学	阿昌语熟练	汉语熟练	
	妻子	熊晓团	50	小学	阿昌语熟练	汉语熟练	
	长子	康小顺	31	小学	阿昌语熟练	汉语熟练	
	次子	康顺和	19	初中	阿昌语熟练	汉语熟练	
	四子	康顺才	16	初中	阿昌语熟练	汉语熟练	
	三子	康顺宝	18	初中	阿昌语熟练	汉语熟练	

(续表)

12	户主	曹宝才	42	小学	阿昌语熟练	汉语熟练	
	妻子	张连妹	40	小学	阿昌语熟练	汉语熟练	
	长女	曹春艳	16	小学	阿昌语熟练	汉语熟练	
	二女	曹春兰	14	小学	阿昌语熟练	汉语熟练	
	三女	曹祖艳	7	小学	阿昌语熟练	汉语熟练	
	四女	曹祖兰	10	小学	阿昌语熟练	汉语熟练	
	长子	曹祖刚	4		阿昌语一般	汉语不会	
13	户主	曹红才	36	脱盲	阿昌语熟练	汉语熟练	
	妻子	康红莲	37	脱盲	阿昌语熟练	汉语熟练	
	长子	曹七生	11	小学	阿昌语熟练	汉语熟练	
	次子	曹富生	10	小学	阿昌语熟练	汉语熟练	
14	户主	穆开有	60	小学	阿昌语熟练	汉语熟练	
	妻子	曹保所	59	文盲	阿昌语熟练	汉语熟练	
	长女	穆小杏	27	小学	阿昌语熟练	汉语熟练	
	儿子	聂大善	28	小学	汉语熟练	阿昌语熟练	汉族
	孙女	穆红妹	6	小学	阿昌语熟练	汉语熟练	
	孙女	穆云妹	5		阿昌语一般	汉语不会	
15	妻子	雷相会	53	小学	阿昌语熟练	汉语熟练	
	长子	穆长磨	29	半文盲	阿昌语熟练	汉语熟练	
	次子	穆平贵	22	初中	阿昌语熟练	汉语熟练	
	三女	穆平仙	13	初中	阿昌语熟练	汉语熟练	
	长媳	寸小香	24	初中	阿昌语熟练	汉语熟练	
	孙女	穆建妹	4		阿昌语一般	汉语不会	
	次媳	康买板	22	小学	阿昌语熟练	汉语熟练	
	孙女	穆建玉	1		阿昌语不会	汉语不会	
16	户主	穆老门	63	文盲	阿昌语熟练	汉语不会	
	妻子	雷老板	63	文盲	阿昌语熟练	汉语不会	
	长子	穆小觯	29	脱盲	阿昌语熟练	汉语熟练	
	小儿	穆买德	20	初中	阿昌语熟练	汉语熟练	
	儿媳	沙美英	29	小学	阿昌语熟练	汉语熟练	
	孙女	穆新芹	7	小学	阿昌语熟练	汉语熟练	
	三子	穆小亮	18	初中	阿昌语熟练	汉语熟练	
	长孙	穆岁明	5		阿昌语一般	汉语一般	
17	户主	康软宝	49	脱盲	阿昌语熟练	汉语熟练	
	妻子	雷晓焕	44	小学	阿昌语熟练	汉语熟练	
	长女	康晓荣	23	高中	阿昌语熟练	汉语熟练	
	次女	康咪喃	17	初中	阿昌语熟练	汉语熟练	
	次子	康文科	16	初中	阿昌语熟练	汉语熟练	

(续表)

18	户主	康老路	62	文盲	阿昌语熟练	汉语熟练	
	妻子	彭品英	54	小学	阿昌语熟练	汉语熟练	
	长子	康朋应	27	脱盲	阿昌语熟练	汉语熟练	
	次子	康云万	17	初中	阿昌语熟练	汉语熟练	
	长媳	彭新中	22	初中	阿昌语熟练	汉语熟练	
	长孙	康家维	1		阿昌语不会	汉语不会	
19	户主	康保明	49	小学	阿昌语熟练	汉语熟练	
	妻子	许相焕	54	小学	阿昌语熟练	汉语熟练	
	长子	康祖旺	18	初中	阿昌语熟练	汉语熟练	
	儿媳	寸四芹	21	小学	阿昌语熟练	汉语熟练	
	长孙	康萍	0		阿昌语不会	汉语不会	
20	户主	康晓三	76	小学	阿昌语熟练	汉语熟练	
	妻子	彭班买	62	小学	阿昌语熟练	汉语熟练	
	长子	康拉先	39	脱盲	阿昌语熟练	汉语熟练	
	儿媳	梁拉美	40	小学	阿昌语熟练	汉语熟练	
	长孙	康买荣	12	小学	阿昌语熟练	汉语熟练	
	孙女	康买香	11	小学	阿昌语熟练	汉语熟练	
	孙子	康根祖	2		阿昌语一般	汉语不会	
21	户主	康么批	53	小学	阿昌语熟练	汉语熟练	
	妻子	曹买团	49	小学	阿昌语熟练	汉语熟练	
	长女	康红恩	27	小学	阿昌语熟练	汉语熟练	
	长子	康恩保	18	初中	阿昌语熟练	汉语熟练	
	次子	康真保	16	初中	阿昌语熟练	汉语熟练	
22	户主	穆金常	52	小学	阿昌语熟练	汉语熟练	
	妻子	雷小亮	49	小学	阿昌语熟练	汉语熟练	
	长子	穆兴等	18	初中	阿昌语熟练	汉语熟练	
	次女	穆小芹	17	初中	阿昌语熟练	汉语熟练	
23	户主	康晓生	40	小学	阿昌语熟练	汉语熟练	
	女儿	康发妹	9	小学	阿昌语熟练	汉语熟练	
	长子	康保发	16	初中	阿昌语熟练	汉语熟练	
24	户主	毛老玉	67	文盲	傣语熟练	汉语熟练	傣族
	长子	刀买常	35	小学	阿昌语熟练	汉语熟练	
	儿媳	彭晓算	36	小学	阿昌语熟练	汉语熟练	
	次子	刀小八	32	小学	阿昌语熟练	汉语熟练	
	长孙	刀顺戴	16	初中	阿昌语熟练	汉语熟练	
	孙女	刀顺香	14	小学	阿昌语熟练	汉语熟练	
	孙女	刀顺婷	9	小学	阿昌语熟练	汉语熟练	

(续表)

25	户主	曹产过	78	文盲	阿昌语熟练	汉语不会	
	次子	曹老海	33	脱盲	阿昌语熟练	汉语熟练	
	三子	曹东海	29	脱盲	阿昌语熟练	汉语熟练	
	儿媳	孔求准	25	小学	景颇语熟练	汉语熟练	景颇族
	四子	曹东保	16	初中	阿昌语熟练	汉语熟练	
26	户主	曹先堂	36	脱盲	阿昌语熟练	汉语熟练	
	妻子	雷相宝	36	小学	阿昌语熟练	汉语熟练	
	长女	曹加美	15	初中	阿昌语熟练	汉语熟练	
	长子	曹加才	11	小学	阿昌语熟练	汉语熟练	
27	户主	康小黑	47	脱盲	阿昌语熟练	汉语熟练	
	妻子	项顺玉	38	小学	阿昌语熟练	汉语熟练	
	长子	康万生	18	初中	阿昌语熟练	汉语熟练	
	长女	康万芹	13	小学	阿昌语熟练	汉语熟练	
28	户主	康新贵	39	脱盲	阿昌语熟练	汉语熟练	
	妻子	穆晓喊	38	小学	阿昌语熟练	汉语熟练	
	长子	康安林	15	初中	阿昌语熟练	汉语熟练	
	次子	康林春	11	小学	阿昌语熟练	汉语熟练	
	母亲	石保英	83	文盲	阿昌语熟练	汉语熟练	
29	户主	康相吞	38	小学	阿昌语熟练	汉语熟练	
	妻子	赖板团	37	小学	阿昌语熟练	汉语熟练	
	长女	康丁东	14	初中	阿昌语熟练	汉语熟练	
	次女	康丁艳	11	小学	阿昌语熟练	汉语熟练	
	长子	康丁常	9	小学	阿昌语熟练	汉语熟练	

六 老混东村语言使用情况

(一) 社会概况

老混东村是阿昌族聚居的村寨,为户撒乡户早村委会的八个自然村之一。老混东地处半山半坝区,距离乡政府约3公里。根据2007年统计,老混东村共有16户,84人,其中阿昌族76人,其他民族8人,阿昌族约占全寨总人口的90.5%,呈高度聚居状态。老混东周围不仅有阿昌族寨子,还有汉、傣等其他民族的村寨。

老混东以水稻种植为主,油菜是本地最主要的经济作物。老混东村约有电视机16台,摩托车10辆,手扶拖拉机7台。由于经济单一,人民收入较低,生活比较贫困。

(二) 语言使用的基本特点

1. 阿昌语是最主要的交际工具。

在家庭和村寨内部以及在本民族语言社团成员之间,阿昌语是最主要的交际工具。从语言使用情况的统计数据来看,老混东村能够熟练掌握阿昌语的有70人,占全寨人口(不含其他民族和6岁以下儿童)的100%;高度聚居和强烈的民族认同感是阿昌语成为最主要交际工具的首要原因。

表1 不同年龄段阿昌语语言能力统计表

年龄段	总人口	熟练		一般		不会	
		人口	百分比	人口	百分比	人口	百分比
6—19岁	19	19	100%	0	0%	0	0%
20—50岁	40	40	100%	0	0%	0	0%
50岁以上	11	11	100%	0	0%	0	0%
合计	70	70	100%	0	0%	0	0%

2. 汉语为老混东村民所普遍兼用。

虽然老混东村民在家庭里、村寨内以及本族人之间多使用阿昌语进行交际,约97.2%的村民同时又掌握了汉语(含熟练掌握和一般掌握),不能使用汉语进行交际的仅占人口的2.8%。部分小学高年级学生和初中生甚至能够较为熟练地使用普通话。老混东村民普遍兼用汉语的成因主要有两个:其一跟村寨所处的地理位置相关。老混东村附近有阿昌族寨子,还有一些汉族、傈僳族村寨。不同语言社团成员之间进行交际通常就要使用民族共同语——汉语。其二跟语言的使用功能有关。阿昌语使用人口较少,使用范围狭窄,同汉语相比,语言的使用功能局限性较大。本族人求得自身经济、教育、文化等各方面的进一步发展,就必须兼用汉语。

表2 不同年龄段汉语语言能力统计表

年龄段	总人口	熟练		一般		不会	
		人口	百分比	人口	百分比	人口	百分比
6—19岁	19	15	78.9%	4	21.1%	0	0%
20—50岁	40	39	97.5%	1	2.5%	0	0%
50岁以上	11	8	72.7%	1	9.1%	2	18.2%
合计	70	62	88.6%	6	8.6%	2	2.8%

(三)老混东村家庭语言使用情况一览表

序号	家庭关系	姓名	年龄	文化程度	第一语言及水平	第二语言及水平	备注
1	户主	赖小助	50	初中	汉语熟练	阿昌语熟练	腾冲汉族
	妻子	赖小乖	48	小学	阿昌语熟练	汉语熟练	
	长子	赖宝生	26	小学	阿昌语熟练	汉语熟练	
	次子	赖洪保	21	初中	阿昌语熟练	汉语熟练	
	三子	赖春才	16	初中	阿昌语熟练	汉语熟练	
	长媳	尹新会	25	小学	阿昌语熟练	汉语熟练	
	长孙	赖中正	4		阿昌语一般	汉语不会	

(续表)

2	户主	赖麻秀	65	小学	阿昌语熟练	汉语熟练	
	长子	雷恩常	39	小学	阿昌语熟练	汉语熟练	
	儿媳	陈美双	34	小学	景颇语熟练	汉语熟练	景颇族,阿昌语熟练
	长孙	雷永香	15	初中	阿昌语熟练	汉语熟练	
	次孙	雷金刚	12	小学	阿昌语熟练	汉语熟练	
3	户主	雷小硬	41	文盲	阿昌语熟练	汉语熟练	
	妻子	蔡长板	41	小学	阿昌语熟练	汉语熟练	
	长女	雷祖香	15	初中	阿昌语熟练	汉语熟练	
	长子	雷金有	13	小学	阿昌语熟练	汉语熟练	
	次女	雷相妹	1		阿昌语不会	汉语不会	
4	户主	赖宝元	34	文盲	阿昌语熟练	汉语一般	
	妻子	穆相云	33	高中	阿昌语熟练	汉语熟练	
	长子	赖忠发	8	小学	阿昌语熟练	汉语一般	
	次子	赖忠涛	1		阿昌语不会	汉语不会	
5	户主	雷老二	49	小学	阿昌语熟练	汉语熟练	
	妻子	尹红英	48	文盲	阿昌语熟练	汉语熟练	
	三女	雷云美	16	初中	阿昌语熟练	汉语熟练	
6	户主	雷晓安	54	小学	阿昌语熟练	汉语熟练	
	妻子	赖宝欢	49	小学	阿昌语熟练	汉语熟练	
	长子	雷兴旺	28	中专	阿昌语熟练	汉语熟练	
	次子	雷兴发	25	小学	阿昌语熟练	汉语熟练	
	三子	雷永福	18	初中	阿昌语熟练	汉语熟练	
	长媳	熊彩云	23	初中	阿昌语熟练	汉语熟练	
	长孙	雷艳芬	2		阿昌语一般	汉语不会	
7	户主	赖小恩	52	小学	阿昌语熟练	汉语熟练	
	妻子	邓秀杰	48	小学	汉语熟练	阿昌语熟练	腾冲汉族
	长子	赖云生	26	初中	阿昌语熟练	汉语熟练	
	次子	赖云忠	24	初中	阿昌语熟练	汉语熟练	
	长媳	雷买双	24	初中	阿昌语熟练	汉语熟练	
	长子	赖仁冰	5		阿昌语一般	汉语一般	
	次媳	李艳花	28	初中	汉语熟练	阿昌语熟练	陇川汉族
	长孙女	赖仁芳	3		阿昌语一般	汉语不会	
8	户主	雷长德	71	文盲	阿昌语熟练	汉语熟练	
	妻子	密二妹	56	小学	傈僳语熟练	汉语熟练	傈僳族,阿昌语熟练
	长子	雷老大	29	文盲	阿昌语熟练	汉语熟练	
	次子	雷岁过	24	初中	阿昌语熟练	汉语熟练	
	长媳	二喃	23	小学	阿昌语熟练	汉语熟练	傣族,阿昌语熟练
	长女	雷兴东	21	小学	阿昌语熟练	汉语熟练	

(续表)

9	户主	雷老仙	61	小学	阿昌语熟练	汉语一般	
	长女	雷小莲	34	小学	阿昌语熟练	汉语熟练	
	女婿	雷关陆	34	文盲	阿昌语熟练	汉语熟练	
	长孙女	雷祖艳	16	初中	阿昌语熟练	汉语熟练	
	长孙	雷祖发	12	小学	阿昌语熟练	汉语一般	
	次孙女	雷艳香	10	小学	阿昌语熟练	汉语一般	
10	户主	赖岩保	48	小学	阿昌语熟练	汉语熟练	
	妻子	雷小乖	43	小学	傣语熟练	汉语熟练	陇川傣族,阿昌语熟练
	长女	赖喊板	20	初中	阿昌语熟练	汉语熟练	
	次女	赖喊玉	16	初中	阿昌语熟练	汉语熟练	
	长子	赖福玉	14	初中	阿昌语熟练	汉语熟练	
11	户主	雷长财	51	文盲	阿昌语熟练	汉语熟练	
	妻子	石小很	52	小学	阿昌语熟练	汉语熟练	
	长子	雷桥富	24	初中	阿昌语熟练	汉语熟练	
	母亲	彭相保	84	文盲	阿昌语熟练	汉语不会	
12	户主	寥廷飞	44	初中	汉语熟练	阿昌语一般	汉族
	妻子	彭贵连	44	小学	阿昌语熟练	汉语熟练	
	长子	雷春福	18	小学	阿昌语熟练	汉语熟练	
	次子	雷春明	15	初中	阿昌语熟练	汉语熟练	
13	户主	雷晓成	49	小学	阿昌语熟练	汉语熟练	
	妻子	尹小赖	50	小学	阿昌语熟练	汉语熟练	
	长子	雷长发	22	小学	阿昌语熟练	汉语熟练	
	次子	雷长生	21	初中	阿昌语熟练	汉语熟练	
	三子	雷长文	19	初中	阿昌语熟练	汉语熟练	
14	户主	雷云仙	51	小学	阿昌语熟练	汉语熟练	
	妻子	喃小明	49	文盲	阿昌语熟练	汉语熟练	
	长女	雷新妹	29	文盲	阿昌语熟练	汉语熟练	
	次女	雷长妹	25	小学	阿昌语熟练	汉语熟练	
	长子	雷忠富	21	小学	阿昌语熟练	汉语熟练	
	长媳	熊善荣	22	小学	阿昌语熟练	汉语熟练	
15	户主	赖国有	59	文盲	阿昌语熟练	汉语熟练	
	妻子	曹喃宝	46	小学	阿昌语熟练	汉语熟练	
	长子	赖加发	11	小学	阿昌语熟练	汉语一般	
16	户主	雷晓伍	41	小学	阿昌语熟练	汉语熟练	
	妻子	曹小岛	45	小学	阿昌语熟练	汉语熟练	
	次子	雷长富	19	初中	阿昌语熟练	汉语熟练	
	长子	雷长云	21	初中	阿昌语熟练	汉语熟练	
	三子	雷有富	12	小学	阿昌语熟练	汉语熟练	
	母亲	尹老根	74	文盲	阿昌语熟练	汉语不会	

七 下芒门寨语言使用情况

(一) 社会概况

下芒门寨是户撒乡下属的一个村民小组,位于户撒乡政府所在地东北部约1公里处,是一个阿昌族与汉族杂居的村寨。全寨共有12户,67人。其中,阿昌族有32人,占全寨总人口的47.8%;汉族有33人,占全寨总人口的49.2%,另有傣族1人,景颇族1人。

下芒门寨的主要经济作物是水稻、油菜和草烟。饲养的牲畜主要为猪和水牛。全寨家庭有电视机12台,拖拉机3台,摩托车12辆,固定电话7部。下芒门寨距离乡政府较近,与外界交流频繁,村民做生意或外出打工的人多,在家种田的人少。

(二) 语言使用的基本特点

下芒门寨属于"阿昌语—汉语"双语型村寨。寨内阿昌族的母语和汉语都掌握得较好。表1显示:各年龄段阿昌族均能熟练掌握汉语,熟练度均为100%。说明在下芒门寨,阿昌语被较好地保留。阿昌语是下芒门寨阿昌族最主要的交际用语。

表2显示:89.7%的阿昌族能熟练掌握汉语,只有3位外地嫁入媳妇(熊洪喃、石老战、石拉兴)掌握汉语为一般。其中,石拉兴和熊洪喃是从隆光村(阿昌族聚居村)嫁入,而石老战是从芒捧村地方头寨(阿昌族聚居寨)嫁入。她们三人的交际用语均为阿昌语,很少使用汉语。这里的阿昌族汉语水平普遍较高,6—19岁熟练掌握汉语的有100%,20—50岁熟练掌握汉语的有78.6%,两名50岁以上的老年汉语程度也为熟练。汉语水平高的原因是与外界接触频繁。

表 1 不同年龄段阿昌语语言能力统计表

年龄段	人口	熟练 人口	熟练 百分比	一般 人口	一般 百分比	不会 人口	不会 百分比
6—19岁	13	13	100%	0	0%	0	0%
20—50岁	14	14	100%	0	0%	0	0%
50岁以上	2	2	100%	0	0%	0	0%
合计	29	29	100%	0	0%	0	0%

表 2 不同年龄段汉语语言能力统计表

年龄段	人口	熟练 人口	熟练 百分比	一般 人口	一般 百分比	不会 人口	不会 百分比
6—19岁	13	13	100%	0	0%	0	0%
20—50岁	14	11	78.6%	3	21.4%	0	0%
50岁以上	2	2	100%	0	0%	0	0%
合计	29	26	89.7%	3	10.3%	0	0%

(三) 下芒门寨家庭语言使用情况一览表

序号	家庭关系	姓名	年龄	文化程度	第一语言及水平	第二语言及水平	备注
1	户主	阙德助	52	小学	汉语熟练	阿昌语熟练	
	妻子	黄有香	38	小学	汉语熟练	阿昌语一般	
	长子	阙永福	34	初中	汉语熟练	阿昌语一般	
	次子	阙永万	26	初中	汉语熟练	阿昌语一般	
	儿子	阙永欢	11	小学	汉语熟练	阿昌语一般	
	儿子	阙永生	34	小学	汉语熟练	阿昌语一般	
	媳妇	密六	28	脱盲	景颇语熟练	汉语熟练	阿昌语不会
	孙女	阙跃莲	8	小学	汉语熟练	阿昌语一般	
2	户主	阙德贵	50	小学	汉语熟练	阿昌语熟练	
	长子	阙祖种	22	初中	汉语熟练	阿昌语一般	
3	户主	阙征广	33	小学	汉语熟练	阿昌语一般	
	弟弟	阙新广	27	小学	汉语熟练	阿昌语一般	
	母亲	罗相会	65	文盲	汉语熟练	阿昌语熟练	
	妻子	段如良	30	小学	汉语熟练	阿昌语不会	
	儿子	阙正华	8	小学	汉语熟练	阿昌语不会	
	次子	阙正红	5		汉语熟练	阿昌语不会	
4	户主	阙德明	46	小学	汉语熟练	阿昌语一般	
	妻子	黎成芹	46	小学	汉语熟练	阿昌语不会	
	长子	阙正才	23	初中	汉语熟练	阿昌语一般	
	儿媳	王艳	22	初中	汉语熟练	阿昌语不会	
	孙子	阙启敏	1		汉语熟练	阿昌语不会	
5	户主	刀金万	42	初中	阿昌语熟练	汉语熟练	
	妻子	熊洪喃	49	小学	阿昌语熟练	汉语一般	
	长子	刀艳中	22	初中	阿昌语熟练	汉语熟练	
	长女	刀明仙	16	初中	阿昌语熟练	汉语熟练	
	次子	刀艳明	20	初中	阿昌语熟练	汉语熟练	
	侄女	刀明聪	15	初中	阿昌语熟练	汉语熟练	
	儿媳	郭艳聪	23	初中	汉语熟练	阿昌语一般	
	次女	刀明秀	13	小学	阿昌语熟练	汉语熟练	
	长孙	刀秋卫	1		阿昌语一般	汉语一般	
6	户主	刀老顺	41	初中	阿昌语熟练	汉语熟练	
	妻子	段存仙	38	初中	汉语熟练	阿昌语一般	
	儿子	刀东寿	14	初中	阿昌语熟练	汉语熟练	
	长女	刀东妹	12	小学	阿昌语熟练	汉语熟练	

（续表）

7	户主	刀顺全	36	初中	阿昌语熟练	汉语熟练	
	妻子	彭小芹	32	初中	傣语熟练	汉语一般	阿昌语不会，傣族
	长子	刀明刚	10	小学	阿昌语熟练	汉语熟练	
	长女	刀喊岁	8	小学	阿昌语熟练	汉语熟练	
	次子	刀三弟	4		阿昌语熟练	汉语一般	
8	户主	刀安明	29	小学	阿昌语熟练	汉语熟练	
	妻子	相买	34	初中	阿昌语熟练	汉语熟练	
	哥哥	刀顺圆	36	初中	阿昌语熟练	汉语熟练	
	女儿	刀祖萍	12	小学	阿昌语熟练	汉语熟练	
	儿子	刀祖明	10	小学	阿昌语熟练	汉语熟练	
9	户主	阙长洪	75	初中	汉语熟练	阿昌语一般	
	儿子	阙得强	44	小学	汉语熟练	阿昌语一般	
	儿媳	杨真秀	45	小学	汉语熟练	阿昌语不会	
	孙子	阙正兴	22	初中	汉语熟练	阿昌语一般	
	孙女	阙祖芬	17	初中	汉语熟练	阿昌语一般	
	孙女	阙正香	16	小学	汉语熟练	阿昌语一般	
	孙子	阙君刚	1		阿昌语一般	汉语一般	
	儿媳	赖也算	23	小学	阿昌语熟练	汉语熟练	
10	户主	尹保英	80	文盲	阿昌语熟练	汉语熟练	
	儿子	彭所保	52	小学	阿昌语熟练	汉语熟练	
	儿媳	石老战	45	小学	阿昌语熟练	汉语一般	
	孙子	彭买红	16	小学	阿昌语熟练	汉语熟练	
	孙子	彭买新	12	小学	阿昌语熟练	汉语熟练	
11	户主	阙长友	56	小学	汉语熟练	阿昌语一般	
	妻子	赵贵香	63	小学	汉语熟练	阿昌语不会	
	儿子	阙永生	37	小学	汉语熟练	阿昌语不会	
	孙女	阙艳聪	14	初中	汉语熟练	阿昌语一般	
	长孙	阙正山	17	小学	汉语熟练	阿昌语一般	
12	户主	刀中圆	44	小学	阿昌语熟练	汉语熟练	
	妻子	石拉兴	41	小学	阿昌语熟练	汉语一般	
	长子	刀箭荣	20	初中	阿昌语熟练	汉语熟练	
	长女	刀兴兰	17	小学	阿昌语熟练	汉语熟练	
	次女	刀春兰	12	小学	阿昌语熟练	汉语熟练	

八 东么上寨语言使用情况

（一）社会概况

东么上寨是户撒乡项姐村下属的一个村民小组，位于户撒乡政府所在地东南部约 2 公里处,是一个阿昌族与汉族杂居的村寨。全寨共50户人家,总人口296人。其中,阿昌族有132人,占44.6%,汉族有156人,占52.7%。另有景颇族7人,缅甸傣族1人。

东么上寨主要的农作物是水稻,经济作物是油菜和草烟,饲养的牲畜主要为猪和水牛。2006年全寨90%的家庭有电视机,有拖拉机5台,摩托车30辆,10部座机,农用车1辆,外出打工者及户主几乎都有手机。

(二)语言使用的基本特点

1. 较好地保留了阿昌语,阿昌语具有很强的生命力。各年龄段的阿昌族均能熟练掌握阿昌语,同本族人交流都使用阿昌语。

2. 东么上寨是一个阿昌族与汉族杂居的村寨。汉语是阿昌族与汉族交流的主要交际工具。汉语的熟练程度与阿昌族的年龄成反比,年龄越小汉语掌握得越好。6—19岁的青少年阿昌语的水平普遍较高,熟练掌握率达96.7%,20—50岁的人中也有71%熟练掌握汉语。这与社会的开放程度、受教育的程度有关。而在过去,阿昌族与汉族接触较少,所以老年人的汉语水平多为一般水平。从表2上看,50岁以上只有65.2%的人能熟练掌握汉语。

表1　不同年龄段阿昌语语言能力统计表

年龄段	人口	熟练		一般		不会	
		人口	百分比	人口	百分比	人口	百分比
6—19岁	30	30	100%	0	0%	0	0%
20—50岁	69	69	100%	0	0%	0	0%
50岁以上	23	23	100%	0	0%	0	0%
合计	122	122	100%	0	0%	0	0%

表2　不同年龄段汉语语言能力统计表

年龄段	人口	熟练		一般		不会	
		人口	百分比	人口	百分比	人口	百分比
6—19岁	30	29	96.7%	1	0.3%	0	0%
20—50岁	69	49	71.0%	20	29%	0	0%
50岁以上	23	15	65.2%	8	34.8%	0	0%
合计	122	93	76.2%	29	23.8%	0	0%

（三）东么上寨家庭语言使用情况一览表

序号	家庭关系	姓名	年龄	文化程度	第一语言及水平	第二语言及水平	备注
1	户主	曹成明	58	初中	阿昌语熟练	汉语熟练	缅语熟练
	妻子	赖团香	52	脱盲	阿昌语熟练	汉语一般	
	长子	曹刚	28	初中	阿昌语熟练	汉语熟练	缅语熟练
	次子	曹山	26	高中	阿昌语熟练	汉语熟练	缅语熟练
	长女	曹秀	22	初中	阿昌语熟练	汉语熟练	缅语熟练
	长媳	杨定美	27	小学	汉语熟练	阿昌语不会	汉族，缅语一般
	孙子	曹加定	0		阿昌语不会	汉语不会	
2	户主	石老三	75	文盲	阿昌语熟练	汉语一般	
	长子	曹岩保	44	初中	阿昌语熟练	汉语熟练	
	长媳	马木果	31	脱盲	景颇语熟练	阿昌语一般	景颇族
	孙子	曹东方	10	小学	阿昌语熟练	汉语熟练	
	孙女	曹东兰	8	小学	阿昌语熟练	汉语熟练	
3	户主	刘永平	54	小学	汉语熟练	阿昌语一般	汉族
	妻子	番朝芝	52	文盲	汉语熟练		汉族
	长子	刘四成	31	小学	汉语熟练	阿昌语一般	汉族
	次子	刘四金	28	小学	汉语熟练	阿昌语一般	汉族
	三子	刘全成	25	初中	汉语熟练	阿昌语一般	汉族
	四子	刘开成	22	高中	汉语熟练	阿昌语一般	汉族
	长媳	熊喃够	25	小学	阿昌语熟练	汉语熟练	
	孙女	刘有莲	4		汉语熟练	阿昌语不会	汉族
4	户主	刘中贵	49	小学	汉语熟练	阿昌语一般	汉族
	妻子	徐加仙	47	小学	汉语熟练	阿昌语一般	汉族
	次子	刘朝林	18	高中	汉语熟练	阿昌语不会	汉族
	长子	刘朝昌	22	初中	汉语熟练	阿昌语不会	汉族
5	户主	刘忠安	46	小学	汉语熟练	阿昌语一般	汉族
	妻子	刘忠仙	45	小学	汉语熟练	阿昌语不会	汉族
	母亲	李小咪	80	小学	汉语熟练	阿昌语不会	汉族
	长子	刘朝华	23	小学	汉语熟练	阿昌语一般	汉族
	长媳	李加美	23	小学	汉语熟练	阿昌语不会	汉族
	孙子	刘有兴	3		汉语熟练	阿昌语不会	汉族

(续表)

6	户主	曹成光	58	小学	阿昌语熟练	汉语熟练	
	妻子	寸红喃	58	文盲	阿昌语熟练	汉语一般	
	长子	曹四兴	31	小学	阿昌语熟练	汉语熟练	缅语熟练
	次女	曹存果	25	小学	阿昌语熟练	汉语一般	
	长媳	丁兰腊	32	脱盲	缅语熟练	阿昌语熟练	傣族,汉语一般
	长孙	曹家涛	11	小学	阿昌语熟练	汉语熟练	
	孙女	曹家艳	9	小学	阿昌语熟练	汉语熟练	
	次子	曹存兴	27	脱盲	阿昌语熟练	汉语一般	
	三子	曹存富	20	初中	阿昌语熟练	汉语熟练	
	次子媳	孙艳会	30	小学	汉语熟练	阿昌语一般	汉族
	孙女	曹家敏	4		阿昌语熟练	汉语一般	
7	户主	康拉战	75	文盲	阿昌语熟练	汉语熟练	
	儿子	曹拉兴	34	小学	阿昌语熟练	汉语熟练	
	长媳	曹品晃	33	小学	阿昌语熟练	汉语一般	
	孙子	曹加伟	7	小学	阿昌语熟练	汉语熟练	
	孙女	曹加荣	5		阿昌语熟练	汉语一般	
8	户主	熊喃乖	51	小学	阿昌语熟练	汉语一般	
	次女	曹平仙	28	小学	阿昌语熟练	汉语熟练	
	三女	曹平召	25	小学	阿昌语熟练	汉语熟练	
	长子	曹平付	21	初中	阿昌语熟练	汉语熟练	
	四女	曹召娩	24	小学	阿昌语熟练	汉语一般	
9	户主	曹玉清	70	小学	阿昌语熟练	汉语熟练	
	妻子	赖老派	70	文盲	阿昌语熟练	汉语一般	
	长子	曹兴常	49	小学	阿昌语熟练	汉语熟练	
	长媳	尹老咩	48	小学	阿昌语熟练	汉语一般	
	长孙	曹祖熊	26	初中	阿昌语熟练	汉语熟练	
	次孙子	曹祖学	22	初中	阿昌语熟练	汉语熟练	
	孙女	曹学芬	20	初中	阿昌语熟练	汉语熟练	
	长孙媳	许金红	26	小学	阿昌语熟练	汉语一般	
10	户主	曹玉和	60	小学	景颇语熟练	阿昌语熟练	景颇族,汉语熟练
	三子	曹成兴	25	小学	阿昌语熟练	汉语熟练	
	女儿	曹成芳	20	小学	阿昌语熟练	汉语熟练	
	三儿媳	熊欢秀	26	小学	阿昌语熟练	汉语一般	
	孙女	曹冬	4		阿昌语熟练	汉语一般	

(续表)

11	户主	孙治增	74	文盲	汉语熟练	阿昌语熟练	汉族
	长子	曹安林	36	初中	阿昌语熟练	汉语熟练	
	长媳	曹喃乖	36	脱盲	阿昌语熟练	汉语一般	
	次子	孙安顺	32	小学	阿昌语熟练	汉语熟练	
	孙子	曹明付	17	小学	阿昌语熟练	汉语熟练	
	孙子	曹永付	16	小学	阿昌语熟练	汉语熟练	
	孙子	曹留付	13	小学	阿昌语熟练	汉语熟练	
	次媳	刀阿亮	32	小学	阿昌语熟练	汉语熟练	
	孙女	曹清美	7		阿昌语熟练	汉语熟练	
12	户主	曹红安	50	小学	阿昌语熟练	汉语熟练	
	妻子	雷喃平	47	脱盲	阿昌语熟练	汉语一般	
	长子	曹成贵	24	小学	阿昌语熟练	汉语熟练	
	长媳	项长芹	22	小学	阿昌语熟练	汉语一般	
	孙子	曹坤静	1		阿昌语一般	汉语不会	
13	户主	曹玉祥	52	小学	阿昌语熟练	汉语熟练	
	妻子	寸兴娣	54	小学	阿昌语熟练	汉语熟练	
	长子	曹成广	32	高中	阿昌语熟练	汉语熟练	
	次子	曹成有	25	初中	阿昌语熟练	汉语熟练	
	长女	曹成梅	19	初中	阿昌语熟练	汉语熟练	
	长媳	梁小芬	30	小学	阿昌语熟练	汉语一般	
	孙女	曹显凤	8		阿昌语熟练	汉语熟练	
	三子	曹成华	23	小学	阿昌语熟练	汉语熟练	
14	户主	刘贤安	54	小学	汉语熟练	阿昌语一般	汉族
	妻子	番喃果	54	小学	汉语熟练	阿昌语一般	汉族
	长子	刘朝寿	30	初中	汉语熟练	阿昌语熟练	汉族
	次子	刘朝青	26	小学	汉语熟练	阿昌语一般	汉族
	三子	刘朝春	25	小学	汉语熟练	阿昌语一般	汉族
	儿媳	李国凤	27	初中	汉语熟练	阿昌语不会	汉族
	孙儿	刘有祥	6		汉语熟练	阿昌语不会	汉族
	孙女	刘有欢	4		汉语熟练	阿昌语不会	汉族
	长孙	刘有进	2		汉语一般	阿昌语不会	汉族
	次媳	熊团娣	25	小学	汉语熟练	阿昌语一般	汉族
15	户主	刘忠明	59	小学	汉语熟练	阿昌语不会	汉族,缅语一般
	妻子	赵兴团	60	小学	汉语熟练	阿昌语不会	汉族,缅语一般
	长子	刘朝富	32	初中	汉语熟练	阿昌语不会	汉族,缅语一般
	次子	刘朝建	28	小学	汉语熟练	阿昌语熟练	汉族,缅语一般
	次女	刘朝芹	21	初中	汉语熟练	阿昌语不会	汉族,缅语一般
	长媳	赵仁芝	33	初中	汉语熟练	阿昌语不会	汉族
	孙子	刘有强	10	小学	汉语熟练	阿昌语不会	汉族
	孙子	刘有富	5		汉语熟练	阿昌语不会	汉族

(续表)

16	户主	曹成兰	60	小学	阿昌语熟练	汉语熟练	
	妻子	寸白喃	53	小学	阿昌语熟练	汉语一般	
	长子	曹兰富	20	小学	阿昌语熟练	汉语熟练	
	次子	曹富	16	初中	阿昌语熟练	汉语熟练	
17	户主	杨云相	78	文盲	汉语熟练	阿昌语一般	汉族
	长子	蒋朝旺	42	高中	汉语熟练	阿昌语一般	汉族
	长媳	孙小桃	41	初中	汉语熟练	阿昌语一般	汉族
	长孙	蒋受文	19	高中	汉语熟练	阿昌语不会	汉族
	次孙	蒋受明	14	初中	汉语熟练	阿昌语不会	汉族
18	户主	熊桥荣	52	小学	阿昌语熟练	汉语一般	
	长子	曹成付	30	小学	阿昌语熟练	汉语熟练	
	次子	曹能付	28	初中	阿昌语熟练	汉语熟练	
	次女	曹仙美	17	初中	阿昌语熟练	汉语熟练	
	母亲	康老索	82	文盲	阿昌语熟练	汉语熟练	
	儿子	曹先富	20	小学	阿昌语熟练	汉语熟练	
	次媳	石云仙	28	小学	阿昌语熟练	汉语一般	
	长媳	彭木鲁	33	初中	景颇语熟练	汉语一般	景颇族
	孙女	曹坤丹	3		阿昌语熟练	汉语一般	
	孙儿	曹坤荣	3		阿昌语熟练	汉语不会	
19	户主	刘忠福	51	小学	汉语熟练	阿昌语一般	汉族
	妻子	杨正菊	51	小学	汉语熟练	阿昌语一般	汉族
	三女	刘朝英	20	初中	汉语熟练	阿昌语不会	汉族
	儿子	刘朝洪	23	初中	汉语熟练	阿昌语熟练	汉族
	儿媳	杨善芬	22	初中	汉语熟练	阿昌语不会	汉族
	孙子	刘有志	1		汉语一般	阿昌语不会	汉族
20	户主	刘付保	43	初中	汉语熟练	阿昌语一般	汉族
	妻子	张顺香	43	小学	汉语熟练	阿昌语不会	汉族
	儿子	刘忠聪	18	高中	汉语熟练	阿昌语不会	汉族
	女儿	刘忠付	13	初中	汉语熟练	阿昌语一般	汉族
21	户主	尹先芝	70	文盲	汉语熟练	阿昌语不会	汉族
	儿子	刘洪有	38	初中	汉语熟练	阿昌语一般	汉族
	儿媳	段买团	40	小学	汉语熟练	阿昌语不会	汉族
	儿子	刘忠进	16	初中	汉语熟练	阿昌语不会	汉族
	孙女	刘忠丽	13	初中	汉语熟练	阿昌语一般	汉族
22	户主	刘洪显	73	初中	汉语熟练	阿昌语一般	汉族
	妻子	阙顺果	70	文盲	汉语熟练	阿昌语一般	汉族
	长子	刘忠万	45	初中	汉语熟练	阿昌语一般	汉族
	长媳	戚永仙	44	小学	汉语熟练	阿昌语熟练	汉族
	次子	刘忠祥	34	初中	汉语熟练	阿昌语一般	汉族
	孙子	刘朝能	18	高中	汉语熟练	阿昌语不会	汉族
	孙女	刘朝芬	17	初中	汉语熟练	阿昌语不会	汉族
	次媳	夏杏芬	25	小学	汉语熟练	阿昌语不会	汉族
	孙女	刘欢欢	4		汉语熟练	阿昌语不会	汉族

(续表)

23	户主	蒋老全	43	初中	汉语熟练	阿昌语一般	汉族
	妻子	张老彩	40	小学	汉语熟练	阿昌语不会	汉族
	儿子	蒋受伟	18	初中	汉语熟练	阿昌语一般	汉族
	女儿	蒋受艳	16	初中	汉语熟练	阿昌语不会	汉族
24	户主	蒋顺全	38	小学	汉语熟练	阿昌语不会	汉族
	妻子	方保存	37	小学	汉语熟练	阿昌语不会	汉族
	母亲	刘宝兰	73	文盲	汉语熟练	阿昌语不会	汉族
	长女	蒋祖欢	10	小学	汉语熟练	阿昌语不会	汉族
	次女	蒋受于	7	小学	汉语熟练	阿昌语不会	汉族
	长孙	蒋受荣	1		汉语熟练	阿昌语不会	汉族
25	户主	蒋安付	50	小学	汉语熟练	阿昌语不会	汉族
	妻子	李拉润	49	小学	汉语熟练	阿昌语不会	汉族
	儿子	蒋受昌	26	小学	汉语熟练	阿昌语不会	汉族
	次女	蒋华芬	24	高中	汉语熟练	阿昌语一般	汉族
	儿媳	李加芳	25	高中	汉语熟练	阿昌语不会	汉族
	长孙	蒋荣环	4		汉语熟练	阿昌语不会	汉族
26	户主	曹长板	69	文盲	阿昌语熟练	汉语熟练	傣语熟练
	长子	曹先广	31	初中	阿昌语熟练	汉语熟练	
	长孙	曹荣华	8		阿昌语熟练	汉语熟练	
	次孙	曹荣玉	6		阿昌语熟练	汉语一般	
	儿媳	石莲娣	29	小学	阿昌语熟练	汉语一般	
27	户主	曹顺广	50	初中	阿昌语熟练	汉语熟练	
	妻子	赖喃果	48	小学	阿昌语熟练	汉语熟练	
	长子	曹四林	24	初中	阿昌语熟练	汉语熟练	
	次子	曹春林	18	小学	阿昌语熟练	汉语熟练	
	女儿	曹艳玲	19	初中	阿昌语熟练	汉语熟练	
	次女	曹四艳	22	小学	阿昌语熟练	汉语熟练	
28	户主	蒋仁安	50	小学	汉语熟练	阿昌语熟练	汉族
	妻子	刘永兰	50	初中	汉语熟练	阿昌语不会	汉族
	女儿	蒋受英	28	高中	汉语熟练	阿昌语不会	汉族
	长子	蒋受飞	26	初中	汉语熟练	阿昌语熟练	汉族
	次子	蒋受琦	23	初中	汉语熟练	阿昌语一般	汉族
	孙子	蒋涛	7	小学	汉语熟练	阿昌语不会	汉族
	儿媳	赵会芬	28	小学	汉语熟练	阿昌语一般	汉族
29	户主	孙茂芳	55	小学	汉语熟练	阿昌语熟练	汉族
	妻子	李润英	57	小学	汉语熟练	阿昌语一般	汉族
	长子	孙先顺	31	初中	汉语熟练	阿昌语熟练	汉族
	次子	孙志红	31	高中	汉语熟练	阿昌语熟练	汉族
	次媳	邓忠莲	30	高中	汉语熟练	阿昌语一般	汉族
	孙子	孙鱼	1		汉语熟练	阿昌语不会	汉族

(续表)

30	户主	梁兴德	44	小学	阿昌语熟练	汉语一般	
	妻子	曹软胖	43	小学	阿昌语熟练	汉语一般	
	长子	梁忠玉	20	初中	阿昌语熟练	汉语熟练	
	次子	梁忠明	17	初中	阿昌语熟练	汉语熟练	
	女儿	梁忠芹	12	小学	阿昌语熟练	汉语熟练	
31	户主	曹玉云	67	初中	阿昌语熟练	汉语熟练	
	妻子	寸香娣	62	文盲	阿昌语熟练	汉语熟练	
	长子	曹华	38	初中	阿昌语熟练	汉语熟练	
	长媳	黄素英	35	小学	汉语熟练	阿昌语一般	汉族
	孙女	曹存芳	13	初中	阿昌语熟练	汉语熟练	
	孙子	曹万鲜	11	小学	阿昌语熟练	汉语熟练	
	次子	曹成红	34	高中	阿昌语熟练	汉语熟练	
	三子	曹武	27	高中	阿昌语熟练	汉语熟练	
	长女	曹安果	30	小学	阿昌语熟练	汉语熟练	
	次媳	赖团美	31	小学	阿昌语熟练	汉语一般	
	孙子	曹健能	7		阿昌语熟练	汉语熟练	
	三媳	董麻端	25	初中	景颇语熟练	汉语一般	景颇族
	孙子	曹受能	3		景颇语一般	阿昌语一般	景颇族
32	户主	刘存安	49	小学	汉语熟练	阿昌语不会	汉族
	妻子	杨艳仙	51	小学	汉语熟练	阿昌语不会	汉族
	女儿	刘艳会	30	小学	汉语熟练	阿昌语一般	汉族
	长子	刘艳付	27	初中	汉语熟练	阿昌语一般	汉族
	次子	刘艳成	24	初中	汉语熟练	阿昌语一般	汉族
	三子	刘朝文	20	初中	汉语熟练	阿昌语不会	汉族
	孙女	刘盈盈	3	初中	汉语一般	阿昌语不会	汉族
	长媳	尹翔燕	30	初中	汉语熟练	阿昌语不会	汉族
33	户主	孙买英	80	文盲	汉语熟练	阿昌语一般	汉族
	长子	孙玖常	41	小学	汉语熟练	阿昌语一般	汉族
	长媳	刘贵仙	44	小学	汉语熟练	阿昌语不会	汉族
	孙女	孙春会	19	初中	汉语熟练	阿昌语不会	汉族
34	户主	曹喊田	45	初中	阿昌语熟练	汉语熟练	
	妻子	赖长平	50	小学	阿昌语熟练	汉语一般	
	女儿	曹小艳	22	初中	阿昌语熟练	汉语熟练	
	长子	曹安朝	17	小学	阿昌语熟练	汉语熟练	
	次子	曹安明	14	初中	阿昌语熟练	汉语熟练	
35	户主	梁买发	56	小学	阿昌语熟练	汉语熟练	
	妻子	曹拉春	57	文盲	阿昌语熟练	汉语熟练	
	长子	梁相万	28	小学	阿昌语熟练	汉语熟练	
	次子	梁老中	25	小学	阿昌语熟练	汉语熟练	
	次女	梁中兰	23	初中	阿昌语熟练	汉语熟练	
	儿媳	曹存秀	29	初中	阿昌语熟练	汉语一般	
	孙儿	梁志文	1		阿昌语一般	汉语不会	

（续表）

36	户主	曹常代	47	初中	阿昌语熟练	汉语熟练	景颇语熟练，缅语熟练
	女儿	曹祖芳	13	小学	阿昌语熟练	汉语熟练	
	长女	曹祖兰	19	小学	阿昌语熟练	汉语熟练	
37	户主	孙先弟	43	初中	汉语熟练	阿昌语一般	汉族
	丈夫	黄永才	42	初中	汉语熟练	阿昌语不会	汉族
	女儿	孙保芳	19	小学	汉语熟练	阿昌语不会	汉族
	儿子	孙宝忠	20	初中	汉语熟练	阿昌语熟练	汉族
38	户主	寸弯玉	60	小学	阿昌语熟练	汉语熟练	
	长媳	唐木东	40	初中	阿昌语熟练	汉语一般	
	孙女	寸仙	3		阿昌语熟练	汉语一般	
39	户主	蒋庆周	67	文盲	汉语熟练	阿昌语一般	汉族
	长子	蒋老朝	39	小学	汉语熟练	阿昌语一般	汉族
	长媳	黎兰先	38	小学	汉语熟练	阿昌语不会	汉族
	孙女	蒋受丽	15	初中	汉语熟练	阿昌语不会	汉族
	孙女	蒋受苹	11	小学	汉语熟练	阿昌语不会	汉族
	孙子	蒋严冬	7		汉语熟练	阿昌语不会	汉族
40	户主	邓加先	36	小学	汉语熟练	阿昌语一般	汉族
	妹妹	邓加丽	24	初中	汉语熟练	阿昌语不会	汉族
	长子	邓德波	13	小学	汉语熟练	阿昌语不会	汉族
41	户主	蒋真富	43	小学	汉语熟练	阿昌语一般	汉族
	妻子	黄双云	43	初中	汉语熟练	阿昌语不会	汉族
	女儿	蒋受仙	19	初中	汉语熟练	阿昌语不会	汉族
	长子	蒋受常	17	初中	汉语熟练	阿昌语不会	汉族
42	户主	曹长生	54	小学	阿昌语熟练	汉语熟练	
	儿子	曹先能	29	初中	阿昌语熟练	汉语熟练	
	儿子	曹先文	13	小学	阿昌语熟练	汉语熟练	
	儿子	曹先荣	20	初中	阿昌语熟练	汉语熟练	
	长媳	许红英	26	小学	阿昌语熟练	汉语一般	
	长孙	曹后强	4		阿昌语熟练	汉语一般	
	母亲	木喇送	54	文盲	阿昌语熟练	汉语一般	
43	户主	曹广才	46	小学	阿昌语熟练	汉语熟练	
	妻子	木涂	39	脱盲	景颇语熟练	汉语熟练	景颇族，阿昌语一般
	长子	曹成芳	10	小学	阿昌语熟练	汉语熟练	
44	户主	蒋加富	45	小学	汉语熟练	阿昌语一般	汉族
	妻子	李文彩	44	小学	汉语熟练	阿昌语不会	汉族
	儿子	蒋受华	22	初中	汉语熟练	阿昌语熟练	汉族
	儿媳	康凤春	24	初中	汉语熟练	阿昌语一般	汉族
	长孙	蒋年豪	1		汉语一般	阿昌语不会	汉族

(续表)

45	户主	孙保应	67	小学	汉语熟练	阿昌语不会	汉族
	妻子	刘琴道	65	小学	汉语熟练	阿昌语不会	汉族
	长子	孙兵	36	脱盲	汉语熟练	阿昌语不会	汉族
	长媳	曹元秀	36	小学	阿昌语熟练	汉语熟练	汉族
	次子	孙健	34	高中	汉语熟练	阿昌语一般	汉族
	女儿	孙华	31	高中	汉语熟练	阿昌语不会	汉族
	孙女	孙雄伟	16	初中	阿昌语熟练	汉语熟练	汉族
	孙女	孙小丽	12	初中	阿昌语熟练	汉语熟练	汉族
	次媳	李国艳	33	初中	汉语熟练	阿昌语不会	汉族
46	户主	孙保恩	48	小学	汉语熟练	阿昌语熟练	汉族
	妻子	段兰香	43	小学	汉语熟练	阿昌语一般	汉族
	儿子	孙宗茂	20	初中	汉语熟练	阿昌语不会	汉族
	女儿	孙中艳	18	初中	汉语熟练	阿昌语不会	汉族
47	户主	李朝珍	72	文盲	汉语熟练	阿昌语一般	汉族
	儿子	刘永能	44	初中	汉语熟练	阿昌语熟练	汉族
	儿媳	李小顺	43	脱盲	汉语熟练	阿昌语不会	汉族
	孙女	刘朝欢	21	初中	汉语熟练	阿昌语不会	汉族
	孙子	刘朝瑞	19	高中	汉语熟练	阿昌语一般	汉族
48	户主	刘忠旺	46	高中	汉语熟练	阿昌语熟练	汉族
	妻子	尹贵群	47	脱盲	汉语熟练	阿昌语熟练	汉族
	长子	刘朝明	24	初中	汉语熟练	阿昌语一般	汉族
	次子	刘朝伟	21	初中	汉语熟练	阿昌语一般	汉族
49	户主	廖贵望	44	初中	汉语熟练	阿昌语不会	汉族
	妻子	刘贵美	39	初中	汉语熟练	阿昌语一般	汉族
	女儿	廖林霞	11	初中	汉语熟练	阿昌语不会	汉族
	女儿	廖林杰	3		汉语熟练	阿昌语不会	汉族
50	户主	尚伟成	31	初中	汉语熟练	阿昌语熟练	汉族
	妻子	孙加艳	27	初中	景颇语熟练	汉语熟练	景颇族,阿昌语不会
	长子	尚瑞奇	5		汉语熟练	阿昌语不会	汉族

九 拉启村语言使用情况

(一) 社会概况

拉启村是一个阿昌族与汉族杂居的村寨,行政单位为保平村委会拉启村民小组,是保平村下面的10个自然村之一,位于户撒乡政府西南方向8.5公里处,分布于公路沿线的两侧。拉启村共有居民73户,总人口380人,其中阿昌族141人,约占37.1%,汉族239人,景颇族5人。

拉启村主要种植水稻。它地处公路沿线,交通便利,农忙时节大部分田地都雇佣外地大型机械进行收割。该村具有阿昌族特色的"过手米线",产量在全乡居于首位。但由于投资短缺,经营形式仍以个体家庭的小作坊为主。据统计,2006年拉启村的人均收入在全乡居于中等水平。拉启村70%的家庭有电视机,固定电话的普及率达到40%,50%以上的村民使用了手机,摩托车与拖拉机的普及率分别达到了65%与10%。

(二)语言使用的基本特点

1. 拉启村共73户家庭,其中阿昌族家庭有18户,汉族家庭有37户,阿昌族与汉族通婚的有15户,汉族与景颇族通婚的有3户。有阿昌族的家庭,其语言使用情况分为以下两种:

(1)18户阿昌族家庭,家庭成员交流时都使用阿昌语,跟寨子里的汉族交谈时使用汉语。阿昌语和汉语两种语言都掌握熟练。

(2)15户阿昌族与汉族通婚的家庭,其中有6户是阿昌族女子嫁入汉族家庭的。6位阿昌族女子分别是:寸喃将、穆平芬、金相焕、雷相焕、老木昆和寸喃准。除了阿昌语说得很熟练以外,她们的汉语都掌握得很熟练,家庭内部主要使用汉语进行日常交谈。另外的9户是汉族女子嫁入阿昌族家庭的,这些汉族女子大多只会使用阿昌语进行一般的日常交流,能熟练掌握阿昌语的不多。

2. 拉启村的阿昌族大都具有"阿昌语—汉语"的双语能力。

阿昌语和汉语同为拉启村阿昌族的交际工具,相辅相承,互为补充。如表1和表2所示,拉启村98.4%的阿昌族具有"阿昌语—汉语"的双语能力。拉启村阿昌族的汉语熟练程度高达100%,这与该村地处公路沿线两侧有很大关系。他们与外界交流的机会比较多,需要掌握汉语,以方便生活。拉启村是一个阿昌族与汉族杂居的村寨,该村的阿昌族在家庭内部习惯使用阿昌语交流,而在寨子里,他们遇到阿昌族就用阿昌语交流,遇到汉族就用汉语交流,转换自如。拉启村只有2个阿昌族不会阿昌语,他们是10岁的刘洪荣和8岁的刘东芬,他们来自同一个族际婚姻的家庭,父亲和祖母是汉族,而母亲是阿昌族。虽然他们俩随母亲是阿昌族,但第一语言是汉语,在家里说的都是汉语,不会阿昌语。

表1 不同年龄段阿昌语语言能力统计表

年龄段	总人口	熟练 人口	熟练 百分比	一般 人口	一般 百分比	不会 人口	不会 百分比
6—19岁	37	35	94.6%	0	0%	2	5.4%
20—50岁	73	73	100%	0	0%	0	0%
50岁以上	19	19	100%	0	0%	0	0%
合计	129	127	98.4%	0	0%	2	1.6%

注:11个6岁以下的儿童以及1个智障并未统计在内。

表2　不同年龄段汉语能力统计表

年龄段	总人口	熟练		一般		不 会	
		人口	百分比	人口	百分比	人口	百分比
6—19岁	37	37	100%	0	0%	0	0%
20—50岁	73	73	100%	0	0%	0	0%
50岁以上	19	19	100%	0	0%	0	0%
合计	129	129	100%	0	0%	0	0%

（三）拉启村语言使用情况一览表

序号	家庭关系	姓名	年龄	文化程度	第一语言及水平	第二语言及水平	备注
1	户主	刘双美	71	文盲	汉语熟练	阿昌语一般	汉族
	儿子	刘安德	41	小学	汉语熟练	阿昌语一般	汉族
	儿媳	寸喃将	46	小学	阿昌语熟练	汉语熟练	阿昌族
	孙子	刘洪荣	10	小学	汉语熟练	阿昌语不会	
	孙女	刘东芬	8	小学	汉语熟练	阿昌语不会	
2	户主	线拉焕	62	小学	阿昌语熟练	汉语熟练	
	长子	线拉岩	24	小学	阿昌语熟练	汉语熟练	
	次子	线拉龙	22	小学	阿昌语熟练	汉语熟练	
3	户主	刀寿昌	50	脱盲	阿昌语熟练	汉语熟练	
	妻子	刀老杆	50	脱盲	阿昌语熟练	汉语熟练	
	长子	刀老金	27	初中	阿昌语熟练	汉语熟练	
	次子	刀金有	22	初中	阿昌语熟练	汉语熟练	
	三子	刀金福	19	初中	阿昌语熟练	汉语熟练	
	儿媳	曹祖芸	31	小学	阿昌语熟练	汉语熟练	
	长孙女	刀四欢	5		阿昌语熟练	汉语熟练	
	长孙	刀志强	7	小学	阿昌语熟练	汉语熟练	
	二儿媳	寸兰妹	21	小学	阿昌语熟练	汉语熟练	
	次孙	刀明康	0		阿昌语不会	汉语不会	
4	户主	刘有海	42	小学	汉语熟练	阿昌语一般	汉族
	妻子	段四芹	44	小学	汉语熟练	阿昌语不会	汉族
	哥哥	刘洪平	44	小学	汉语熟练	阿昌语不会	汉族
	长子	刘洪宽	19	初中	汉语熟练	阿昌语不会	汉族
	次子	刘洪祥	16	小学	汉语熟练	阿昌语不会	汉族
	长媳	穆平芬	21	小学	阿昌语熟练	汉语熟练	

(续表)

5	户主	刘有林	65	文盲	汉语熟练	阿昌语熟练	汉族
	妻子	余顺香	66	文盲	汉语熟练	阿昌语一般	汉族
	长子	刘洪青	38	小学	汉语熟练	阿昌语一般	汉族
	三子	刘洪刚	29	小学	汉语熟练	阿昌语一般	汉族
	长媳	张玉芬	29	小学	汉语熟练	阿昌语一般	汉族
	长孙女	刘常敏	8	小学	汉语熟练	阿昌语不会	汉族
	次孙女	刘娟	5		汉语熟练	阿昌语不会	汉族
	三媳	尚新兰	30	小学	景颇语熟练	汉语熟练	景颇族,阿昌语不会
6	户主	林正良	29	初中	汉语熟练	阿昌语一般	汉族
	妻子	李加存	31	小学	汉语熟练	阿昌语一般	汉族
	儿子	林永成	8	小学	汉语熟练	阿昌语不会	汉族
7	户主	雷顺德	36	小学	阿昌语熟练	汉语熟练	阿昌族
	妻子	董丽花	32	小学	汉语熟练	阿昌语一般	汉族
	儿子	雷才宝	8	小学	阿昌语熟练	汉语熟练	阿昌族
8	户主	刘有昌	53	小学	汉语熟练	阿昌语熟练	汉族
	妻子	余咪喃	57	小学	汉语熟练	阿昌语一般	汉族
	长子	刘洪海	29	初中	汉语熟练	阿昌语一般	汉族
	次子	刘洪恩	27	初中	汉语熟练	阿昌语一般	汉族
	长媳	杨永翠	25	小学	汉语熟练	阿昌语一般	汉族
	孙子	刘常喜	6	小学	汉语熟练	阿昌语不会	汉族
	孙女	刘常情	6	小学	汉语熟练	阿昌语不会	汉族
	次媳	黄东会	26	初中	汉语熟练	阿昌语一般	汉族
9	户主	线老法	44	小学	阿昌语熟练	汉语熟练	
	哥哥	寸老宽	42	小学	阿昌语熟练	汉语熟练	
	姐姐	寸喃乖	41	小学	阿昌语熟练	汉语熟练	
	儿子	线寸福	11	小学	阿昌语熟练	汉语熟练	
10	户主	刘洪启	69	小学	汉语熟练	阿昌语一般	汉族
	妻子	杨新云	69	小学	汉语熟练	阿昌语一般	汉族
11	户主	段培安	66	高小	汉语熟练	阿昌语熟练	汉族
	妻子	刘洪香	68	文盲	汉语熟练	阿昌语熟练	汉族
	长子	段生国	44	小学	汉语熟练	阿昌语熟练	汉族
	长媳	李贵满	45	小学	汉语熟练	阿昌语不会	汉族
	孙子	段胜荣	17	小学	汉语熟练	阿昌语不会	汉族
	孙女	段胜顺	10	小学	汉语熟练	阿昌语不会	汉族

（续表）

12	户主	刘买长	46	小学	汉语熟练	阿昌语熟练	汉族
	妻子	段生会	47	小学	汉语熟练	阿昌语不会	汉族
	长子	刘四万	25	初中	汉语熟练	阿昌语不会	汉族
	次女	刘安艳	22	初中	汉语熟练	阿昌语不会	汉族
	次子	刘安发	17	初中	汉语熟练	阿昌语不会	汉族
	长媳	香书	28	小学	汉语熟练	阿昌语不会	汉族
	孙女	刘文卓	4		汉语熟练	阿昌语不会	汉族
13	户主	梁喃够	53	小学	阿昌语熟练	汉语熟练	
	次子	刘常山	32	中专	阿昌语熟练	汉语熟练	
	次媳	戚厚昆	32	初中	阿昌语熟练	汉语熟练	
	孙女	刘安婷	7	小学	阿昌语熟练	汉语熟练	
	孙子	刘福康	2		阿昌语一般	汉语一般	
14	户主	腾老软	65	文盲	阿昌语熟练	汉语熟练	
	长子	寸代山	30	小学	阿昌语熟练	汉语熟练	
	长媳	梁喃乖	33	小学	阿昌语熟练	汉语熟练	
	孙子	寸德海	10	小学	阿昌语熟练	汉语熟练	
	孙女	寸德芹	8	小学	阿昌语熟练	汉语熟练	
15	户主	寸代忠	42	小学	阿昌语熟练	汉语熟练	
	妻子	金红英	44	小学	阿昌语熟练	汉语熟练	
	长子	寸德和	22	初中	阿昌语熟练	汉语熟练	
	次女	寸德会	17	高中	阿昌语熟练	汉语熟练	
	长媳	梁德美	21	小学	阿昌语熟练	汉语熟练	
16	户主	刘有政	51	文盲	汉语熟练	阿昌语一般	汉族
	妻子	杨顺芹	51	小学	汉语熟练	阿昌语不会	汉族
	长子	刘洪泉	30	小学	汉语熟练	阿昌语不会	汉族
	儿媳	杨世花	25	小学	汉语熟练	阿昌语不会	汉族
	长孙	刘毅	4		汉语熟练	阿昌语不会	汉族
	次孙	刘凯彤	0		汉语不会	阿昌语不会	汉族
17	户主	刘洪明	63	脱盲	汉语熟练	阿昌语熟练	汉族
	妻子	赵兴连	63	高小	汉语熟练	阿昌语熟练	汉族
	母亲	樊立所	87	小学	汉语熟练	阿昌语一般	汉族
	长子	刘祖恩	41	小学	汉语熟练	阿昌语一般	汉族
	次子	刘祖林	31	小学	汉语熟练	阿昌语一般	汉族
	次儿媳	李维焕	33	小学	汉语熟练	阿昌语一般	汉族
	次孙女	刘安丽	7	小学	汉语熟练	阿昌语一般	汉族
	长媳	麻禄	36	小学	景颇语熟练	汉语熟练	景颇族,阿昌语不会
	长孙	刘安华	10	小学	汉语熟练	阿昌语一般	汉族
	次孙	刘安厚	2		汉语一般	阿昌语不会	汉族
	三孙	刘安瑞	1		汉语不会	阿昌语不会	汉族

(续表)

18	户主	寸乔门	41	脱盲	阿昌语熟练	汉语熟练	
	母亲	刀老卓	60	高小	阿昌语熟练	汉语熟练	
	妻子	梁喃果	43	小学	阿昌语熟练	汉语熟练	
	儿子	寸待明	16	小学	阿昌语熟练	汉语熟练	
	女儿	寸代芬	18	小学	阿昌语熟练	汉语熟练	
19	户主	高顺科	55	脱盲	阿昌语熟练	汉语熟练	
	妻子	线长板	54	文盲	阿昌语熟练	汉语熟练	
	次子	线狗长	28	初中	阿昌语熟练	汉语熟练	
	长女	线团英	23	初中	阿昌语熟练	汉语熟练	
	次女	线平英	20	小学	阿昌语熟练	汉语熟练	
	三子	线明生	18	小学	阿昌语熟练	汉语熟练	
	四子	线明刚	13	小学	阿昌语熟练	汉语熟练	
20	户主	刘常国	39	初中	汉语熟练	阿昌语不会	汉族
	妻子	李彩仙	40	小学	汉语熟练	阿昌语不会	汉族
	长女	刘安美	19	小学	汉语熟练	阿昌语不会	汉族
	次女	刘安满	17	小学	汉语熟练	阿昌语不会	汉族
	长子	刘安宝	16	初中	汉语熟练	阿昌语不会	汉族
21	户主	刘洪发	64	高小	汉语熟练	阿昌语一般	汉族
	妻子	李润香	64	文盲	汉语熟练	阿昌语一般	汉族
	三子	刘仙安	29	小学	汉语熟练	阿昌语不会	汉族
	儿媳	黎老黑	30	小学	汉语熟练	阿昌语不会	汉族
	孙女	刘安欢	15	小学	汉语熟练	阿昌语不会	汉族
22	户主	刘冲贵	46	小学	汉语熟练	阿昌语一般	汉族
	妻子	张永兰	44	小学	汉语熟练	阿昌语一般	汉族
	次女	刘安连	19	小学	汉语熟练	阿昌语一般	汉族
	长子	刘安达	18	小学	汉语熟练	阿昌语一般	汉族
23	户主	雷老万	76	文盲	阿昌语熟练	汉语熟练	
	长女	寸老清	41	小学	阿昌语熟练	汉语熟练	
	长子	寸买金	35	小学	阿昌语熟练	汉语熟练	
	次子	孙体相	35	小学	阿昌语熟练	汉语熟练	
	孙女	吴奇存	10	小学	阿昌语熟练	汉语熟练	
	长媳	卢小兰	27	小学	汉语熟练	阿昌语熟练	汉族
24	户主	尹连焕	65	文盲	阿昌语熟练	汉语熟练	
	次子	刀拉科	25	小学	阿昌语熟练	汉语熟练	
	次媳	杨祖凤	24	小学	阿昌语熟练	汉语熟练	
25	户主	寸新法	48	小学	阿昌语熟练	汉语熟练	
	妻子	刀老腊	41	小学	阿昌语熟练	汉语熟练	
	长女	寸德燕	13	初中	阿昌语熟练	汉语熟练	
	次女	寸加会	8	小学	阿昌语熟练	汉语熟练	

(续表)

26	户主	刘洪仙	76	小学	汉语熟练	阿昌语一般	汉族
	长子	刘先助	40	小学	汉语熟练	阿昌语不会	汉族
	长媳	李张仙	42	小学	汉语熟练	阿昌语不会	汉族
	长孙	刘安海	19	小学	汉语熟练	阿昌语不会	汉族
	次孙	刘安平	16	小学	汉语熟练	阿昌语不会	汉族
	长孙女	刘安芬	15	小学	汉语熟练	阿昌语不会	汉族
	孙媳	尹老妹	18	小学	汉语熟练	阿昌语不会	汉族
27	户主	寸金周	60	文盲	阿昌语熟练	汉语熟练	
	妻子	寸老长	68	文盲	阿昌语熟练	汉语熟练	
	长子	寸代贵	29	脱盲	阿昌语熟练	汉语熟练	
	次女	寸有英	26	小学	阿昌语熟练	汉语熟练	
	次子	寸常贵	25	小学	阿昌语熟练	汉语熟练	
	儿媳	雷相软	26	小学	阿昌语熟练	汉语熟练	
28	户主	刘存贵	48	小学	汉语熟练	阿昌语一般	汉族
	妻子	陈贵仙	47	小学	汉语熟练	阿昌语一般	汉族
	长女	刘宗芹	26	小学	汉语熟练	阿昌语不会	汉族
	长子	刘安然	21	小学	汉语熟练	阿昌语不会	汉族
	次女	刘安芹	19	小学	汉语熟练	阿昌语不会	汉族
	次子	刘安成	16	小学	汉语熟练	阿昌语不会	汉族
	长媳	杨恩莲	22	小学	汉语熟练	阿昌语不会	汉族
29	户主	陈运连	44	脱盲	汉语熟练	阿昌语不会	汉族
	丈夫	王守仙	32	小学	汉语熟练	阿昌语不会	汉族
	次子	赵加荣	17	小学	汉语熟练	阿昌语不会	汉族
	孙子	赵王方	2		汉语一般	阿昌语不会	汉族
30	户主	刘洪学	70	文盲	汉语熟练	阿昌语熟练	汉族
	妻子	杨丫头	69	文盲	汉语熟练	阿昌语熟练	汉族
	长子	刘先林	34	小学	汉语熟练	阿昌语不会	汉族
	儿媳	岳小兰	32	小学	景颇语熟练	汉语熟练	景颇族
	孙女	刘四妹	9	小学	汉语熟练	阿昌语不会	景颇族,景颇语会一点
	孙子	刘安庆	4		汉语熟练	阿昌语不会	景颇族,景颇语会一点
31	户主	杨小玉	67	半文盲	汉语熟练	阿昌语熟练	汉族
	儿子	刘先熊	35	高中	汉语熟练	阿昌语一般	汉族
	儿媳	段芹辉	31	小学	汉语熟练	阿昌语不会	缅甸汉族,会缅语
	孙子	刘健康	10	小学	汉语熟练	阿昌语不会	汉族

（续表）

32	户主	张恩义	64	高小	汉语熟练	阿昌语一般	汉族
	妻子	刘有珍	40	小学	汉语熟练	阿昌语不会	汉族
	儿子	刘洪亮	19	小学	汉语熟练	阿昌语不会	汉族
	媳妇	金相焕	26	小学	阿昌语熟练	汉语熟练	
	长孙	刘常元	6		汉语熟练	阿昌语一般	
	次孙	刘常益	1		汉语不会	阿昌语不会	
33	户主	寸老硬	60	文盲	阿昌语熟练	汉语熟练	
	长子	寸新田	32	脱盲	阿昌语熟练	汉语熟练	
	次子	寸新有	27	小学	阿昌语熟练	汉语熟练	
	长媳	杨明芝	27	小学	汉语熟练	阿昌语一般	汉族
34	户主	刘洪清	48	小学	汉语熟练	阿昌语一般	汉族
	妻子	张寿芹	46	小学	汉语熟练	阿昌语不会	汉族
	长子	刘仙安	25	初中	汉语熟练	阿昌语不会	
	长媳	李祖团	27	小学	汉语熟练	阿昌语不会	汉族
	孙子	刘加根	5		汉语熟练	阿昌语不会	
35	户主	寸老昆	57	半文盲	阿昌语熟练	汉语熟练	
	长子	刀老熊	32	初中	阿昌语熟练	汉语熟练	
	三女	刀仙团	26	小学	阿昌语熟练	汉语熟练	
	次子	刀安发	20	初中	阿昌语熟练	汉语熟练	
	长媳	线开细	31	小学	阿昌语熟练	汉语熟练	
	孙女	刀容艳	4		阿昌语熟练	汉语一般	
36	户主	刘新富	44	小学	汉语熟练	阿昌语一般	汉族
	妻子	张益香	40	小学	汉语熟练	阿昌语不会	汉族
	长子	刘洪平	20	初中	汉语熟练	阿昌语不会	汉族
	次子	刘洪寿	17	小学	汉语熟练	阿昌语不会	汉族
37	户主	刘洪昌	55	初中	汉语熟练	阿昌语一般	汉族
	妻子	张新娣	57	小学	汉语熟练	阿昌语不会	汉族
	长子	刘先平	35	初中	汉语熟练	阿昌语不会	汉族
	长媳	李维芝	33	初中	汉语熟练	阿昌语不会	汉族
	长孙	刘安强	11	小学	汉语熟练	阿昌语不会	汉族
	次孙	刘安杰	7	小学	汉语熟练	阿昌语不会	汉族
38	户主	刘先贵	50	小学	汉语熟练	阿昌语不会	汉族
	妻子	余长秀	46	小学	汉语熟练	阿昌语不会	汉族
	长子	刘安举	23	初中	汉语熟练	阿昌语不会	汉族
	次子	刘安要	22	小学	汉语熟练	阿昌语不会	汉族
	三子	刘安维	18	小学	汉语熟练	阿昌语不会	汉族
	四子	刘安勒	12	小学	汉语熟练	阿昌语不会	汉族
	长媳	雷相焕	23	小学	阿昌语熟练	汉语熟练	

（续表）

39	户主	刘仙恩	51	小学	汉语熟练	阿昌语一般	汉族
	妻子	李兰相	49	脱盲	汉语熟练	阿昌语一般	汉族
	长子	刘安培	29	初中	汉语熟练	阿昌语不会	汉族
	次子	刘安茂	23	初中	汉语熟练	阿昌语不会	汉族
	长媳	尹金凤	26	小学	汉语熟练	阿昌语不会	汉族
	次女	刘莲芬	20	小学	汉语熟练	阿昌语不会	汉族
	孙女	刘永杰	4		汉语熟练	阿昌语不会	汉族
	孙子	刘永清	3		汉语熟练	阿昌语不会	汉族
40	户主	雷万发	50	小学	阿昌语熟练	汉语熟练	
	妻子	尹长娣	46	小学	阿昌语熟练	汉语熟练	
	长子	雷艳生	24	小学	阿昌语熟练	汉语熟练	
	次子	雷买和	19	小学	阿昌语熟练	汉语熟练	
	次女	雷买团	18	小学	阿昌语熟练	汉语熟练	
	三女	雷团果	16	小学	阿昌语熟练	汉语熟练	
	长媳	卢福兰	30	小学	汉语熟练	阿昌语一般	汉族
	孙女	雷金秋	2		阿昌语一般	汉语一般	
41	户主	寸小田	36	小学	阿昌语熟练	汉语熟练	
	妻子	尹老昆	41	小学	阿昌语熟练	汉语熟练	
	长女	寸代白	19	小学	阿昌语熟练	汉语熟练	
	次女	寸洪喃	15	小学	阿昌语熟练	汉语熟练	
	长婿	孙体茂	30	小学	汉语熟练	阿昌语一般	汉族
	长孙	寸海平	0		阿昌语不会	汉语不会	
42	户主	寸田美	38	小学	阿昌语熟练	汉语熟练	
	长子	刀祖宝	16	小学	阿昌语熟练	汉语熟练	
	长女	刀保环	13	小学	阿昌语熟练	汉语熟练	
	长婿	郑仁宽	38	小学	汉语熟练	阿昌语一般	汉族
	次子	郑荣	5		阿昌语熟练	汉语熟练	
43	户主	刘发娣	72	文盲	汉语熟练	阿昌语一般	汉族
	长子	刘先明	39	小学	汉语熟练	阿昌语不会	汉族
	次子	刘安亮	17	小学	汉语熟练	阿昌语不会	汉族
44	户主	林朝旺	51	脱盲	汉语熟练	阿昌语一般	汉族
	妻子	尹新存	46	小学	汉语熟练	阿昌语一般	汉族
	长子	林政茂	23	初中	汉语熟练	阿昌语不会	汉族
	次女	林政欢	17	小学	汉语熟练	阿昌语不会	汉族
	儿媳	张明翠	21	小学	汉语熟练	阿昌语不会	汉族
	长孙	林永娇	1		汉语不会	阿昌语不会	汉族

（续表）

45	户主	寸老懂	48	小学	阿昌语不会	汉语不会	智障
	妻子	喃老项	50	小学	阿昌语熟练	汉语熟练	
	长子	寸有生	22	小学	阿昌语熟练	汉语熟练	
	次子	寸才合	12	小学	阿昌语熟练	汉语熟练	
	女儿	寸才美	16	小学	阿昌语熟练	汉语熟练	
46	户主	寸老闪	63	文盲	阿昌语熟练	汉语熟练	
	长子	寸新广	38	小学	阿昌语熟练	汉语熟练	
	次女	寸喃腊	26	初中	阿昌语熟练	汉语熟练	
	长媳	元喃	37	初中	阿昌语熟练	汉语熟练	
	丈夫	张自元	67	文盲	阿昌语熟练	汉语熟练	
	长孙	寸乔德	8	小学	阿昌语熟练	汉语熟练	
47	户主	寸顺广	42	小学	阿昌语熟练	汉语熟练	
	妻子	王茂芬	46	小学	阿昌语熟练	汉语熟练	
	长子	寸艳华	23	初中	阿昌语熟练	汉语熟练	
	次子	寸德华	21	初中	阿昌语熟练	汉语熟练	
	次媳	杨团妹	19	初中	汉语熟练	阿昌语不会	汉族
	次孙	寸瑞祥	0		阿昌语不会	汉语不会	
48	户主	李贵珍	48	脱盲	汉语熟练	阿昌语一般	汉族
	长子	刘安金	27	小学	汉语熟练	阿昌语不会	汉族
	次子	刘安益	23	初中	汉语熟练	阿昌语不会	汉族
	三子	刘安进	15	初中	汉语熟练	阿昌语不会	汉族
	四子	刘安唐	10	小学	汉语熟练	阿昌语不会	汉族
	长媳	番祖慧	29	小学	汉语熟练	阿昌语不会	汉族
	孙子	刘永康	2		汉语一般	阿昌语不会	汉族
	次媳	张瑞兰	22	小学	汉语熟练	阿昌语不会	汉族
49	户主	刘洪聪	45	小学	汉语熟练	阿昌语一般	汉族
	妻子	施新存	45	小学	汉语熟练	阿昌语不会	汉族
	长子	刘常茂	23	小学	汉语熟练	阿昌语不会	汉族
	长女	刘常芬	15	小学	汉语熟练	阿昌语不会	汉族
	次子	刘常方	20	小学	汉语熟练	阿昌语不会	汉族
	长媳	杨小波	24	小学	汉语熟练	阿昌语不会	汉族
	长孙	刘安勤	4		汉语熟练	阿昌语不会	汉族
	次孙	刘安童	2		汉语一般	阿昌语不会	汉族
50	户主	刘洪广	47	脱盲	汉语熟练	阿昌语一般	汉族
	妻子	赵仁俊	47	脱盲	汉语熟练	阿昌语一般	汉族
	长子	刘永喜	18	高中	汉语熟练	阿昌语不会	汉族
	次女	刘永强	19	小学	汉语熟练	阿昌语不会	汉族

(续表)

51	户主	寸新才	50	脱盲	阿昌语熟练	汉语熟练	
	妻子	石拉管	50	脱盲	阿昌语熟练	汉语熟练	
	长子	寸得富	26	初中	阿昌语熟练	汉语熟练	
	次子	寸德应	22	小学	阿昌语熟练	汉语熟练	
52	户主	刘洪光	50	脱盲	汉语熟练	阿昌语一般	汉族
	妻子	余平够	35	小学	汉语熟练	阿昌语不会	汉族
	长子	刘常维	17	小学	汉语熟练	阿昌语不会	汉族
53	户主	刘仙发	41	小学	汉语熟练	阿昌语一般	汉族
	妻子	杨春分	41	小学	汉语熟练	阿昌语不会	汉族
	长子	刘东海	18	小学	汉语熟练	阿昌语不会	汉族
	次子	刘东保	16	小学	汉语熟练	阿昌语不会	汉族
	女儿	刘交会	11	小学	汉语熟练	阿昌语不会	汉族
54	户主	木老娣	47	脱盲	阿昌语熟练	汉语熟练	
	母亲	线老晃	82	文盲	阿昌语熟练	汉语熟练	
	三孙	寸有财	18	小学	阿昌语熟练	汉语熟练	
	次孙	寸有发	20	小学	阿昌语熟练	汉语熟练	
55	户主	林朝富	51	小学	汉语熟练	阿昌语一般	汉族
	妻子	张保芝	52	脱盲	汉语熟练	阿昌语一般	汉族
	四女	林正莲	23	初中	汉语熟练	阿昌语不会	汉族
	长子	林正森	18	小学	汉语熟练	阿昌语不会	汉族
56	户主	林朝俊	64	小学	汉语熟练	阿昌语一般	汉族
	妻子	赵春如	57	文盲	汉语熟练	阿昌语一般	汉族
	长子	林正忠	36	小学	汉语熟练	阿昌语不会	残疾,与外界接触不多
	次子	林正山	34	初中	汉语熟练	阿昌语一般	
57	户主	林朝广	46	小学	汉语熟练	阿昌语一般	汉族
	妻子	李玉彩	46	小学	汉语熟练	阿昌语不会	汉族
	长子	林正昌	20	小学	汉语熟练	阿昌语不会	汉族
	次子	林正荣	16	小学	汉语熟练	阿昌语不会	汉族
	女儿	林正芬	10	小学	汉语熟练	阿昌语不会	汉族
58	户主	林朝周	57	小学	汉语熟练	阿昌语一般	汉族
	妻子	番万芹	53	小学	汉语熟练	阿昌语不会	汉族
	长女	林正英	22	初中	汉语熟练	阿昌语不会	汉族
	女婿	江水毕	22	小学	汉语熟练	阿昌语不会	汉族
	孙子	林汉	4		汉语熟练	阿昌语不会	汉族
59	户主	寸乔广	39	小学	阿昌语熟练	汉语熟练	
	妻子	刘祖相	39	小学	阿昌语熟练	汉语熟练	
	三子	寸代荣	11	小学	阿昌语熟练	汉语熟练	
	次子	寸代国	15	初中	阿昌语熟练	汉语熟练	
	次女	寸代娇	3		阿昌语一般	汉语一般	

(续表)

60	户主	线老兴	31	小学	阿昌语熟练	汉语熟练	
	妻子	杨丙翠	33	小学	汉语熟练	阿昌语一般	汉族
	长女	林兴	4		阿昌语熟练	汉语一般	
61	户主	林正兴	49	小学	汉语熟练	阿昌语一般	汉族
	妻子	樊凤连	53	小学	汉语熟练	阿昌语一般	汉族
	四女	林永顺	17	小学	汉语熟练	阿昌语不会	汉族
	次女	林永吉	24	小学	汉语熟练	阿昌语不会	汉族
62	户主	杨乔换	69	文盲	汉语熟练	阿昌语熟练	汉族
	长子	林润狗	38	小学	汉语熟练	阿昌语一般	汉族
	长媳	赵芹仙	33	小学	汉语熟练	阿昌语一般	汉族
	孙子	林永强	11	小学	汉语熟练	阿昌语一般	
	孙女	林永欢	10	小学	汉语熟练	阿昌语一般	汉族
63	户主	李贵兰	55	小学	阿昌语熟练	汉语熟练	
	三女	寸代萍	11	小学	阿昌语熟练	汉语熟练	
	儿子	寸代文	8	小学	阿昌语熟练	汉语熟练	
	次女	寸买连	14	小学	阿昌语熟练	汉语熟练	
	女婿	寸老三	34	小学	汉语熟练	阿昌语熟练	汉族
64	户主	林正清	38	小学	汉语熟练	阿昌语一般	汉族
	妻子	刘祖芬	36	小学	汉语熟练	阿昌语不会	汉族
	女儿	林永丽	15	小学	汉语熟练	阿昌语不会	汉族
	儿子	林成龙	10	小学	汉语熟练	阿昌语不会	汉族
65	户主	林正洪	40	小学	汉语熟练	阿昌语一般	汉族
	妻子	老木昆	38	小学	阿昌语熟练	汉语熟练	
	次女	林永来	12	小学	汉语熟练	阿昌语一般	
	长女	林永团	13	小学	汉语熟练	阿昌语一般	
66	户主	刘润安	46	小学	汉语熟练	阿昌语熟练	汉族
	妻子	寸喃准	40	小学	阿昌语熟练	汉语熟练	
	长女	刘洪芬	20	小学	阿昌语熟练	汉语熟练	
	长子	刘洪进	18	小学	阿昌语熟练	汉语熟练	
67	户主	刘祖科	34	小学	汉语熟练	阿昌语一般	汉族
	妻子	李明艳	36	高中	汉语熟练	阿昌语不会	汉族
	长女	刘永晶	11	小学	汉语熟练	阿昌语不会	汉族
	二女	刘常宇	10	小学	汉语熟练	阿昌语不会	汉族
	儿子	刘常寿	2		汉语一般	阿昌语不会	汉族
68	户主	张恩翠	33	小学	汉语熟练	阿昌语不会	汉族
	儿子	刘常睿	9	小学	汉语熟练	阿昌语不会	汉族
	女儿	刘常竹	7	小学	汉语熟练	阿昌语不会	汉族

(续表)

69	户主	刘先政	44	小学	汉语熟练	阿昌语一般	汉族
	妻子	余加香	42	小学	汉语熟练	阿昌语不会	汉族
	长子	刘安荣	20	初中	汉语熟练	阿昌语不会	汉族
	长女	刘安芬	17	小学	汉语熟练	阿昌语不会	汉族
	儿媳	段艳芬	21	小学	汉语熟练	阿昌语不会	汉族
	长孙	刘永幸	0		汉语不会	阿昌语不会	汉族
70	户主	刘常春	34	小学	阿昌语熟练	汉语熟练	
	妻子	李成兰	35	小学	阿昌语熟练	汉语熟练	
	长子	刘安财	11	小学	阿昌语熟练	汉语熟练	
	次子	刘安有	9	小学	阿昌语熟练	汉语熟练	
71	户主	刘常刚	37	小学	汉语熟练	阿昌语一般	汉族
	妻子	李平会	38	小学	汉语熟练	阿昌语不会	汉族
	女儿	刘安健	13	初中	汉语熟练	阿昌语不会	汉族
	儿子	刘安强	11	小学	汉语熟练	阿昌语不会	汉族
72	户主	线老长	41	小学	阿昌语熟练	汉语熟练	
	妻子	熊二团	39	小学	阿昌语熟练	汉语熟练	
	长女	线海艳	8	小学	阿昌语熟练	汉语熟练	
	次女	线海新	7	小学	阿昌语熟练	汉语熟练	
73	户主	刘先海	33	小学	汉语熟练	阿昌语不会	汉族
	妻子	周保玉	38	小学	汉语熟练	阿昌语不会	汉族
	长女	刘荣丽	15	小学	汉语熟练	阿昌语不会	汉族
	次女	刘荣娣	10	小学	汉语熟练	阿昌语不会	汉族
	三女	刘焕娣	6	小学	汉语熟练	阿昌语不会	汉族

十　对陇川方言区居民的语言测试

为了了解陇川方言区居民的阿昌语能力的情况,我们选用了四百个基本词汇,选择不同类型的人进行语言能力测试。语言能力的差异分为四级:A级为熟练型,能脱口而出地说出阿昌语的词汇;B级为亚熟练型,想一想能说出阿昌语词汇;C级为非熟练型,要提示后才能说出阿昌语词汇;D级为不会型,即便提示了也说不出阿昌语词汇。(下同)

序号	汉义	阿昌语陇川方言	1 孙祖芝	2 彭兴卓	3 郭美仙	4 尹相过	5 许喃软	6 曹成仓	7 尹俊	8 雷相过
1	天	mau^{31}	A	A	A	A	A	A	A	A
2	太阳	ni^{31} mɔ^{31} pui^{55}	A	A	A	A	A	A	A	A
3	月亮	pha^{31} lɔ^{731}	A	A	A	A	A	A	A	A
4	星星	khzɿə^{55}	A	A	A	A	A	A	A	A

(续表)

5	雷	mau³¹ mz̩əŋ³⁵	A	A	A	A	A	A	A
6	云	xaŋ³¹ tɕin³¹	A	A	A	A	A	A	A
7	风	l̥i⁵⁵	A	A	A	A	A	A	A
8	雨	mau³¹ z̩o⁵⁵	A	A	A	A	A	A	A
9	水	ti⁵⁵	A	A	A	A	A	A	A
10	雾	mau³¹ tum⁵, xaŋ³¹ tɕin³¹	A	A	A	A	A	A	A
11	霜	n̥an⁵⁵, n̥an⁵⁵	A	B	A	A	A	A	A
12	雹子	l̥i³¹ z̩o⁵⁵	A	A	B	A	A	A	A
13	地	m̥i⁵⁵	A	A	A	A	A	A	A
14	河	tʂha⁵⁵ z̩oŋ³¹	A	A	A	A	A	A	A
15	山	pum⁵⁵	A	A	A	A	A	A	A
16	水田	z̩ɔ⁵⁵	A	A	A	A	A	A	A
17	干土	n̥on⁵⁵	A	A	A	A	A	A	A
18	金子	se⁵⁵	A	C	A	A	A	A	A
19	银子	ŋui⁵⁵	A	A	A	A	A	A	A
20	铁	ʂam⁵⁵	A	A	A	A	A	A	A
21	石头	liŋ³¹ kɔʔ⁵⁵	A	A	A	A	A	A	A
22	沙子	sa³¹ leʔ⁵⁵	A	A	A	A	A	A	A
23	尘土	n̥on⁵⁵ mək³⁵	A	A	A	A	A	A	A
24	火	poi³¹	A	A	A	A	A	A	A
25	烟（火~）	ni³¹ xau³¹	A	A	A	A	A	A	A
26	东（~方）	pui⁵⁵ thoʔ⁵⁵ pa³¹	A	A	A	A	D	C	A	A
27	西（~方）	ni³¹ mɔ³¹ oŋ⁵⁵ pa³¹	A	A	A	A	D	A	D	A
28	前（~边）	n̥ɔʔ⁵⁵ si³¹	A	A	A	A	A	D	A
29	后（~边）	noŋ⁵⁵ pa³¹	A	A	A	A	A	A	A
30	旁边	a³¹ z̩am⁵⁵	A	A	A	C	A	A	A
31	上面	kɔʔ³¹ pa³¹, a³¹ lum³¹ pa³¹	A	A	A	C	A	B	A
32	下面	uʔ³¹ pa³¹, a³¹ the³¹ pa³¹	A	A	A	C	A	A	A
33	里面	a³¹ xau⁵⁵	A	A	A	A	A	A	A
34	外面	a³¹ nək⁵⁵	A	A	A	A	A	A	A
35	年	n̥ək⁵⁵	A	A	A	A	A	A	A
36	今年	xai⁵⁵ nək⁵⁵	A	A	A	A	A	D	A
37	去年	si³¹ nək⁵⁵	A	A	A	A	A	D	A

（续表）

38	月	pau⁵¹ lɔ³⁵	A	A	A	A	A	A	D	A
39	天（日）	ȵen³¹	A	A	A	A	A	D	A
40	今天	xai⁵⁵ ȵen³¹	A	A	A	A	A	A	A
41	昨天	man³⁵	B	A	A	A	A	A	B	A
42	前天	si³¹ ȵen³¹	A	A	A	A	B	A	A	A
43	明天	pha⁵⁵ ȵap⁵⁵	A	A	A	A	A	A	D
44	后天	pha⁵⁵ ȵen³¹	A	A	A	A	A	A	A
45	早晨	ni³¹ zua³¹	A	A	A	A	A	A	D
46	现在	xai⁵⁵ xuʔ³¹, a³¹ xuʔ³¹	A	A	A	A	A	D	A
47	从前	ku³¹ ȵen³¹	A	A	A	A	A	A	A
48	黄牛	no³¹ tʂoŋ³⁵, kã³¹ tʂoŋ³⁵	A	A	A	B	A	D	A
49	马	mzaŋ³¹	A	A	A	A	A	A	A
50	猪	oʔ⁵⁵	A	A	A	A	A	A	A
51	羊	pa⁵⁵	A	A	A	A	A	A	A
52	狗	xui³¹	A	A	A	A	A	A	D
53	猫	ka³¹ lɔ³¹	A	A	A	A	A	A	A
54	兔子	pzaŋ⁵⁵ tai⁵⁵	A	A	A	A	A	A	A
55	龙	mzui⁵⁵ tʂuŋ³¹	A	A	A	A	A	A	A
56	象	tɕhaŋ⁵⁵	A	A	A	A	A	D	A
57	老虎	lɔ³¹	A	A	A	A	A	D	A
58	熊	ɔm⁵⁵	A	A	A	A	A	A	A
59	豹子	lɔ³¹	A	A	A	D	B	D	A
60	野猪	mu⁵⁵ thən³⁵	A	C	B	A	C	A	A
61	猴子	ȵu⁵⁵	A	A	A	A	A	D	A
62	狼	pum⁵⁵ xui³¹	A	C	B	A	D	C	D	A
63	麂子	tɕhet⁵⁵	A	A	A	D	A	D	A
64	老鼠	kzoʔ⁵⁵	A	A	A	A	A	D	A
65	鸡	kzua⁵⁵	A	A	A	A	A	A	A
66	公鸡	kzua⁵⁵ phzuaʔ³¹	A	A	A	A	A	A	A
67	母鸡	kzuaʔ⁵⁵ tseŋʔ⁵⁵	A	A	A	A	A	A	A
68	鸭子	pi³¹	A	A	A	A	A	D	A
69	鹅	khzaŋ⁵⁵	A	A	A	A	A	A	A
70	鸟	mɔʔ⁵⁵	A	A	A	A	A	D	A

(续表)

71	老鹰	ti³¹ mɔ³¹	A	A	A	A	A	A	A
72	乌鸦	kha³¹ nɔ⁵⁵, ka³¹ lam³¹	D	A	A	A	A	D	A
73	喜鹊	tsi⁵⁵ tʂak⁵⁵ lai⁵⁵	A	B	A	D	A	D	A
74	斑鸠	tʂhi⁵⁵ put⁵⁵ tu³¹	C	C	A	D	A	D	A
75	麻雀	tsi⁵⁵ tʂuak⁵⁵	B	A	A	D	A	D	A
76	青蛙	phɔ³¹	A	A	A	B	A	D	A
77	田鸡	phɔ³¹ kɔŋ³¹	A	B	A	D	A	A	A
78	鱼	ka³¹ ʂua³¹, ŋa³¹ ʂua³¹	A	A	A	A	A	A	A
79	螺蛳	pɔ⁵⁵ xu⁵⁵	A	A	A	A	A	A	A
80	螃蟹	pa³¹ khʐə³⁵	A	A	A	A	A	A	D
81	蛇	mʐui⁵⁵	A	A	A	A	A	D	A
82	萤火虫	tsha⁵⁵ miŋ³⁵ miŋ⁵¹	A	C	A	A	A	A	A
83	蜜蜂	tʂua³¹ ɕaŋ³¹	A	A	A	A	A	D	A
84	蝴蝶	pha³¹ ʐam³⁵ tʂam⁵⁵	A	A	A	A	A	A	A
85	蜻蜓	tsen³⁵	A	D	A	A	D	D	A
86	蟋蟀	tɕa³¹ ŋət³⁵	A	D	D	A	D	A	A
87	蚂蚁	tɕhi⁵⁵ man⁵⁵	A	A	A	A	A	D	A
88	蜘蛛	kuŋ³¹ kai³⁵ zai⁵⁵	A	A	A	A	A	A	A
89	臭虫	pha³¹ tɕhek³⁵	A	C	A	A	A	D	A
90	跳蚤	li̥³¹	A	B	A	A	A	D	A
91	虱	ʂan³¹	A	A	A	A	A	A	A
92	蚊子	phɔp⁵⁵	A	A	A	A	A	D	A
93	蚯蚓	ta⁵⁵'	A	A	A	A	A	A	A
94	水蛭	nu⁵⁵	A	A	B	A	B	A	A
95	虫	pau³¹	A	A	A	A	A	D	A
96	蛋	u³¹	A	A	A	A	A	A	A
97	翅膀	a³¹ tuŋ⁵⁵	A	B	A	B	A	A	A
98	毛	a³¹ mui³¹	A	A	A	A	A	D	A
99	犄角	khʐau⁵⁵	A	A	A	A	A	A	A
100	尾巴	tɕhi³¹ ȵaŋ³⁵	A	B	A	A	A	A	A
101	鸡冠	nɔ⁵⁵ pat³⁵	A	A	A	B	A	A	A
102	鳞	a³¹ tɕet³⁵	A	C	A	A	A	D	A
103	树	saŋ³¹ tseŋ⁵⁵	A	A	A	A	A	D	A

（续表）

104	松树	piak³¹ tseŋ⁵⁵	A	A	A	A	A	A	A
105	竹子	o³¹	A	A	A	A	B	A	D	A
106	竹笋	ȵek⁵⁵	A	A	A	A	A	D	A
107	水稻杆	tɕɔ³¹ tseŋ⁵⁵	A	A	A	A	A	D	A
108	玉米	xau³¹ tʂhaʔ⁵⁵	A	A	A	A	A	D	A
109	甘薯	maʔ³¹ ȵaŋ³¹	A	D	A	A	A	A	A
110	芋头	mui³¹	A	A	A	A	A	D	A
111	甘蔗	phaʔ³¹ liŋ³¹	A	A	A	A	A	D	A
112	芝麻	tʂɿ⁵⁵ ma⁵⁵	A	A	A	A	A	D	A
113	棉花	tu³¹ u⁵⁵	A	B	A	A	D	A	A
114	豆	kaʔ³¹ tsheʔ³¹	A	A	A	A	D	A	A
115	南瓜	tʂhaʔ³¹ ʐɔm³⁵	A	A	A	A	A	D	A
116	黄瓜	tiaŋ³¹ xo³¹	A	A	A	A	A	D	A
117	冬瓜	pak³¹ mon³⁵	A	C	D	A	D	D	A
118	茄子	maʔ³¹ xə³⁵	A	A	A	A	A	D	A
119	蔬菜	uaŋ³¹ ȵau⁵⁵	A	A	A	A	D	A	A
120	白菜	pə³¹ tshai³⁵	A	A	A	A	D	A	A
121	萝卜	uaŋ³¹ tɕhi⁵⁵ puʔ³¹	A	A	A	A	A	D	A
122	葱	phaʔ³¹ mo³⁵	A	A	A	A	B	D	A
123	姜	tɕhaŋ³¹	A	A	A	A	A	A	A
124	辣椒	phik⁵⁵	A	A	A	A	A	A	A
125	水果	ʂə³¹	A	A	A	A	A	D	A
126	桃子	ʂə³¹ om³¹	A	A	A	A	A	A	A
127	草	sa⁵⁵	A	A	A	A	A	A	A
128	稻草	ku³¹ ʐau³¹	A	C	A	A	A	D	A
129	菌子	mau⁵⁵	A	A	A	A	A	D	A
130	种子	a³¹ ȵau³¹	A	A	A	A	A	A	A
131	根	a³¹ mʐat⁵⁵	A	A	A	A	A	A	A
132	叶子	a³¹ xʐoʔ⁵⁵	A	A	A	A	A	A	A
133	树枝	ʂək⁵⁵ kʐaŋ⁵⁵	A	A	A	A	C	D	A
134	芽	a³¹ ŋɔŋ⁵⁵	A	A	A	A	A	D	A
135	核（果核）	a³¹ tsiʔ³¹	A	A	A	A	A	A	A
136	花	kaʔn⁵⁵ tam³¹	A	A	A	A	A	D	A

（续表）

137	稻穗	tɕɔ⁵⁵ n̥am⁵⁵	A	C	A	A	D	A	A	A
138	刺	tɕɔ³¹	A	A	A	A	A	D	A
139	身体	a³¹ tu³¹	A	A	A	A	A	D	A
140	头	na³¹ kuaŋ³¹	A	A	A	A	A	D	A
141	额头	ŋa³¹ tha³⁵	A	A	A	A	C	A	A
142	头发	u³¹ m̥ui³¹	A	A	A	A	A	A	A
143	辫子	u³¹ tʂuak³⁵	A	A	A	B	A	A	A
144	脸	n̥ɔ⁵⁵ n̥ɔ⁵⁵	A	A	A	A	A	D	A
145	眉毛	n̥ɔ⁵⁵ mui³¹	A	A	A	A	A	A	A
146	眼睛	n̥ɔ⁵⁵ tsi³¹	A	A	A	A	A	A	A
147	眼泪	n̥ɔ⁵⁵ pi⁵⁵	A	A	A	A	A	A	A
148	鼻子	n̥ɔŋ⁵⁵，ni³¹ xɔŋ⁵⁵	A	A	A	A	A	D	A
149	耳朵	ni³¹ tʂhua³¹	A	A	A	A	A	D	A
150	嘴	n̥ot⁵⁵	A	A	A	A	A	A	A
151	嘴唇	n̥ot⁵⁵ tuŋ⁵⁵	A	A	A	A	A	A	A
152	牙齿	tɕoi⁵⁵	A	A	A	A	A	D	A
153	舌头	ɕɔ⁵⁵	A	A	A	A	A	A	A
154	胡子	n̥ot⁵⁵ mui³¹	A	A	A	A	A	D	A
155	脖子	laŋ³¹ tsəŋ³¹	A	A	A	A	A	A	A
156	喉咙	khz̩ɔŋ³¹ tʂo³⁵	A	A	A	A	A	A	A
157	手	xuŋ³¹ pau³¹	A	A	A	A	A	A	A
158	手指	lɔ⁵⁵	A	A	A	A	A	A	A
159	指甲	lɔ⁵⁵ ʂəŋ³¹	A	A	A	A	A	A	A
160	脊背	xa³¹ luŋ³⁵	A	C	A	A	A	D	A
161	肚子	ɔm³¹ tau³¹	A	A	A	A	A	A	A
162	肚脐	tɕhi³¹ tɔt⁵⁵	A	B	A	A	A	A	A
163	脚	tɕhi⁵⁵	A	A	A	A	A	A	A
164	腿	tɕhi⁵⁵ san⁵⁵	A	A	A	A	A	A	A
165	皮肤	a³¹ z̩ɿ⁵⁵	A	A	A	A	D	D	A
166	骨头	a³¹ z̩au³¹	A	A	A	A	A	A	A
167	血	sui³¹	A	A	A	A	A	D	A
168	胃	lɔm⁵⁵	A	C	A	D	C	A	A
169	肠子	a³¹ u⁵⁵	A	A	A	A	A	D	A

(续表)

170	心	n̥a⁵⁵ lum³¹	A	B	A	A	B	A	D	A
171	肺	a³¹ tɕhot⁵⁵	A	A	A	A	D	A	D	A
172	汗	a³¹ xə³⁵	A	A	A	A	A	A	D	A
173	鼻涕	n̥ap⁵⁵	A	A	A	A	A	A	A	A
174	口水	a³¹ ʐui³¹	A	A	A	A	A	A	A	A
175	屎	tɕhi³¹	A	A	A	A	A	A	A	A
176	尿	ka³¹ tʂhə³⁵	A	A	A	A	A	A	A	A
177	疮	pʐəŋ⁵⁵	A	C	A	A	D	A	A	A
178	脓	pʐəŋ⁵⁵	A	A	A	A	A	A	D	A
179	人	tʂo⁵⁵	A	A	A	A	A	A	D	A
180	男人	i³¹ tɕi⁵⁵	A	A	A	A	A	A	A	A
181	老人	muaŋ³¹ tsɔ³¹	A	A	A	A	A	A	D	A
182	瞎子	n̥ɔ⁵⁵ tset⁵⁵	A	A	A	A	A	A	D	A
183	聋子	n̥ɔ³¹ kəŋ³¹	A	A	A	A	B	A	D	A
184	傻子	tʂo⁵⁵ pɔŋ³¹	A	A	A	A	C	A	D	A
185	疯子	tʂo⁵⁵ vən⁵⁵	A	A	A	A	A	A	D	A
186	跛子	tɕhi⁵⁵ kək⁵⁵	A	A	A	A	B	A	D	A
187	汉族	ka³¹ phuaŋ³¹	A	A	A	A	A	A	D	A
188	祖父	lɔŋ³⁵, kuŋ³¹	A	A	A	A	A	A	A	A
189	祖母	tɕhin⁵⁵, za³¹	A	A	A	A	A	A	A	A
190	父亲	te⁵⁵, a³¹ phɔ³¹	A	A	A	A	A	A	A	A
191	母亲	mou⁵¹, me³¹	A	A	A	A	A	A	A	A
192	伯父	luŋ⁵⁵ pha⁵⁵	A	A	A	A	A	A	A	A
193	伯母	pa³¹	A	A	A	A	A	A	D	A
194	哥哥	tʂai⁵⁵	A	A	A	A	A	A	D	A
195	姐姐	ʑe³¹	A	A	A	A	A	A	A	A
196	嫂子	pi³¹ xa⁵⁵	A	A	A	A	A	A	A	A
197	弟弟	a³¹ ɲi⁵⁵	A	A	A	A	A	A	A	A
198	妹妹	a³¹ ɲi⁵⁵	A	A	A	A	A	A	A	A
199	丈夫	ɲi³¹ ŋau⁵⁵	A	A	A	A	D	B	D	A
200	妻子	ɲi³¹ mɔ³¹	A	A	A	A	A	A	A	A
201	儿子	tsɔ³¹ lo³¹	A	A	A	A	A	A	D	A
202	儿媳	ʂɿ³¹ mɔ³¹	A	B	A	A	A	B	A	A

(续表)

203	女婿	tsɔ³¹ mɔ³¹	A	A	A	A	A	A	D	A
204	侄子	tsɔ³¹ lo³¹	A	A	B	A	D	A	D	A
205	孙子	mi³¹ tsɔ³¹	A	A	A	A	A	A	D	A
206	房屋	in⁵⁵	A	A	A	A	A	A	C	A
207	柱子	in⁵⁵ tsəŋ⁵⁵	A	A	A	A	A	A	A	A
208	门	pa̠³¹ tu³⁵	A	A	A	A	A	A	A	A
209	村子	o⁵⁵	A	A	A	A	A	A	B	A
210	坟墓	z̪ɿ³¹ tuŋ⁵⁵	A	A	A	A	A	A	D	A
211	圈（牛圈）	kok⁵⁵	A	A	A	A	A	A	D	A
212	包头	pa³¹ tuaŋ³⁵	A	A	A	A	A	A	A	A
213	斗笠	ma̠³¹ kz̪aŋ³¹	A	C	A	A	D	A	D	A
214	耳环	ni³¹ tʂhua³¹ kəŋ³¹	A	A	A	A	A	A	D	A
215	手镯	lɔ²⁵⁵ lum³¹	A	A	A	A	A	A	D	A
216	衣服（上衣）	tse³¹	A	A	A	A	A	A	D	A
217	袖子	tse³¹ lɔ²⁵⁵	A	A	A	A	C	A	A	A
218	被子	mi⁵⁵	A	A	A	A	A	A	D	A
219	席子	mz̪ɔ³¹	A	A	A	A	A	A	B	A
220	枕头	u³¹ thu³¹	A	A	A	A	A	A	D	A
221	米	tshen⁵⁵	A	A	A	A	A	A	D	A
222	饭	tɕɔ⁵⁵	A	A	A	A	A	A	A	A
223	盐	tɕhɔ³¹	A	A	A	A	A	A	A	A
224	肉	ʂua³¹	A	A	A	A	A	A	A	A
225	酒	tsi⁵⁵，lau³¹ xə³⁵	A	A	A	A	A	A	A	A
226	茶	tʂha³¹	A	A	A	A	C	A	A	A
227	斧头	u³¹ tɕɔŋ³¹	A	A	A	A	A	A	D	A
228	刀	mz̪au³¹	A	A	A	A	A	A	A	A
229	镰刀	z̪it⁵⁵ mɔ³¹	A	A	A	A	A	D	D	A
230	锄头	ŋ̊əŋ³¹	A	A	A	A	A	A	D	A
231	犁	thən³⁵	A	A	A	A	B	A	D	A
232	耙	phə³¹	A	A	A	A	D	A	D	A
233	针	ap⁵⁵	A	A	A	A	A	A	D	A
234	线	khz̪əŋ⁵⁵	A	A	A	A	A	A	A	A
235	绳子	toi³¹	A	A	A	B	A	A	A	A

(续表)

236	枪	kz̩oŋ³¹	A	A	A	A	A	A	A
237	弓	kaŋ³⁵	C	A	A	A	A	A	A
238	箭	kaŋ³⁵ mz̩ua³¹	D	A	A	A	D	D	A
239	簸箕	lam³¹ pɔ³¹	A	A	A	A	A	A	D
240	铁锅	au³¹	A	A	A	B	A	D	A
241	盖	a³¹ tshiʔ⁵⁵	A	C	A	A	A	A	D
242	碗	tɕɔ³¹ xoʔ⁵⁵	A	A	A	A	A	A	D
243	筷子	tam⁵⁵ tʂo³¹	A	A	A	A	A	A	A
244	桌子	phən³⁵	A	A	A	B	A	A	A
245	椅子	taŋ³¹ xuʔ³¹	A	A	A	A	A	A	A
246	床	ku³⁵	A	A	A	A	A	A	A
247	梯子	tɕam³¹ thək³⁵	A	A	A	A	A	B	A
248	梳子	phz̩a³¹	A	A	A	A	A	D	A
249	路	xa⁵⁵ mz̩ua⁵¹, xz̩ua⁵⁵	A	A	A	A	A	A	A
250	桥	tɕam⁵⁵	A	A	A	A	A	A	A
251	药	n̥ɔ³¹	A	A	A	A	A	A	B
252	话	ŋeŋ³⁵	A	A	A	A	A	A	A
253	力气	a³¹ xz̩aŋ⁵⁵	A	A	A	A	A	A	D
254	名字	a³¹ ɲiŋ⁵⁵	A	A	A	A	A	A	A
255	梦	it⁵⁵ mɔʔ⁵⁵	A	A	A	A	A	A	A
256	影子	a⁵⁵ z̩it⁵⁵	A	A	A	A	A	A	D
257	鬼	ʂɿ⁵⁵ pz̩ua⁵⁵	A	A	A	A	A	D	A
258	看	en³¹	A	A	A	A	A	A	A
259	看见	en³¹ mz̩aŋ⁵⁵	A	A	A	A	A	A	A
260	闭	tshin³¹	A	A	A	A	A	A	A
261	听	kz̩ua³¹	A	A	A	A	A	D	A
262	吃	tɕɔ³¹	A	A	A	A	A	A	A
263	喝	ʂoʔ⁵⁵	A	A	A	A	A	A	A
264	咬	pan³¹	A	A	A	A	A	A	A
265	舔	liap⁵⁵, leʔ⁵⁵	A	A	A	A	A	A	A
266	咽	ən⁵⁵	A	A	A	A	A	A	A
267	呕吐	phat⁵⁵	A	A	A	A	A	D	A
268	咳嗽	khz̩oŋ³¹ tʂhau³¹	A	A	A	A	A	D	A

(续表)

269	吹	m̥ut^{55}	A	A	A	A	A	A	A	A
270	说	kz̩ai^{55}	A	A	A	A	A	A	D	A
271	闻	nam^{31}	A	A	A	A	A	A	A	A
272	拿	ȵu^{55}	A	A	A	A	D	A	A	A
273	摘（果子）	ʂaŋ^{55}	A	C	A	A	A	A	A	A
274	撒（种子）	san^{31}	A	A	A	A	A	A	A	A
275	推	tun^{31}	A	A	A	A	A	A	D	A
276	捏	tɕhɔm^{55}	A	A	A	A	A	A	A	A
277	摇	ȵ̥on^{35}	A	A	A	A	A	A	A	A
278	抱（小孩）	pun^{35}	A	A	A	A	A	A	D	A
279	踩	nuaŋ^{31}	A	A	A	A	A	A	A	A
280	站	ʐap^{55}	A	A	A	A	A	A	A	A
281	骑	tsi^{31}	A	A	A	A	A	A	A	A
282	跑	pi^{31}	A	A	A	A	A	A	A	A
283	背（小孩）	pei^{35}，pui^{35}	A	A	A	A	A	A	A	A
284	（虫）爬	thɔ^{35}	A	C	A	A	A	A	B	B
285	休息	nɔ^{31}	A	A	A	A	A	A	D	A
286	睡	e^{31}	A	A	A	A	A	A	D	A
287	醒	pa^{55}	A	A	A	A	A	A	A	A
288	打（铁）	pat^{55}	A	A	A	A	B	A	A	A
289	挑	z̩o^{55}	A	B	A	A	A	A	B	A
290	耙（田）	phə^{31}	A	A	A	A	C	A	D	A
291	割	z̩it^{55}	A	A	A	A	A	A	D	A
292	砍（柴）	tɕen^{31}	A	A	A	A	A	A	D	A
293	劈（柴）	xoi^{31}	A	A	A	A	A	A	A	A
294	放牧	phuaŋ^{31}	C	A	A	A	A	A	D	A
295	牵（牛）	ʂa^{55}	A	A	A	A	C	A	D	A
296	织（布）	z̩ua^{55}	A	A	A	A	D	A	A	A
297	买	oi^{55}	A	A	A	A	A	A	D	A
298	卖	uŋ^{31}	A	A	A	A	A	A	A	A
299	教	mɔ^{35}	A	A	A	A	A	A	A	A
300	擦	sut^{55}	A	C	A	A	A	A	A	A
301	煮	z̩au^{55}	A	A	A	A	A	A	D	A

(续表)

302	炒（菜）	lɔ̥^{55}	A	A	A	A	D	A	D	A
303	烤（衣）	ɔm^{35}	A	A	A	A	A	A	D	A
304	杀（人）	sat^{55}	A	A	A	A	A	A	A	A
305	缝	xzop^{55}	A	A	A	A	A	A	A	A
306	磨（刀）	soi^{31}	A	A	A	A	A	A	D	A
307	簸（米）	tʂhaŋ^{31}	A	A	A	A	A	A	D	A
308	舀（米）	kə^{55}	A	A	A	A	A	A	D	A
309	穿（衣）	xut^{55}	A	A	A	A	A	A	A	A
310	脱（衣）	khzək^{55}	A	A	A	A	A	A	A	A
311	洗（手）	tshi^{31}	A	A	A	A	A	A	A	A
312	染（衣）	tʂhau^{31}	A	C	A	A	A	A	A	A
313	梳（头）	phza^{31}	A	A	A	A	A	A	D	A
314	扫（地）	lum^{31}	A	A	A	A	A	A	B	A
315	解（绳结）| phi^{55}	A	A	A	A	A	A	B	A
316	包（糖）	tshet^{55}	A	A	A	A	A	A	A	A
317	埋	mzop^{55}	A	A	A	A	A	A	D	A
318	问	ɲi^{31}	A	A	A	A	A	A	A	A
319	还（钱）	tɕhap^{55}	A	C	A	A	A	A	A	A
320	给	tsi^{31}	A	A	A	A	A	A	D	A
321	打（人）	te^{ʔ55}	A	A	A	A	C	B	A	A
322	追（上）	pi^{31}	A	A	A	A	A	A	A	A
323	抢	lu^{35}	A	A	A	A	A	A	A	A
324	偷	xau^{31}	A	A	A	A	A	A	D	A
325	笑	zə^{55}	A	A	A	A	A	A	A	A
326	哭	ŋau^{55}	A	A	A	A	A	A	A	A
327	知道	sa^{35}	A	A	A	A	A	A	A	A
328	忘记	ɲi^{35}	A	A	A	A	A	A	A	A
329	敢	kai^{ʔ31}	D	A	A	A	D	D	A	A
330	是	n̻e^{55}	A	A	A	A	A	A	D	A
331	来	zə^{35}	A	A	A	A	A	A	A	A
332	上（山）	tɔ^{ʔ55}	A	A	A	A	A	A	A	A
333	下（山）	tsɔ^{ʔ55}	A	A	A	A	A	A	A	A
334	进（来）	ɔŋ^{55}	A	A	A	A	A	A	A	A

(续表)

335	晒（太阳）	l̥ap⁵⁵	A	C	A	A	A	A	A	A
336	沉	n̥ɔp⁵⁵	A	A	A	A	D	A	B	A
337	（绳）断	pz̻at⁵⁵	A	A	A	A	A	D	A
338	（生）病	nɔ⁵⁵	A	A	A	A	A	C	A	A
339	肿	z̻am³¹	A	A	A	A	A	B	A
340	飞	tʂam⁵⁵	A	A	A	A	A	D	A
341	啼（叫）	thun⁵⁵	A	A	A	A	A	A	A
342	孵	up⁵⁵	A	C	A	A	A	A	A	A
343	大	kz̻ə³¹	A	A	A	A	A	B	A
344	小	ɲi⁵⁵	A	A	A	A	A	A	A
345	高	m̥z̻aŋ⁵⁵	A	A	A	A	A	A	A
346	低	n̥on⁵⁵	A	A	A	A	A	B	A
347	深	lək⁵⁵	A	A	A	A	A	B	A
348	长	səŋ⁵⁵	A	A	A	A	A	D	A
349	短	zɔŋ³¹	A	A	A	A	A	A	A
350	厚	kan³¹	A	A	A	A	A	D	A
351	远	ve³¹	A	A	A	A	A	A	A
352	多	n̥ɔ³¹	A	A	A	A	A	A	A
353	少	nəŋ³¹	A	A	A	A	A	A	A
354	弯	kok⁵⁵	A	A	A	A	A	A	A
355	轻	zaŋ⁵⁵	A	A	A	A	A	D	A
356	重	li³¹	A	A	A	A	A	B	A
357	硬	kz̻ak⁵⁵	A	A	A	A	A	A	A
358	软	n̥ɔt⁵⁵	A	A	A	A	A	A	A
359	红	na⁵⁵	A	A	A	A	A	D	A
360	黄	ləŋ³⁵	A	A	A	A	A	A	A
361	蓝	sɔm³¹	A	A	A	A	D	C	A	A
362	白	phz̻o⁵⁵	A	A	A	A	A	D	A
363	黑	lɔk⁵⁵	A	A	A	A	A	B	A
364	满	pz̻əŋ³⁵	A	A	A	A	A	D	A
365	胖	pz̻au³¹	A	A	A	A	A	D	A
366	好	tɕi⁵⁵	A	A	A	A	A	A	A
367	快	mz̻ap⁵⁵	A	A	A	A	A	A	A

(续表)

368	新	ʂək⁵⁵	A	A	A	A	A	A	A	A
369	生（肉）	tsin³¹	A	A	B	A	A	A	A	A
370	快（刀）	thɔ⁵⁵	A	A	A	A	A	A	D	A
371	酸	mzək⁵⁵	A	B	A	A	A	A	A	A
372	甜	uai³¹	A	B	A	A	A	A	A	A
373	苦	xɔ³¹	A	B	A	A	A	A	D	A
374	辣	tshek⁵⁵	A	A	A	A	A	A	D	A
375	饿	ʂut⁵⁵	A	A	A	A	A	A	A	A
376	醉	zet⁵⁵	A	A	A	A	A	A	A	A
377	一	ta³¹	A	A	A	A	A	A	A	A
378	二	ʂək⁵⁵	A	A	A	A	A	A	A	A
379	三	sum³¹	A	A	A	A	A	A	A	A
380	四	mi³¹	A	A	A	A	A	A	A	A
381	五	ŋɔ³¹	A	A	A	A	A	A	A	A
382	六	xzo⁵⁵	A	A	A	A	A	A	A	A
383	七	n̺it⁵⁵	A	A	A	A	A	A	A	A
384	八	ɕet⁵⁵	A	A	A	A	A	A	A	A
385	九	kau³¹	A	A	A	A	A	A	D	A
386	十	tɕhe⁵⁵	A	A	A	A	A	A	B	A
387	百	pak³⁵	A	A	A	A	A	A	A	A
388	千	xiŋ⁵¹	A	A	A	A	A	A	A	A
389	个（人）	zu⁵⁵	A	A	A	A	B	A	D	A
390	棵（树）	tseŋ⁵⁵	A	A	A	A	A	A	A	A
391	把（一把米）	sup⁵⁵	A	A	A	A	A	A	D	A
392	两（斤两）	khzua³¹	D	A	A	A	C	D	D	A
393	我	ŋɔ⁵⁵	A	A	A	A	A	A	D	A
394	我们	ŋɔ⁵⁵ tu³¹	A	A	A	A	A	A	A	A
395	你	nuaŋ⁵⁵	A	A	A	A	A	A	D	A
396	你们	nuaŋ⁵⁵ tu³¹	A	A	A	A	A	A	A	A
397	他	n̺aŋ³¹	A	A	A	A	A	A	A	A
398	哪里	xoi⁵⁵ thɔ⁵⁵	A	A	A	A	A	A	A	A
399	刚才	ta³¹ liap⁵⁵	C	A	A	A	A	A	A	A
400	都	kuai⁵⁵	A	A	D	D	B	B	A	B

被测试人的基本情况：

1 孙祖芝：女，36岁，小学，芒旦寨。

2 彭兴卓：男，28 岁，教师，大专文化，户早村。
3 郭美仙：女，44 岁，小学，潘乐村。
4 尹相过：男，61 岁，小学，芒旦寨。
5 许喃软：女，16 岁，初中，芒旦寨。
6 曹成仓：男，36 岁，教师，大专文化，东么上寨。
7 尹　俊：男，11 岁，小学，父母在户撒乡政府工作。
8 雷相过：男，49 岁，小学，连勐寨。

第三节　户撒乡访谈录

语言使用情况的调查，除了挨家挨户地对居民进行调查统计以外，还可选择各种类型的代表人物，专题调查获取语言使用的实际情况。通过访谈，能够了解到语言使用者的语言态度、语言观念以及与语言使用相关的情况。访谈的过程是让语言使用者把自己的想法提供给调查者。因此，访谈法是语言使用情况调查的一个具有特殊价值的方法。

访谈一：

访谈对象：寸待富，男，36 岁，阿昌族。大专文化程度，户撒乡乡长。阿昌语熟悉。
访谈时间：2007 年 2 月 15 日
访谈地点：户撒乡政府乡长办公室

问：寸乡长，请你介绍一下全乡的基本情况。
答：户撒阿昌乡位于陇川县西北部，是陇川县唯一的民族乡，全乡土地面积 251.4 平方公里，有 4.3（公里）的国境线。全乡有 120 多个村民小组，总人口 2.2 万多人，其中阿昌族 1.1 万多人，占全乡总人口的 53%。户撒的民族成分比较多，有阿昌族、汉族、傈僳族、景颇族、傣族和回族。汉族 7000 多人，占 32.2%，傈僳族 2300 多人，占 10.1%，景颇族 400 多人，占 1.8%，傣族 300 多人，占 1.6%，回族 100 多人，占 0.8%。

我们乡经济比较落后，产业单一，经济收入单一。2006 年全乡经济总收入 4188.86 万元，人均收入只有 864 元，还在贫困线以下。人均粮食占有 404 千克，总体上来说应该是够吃了。但青黄不接的时候，有些家庭因为没有经济来源，只有一点水稻。如果需要用钱了，就卖水稻，卖完了就不够吃了。

基础设施相当差，主要表现在交通、农田水利基本建设等方面。我们乡有几个水库，积雨面积小，水库无法正常运行。四、五月份，在水稻用水时节，水库缺水，只能靠天吃饭。

教育方面，这两年学校危房改造力度还是比较大的。由于财政紧张，现在还有 4 所小学没有教学楼，2006 年，又争取了一栋教学楼，小学生的入学率是 91.2%，初中生就比较低，初中在校生只有521人,按适龄儿童推算,初中学生应该在900人左右,如果按800人算,800人到中学,学校里也容纳不下,学校的教学楼、宿舍、教师配备等资源还是有一定的欠缺。全乡教师年龄偏低,平均年龄只有35—36岁,骨干教师缺乏。

户撒是一个小坝子,各级各部门都比较关心。乡里有一所卫生院,今年卫生院建了一个住院楼。但医务人员力量薄弱。去年县里来了一个医生,可以进行下腹部手术。后来那个医生又调回县里了,现在基本上都是护士,有医师资格可以开处方的也没有几个。由于距离县城比较远,老百姓看病就医比较困难。

我们乡农业技术人员欠缺,山区条件差,留不住人,造成技术人员流动性太大,制约了全乡农业技术水平的提高。

问:现在阿昌族外出打工经商的人多不多?

答:乡里现在每年都组织人员外出打工,主要是到广州、深圳等地。没有通过中介自己出去打工的也很多。户撒阿昌经商意识较强,在芒市、章凤等地经营餐饮业的比较多,农闲季节外出打铁的也不少。

问:户撒乡是个多民族聚居的地方,阿昌族和其他民族族际婚姻的情况多不多?

答:改革开放以前,阿昌族基本上是族内通婚,族际婚姻极少。改革开放后,族际婚姻的情况就比较多起来。有阿昌族姑娘嫁到外族家庭的,也有外族姑娘嫁到阿昌族家庭的。

问:通婚家庭的小孩子说什么话?

答:嫁到外族家庭的,小孩基本上不会说阿昌话。只要是阿昌族家庭,就会说阿昌话。

问:你感觉阿昌语这几年有没有发生变化?

答:还是有变化的。老的词汇年轻人已经听不懂、不会说了。新的事物大量出现,阿昌语都是借用汉语表达的。

问:寸乡长,能不能请您介绍一下您个人的情况?

答:我1979年在民族小学上小学,之后到县民族中学上中学,然后又上了民族师范。1994年到1998年在中学教书,来这里工作两年半的时间了。我本人是本地的阿昌族,家住保平村拉启寨。我爱人是汉族,也是教师,住在章凤。

问:那您的孩子会不会说阿昌语?

答:小孩不会说阿昌语。

问:那她回到老家后怎么交流?

答:回到老家爷爷奶奶也跟她说汉语。

问:那你们在家是说什么话?

答:我爱人是汉族,我们在自己的小家庭里用汉语。

问:寸乡长在外面工作这么长时间,回来后和老乡说什么话?

答:即使是同民族的也不完全一样,主要是看工作情况。都是同龄的,有的是用阿昌话,也有的用汉话。但同长辈肯定用阿昌语说,主要是出于尊敬、尊重。

问：您那个寨子里汉族有五十多户，阿昌族只有二十多户，在这样的环境里，有没有阿昌族的家庭会在孩子一出生就教他们汉语，而不教他们说阿昌语的情况？

答：不会有这样的情况，一般不会刻意地教他们说什么话，如果家里都是阿昌族他自然就学会阿昌语了。因为有汉族杂居，小孩从小在左邻右舍玩耍，不知不觉也就学会了汉语，没有人刻意地教他们。我感觉阿昌族学习其他语言是很快的，如接近傈僳族的寨子，基本上都会熟练掌握傈僳语。

问：在这样一个汉族居多数的寨子里，阿昌族每个人的阿昌话都很熟练，你觉得是什么原因让它保存下来的呢？

答：记得小时候，阿昌族小伙伴一起玩，如果想说点悄悄话，就说阿昌话，其他族的小朋友就听不懂。这可能是个原因吧。还有就是民族意识，作为一个民族，应该掌握本民族的语言。

问：您怎么看待阿昌族掌握阿昌语的作用？

答：当然很有用了。八几年的时候，有的老领导提出创造阿昌族文字，他们确实也创造过文字，但并没有推广开来。作为一个民族，要掌握本民族的语言，对于日常生活、交流等方面看都是很好的。语言作为一个民族的标志，本民族应该要掌握，不会讲就会被同化。作为民族特征的服饰已经逐步汉化，如果连语言也留不住那民族也就消失了。

问：您对阿昌人成为"阿昌语—汉语"双语人的态度是什么？

答：这也是好事，毕竟汉语是官方用语，新闻媒体等都用汉语，如果不能掌握汉语，对本民族发展也不利。掌握多种语言对各民族间的沟通是有好处的。

问：如果阿昌人成为汉语单语人，您的态度是什么？

答：这样民族正宗性就很难保证了。

问：如果有人在外地学习或工作几年后回到家乡，不再说阿昌语，您如何看待？

答：一般户撒人无论去到哪里都会说阿昌语，只要他是在成人后，本民族语言掌握好后出去的，回来肯定还会说阿昌语的。

问：您希望子女最好会说什么语言？

答：这也是一个问题，从我个人来说是很希望子女学会阿昌语的，在家有时也教一些词，但是缺乏一种语言环境。

问：户撒是阿昌族聚居的自治乡，学校里是不是用汉语—阿昌语双语教学？

答：在户撒这里，在民族杂居的地区，阿昌族的汉语程度也很高，一般都用汉语授课，只有在纯民族地区的一到三年级会用阿昌语辅助教学，三年级以上用汉语教学，可能阿昌族学生在理解上会稍有困难，但是作为学校教育还是应该用官方语言。

问：您能不能对阿昌语的未来进行一下预测？

答：民族语言面临被同化的危机的问题，大概是每一个少数民族都会碰到的吧。阿昌语目前暂时倒是不会，但是将来早晚会被同化。过去与外族通婚的很少，现在外出打工的人多了，与汉族通婚的也越来越多了，一些与汉族通婚的家庭里很多孩子都不会说阿昌话了。

访谈二：

访谈对象：许本学，男，29岁，阿昌族，中专文化程度，户撒阿昌族乡副书记、人大主席。熟悉本族语言。

访谈时间：2007年2月16日

访谈地点：户撒乡人大办公室

问：许主席，你好。我们今天来主要是想向你了解一下阿昌族教育的现状及你对阿昌语使用的一些看法。据我们了解，户撒乡小学阶段阿昌族学生的辍学率是比较高的。

答：是的，阿昌族的教育，我感觉太令人担忧了。阿昌族寨子里，高中生很少见，初中生也很少。

问：你觉得小学阶段辍学率高的原因是什么？

答：国家实行"两免一补"，义务教育阶段不存在因穷而上不起学的现象。我曾作过简单的调查，发现存在的原因主要还是思想认识问题。这是最危险的，需要我们投入大量的工作来改变。

问：老百姓是一种什么想法？

答：想法是多种多样的。如守家意识，家里有两个或三个孩子，至少要让一个孩子守家。还有的人想，我把娃娃供上学，无论到什么层次，都解决不了工作问题，干脆就别上了。另外就是户撒这个地方，很早就有经商的意识，经商意识很强。我个人这么想，这也是他们不愿意上学的一个原因。他在算账，我的娃娃上学要花钱，不上学在家还能给家里找钱。有这种想法的大多是比较贫穷的。

辍学导致了很多问题，虽然现在不是那么明显，但十年以后就会很危险。国家的九年义务教育根本就无法做到，我们也是很着急。

问：辍学导致了哪些问题？你能给举个例子吗？

答：如早婚早育，十八九岁就有一些人娶妻或嫁人了。还有就是人的思想保守，对新的技术排斥，觉得传统的方法较好。对此历届党委做了大量工作，虽然改变较小，但毕竟还在改变。

问：对于教育落后现状，乡历届党委都做了哪些工作？

答：对于那些考上大学的阿昌族学生，我们尽力提供力所能及的帮助。对于在校的中小学生，乡里也尽最大努力不让他们辍学。对辍学的那些人，我们进行技术培训，因为再把他们叫到学校上学似乎已不适合了，年龄也超过了。对于这些人，村上党支部和家长学校也做了一定努力，对他们进行一定的教育，让他们学会在社会上做人的道理，再上一些法律课。有些人缺乏法律意识，打了人也不知道是犯法的。

2006年是户撒历史上没有过的，高考600分以上的有了，500分以上的有30多个。我们认为，历届党委政府这么多年来的努力没有白费。教育就是投资大，见效慢，但是当这个效果出来后,效果就相当好。

问:我们来了以后,通过调查发现户撒乡虽然民族较多,阿昌族外出打工的和族际婚姻也逐渐增多,但阿昌语却保存得很好,你个人认为这是什么原因呢?

答:我感觉是有一个好的大环境。为什么这么说呢?阿昌语语言很杂,跟傣语、景颇语、缅语、德昂语、傈僳语都有部分相似,阿昌族去学其他民族的语言比其他民族容易得多,这个是个大的语言环境,第二,户撒是全国阿昌族最聚居的乡镇,陇川是全国阿昌族最聚居的县,即使是通婚,在户撒,阿昌族人数也占绝对多数,其他民族实际上在被阿昌族同化,除非是只有汉族的寨子。在这个地方的汉族很多都会说阿昌话,不是这样的话可能很难保存下来。阿昌族语言说难学其实也不难学,只要在本地土生土长的都会说,甚至是汉族,很多汉族说阿昌语比我说得好,我母亲阿昌话就比我说得好,她是回族。

问:你母亲是回族,那你们在家庭内部使用什么语言?

答:我们一家都在的时候,我们兄弟姊妹跟我母亲说汉话,跟我父亲说阿昌话,我们兄弟姊妹之间就说阿昌话,从小这样。我母亲是本地人,嫁进来30多年了,嫁到我家之后才学的阿昌话,她阿昌话比我说得好。从小妈妈跟我们说汉语,我先学会的是汉话。我父亲汉话阿昌话都说得好。我父母之间说汉话。

问:你个人觉得阿昌族掌握汉语有没有用?

答:相当有用。汉语是我们国家的官方语言,你去其他地方与人交流,接受什么新的知识都是通过汉语。而且阿昌族没有文字,很多阿昌族优秀的东西都只能靠口耳相传,这样很多东西都会偏差或丢失,所以我们必须要学汉语,而且必须学好,不能搞狭隘的民族主义。学汉语并不会影响我们作为阿昌族的身份,反过来学好汉语对民族有推动、促进作用,对挖掘阿昌族优秀文化也有好处。

问:有没有被汉语影响而不会说阿昌语的?

答:很少。比如像我姐那样嫁到汉族家的,她的子女仍然是阿昌族,但都不会说阿昌话。本身会说阿昌话,后来被同化不说阿昌话的,在户撒这个地方倒是没有。

问:你怎样看待阿昌族掌握本族语的作用?

答:很有用。原因很简单,阿昌族许多口耳相传的最优秀的东西,很难用汉语准确地表达出来。一个民族最基本的特征之一是语言,如果最后阿昌族连语言也没有了,是否能叫阿昌族就是一个问题。还有就是使用阿昌语是有一种民族情感色彩在里面。

问:你对阿昌人都成为"阿昌语—汉语"双语人的是什么态度?

答:应该比较好吧。使用汉语对阿昌语应该没什么影响。还有一个比较奇怪的是,很多阿昌族去学傣语、景颇语都很快,而傣族、景颇族学阿昌语就没那么容易了。

问:你觉得阿昌语会不会最终被汉语同化?

答:就我个人认为,在户撒范围内的话,三五代人应该不会有这个问题,十代八代就难说了。因为计划生育政策对阿昌族这样的特有少数民族稍有放宽,但也一直在搞。不过,无论如何与外族大量通婚也是一个大趋势,这样包括语言文化在内的一些东西可能会丢失。

问:你认为阿昌语有必要保护吗?

答:从我们民族本身来考虑我认为是应该保护的,虽然阿昌族所占比例很小,但毕竟是五十六分之一,我们应该采取一些必要的措施和方法来保护。就我个人来说,我真的不希望阿昌族语言有朝一日变成世界非物质文化遗产。如果到了那种地步的话,那是一个民族的悲哀。

问:对于阿昌族这样一个特少民族,应该如何振兴呢?

答:就经济建设来说,还是要把户撒的基础设施搞上去,基础设施滞后是制约户撒经济发展的一个瓶颈。经济上的投入不能在根本上解决问题,只能靠抓好教育,包括在校教育和社会教育。社会教育包括一些相应的实用技术的培训,只要在我们生产生活中碰到的涉及的尽量给他们传输。对未成年的,失学在家的,又不是适龄儿童的,也只能靠加强社会教育,来把这个民族壮大。通过教育最关键的是让他们的思想认识提高、综合素质提高,这样才能发展。如果娃娃不读书,流落在社会上也不对他们进行相应的教育,要靠他们来振兴这个民族是绝对不可能的,只是空谈。

和其他民族比起来,阿昌族是个很开放的民族,应该多和外面联系、多沟通,把外面一些好的东西引进来,开阔视野。要提高我们这个民族的知名度,加大对阿昌族文化的宣传力度,让外界认同。

我个人认为一个民族的强大,不是靠人口数量上的优势,关键是从整个民族的思想、整个民族的精神、整个民族的总体素质来体现的。

第三章　阿昌语梁河方言使用情况

梁河阿昌族自称 $\eta a^{31} tsha\eta^{31}$，主要聚居在九保和囊宋两个阿昌族乡。此外，湾中、勐来、芒回等 8 个行政村也有阿昌族的分布。据最新统计数字（2006），梁河阿昌族总人口有 12708 人，约占全县总人口的 7.9%。

第一节　社会概况

梁河阿昌族多住在半山半坝区，海拔一般在 960～1380 米。境内江流密布，河叉纵横，除大盈江、龙江等较大河流外，还有大小不等数十条山溪沟渠。由于地处低纬度高原，在西南季风影响和高黎贡山屏障的阻截作用下，这里夏无酷暑，冬无严寒，干湿季较为明显，属于较典型的亚热带季风气候。

梁河阿昌族所处的地理位置与气候条件较适宜水稻的种植。在长期耕作实践中，阿昌族积累了丰富的种植经验，不仅有双季稻，而且还成功培育出了三季稻。此外，这里还广泛种植玉米、小麦、大豆等粮食作物和油菜、烟草、花生、油茶、甘蔗等经济作物。阿昌族的手工业也比较发达，主要有铁器、木器、竹编、染织、刺绣、石刻等。

梁河阿昌族的分布呈大杂居小聚居的情况。阿昌族与周围汉、傣、傈僳、德昂、佤等民族或同寨杂居，或隔寨为邻。梁河县的 381 个自然村，纯阿昌族自然村有 16 个，与汉族杂居的村寨多达 40 余个。在阿昌族民族乡，除去芒东行政村外，其他行政村都有"汉—昌"杂居的寨子。梁河县的 9 个乡级单位，乡乡都有阿昌族；阿昌族乡的 15 个行政村，村村也都有汉族。

据专家考证，阿昌族是"氐羌"后裔，唐朝以前长期保留着游牧民族逐水草为生的文化特征。至唐朝，阿昌族先民结束游牧方式进入了农耕时代，广泛分布定居于今澜沧江上游的云龙、兰坪一带。这一区域史称"古浪峨地"，因此居住在这里的阿昌族又被称为"浪人"。此后"浪人"进入洱海的西北部建立了著名的"三浪诏"。至公元六、七世纪，云龙阿昌族部落酋长在与其他部落征战中大获全胜，势力急剧壮大，组成了部落联盟。到公元十世纪末，盛极一时的云龙阿昌部落由于内斗加剧而分崩离析。其中一部分后来被称作"峨昌"或"阿昌"的先民，因为受到部落排挤与杀戮逃离云龙，一路长途奔袭，翻越高黎贡山来到今腾冲和德宏西北部境内。至十三世纪，这一支阿昌族的先民不再继续西迁，遂定居于现今云南省德宏傣族景颇族自治州的梁河一带,经过与周边民族不断融合,最后繁衍发展成为今日的梁河阿昌族。

梁河阿昌族的居住地为多民族交错杂居的地区,长期以来,为自身的生存与发展,阿昌族在与汉、傣、景颇、德昂等民族的密切的经济、文化交往中,广泛地吸纳各民族尤其是汉族的先进文化成分。由于地理、人口、经济等诸方面的原因,阿昌族早期主要受傣族文化影响。到了近代,特别是新中国成立后,社会政治、经济结构发生了巨变,汉文化开始全面、深入地影响了阿昌族。大致说来,这种影响主要是通过民族之间的自然接触和学校的汉语教育实现的。从地理、历史的渊源来看,梁河阿昌族地区靠近文化较发达的腾冲县,曩宋乡以北就与腾冲的清水乡、荷花乡接壤。九保和曩宋这两个阿昌族乡曾为腾冲所辖。由于这种特殊的地理环境和历史渊源,当地阿昌族至今与腾冲汉族在经济和人员往来方面保持着较为密切的关系;从学校教育方面看,梁河阿昌族地区早在清初就设立了义学和私塾,为各民族培养了一批精通汉语、通晓汉文化的人才。此后,兴办学堂,传播汉文化之风深入人心,从未间断。到上世纪80年代中期,阿昌族小学就多达30余所,儿童入学率近百分之百。

汉文化的影响使阿昌族社会发生了深刻的变化,如今阿昌族地区在服饰、婚姻、节日等各个方面都有着明显的汉文化印记。服饰方面,阿昌族的男子早已改穿汉装,未婚少女的打扮也与当地汉族无异。只有已婚妇女的着装还一定程度地保持着民族特色。婚姻恋爱方面,过去梁河阿昌族盛行的正亲正戚(指姑表、舅表、姨表优先配婚)婚配观念早已淡薄,青年男女交往比较自由,婚姻通常是以自由恋爱为基础。以前阿昌族有"族外不婚"的限制,这种观念近二十年也大为改观,现在几乎每个阿昌族村寨都有数量不等的"汉—昌"族际婚姻家庭。生活方式方面,过去阿昌族不吃"早点",每天只用两餐。受当地汉族的影响,很多阿昌族也逐渐养成了吃早点的习惯。节日方面,除了本民族"立秋"、"拆秋"、"进洼"、"出洼"、"阿露窝罗节"等传统节日外,梁河阿昌族还相当重视"春节"、"元宵节"、"清明"、"端午节"、"中秋节"等汉族传统节日。

第二节　语言使用情况

阿昌语属汉藏语系藏缅语族彝缅语支,分潞西、陇川、梁河三大方言。三大方言在语音、词汇、语法方面均有一定差异,彼此不能通话,但总体上来看,梁河方言和潞西方言较为接近。

目前梁河阿昌语出现了较严重的衰变特征,语言转用现象突出。语言衰变在语言系统上的表现主要是固有成分创新能力降低,语言的丰富和进一步发展主要依靠汉借成分;汉借成分与固有成分彼此竞争并逐渐占据优势地位;部分核心词汇(nucleus words)已为汉语借词所替换,与汉借词并用的核心词语也多处于劣势;固有成分在语言类型上与汉语表现出一定程度的趋同。语言衰变在交际功能方面的表现主要有两个特点:其一是交际中汉语借词和汉语句式的大量借用;其二,"汉语—阿昌语"语码的无意识转换。后者在交际双方话轮转换(turn-taking)和大段陈述时出现的频度较高。

梁河阿昌语的语言转用现象突出。从转用范围上看,可大致划分为整体转用、主体转用和局部转用等三类。整体转用型的村寨主要以河西乡以及九保乡的永和、新寨等自然村为代表。在这类村寨中,仅有个别老年人还能使用本族语进行交际,使用场合也仅限于几个老人之间。主体转用型的村寨主要以湾中行政村为代表。这类村寨中的大部分人都转用了汉语,只有为数不多的几户人家还在使用阿昌语。阿昌语的使用场合也多限于家庭内部。局部转用型的村寨主要以曩宋乡弄别行政村为代表。在这类村寨,阿昌族还能够使用母语进行交际,但有一部分人日常交际中转用了汉语。这一部分人大多是一些外出打工的年轻人。

以下是梁河阿昌族语言使用情况的个案调查报告。

一 牛场地村语言使用情况

(一) 社会概况

牛场地村是梁河县的一个阿昌族聚居的小村寨。行政单位为梁河县曩宋乡关璋村委会弄坵第四村民小组,又称"牛场地"。它位于曩宋乡政府以东7公里处,交通比较闭塞。牛场地村共有居民39户,总人口164人,其中阿昌族161人,约占98.2%。除阿昌族外,还有汉族3人。

牛场地村主要种植水稻、甘蔗、油菜,2005年起有少数人家开始尝试种植经济作物芭蕉。由于道路崎岖,交通不便,与其他收入较高的阿昌族地区相比,牛场地村相当贫困。牛场地全村有固定电话14台,电视机23台,拖拉机2台,只有7户人家拥有手机。牛场地村是曩宋乡政府近年来重点扶持的特困村。乡政府已于2006年开始修筑该村通往外界的公路,努力改善交通状况。

(二) 语言使用的基本特点

1. 阿昌语是牛场地村的阿昌族的主要交际工具。由于牛场地村98.2%的村民都是阿昌族,所以不论是家庭内部,还是村寨内部,村民们都用阿昌语进行日常交流。根据调查统计,牛场地村的145个阿昌族(不包括15个6岁以下的儿童以及1个智力障碍者)村民,100%都能熟练地掌握运用阿昌语(见表1)。我们调查发现,即便是嫁来的两个汉族媳妇,以及一个汉族上门女婿,他们的阿昌语说得也很熟练。

表1 不同年龄段阿昌语语言能力统计表

年龄段	总人口	熟练 人口	熟练 百分比	一般 人口	一般 百分比	不会 人口	不会 百分比
6—19岁	44	44	100%	0	0%	0	0%
20—50岁	72	72	100%	0	0%	0	0%
50岁以上	29	29	100%	0	0%	0	0%
合计	145	145	100%	0	0%	0	0%

2. 为了方便与外界的交流,牛场地村 70.4% 的阿昌族都能熟练运用汉语进行日常交际(见表2)。牛场地阿昌族 145 人中,不会汉语的只有 6 个,仅占 4.1%。他们之中有 4 个 6 岁的尚未入学的儿童,还有 2 个 60 岁以上的老人。牛场地村的适龄儿童一般 7 岁入学,进入小学以后,由于接触汉语的机会多了,汉语就慢慢熟练起来了。但在入小学之前,在家庭内部和村寨内部,他们接触到的大多是阿昌语。因此,这 4 个 6 岁的学龄前儿童不会汉语。中老年人以及部分很少出寨子的年轻人汉语水平一般。60 岁以上的老年人熟练掌握汉语的一般是从汉语说得比较多的村寨嫁来的,如:赵润招(76 岁)、赵美召(82 岁),或者是村里的老干部,如:梁其亮(80 岁)、梁其瑞(63 岁),梁本学(81 岁,旧梁河土司衙门的差官)。

表 2　不同年龄段汉语语言能力统计表

年龄段	总人口	熟练		一般		不会	
		人口	百分比	人口	百分比	人口	百分比
6—19 岁	44	39	88.6%	1	2.3%	4	9.1%
20—50 岁	72	51	70.8%	21	29.2%	0	0%
50 岁以上	29	12	41.4%	15	51.7%	2	6.9%
合计	145	102	70.4%	37	25.5%	6	4.1%

(三) 牛场地村家庭语言使用情况一览表

序号	家庭关系	姓名	年龄	文化程度	第一语言及水平	第二语言及水平	备注
1	户主	曹贤存	41	小学	阿昌语熟练	汉语熟练	
	长女	梁路松	17	初中	阿昌语熟练	汉语熟练	
	长子	梁永志	17	初中	阿昌语熟练	汉语熟练	
2	户主	曹庆兰	51	小学	阿昌语熟练	汉语一般	
	长子	梁艳芳	29	小学	阿昌语熟练	汉语熟练	
	次子	梁艳庭	25	小学	阿昌语熟练	汉语熟练	
	三子	梁艳聪	23	初中	阿昌语熟练	汉语熟练	
3	户主	梁俊昌	56	小学	阿昌语熟练	汉语熟练	
	妻子	曹兰庆	56	脱盲	阿昌语熟练	汉语一般	
	三子	梁永柱	26	初中	阿昌语熟练	汉语熟练	
	五子	梁老五	22	初中	阿昌语熟练	汉语熟练	
4	户主	梁祖良	24	小学	阿昌语熟练	汉语熟练	
	妻子	李楼美	22	初中	汉语熟练	阿昌语熟练	龙陵汉族
	长女	梁秋娜	0		阿昌语不会	汉语不会	
5	户主	梁永平	28	小学	阿昌语熟练	汉语熟练	
	妻子	赵爱春	23	初中	阿昌语熟练	汉语熟练	
	长女	梁叶倩	3		阿昌语一般	汉语不会	

(续表)

6	户主	赵兰坤	44	小学	阿昌语熟练	汉语熟练	
	长子	梁长柱	23	初中	阿昌语熟练	汉语熟练	
	次子	梁长富	21	初中	阿昌语熟练	汉语熟练	
	三子	梁长红	19	初中	阿昌语熟练	汉语熟练	
	长媳	杨花	19	初中	阿昌语熟练	汉语熟练	
	长孙女	梁晶	0		阿昌语不会	汉语不会	
	兄	梁培昌	55	小学	阿昌语熟练	汉语熟练	
7	户主	梁流昌	45	小学	阿昌语熟练	汉语熟练	
	妻子	赵保娣	45	小学	阿昌语熟练	汉语熟练	
	儿子	梁文川	21	初中	阿昌语熟练	汉语熟练	
	儿媳	曹庆仙	21	初中	阿昌语熟练	汉语熟练	
	次女	梁福芹	18	初中	阿昌语熟练	汉语熟练	
	父亲	梁其仲	69	小学	阿昌语熟练	汉语一般	
	母亲	曹先芝	74	小学	阿昌语熟练	汉语一般	
	长孙	梁自念	0		阿昌语不会	汉语不会	
8	户主	梁兴荣	28	初中	阿昌语熟练	汉语熟练	
	妻子	赵存香	30	小学	阿昌语熟练	汉语熟练	下弄别嫁入
	长子	梁自基	6		阿昌语熟练	汉语熟练	
	次子	梁正鼎	4		阿昌语熟练	汉语一般	
	母亲	赵林芝	71	脱盲	阿昌语熟练	汉语一般	
9	户主	梁彩义	62	小学	阿昌语熟练	汉语一般	
	次子	们从茂	31	小学	阿昌语熟练	汉语熟练	
10	户主	梁兆华	36	小学	阿昌语熟练	汉语熟练	
	妻子	曹四兰	33	初中	阿昌语熟练	汉语熟练	
	长女	梁自敏	13	初中	阿昌语熟练	汉语熟练	
	长子	梁自磊	11	小学	阿昌语熟练	汉语熟练	
11	户主	赵记成	37	小学	阿昌语熟练	汉语一般	
	妻子	李桂妹	36	小学	阿昌语熟练	汉语一般	
	长子	赵仁宏	9	小学	阿昌语熟练	汉语熟练	
	长女	赵仁圆	8	小学	阿昌语熟练	汉语熟练	
12	户主	梁对昌	34	初中	阿昌语熟练	汉语熟练	
	妻子	曹冬芝	32	初中	阿昌语熟练	汉语熟练	
	长子	梁兆爽	8	小学	阿昌语熟练	汉语熟练	
	次子	梁兆东	5		阿昌语熟练	汉语不会	
13	户主	李祖留	43	小学	阿昌语熟练	汉语熟练	
	妻子	梁牙芝	33	小学	阿昌语熟练	汉语一般	
	长女	李艳娇	13	初中	阿昌语熟练	汉语熟练	
	次女	李艳波	8	小学	阿昌语熟练	汉语熟练	
	长子	李维刚	4		阿昌语熟练	汉语不会	

(续表)

14	户主	李从传	31	初中	阿昌语熟练	汉语熟练	
	妻子	梁丙艳	26	小学	阿昌语熟练	汉语熟练	
	侄女	李丽清	15	初中	阿昌语熟练	汉语熟练	
	母亲	孙芹会	72	小学	阿昌语熟练	汉语熟练	
	长子	李伯韬	6		阿昌语熟练	汉语不会	
	长女	李蕊	4		阿昌语熟练	汉语不会	
15	户主	梁石昌	44	小学	阿昌语熟练	汉语一般	
	妻子	赵明翠	44	小学	阿昌语熟练	汉语一般	
	长女	梁松艳	19	大专	阿昌语熟练	汉语熟练	
	次女	梁松丽	17	初中	阿昌语熟练	汉语熟练	
	三女	梁兆英	14	初中	阿昌语熟练	汉语熟练	
16	户主	梁照忠	40	小学	阿昌语熟练	汉语熟练	
	妻子	赵巧秀	28	小学	阿昌语熟练	汉语熟练	
	长女	梁红丽	11	小学	阿昌语熟练	汉语熟练	
	次女	梁丽娟	9	小学	阿昌语熟练	汉语熟练	
	长子	梁东辉	6		阿昌语熟练	汉语不会	
	母亲	杨祖英	67	脱盲	阿昌语熟练	汉语一般	
17	户主	赵家维	68	小学	阿昌语熟练	汉语熟练	
	妻子	梁云妹	66	脱盲	阿昌语熟练	汉语不会	
18	户主	梁其成	48	初中	阿昌语熟练	汉语熟练	
	妻子	杨美和	39	小学	阿昌语熟练	汉语熟练	
	长子	梁文超	17	初中	阿昌语熟练	汉语熟练	
	次子	梁文吉	16	初中	阿昌语熟练	汉语熟练	
19	户主	杨书昌	40	小学	阿昌语熟练	汉语熟练	
	妻子	梁祖芝	37	小学	阿昌语熟练	汉语熟练	
	次女	杨立花	17	小学	阿昌语熟练	汉语熟练	
	长子	杨肖	15	初中	阿昌语熟练	汉语熟练	
20	户主	赵兴成	35	小学	阿昌语熟练	汉语一般	
	妻子	梁留仙	35	初中	阿昌语熟练	汉语熟练	
	长子	赵仁海	11	小学	阿昌语熟练	汉语熟练	
	次子	赵仁孝	5		阿昌语熟练	汉语不会	
21	户主	梁乔昌	32	初中	阿昌语熟练	汉语熟练	
	妻子	们发会	24	小学	阿昌语熟练	汉语熟练	
	母亲	赵扬招	73	脱盲	阿昌语熟练	汉语一般	
	长子	梁兆羿	4		阿昌语熟练	汉语不会	
22	户主	陈德刚	43	小学	汉语熟练	阿昌语熟练	汉族
	妻子	梁顺芹	32	脱盲	阿昌语熟练	汉语一般	
	长子	梁赵永	14	初中	阿昌语熟练	汉语熟练	
	长女	梁丽锦	6		阿昌语熟练	汉语不会	

(续表)

23	户主	梁其美	61	小学	阿昌语熟练	汉语熟练	
	妻子	赵彩义	60	脱盲	阿昌语熟练	汉语一般	
	长子	梁应昌	26	小学	阿昌语熟练	汉语一般	
	长媳	曹春艳	21	小学	阿昌语熟练	汉语一般	
	长孙	梁路恩	0		阿昌语不会	汉语不会	
24	户主	梁际昌	50	小学	阿昌语熟练	汉语一般	
	妻子	赵兰芝	50	小学	阿昌语熟练	汉语一般	
	长子	梁永信	25	小学	阿昌语熟练	汉语熟练	
	次子	梁荣成	24	初中	阿昌语熟练	汉语熟练	
	次女	梁荣丽	18	小学	阿昌语熟练	汉语熟练	
25	户主	赵兰英	52	小学	阿昌语熟练	汉语熟练	
	四子	梁兴志	23	高中	阿昌语熟练	汉语熟练	
	父亲	梁其亮	80	脱盲	阿昌语熟练	汉语熟练	
	母亲	赵润招	76	脱盲	阿昌语熟练	汉语熟练	
26	户主	赵兴伍	33	小学	阿昌语熟练	汉语一般	
	妻子	梁连英	33	初中	阿昌语熟练	汉语熟练	
	长子	赵仁涛	6		阿昌语熟练	汉语不会	
	次子	赵仁席	1		阿昌语不会	汉语不会	
27	户主	梁桃荣	27	高中	阿昌语熟练	汉语熟练	
	妻子	赵兴艳	26	中专	阿昌语熟练	汉语熟练	
	长子	梁自体	3		阿昌语一般	汉语不会	
28	户主	梁其炳	41	初中	阿昌语熟练	汉语熟练	
	妻子	们牙焕	36	小学	阿昌语熟练	汉语一般	
	长女	梁水香	16	初中	阿昌语熟练	汉语熟练	
	次女	梁昌慧	14	初中	阿昌语熟练	汉语熟练	
	长子	梁昌万	12	小学	阿昌语熟练	汉语熟练	
	父亲	梁本学	81	脱盲	阿昌语熟练	汉语熟练	
	母亲	赵美召	82	脱盲	阿昌语熟练	汉语熟练	
29	户主	梁明相	33	小学	阿昌语熟练	汉语一般	
	妻子	曹聪会	31	小学	阿昌语熟练	汉语一般	
	长子	梁照栖	11	小学	阿昌语熟练	汉语熟练	
	次子	梁照杰	8	小学	阿昌语熟练	汉语熟练	
	父亲	梁其佩	71	脱盲	阿昌语熟练	汉语一般	
	母亲	曹珍秀	76	脱盲	阿昌语熟练	汉语一般	
30	户主	梁清昌	41	小学	阿昌语熟练	汉语熟练	
	妻子	赵聪兰	40	初中	阿昌语熟练	汉语熟练	
	长女	梁兆芬	17	初中	阿昌语熟练	汉语熟练	
	次女	梁兆仙	14	初中	阿昌语熟练	汉语熟练	
	长子	梁兆光	13	初中	阿昌语熟练	汉语熟练	

(续表)

31	户主	梁帅昌	45	小学	阿昌语熟练	汉语一般	
	妻子	曹寸英	41	小学	阿昌语熟练	汉语一般	
	长子	梁兆伟	14	初中	阿昌语熟练	汉语熟练	
	长女	梁照丽	16	初中	阿昌语熟练	汉语熟练	
	母亲	曹红三	75	脱盲	阿昌语熟练	汉语一般	
32	户主	梁恩昌	52	小学	阿昌语熟练	汉语一般	
	妻子	曹兰	47	小学	阿昌语熟练	汉语一般	
	长子	梁牙顺	21	小学	阿昌语熟练	汉语熟练	
	次子	梁永顺	19	小学	阿昌语熟练	汉语一般	
	父亲	梁其善	85	脱盲	阿昌语熟练	汉语不会	
33	户主	赵兴贤	44	小学	阿昌语熟练	汉语熟练	
	妻子	梁锦玉	43	小学	阿昌语熟练	汉语一般	
	长子	赵仁川	19	初中	阿昌语熟练	汉语熟练	
	次子	赵仁伟	18	小学	阿昌语熟练	汉语熟练	
34	户主	赵阿叁	41	小学	阿昌语熟练	汉语一般	
	长子	梁照龙	23	小学	阿昌语熟练	汉语一般	
	次子	梁照海	22	小学	阿昌语熟练	汉语熟练	
35	户主	梁香俊	27	初中	阿昌语熟练	汉语熟练	
	妻子	曹明玉	25	小学	阿昌语熟练	汉语熟练	
	长子	梁照满	3		阿昌语一般	汉语熟练	
36	户主	梁其瑞	63	小学	阿昌语熟练	汉语熟练	
	妻子	赵彩焕	63	脱盲	阿昌语熟练	汉语熟练	
37	户主	瞿润生	28	初中	汉语熟练	阿昌语熟练	汉族
	长子	梁兆谱	3		阿昌语一般	汉语一般	
38	户主	赵加彩	50	小学	阿昌语熟练	汉语一般	
	长子	梁柳福	14				智障
39	户主	李从香	34	小学	阿昌语熟练	汉语熟练	
	妻子	梁存妹	38	小学	阿昌语熟练	汉语一般	
	长女	李艳仙	10	小学	阿昌语熟练	汉语熟练	
	长子	李彦文	7	小学	阿昌语熟练	汉语熟练	

二 老关璋村语言使用情况

(一) 社会概况

老关璋隶属关璋村委会,位于曩宋阿昌族乡东北部,距乡人民政府驻地9公里。其地处大盈江东岸,境内与腾冲县清水乡接壤,西北与荷花乡接壤,南与马茂、曩宋自然村毗邻。此地年平均气温18℃,平均海拔1340米,年平均降雨量1349毫米,日照时间2412小时,无霜期336天。老关璋土壤以红壤为主,森林覆盖率56.8%。寨中通往外界的道路较差,仍为土路,"晴通雨阻"。

老关璋寨单纯依靠农业收入,产业结构单一。粮食作物主要有水稻、玉米、红薯,经济作物主要有茶叶、橘子、李子、甘蔗。该寨人年均收入低于国家贫困线。寨中无拖拉机等大型机械,有摩托车一辆,34%的家庭有电视,已通自来水。

老关璋总户数 34 户,总人口数 146 人,阿昌族人口数 143 人,汉族 3 人,阿昌族人数占 98%。民族结构较为单一。

老关璋寨适龄儿童的小学教育能全部完成,但到初中后辍学严重。全寨高中学历或在读高中生只有 8 名,中专生仅有 2 名,无大学生。农闲季节,年轻人大都到外面打工。

(二)语言使用的基本特点

1. 老关璋寨阿昌族村民是典型的"阿昌语—汉语"双语人。据调查统计,96%的阿昌人能熟练地使用阿昌语和汉语,掌握阿昌语程度一般的 5 人,全部为汉语区的阿昌族嫁到本寨,而掌握汉语程度一般的 6 人,都为还未上小学的儿童。

2. 阿昌语的使用场合、对象和汉语分工明确。阿昌语主要用在家庭内部及本族人之间交流,有时还用于私密语境下。在其他场合,对汉族或其他民族的人则使用汉语,而对其他母语不熟练的阿昌族同胞也用汉语交流。

3. 寨中阿昌族村民对能熟练使用阿昌语却不愿讲阿昌语的人非常反感,年轻人外出打工使用汉语与人交流,回到寨中仍使用阿昌语。

附:

表 1　不同年龄段阿昌语语言能力统计表

年龄段	总人口	熟练 人口	熟练 百分比	一般 人口	一般 百分比	不会 人口	不会 百分比
6—19 岁	45	44	97.8%	1	2.2%	0	0%
20—50 岁	66	61	92.4%	5	7.6%	0	0%
50 岁以上	23	23	100%	0	0%	0	0%
合计	134	128	95.5%	6	4.5%	0	0%

注:6 岁以下儿童未统计在内。(下表同)

表 2　不同年龄段汉语语言能力统计表

年龄段	总人口	熟练 人口	熟练 百分比	一般 人口	一般 百分比	不会 人口	不会 百分比
6—19 岁	45	39	86.7%	6	13.3%	0	0%
20—50 岁	66	66	100%	0	0%	0	0%
50 岁以上	23	23	100%	0	0%	0	0%
合计	134	128	95.5%	6	4.5%	0	0%

（三）老关璋家庭语言使用情况一览表

序号	家庭关系	姓名	年龄	文化程度	第一语言及水平	第二语言及水平	备注
1	户主	曹先清	58	小学	阿昌语熟练	汉语熟练	
	妻子	杨绵妹	59	文盲	阿昌语熟练	汉语熟练	
	长子	曹明山	38	小学	阿昌语熟练	汉语熟练	
	儿媳	梁保英	41	小学	阿昌语熟练	汉语熟练	
	孙子	曹江旭	10	小学	阿昌语熟练	汉语熟练	
	孙女	曹瑞芳	16	小学	阿昌语熟练	汉语熟练	
	次孙	曹生全	2		阿昌语一般	汉语不会	
2	户主	曹永远	30	小学	阿昌语熟练	汉语熟练	
	妻子	梁聪丽	30	小学	阿昌语熟练	汉语熟练	
	长子	曹生杰	8	小学	阿昌语熟练	汉语熟练	
	长女	曹生娟	11	小学	阿昌语熟练	汉语熟练	
	母亲	俸其存	55	小学	阿昌语熟练	汉语熟练	
3	户主	曹永华	28	初中	阿昌语熟练	汉语熟练	
	妻子	赵艳新	26	初中	汉语熟练	阿昌语一般	小厂嫁来
	长子	曹耀鸿	1		阿昌语一般	汉语不会	
4	户主	曹先然	43	高中	阿昌语熟练	汉语熟练	
	妻子	赵家翠	38	小学	汉语熟练	阿昌语熟练	九保嫁来
	长子	曹明潭	18	高中	阿昌语熟练	汉语熟练	
	长女	曹晓漫	16	高中	阿昌语熟练	汉语熟练	
5	户主	曹先维	51	小学	阿昌语熟练	汉语熟练	
	妻子	赵安妹	55	小学	汉语熟练	阿昌语熟练	小厂嫁来
	长子	曹解建	28	初中	阿昌语熟练	汉语熟练	
	儿媳	赵兴秋	25	初中	阿昌语熟练	汉语熟练	
	次女	曹香梅	20	初中	阿昌语熟练	汉语熟练	
	三女	曹香玉	17	初中	阿昌语熟练	汉语熟练	
	长孙	曹根澳	6		阿昌语熟练	汉语一般	
6	户主	曹先金	68	小学	阿昌语熟练	汉语熟练	
	妻子	赵家翠	67	文盲	阿昌语熟练	汉语熟练	
7	户主	曹永明	39	小学	阿昌语熟练	汉语熟练	
	妻子	赵兴芹	39	小学	阿昌语熟练	汉语熟练	
	长子	曹丙	16	初中	阿昌语熟练	汉语熟练	
	次子	曹瑞	14	初中	阿昌语熟练	汉语熟练	
8	户主	曹保祥	27	小学	阿昌语熟练	汉语熟练	
	妻子	梁叶芳	28	小学	阿昌语熟练	汉语熟练	
	长子	曹根兴	9	小学	阿昌语熟练	汉语熟练	
	次子	曹根周	6		阿昌语熟练	汉语一般	

(续表)

9	户主	曹祖祥	41	小学	阿昌语熟练	汉语熟练	
	妻子	赵家芬	40	初中	汉语熟练	阿昌语熟练	小厂嫁来
	长女	曹庆仙	20	小学	阿昌语熟练	汉语熟练	
	次女	曹云仙	17	初中	阿昌语熟练	汉语熟练	
	长子	曹云超	9	小学	阿昌语熟练	汉语熟练	
10	户主	钱生学	54	脱盲	汉语熟练	阿昌语熟练	汉族
	妻子	曹祖芹	40	小学	阿昌语熟练	汉语熟练	
	长子	曹水田	28	小学	阿昌语熟练	汉语熟练	
	儿媳	梁长坤	22	小学	阿昌语熟练	汉语熟练	
	长孙女	曹进美	2		阿昌语一般	汉语不会	
11	户主	曹祖颜	41	脱盲	阿昌语熟练	汉语熟练	
	妻子	郎翠芬	39	小学	汉语熟练	阿昌语一般	
	长子	曹生田	9	小学	阿昌语熟练	汉语熟练	
	次子	曹生进	3		阿昌语一般	汉语不会	
12	户主	龙顺永	35	初中	阿昌语熟练	汉语熟练	
	妻子	曹书坤	34	初中	阿昌语熟练	汉语熟练	
	母亲	曹小伴	77	文盲	阿昌语熟练	汉语熟练	
	长女	龙彩和	9	小学	阿昌语熟练	汉语熟练	
	次女	龙彩云	6		阿昌语熟练	汉语一般	
	三女	龙爱灵	2		阿昌语一般	汉语不会	
13	户主	龙自寿	44	高中	阿昌语熟练	汉语熟练	
	妻子	曹香翠	42	初中	阿昌语熟练	汉语熟练	
	长女	龙文娟	18	初中	阿昌语熟练	汉语熟练	
	长子	龙文松	20	初中	阿昌语熟练	汉语熟练	
	次女	龙文梅	16	初中	阿昌语熟练	汉语熟练	
14	户主	赵家兰	54	脱盲	阿昌语熟练	汉语熟练	
	三子	龙贵荣	23	小学	阿昌语熟练	汉语熟练	
15	户主	龙祖荣	28	脱盲	阿昌语熟练	汉语熟练	
	妻子	杨杏芬	25	小学	汉语熟练	阿昌语一般	
	长子	龙继能	7	小学	阿昌语熟练	汉语熟练	
	长女	龙继月	5		阿昌语熟练	汉语一般	
16	户主	龙自贤	50	小学	阿昌语熟练	汉语熟练	
	妻子	赵连芝	49	小学	阿昌语熟练	汉语熟练	
	长子	龙祖文	29	初中	阿昌语熟练	汉语熟练	
	次子	龙文灿	24	初中	阿昌语熟练	汉语熟练	
	四子	龙文锦	19	初中	阿昌语熟练	汉语熟练	
17	户主	曹存海	45	小学	阿昌语熟练	汉语熟练	
	妻子	梁必芝	44	小学	阿昌语熟练	汉语熟练	
	长子	曹维望	19	小学	阿昌语熟练	汉语熟练	
	长女	曹丽茹	15	小学	阿昌语熟练	汉语熟练	

（续表）

18	户主	曹先积	28	小学	阿昌语熟练	汉语熟练	
	妻子	赵所芹	26	小学	汉语熟练	阿昌语一般	九保嫁来
	长子	曹明廷	9	小学	阿昌语熟练	汉语熟练	
	次子	曹建林	7		阿昌语熟练	汉语熟练	
19	户主	曹先宏	24	小学	阿昌语熟练	汉语熟练	
	妻子	们永存	22	初中	汉语熟练	阿昌语一般	九保嫁来
	长女	曹明娜	0		阿昌语不会	汉语不会	
	母亲	曹连珍	60	小学	阿昌语熟练	汉语熟练	
20	户主	梁焕芹	53	脱盲	阿昌语熟练	汉语熟练	
	三女	赵兴燕	24	中专	阿昌语熟练	汉语熟练	
	次子	赵正廷	16	高中	阿昌语熟练	汉语熟练	
	大儿媳	曹红梅	22	中专	阿昌语熟练	汉语熟练	
21	户主	赵兴树	39	高中	阿昌语熟练	汉语熟练	
	妻子	梁清彩	39	小学	阿昌语熟练	汉语熟练	
	长女	赵仁美	8	小学	阿昌语熟练	汉语熟练	
	长子	赵仁旺	9	小学	阿昌语熟练	汉语熟练	
22	户主	赵能留	33	小学	阿昌语熟练	汉语熟练	
	妻子	曹金翠	32	小学	阿昌语熟练	汉语熟练	
	长子	赵仁强	9	小学	阿昌语熟练	汉语熟练	
	次子	赵仁柱	2		阿昌语一般	汉语不会	
23	户主	赵家福	59	文盲	阿昌语熟练	汉语熟练	
	妻子	杨祖英	61	小学	阿昌语熟练	汉语熟练	
	四子	赵兴刚	30	小学	阿昌语熟练	汉语熟练	
	儿媳	梁向坤	26	小学	阿昌语熟练	汉语熟练	
	孙子	赵仁生	6		阿昌语熟练	汉语一般	
24	户主	曹连恩	79	小学	阿昌语熟练	汉语熟练	
	长子	曹先文	54	小学	阿昌语熟练	汉语熟练	
	儿媳	赵美兰	52	小学	阿昌语熟练	汉语熟练	
	二孙	曹品相	23	初中	阿昌语熟练	汉语熟练	
	三孙	曹平源	22	初中	阿昌语熟练	汉语熟练	
	四孙	曹品贤	18	初中	阿昌语熟练	汉语一般	
25	户主	曹先忠	52	小学	阿昌语熟练	汉语熟练	
	妻子	杨发存	51	小学	阿昌语熟练	汉语熟练	
	长子	曹继维	16	高中	阿昌语熟练	汉语熟练	
	次子	曹兴维	11	小学	阿昌语熟练	汉语熟练	
26	户主	曹明寿	38	文盲	阿昌语熟练	汉语熟练	
	妻子	赵庆兰	39	小学	阿昌语熟练	汉语熟练	
	长女	曹永艳	16	小学	阿昌语熟练	汉语熟练	
	次女	曹红艳	13	初中	阿昌语熟练	汉语熟练	
	三女	曹晓艳	7		阿昌语熟练	汉语一般	

（续表）

27	户主	曹兴寿	28	初中	阿昌语熟练	汉语熟练	
	妻子	梁诗敏	22	小学	阿昌语熟练	汉语熟练	
	母亲	曹先坤	65	小学	阿昌语熟练	汉语熟练	
28	户主	苓生再	66	小学	汉语熟练	阿昌语熟练	入赘，汉族
	妻子	曹焕芹	62	小学	阿昌语熟练	汉语熟练	
	儿子	曹保旺	22	小学	阿昌语熟练	汉语熟练	
29	户主	曹保万	31	小学	阿昌语熟练	汉语熟练	
	妻子	杨丽书	30	初中	汉语熟练	阿昌语不会	汉族
	长女	曹巧雪	8	小学	汉语熟练	阿昌语一般	
30	户主	曹先礼	49	小学	阿昌语熟练	汉语熟练	
	妻子	张恩芝	42	小学	汉语熟练	阿昌语熟练	
	长子	曹晓东	20	初中	阿昌语熟练	汉语熟练	
	次子	曹明鱼	18	小学	阿昌语熟练	汉语熟练	
	长女	曹明困	16	高中	阿昌语熟练	汉语熟练	
31	户主	龙世早	47	初中	阿昌语熟练	汉语熟练	
	妻子	杨先变	42	小学	阿昌语熟练	汉语熟练	
	长子	龙祖宏	19	小学	阿昌语熟练	汉语熟练	
	次子	龙祖平	17	小学	阿昌语熟练	汉语熟练	
32	户主	苓保林	40	小学	阿昌语熟练	汉语熟练	
	妻子	赵家艳	40	小学	汉语熟练	阿昌语熟练	
	长子	苓荣正	10	小学	阿昌语熟练	汉语熟练	
	次子	苓生强	5		阿昌语熟练	汉语一般	
33	户主	赵安才	60	小学	汉语熟练	阿昌语熟练	
	妻子	曹留翠	62	文盲	阿昌语熟练	汉语熟练	
	八女	曹春芹	24	小学	阿昌语熟练	汉语熟练	
	儿子	曹文祥	19	小学	阿昌语熟练	汉语熟练	
34	户主	李文归	37	小学	汉语熟练	阿昌语熟练	汉族
	妻子	赵家娈	38	小学	阿昌语熟练	汉语熟练	
	长子	赵兴林	17	初中	阿昌语熟练	汉语熟练	
	次子	赵兴龙	15	小学	阿昌语熟练	汉语熟练	

三　上弄别二社语言使用情况

(一) 社会概况

上弄别二社是上弄别自然村的一个社。上弄别村是一个阿昌族聚居村，现隶属曩宋乡弄别村委会。位于弄别村委会北部，距离村公所所在地下弄别自然村约1.5公里。北面与关璋村委会隔曩宋河相望，西南面与河东村委会相接，东面是平山乡，西面与马茂村委会相邻。

上弄别村的经济以农业为主，种植水稻、包谷、油菜子、茶叶和甘蔗等。上弄别村共有144

户,其中上弄别二社有 72 户,323 人。

(二) 语言使用的基本特点

从地理环境上看,上弄别村西面与马茂村委会的大水平、小水平两个汉族聚居的村子相邻,东面与汉族人口较多的平山乡相接。南面是阿昌族聚居的下弄别村,这个村大多已转用汉语。西南面是汉族聚居的河东村委会。北面是阿昌族聚居的、阿昌语保存比较好的弄丘、老关璋等自然村。在这样的地理环境中,上弄别村村民既能保留阿昌语,同时又能熟练掌握汉语。上弄别二社的语言使用特点如下:

1.阿昌语是上弄别二社村民最主要的交际工具。

上弄别二社的 323 人中,阿昌族有 296 人,占总人口的 91.6%。但第一语言为阿昌语的只有 123 人,占阿昌族人口的 41.6%。这个村的阿昌族和弄丘、关璋等村寨嫁入的阿昌族妇女都能熟练掌握阿昌语。而一部分由转用汉语的阿昌族村寨嫁入的阿昌族妇女,第一语言是汉语,但大多数进入这个村子后都已不同程度地掌握了阿昌语。部分与汉族通婚的家庭中的子女,第一语言也是汉语,但同时也能基本掌握阿昌语。

这个村大多数阿昌族在家庭以及村寨内部都使用阿昌语。据我们调查统计,上弄别二社 6 岁以上(含 6 岁)的阿昌族村民 96% 能够熟练掌握阿昌语(见表 1)。会听不会说的有孙定芝 1 人,是外地嫁入的阿昌族,第一语言为汉语。会听、会说一点的有 10 人,其中 3 人是外地嫁入的阿昌族,第一语言为汉语,另外 7 人是与汉族或第一语言不是阿昌语的阿昌族通婚的家庭中的子女,第一语言也是汉语。

表 1 不同年龄段阿昌语语言能力统计表

年龄段	总人口	熟练		会听不会说/会听不说		略懂		不会	
		人口	百分比	人口	百分比	人口	百分比	人口	百分比
6—19 岁	102	97	95.1%	0	0%	5	4.9%	0	0%
20—50 岁	140	134	95.7%	1	0.7%	5	3.6%	0	0%
50 岁以上	34	34	100%	0	0%	0	0%	0	0%
合计	276	265	96.0%	1	0.4%	10	3.6%	0	0%

2.上弄别二社村民大多能熟练地掌握当地汉语方言。

上弄别二社的大多数阿昌族家庭在家庭内部都用阿昌语,同时几乎所有阿昌族村民都能熟练掌握当地汉语方言。熟练掌握汉语的人口占总人口的 99.3%(见表 2)。会听不会说的只有曩有娣 1 人,现年 92 岁,与外界交流较少。会听会说一点的只有李腊图 1 人,由于耳背,与外界交流也很少。

表 2　不同年龄段汉语语言能力统计表

年龄段	总人口	熟练		会听不会说/会不说		略懂		不会	
		人口	百分比	人口	百分比	人口	百分比	人口	百分比
6—19岁	102	102	100%	0	0%	0	0%	0	0%
20—50岁	140	140	100%	0	0%	0	0%	0	0%
50岁以上	34	32	94.1%	1	2.9%	1	2.9%	0	0%
合计	276	274	99.3%	1	0.4%	1	0.4%	0	0%

（三）上弄别二社家庭语言使用情况一览表

户数	家庭关系	姓名	年龄	文化程度	第一语言及水平	第二语言及水平	备注
1	户主	张恩柱	30	初中	阿昌语熟练	汉语熟练	
	妻子	梁金坤	25	初中	阿昌语熟练	汉语熟练	
	长子	张立文	8	小学	阿昌语熟练	汉语熟练	
	次子	赵仁智	6		阿昌语熟练	汉语熟练	
2	户主	杨发顺	68	小学	阿昌语熟练	汉语熟练	
	妻子	孙芹召	69	小学	阿昌语熟练	汉语熟练	
	儿子	杨枝昌	29	小学	阿昌语熟练	汉语熟练	
3	户主	杨枝培	43	初中	阿昌语熟练	汉语熟练	
	妻子	赵兴坤	40	初中	汉语熟练	阿昌语略懂	下弄别嫁入
	长子	杨建雷	15	初中	阿昌语熟练	汉语熟练	
	次子	杨建龙	11	小学	阿昌语熟练	汉语熟练	
4	户主	杨枝德	40	小学	阿昌语熟练	汉语熟练	
	妻子	赵买英	39	初中	阿昌语熟练	汉语熟练	
	长子	杨鹏良	15	高中	阿昌语熟练	汉语熟练	
	长女	杨鹏艳	13	初中	阿昌语熟练	汉语熟练	
5	户主	杨发显	57	小学	阿昌语熟练	汉语熟练	
	妻子	曹先留	50	小学	阿昌语熟练	汉语熟练	
	次女	杨会书	30	小学	阿昌语熟练	汉语熟练	
	长子	杨福寿	24	小学	阿昌语熟练	汉语熟练	
	次子	杨定永	20	初中	阿昌语熟练	汉语熟练	
6	户主	赵家相	45	小学	阿昌语熟练	汉语熟练	
	妻子	王培芝	45	小学	阿昌语熟练	汉语熟练	
	长子	赵兴照	20	初中	阿昌语熟练	汉语熟练	
	长女	赵聪美	15	初中	阿昌语熟练	汉语熟练	
7	户主	赵家刚	40	小学	阿昌语熟练	汉语熟练	
	妻子	曹香鸾	39	小学	阿昌语熟练	汉语熟练	
	长子	赵聪能	17	初中	阿昌语熟练	汉语熟练	
	次子	赵兴沙	14	初中	阿昌语熟练	汉语熟练	

(续表)

8	户主	赵家正	53	小学	阿昌语熟练	汉语熟练	
	儿子	赵聪文	22	小学	阿昌语熟练	汉语熟练	
	儿媳	张立翠	24	小学	阿昌语熟练	汉语熟练	
	孙子	赵仁标	1		阿昌语略懂	汉语不会	
9	户主	赵兴为	32	小学	阿昌语熟练	汉语熟练	
	妻子	曹春兰	32	小学	阿昌语熟练	汉语熟练	
	长子	赵仁超	7	小学	阿昌语熟练	汉语熟练	
	长女	赵仁会	5		阿昌语熟练	汉语熟练	
10	户主	杨枝学	35	小学	阿昌语熟练	汉语熟练	
	妻子	赵福芝	34	小学	阿昌语熟练	汉语熟练	
	长子	杨建雄	11	小学	阿昌语熟练	汉语熟练	
	次子	杨增虎	8	小学	阿昌语熟练	汉语熟练	
	父亲	杨发云	64	初中	阿昌语熟练	汉语熟练	
	母亲	梁石珍	63	小学	阿昌语熟练	汉语熟练	
11	户主	杨生柱	37	初中	阿昌语熟练	汉语熟练	
	妻子	李仲兰	31	小学	阿昌语熟练	汉语熟练	
	长女	杨世坤	12	初中	阿昌语熟练	汉语熟练	
	长子	杨世权	9	小学	阿昌语熟练	汉语熟练	
	父亲	杨叶录	72	初中	阿昌语熟练	汉语熟练	
	母亲	杨永仙	72	小学	汉语熟练	阿昌语熟练	汉族
12	户主	杨生祥	38	初中	阿昌语熟练	汉语熟练	
	妻子	张仙芝	42	小学	汉语熟练	阿昌语略懂	汉族
	长女	杨珍珠	16	高中	阿昌语熟练	汉语熟练	
	次女	杨林芬	13	初中	阿昌语熟练	汉语熟练	
	三女	杨林香	11	小学	阿昌语熟练	汉语熟练	
	四女	杨林珍	6		阿昌语熟练	汉语熟练	
13	户主	杨生龙	47	初中	阿昌语熟练	汉语熟练	
	妻子	梁其焕	46	小学	汉语熟练	阿昌语略懂	
	长女	杨丽珍	22	初中	阿昌语熟练	汉语熟练	
	长子	杨主元	18	中专	阿昌语熟练	汉语熟练	
14	户主	杨生海	44	初中	阿昌语熟练	汉语熟练	
	长子	杨文亭	17	小学	阿昌语熟练	汉语熟练	
	次子	杨威	14	初中	阿昌语熟练	汉语熟练	
15	户主	杨社生	49	初中	阿昌语熟练	汉语熟练	
	妻子	邵香兰	48	小学	汉语熟练	阿昌语略懂	汉族
	长子	杨世斌	23	中专	阿昌语熟练	汉语熟练	
	次女	杨丽松	21	初中	阿昌语熟练	汉语熟练	
	三女	杨丽英	17	初中	阿昌语熟练	汉语熟练	
	次子	杨世政	9	小学	阿昌语熟练	汉语熟练	
	长媳	赵露萍	18	小学	汉语熟练	阿昌语略懂	下弄别嫁入
	长孙	杨云川	4		阿昌语熟练	汉语熟练	
	次孙	杨恩鹏	0		阿昌语不会	汉语不会	

(续表)

16	户主	赵家定	50	初中	阿昌语熟练	汉语熟练	
	妻子	王留芝	51	小学	阿昌语熟练	汉语熟练	
	长子	赵兴敏	23	小学	阿昌语熟练	汉语熟练	
	次子	赵兴权	21	中专	阿昌语熟练	汉语熟练	
	三子	赵兴田	17	初中	阿昌语熟练	汉语熟练	
	母亲	张立芝	71	小学	阿昌语熟练	汉语熟练	
17	户主	赵金宽	44	初中	阿昌语熟练	汉语熟练	
	妻子	曹香芝	43	小学	阿昌语熟练	汉语熟练	
	长女	赵兴序	15	初中	阿昌语熟练	汉语熟练	
18	户主	赵家济	40	小学	阿昌语熟练	汉语熟练	
	妻子	曹树兰	35	小学	阿昌语熟练	汉语熟练	
	长子	赵兴远	17	小学	阿昌语熟练	汉语熟练	
	次子	赵兴来	13	初中	阿昌语熟练	汉语熟练	
19	户主	赵树昌	42	小学	阿昌语熟练	汉语熟练	
	妻子	梁云会	44	小学	阿昌语熟练	汉语熟练	
	长女	赵兴仙	20	初中	阿昌语熟练	汉语熟练	
	长子	赵兴灵	18	小学	阿昌语熟练	汉语熟练	
	次子	赵兴应	17	小学	阿昌语熟练	汉语熟练	
20	户主	余发贵	72	小学	汉语熟练	阿昌语熟练	汉族
	长女	余香鸾	33	初中	阿昌语熟练	汉语熟练	
	长孙	余云浩	11	初中	阿昌语熟练	汉语熟练	
	长孙女	余锦屏	7	小学	阿昌语熟练	汉语熟练	
21	户主	赵兴武	38	高中	阿昌语熟练	汉语熟练	
	妻子	梁水芬	35	初中	阿昌语熟练	汉语熟练	
	长子	赵仁川	14	初中	阿昌语熟练	汉语熟练	
	长女	赵海妹	12	初中	阿昌语熟练	汉语熟练	
22	户主	曹祖英	63	小学	汉语熟练	阿昌语熟练	下弄别嫁入
	三子	赵兴全	24	中专	阿昌语熟练	汉语熟练	
	长孙	赵仁泰	1		汉语略懂	阿昌语略懂	
23	户主	赵保祖	41	小学	阿昌语熟练	汉语熟练	
	妻子	石长彩	40	小学	阿昌语熟练	汉语熟练	
	长子	赵仁元	20	初中	阿昌语熟练	汉语熟练	
	次子	赵仁海	18	小学	阿昌语熟练	汉语熟练	
24	户主	赵兴有	38	小学	阿昌语熟练	汉语熟练	傣语熟练
	妻子	梁水焕	35	小学	阿昌语熟练	汉语熟练	
	长女	赵学书	15	小学	阿昌语熟练	汉语熟练	
	次女	赵香书	8	小学	阿昌语熟练	汉语熟练	
	长子	赵仁赞	7	小学	阿昌语熟练	汉语熟练	
	父亲	赵家富	71	小学	阿昌语熟练	汉语熟练	
	母亲	孙小街	72	小学	汉语熟练	阿昌语会说但不说	汉族

（续表）

25	户主	赵兴虎	41	初中	阿昌语熟练	汉语熟练	
	妻子	杨兴芹	38	小学	汉语熟练	阿昌语熟练	汉族
	长子	赵仁学	17	初中	汉语熟练	阿昌语熟练	
	次子	赵增银	15	高中	汉语熟练	阿昌语熟练	
26	户主	孙杏芝	48	初中	汉语熟练	阿昌语略懂	
	三子	赵增桃	21	初中	汉语熟练	阿昌语熟练	
27	户主	赵增全	26	中专	汉语熟练	阿昌语熟练	
	妻子	周桂仙	24	初中	汉语熟练	阿昌语熟练	汉族
	长子	赵义洲	3		汉语熟练	阿昌语略懂	
28	户主	赵家海	36	小学	阿昌语熟练	汉语熟练	
	妻子	梁春杏	29	小学	阿昌语熟练	汉语熟练	
	长子	赵贵云	8	小学	阿昌语熟练	汉语熟练	
	次子	赵连富	5		阿昌语熟练	汉语熟练	
29	户主	赵安金	61	初中	阿昌语熟练	汉语熟练	
	妻子	李金凤	65	初中	阿昌语熟练	汉语熟练	
	三子	赵锁柱	28	小学	阿昌语熟练	汉语熟练	
	母亲	曩有娣	92	文盲	阿昌语熟练	汉语不会	
30	户主	赵安廷	72	小学	阿昌语熟练	汉语熟练	
	妻子	曹文玉	67	文盲	阿昌语熟练	汉语熟练	
	三子	赵家光	33	小学	阿昌语熟练	汉语熟练	
	四子	赵家芬	28	初中	阿昌语熟练	汉语熟练	
	四媳	梁爱梅	18	小学	阿昌语熟练	汉语熟练	
31	户主	赵湘留	36	小学	阿昌语熟练	汉语熟练	
	妻子	尹菜娥	36	初中	阿昌语熟练	汉语熟练	
	长女	赵丽娟	17	初中	阿昌语熟练	汉语熟练	
	长子	赵颖	13	初中	阿昌语熟练	汉语熟练	
32	户主	赵家留	42	小学	阿昌语熟练	汉语熟练	
	妻子	曹祖坤	39	小学	阿昌语熟练	汉语熟练	
	长子	赵兴杰	17	初中	阿昌语熟练	汉语熟练	
	长女	赵丽华	16	初中	阿昌语熟练	汉语熟练	
33	户主	曹祖兰	43	小学	阿昌语熟练	汉语熟练	
	长女	杨增艳	15	小学	阿昌语熟练	汉语熟练	
	次女	杨增会	13	初中	阿昌语熟练	汉语熟练	
	长子	杨增亮	11	初中	阿昌语熟练	汉语熟练	
	父亲	杨发应	62	小学	阿昌语熟练	汉语熟练	
	母亲	杨发芹	70	小学	阿昌语熟练	汉语熟练	
34	户主	赵启能	69	小学	阿昌语熟练	汉语熟练	
	妻子	张立芹	68	小学	阿昌语熟练	汉语熟练	
	儿媳	线双兰	28	小学	阿昌语熟练	汉语熟练	
	孙女	赵礼花	8	小学	阿昌语熟练	汉语熟练	

(续表)

35	户主	梁倡文	50	小学	阿昌语熟练	汉语熟练	
	妻子	曹老枝	48	小学	阿昌语熟练	汉语熟练	
	次女	梁祖清	23	初中	阿昌语熟练	汉语熟练	
	长子	梁祖明	19	小学	阿昌语熟练	汉语熟练	
	次子	梁兆寿	16	小学	阿昌语熟练	汉语熟练	
36	户主	梁倡生	55	小学	阿昌语熟练	汉语熟练	
	妻子	赵美芝	49	小学	阿昌语熟练	汉语熟练	
	次女	梁祖芹	25	小学	阿昌语熟练	汉语熟练	
	女婿	赵连贵	26	小学	阿昌语熟练	汉语熟练	
	孙女	梁萍	3		阿昌语熟练	汉语熟练	
37	户主	赵贵清	42	小学	阿昌语熟练	汉语熟练	
	妻子	张祖艳	39	小学	汉语熟练	阿昌语略懂	汉族
	长子	赵兴良	18	初中	阿昌语熟练	汉语熟练	
	次子	赵良斌	16	初中	阿昌语熟练	汉语熟练	
38	户主	赵安乐	48	小学	阿昌语熟练	汉语熟练	
	妻子	尹多娣	47	小学	汉语熟练	阿昌语熟练	德昂族
	长女	赵家团	21	初中	汉语熟练	阿昌语熟练	
	次女	赵家爱	20	小学	汉语熟练	阿昌语熟练	
	三女	赵再香	19	小学	汉语熟练	阿昌语熟练	
	四女	赵再会	17	小学	汉语熟练	阿昌语熟练	
	母亲	李腊囡	83	文盲	阿昌语熟练	汉语略懂	耳背
39	户主	瞿美仙	50	小学	汉语熟练	阿昌语熟练	汉族
	长子	赵家团	26	初中	汉语熟练	阿昌语熟练	
	次子	赵家亮	24	小学	汉语熟练	阿昌语熟练	
	三子	赵家座	21	初中	汉语熟练	阿昌语熟练	
	四子	赵家位	19	小学	汉语熟练	阿昌语熟练	
40	户主	张应元	60	小学	阿昌语熟练	汉语熟练	
	妻子	梁长芹	62	小学	阿昌语熟练	汉语熟练	
	次子	张恩仓	33	小学	阿昌语熟练	汉语熟练	
	三子	张恩全	29	小学	阿昌语熟练	汉语熟练	
	四子	张恩必	26	初中	阿昌语熟练	汉语熟练	
	五子	张恩维	23	小学	阿昌语熟练	汉语熟练	
	四子媳	常苏芝	21	小学	彝语熟练	汉语熟练	彝族
	孙女	张玉萍	0		阿昌语不会	汉语不会	
41	户主	张恩祥	38	小学	阿昌语熟练	汉语熟练	
	妻子	石小兰	35	小学	阿昌语熟练	汉语熟练	
	长女	张立分	10	小学	阿昌语熟练	汉语熟练	
	次女	张立艳	8	小学	阿昌语熟练	汉语熟练	
	长子	张立国	1		阿昌语不会	汉语不会	

（续表）

42	户主	尹庄全	33	初中	阿昌语熟练	汉语熟练	
	妻子	曾朝英	35	高中	白语熟练	汉语熟练	白族
	长子	尹建秋	12	小学	汉语熟练	阿昌语熟练	
	次子	尹建成	9	小学	汉语熟练	阿昌语熟练	
43	户主	尹庆邦	59	初中	阿昌语熟练	汉语熟练	汉族
	妻子	张赛兰	58	小学	汉语熟练	阿昌语熟练	汉族
44	户主	尹能庄	35	初中	阿昌语熟练	汉语熟练	汉族
	妻子	瞿林会	39	小学	汉语熟练	阿昌语熟练	
	长子	尹体威	17	初中	阿昌语熟练	汉语熟练	
	长女	尹丽江	13	小学	阿昌语熟练	汉语熟练	
45	户主	赵家茂	43	小学	阿昌语熟练	汉语熟练	
	长女	赵兴敏	19	小学	阿昌语熟练	汉语熟练	
	长子	赵兴普	17	小学	阿昌语熟练	汉语熟练	
46	户主	李成贤	51	小学	阿昌语熟练	汉语熟练	
	妻子	赵乔妹	47	小学	阿昌语熟练	汉语熟练	
	次女	赵家娣	25	小学	阿昌语熟练	汉语熟练	
47	户主	李加增	32	小学	汉语熟练	阿昌语熟练	汉族
	妻子	赵家松	23	小学	阿昌语熟练	汉语熟练	
	长子	赵兴李	7	小学	阿昌语熟练	汉语熟练	
	次子	赵兴双	6		阿昌语熟练	汉语熟练	
48	户主	尹培应	49	初中	汉语熟练	阿昌语熟练	汉族
	妻子	赵秀芳	46	高中	阿昌语熟练	汉语熟练	
	长女	赵家波	23	初中	阿昌语熟练	汉语熟练	
	长子	赵家鹏	21	大专	阿昌语熟练	汉语熟练	
	次子	赵家敏	19	大专	阿昌语熟练	汉语熟练	
49	户主	赵安刚	50	小学	阿昌语熟练	汉语熟练	
	妻子	曹翠芹	51	小学	阿昌语熟练	汉语熟练	
	长子	赵家旺	23	小学	阿昌语熟练	汉语熟练	
	次子	赵家厚	20	初中	阿昌语熟练	汉语熟练	
	长女	赵家兰	16	小学	阿昌语熟练	汉语熟练	
	次女	赵红全	12	小学	阿昌语熟练	汉语熟练	
	三女	赵红经	9	小学	阿昌语熟练	汉语熟练	
50	户主	杨先培	46	小学	阿昌语熟练	汉语熟练	
	妻子	赵兴芝	45	小学	阿昌语熟练	汉语熟练	
	长子	杨增卫	21	小学	阿昌语熟练	汉语熟练	
	次子	杨增清	17	初中	阿昌语熟练	汉语熟练	
	长媳	赵应存	21	小学	阿昌语熟练	汉语熟练	
	长孙子	杨毕帅	2		阿昌语略懂	汉语略懂	
51	户主	赵安占	35	初中	阿昌语熟练	汉语熟练	

（续表）

52	户主	赵安祥	38	小学	阿昌语熟练	汉语熟练	
	妻子	杨先会	39	小学	阿昌语熟练	汉语熟练	
	长女	赵江艳	13	初中	阿昌语熟练	汉语熟练	
	次女	赵家蕊	11	小学	阿昌语熟练	汉语熟练	
	长子	赵家承	9	小学	阿昌语熟练	汉语熟练	
53	户主	赵安吉	43	初中	阿昌语熟练	汉语熟练	
	妻子	曹早兰	42	小学	阿昌语熟练	汉语熟练	
	长子	赵俊	21	小学	阿昌语熟练	汉语熟练	
	长女	赵进秋	18	小学	阿昌语熟练	汉语熟练	
	次子	赵家跃	15	小学	阿昌语熟练	汉语熟练	
	长媳	梁灵香	22	初中	阿昌语熟练	汉语熟练	
	长孙女	赵兴怡	1		阿昌语不会	汉语不会	
54	户主	杨叶应	61	初中	阿昌语熟练	汉语熟练	
	妻子	龙生鸾	60	小学	阿昌语熟练	汉语熟练	
	长子	杨九转	25	初中	阿昌语熟练	汉语熟练	
	四女	杨九艳	20	小学	阿昌语熟练	汉语熟练	
	次子	杨发康	18	小学	阿昌语熟练	汉语熟练	
55	户主	李绍文	42	小学	阿昌语熟练	汉语熟练	
	妻子	曹兰分	40	小学	阿昌语熟练	汉语熟练	
	长子	李立康	6		阿昌语熟练	汉语熟练	
56	户主	李绍全	38	初中	阿昌语熟练	汉语熟练	
	妻子	梁艳平	33	初中	阿昌语熟练	汉语熟练	
	长女	赵桃香	9	小学	阿昌语熟练	汉语熟练	
	次女	赵书仙	4		阿昌语熟练	汉语熟练	
	父亲	李应学	81	文盲	阿昌语熟练	汉语熟练	
	长子	赵兴同	2		阿昌语会听不会说	汉语不会	
57	户主	李绍武	46	小学	阿昌语熟练	汉语熟练	
	妻子	赵桂连	48	小学	阿昌语熟练	汉语熟练	
	长子	李月发	22	初中	阿昌语熟练	汉语熟练	
	长女	李月兰	19	初中	阿昌语熟练	汉语熟练	
	次子	李月广	16	初中	阿昌语熟练	汉语熟练	
58	户主	尹荣邦	53	小学	阿昌语熟练	汉语熟练	
	妻子	张福芹	54	小学	汉语熟练	阿昌语熟练	汉族
	长子	赵家斌	30	初中	阿昌语熟练	汉语熟练	
	四子	赵家闯	24	初中	阿昌语熟练	汉语熟练	
	父亲	尹安维	78	文盲	阿昌语熟练	汉语熟练	
59	户主	赵家冲	29	小学	阿昌语熟练	汉语熟练	
	妻子	姚春艳	19	小学	汉语熟练	阿昌语熟练	汉族
	长子	赵兴可	6	小学	阿昌语熟练	汉语熟练	

(续表)

60	户主	赵家标	26	初中	阿昌语熟练	汉语熟练	
	妻子	尹黎明	25	初中	汉语熟练	阿昌语熟练	汉族
	长子	赵兴省	7	小学	汉语熟练	阿昌语熟练	
61	户主	尹正邦	49	初中	阿昌语熟练	汉语熟练	
	妻子	孙定芝	50	初中	汉语熟练	阿昌语会听不会说	
	长子	赵家准	24	初中	汉语熟练	阿昌语略懂	
	次子	赵家明	21	初中	汉语熟练	阿昌语略懂	
	长女	赵红梅	19	初中	汉语熟练	阿昌语略懂	
	三子	赵家雷	16	小学	汉语熟练	阿昌语略懂	
62	户主	尹东生	47	初中	阿昌语熟练	汉语熟练	
	妻子	瞿久地	45	小学	汉语熟练	阿昌语熟练	汉族
	长子	赵家辉	21	高中	汉语熟练	阿昌语熟练	
	次女	赵路通	18	高中	汉语熟练	阿昌语熟练	
	三女	赵路平	16	初中	汉语熟练	阿昌语熟练	
63	户主	尹兴华	41	小学	汉语熟练	阿昌语熟练	汉族
	妻子	赵保留	43	小学	阿昌语熟练	汉语熟练	
	次女	尹毕辉	21	小学	阿昌语熟练	汉语熟练	
	三女	尹海书	19	初中	阿昌语熟练	汉语熟练	
	长子	尹体跃	17	初中	阿昌语熟练	汉语熟练	
	三叔	尹楼邦	59	小学	汉语熟练	阿昌语熟练	汉族
64	户主	尹兴应	36	小学	汉语熟练	阿昌语熟练	汉族
	妻子	杨发翠	38	小学	阿昌语熟练	汉语熟练	
	长女	尹有芹	12	小学	阿昌语熟练	汉语熟练	
	次女	尹露花	10	小学	阿昌语熟练	汉语熟练	
65	户主	赵家能	35	小学	阿昌语熟练	汉语熟练	
	妻子	王保兰	32	小学	阿昌语熟练	汉语熟练	
	长女	赵兴艳	13	初中	阿昌语熟练	汉语熟练	
	长子	赵兴湖	9	小学	阿昌语熟练	汉语熟练	
	次子	赵兴造	1		阿昌语略懂	汉语略懂	
66	户主	赵家胜	33	小学	阿昌语熟练	汉语熟练	
	妻子	瞿必生	29	小学	汉语熟练	阿昌语熟练	汉族
	长女	赵桃仙	7	小学	汉语熟练	阿昌语熟练	
	次女	赵兴芬	5		汉语熟练	阿昌语熟练	
	长子	赵兴乐	0		汉语不会	阿昌语不会	
67	户主	曹金鸢	67	文盲	阿昌语熟练	汉语熟练	
	五子	赵家强	26	初中	阿昌语熟练	汉语熟练	

(续表)

68	户主	赵家增	44	初中	阿昌语熟练	汉语熟练	
	妻子	梁翠芹	43	小学	阿昌语熟练	汉语熟练	
	长女	赵关春	13	小学	阿昌语熟练	汉语熟练	
	次女	赵存仙	12	小学	阿昌语熟练	汉语熟练	
	长子	赵兴海	10	小学	阿昌语熟练	汉语熟练	
69	户主	赵家邦	39	小学	阿昌语熟练	汉语熟练	
	妻子	赵茂坤	39	小学	阿昌语熟练	汉语熟练	
	长女	赵艾仙	17	小学	阿昌语熟练	汉语熟练	
	长子	赵艾勇	13	初中	阿昌语熟练	汉语熟练	
70	户主	尹兴广	32	初中	汉语熟练	阿昌语熟练	汉族
	妻子	赵杏香	29	小学	阿昌语熟练	汉语熟练	
	长女	尹丽梦	13	小学	汉语熟练	阿昌语略懂	
	次女	尹丽娟	8	小学	汉语熟练	阿昌语略懂	
	长子	尹体铭	0		汉语不会	阿昌语不会	
71	户主	杨香远	51	小学	汉语熟练	阿昌语会听不会说	汉族
72	户主	赵安胜	33	小学	阿昌语熟练	汉语熟练	
	妻子	余麻扎	28	小学	景颇语熟练	汉语略懂	景颇族
	长女	赵华萍	3		景颇语熟练	汉语熟练	阿昌语不会
	次女	赵巧萍	0		景颇语不会	汉语不会	阿昌语不会
	父亲	赵启坤	65	初中	阿昌语熟练	汉语熟练	

四 墩欠寨语言使用情况

(一) 社会概况

墩欠寨是囊宋乡瑞泉村委会下属的一个村民小组,是一个阿昌族聚居的村寨。它位于囊宋乡政府南面10公里处。墩欠寨共63户,278人。其中阿昌族有239人,约占86%。除阿昌族外,还有汉族12人(10人是汉族媳妇,2人是上门女婿)。墩欠寨周围多是汉族寨子,居民们与汉族的交流频繁。

墩欠寨主要种植水稻和甘蔗,也有少量玉米和油菜;主要饲养的家畜是猪和水牛。2006年,墩欠寨有1辆拖拉机,1辆农用车以及3辆大卡车,90%的家庭有电视,每家户主和外出打工者基本都有手机。如今,通往墩欠寨的沙石路已修通。墩欠寨居民重视教育,全寨共8名大学生,7岁以上儿童均入校学习。

(二) 语言使用的基本特点

1.汉语是墩欠寨最主要的交际工具。大部分阿昌族放弃母语使用汉语,年龄越小的阿昌族人,语言转用情况越严重。对全村6岁以上的非残障阿昌族的语言使用情况进行了统计

（数据见表1及表2），发现79.1%的阿昌族能熟练地掌握汉语，其中6—19岁的儿童熟练掌握汉语的比率是100%，20—50岁阿昌族熟练掌握汉语的比率是76.6%，而50岁以上的阿昌族熟练掌握汉语的比率仅为45%。

2. 年长的阿昌族较多地使用阿昌语。表1显示：67.5%的老年人熟练掌握阿昌语，有65.8%青少年和67.5%的青壮年会听但不肯说或不会说阿昌语，有25.3%的青少年和0.8%的青壮年完全不懂阿昌语。由此可以看出，现在只有年长的阿昌族之间还讲阿昌语，年轻的阿昌族则已满口汉语了。

表1　不同年龄段阿昌语语言能力统计表

年龄段	人口总数	熟练 人口	熟练 百分比	会听不会说/会说但不说 人口	会听不会说/会说但不说 百分比	一般 人口	一般 百分比	不会 人口	不会 百分比
6—19岁	79	2	2.5%	52	65.8%	5	6.3%	20	25.3%
20—50岁	120	34	28.3%	81	67.5%	4	3.3%	1	0.8%
50岁以上	40	27	67.5%	11	27.5%	2	5%	0	0%
合计	239	63	26.3%	144	60.3%	11	4.6%	21	8.8%

表2　不同年龄段汉语语言能力统计表

年龄段	人口总数	熟练 人口	熟练 百分比	会听不会说/会说但不说 人口	会听不会说/会说但不说 百分比	一般 人口	一般 百分比	不会 人口	不会 百分比
6—19岁	79	79	100%	0	0%	0	0%	0	0%
20—50岁	120	92	76.6%	5	4.2%	23	19.2%	0	0%
50岁以上	40	18	45.0%	5	12.5%	16	40.0%	1	2.5%
合计	239	189	79.1%	10	4.2%	39	16.3%	1	0.4%

（三）墩欠寨家庭语言使用情况一览表

序号	家庭关系	姓名	年龄	文化程度	第一语言及水平	第二语言及水平	备注
1	户主	们从孝	58	小学	阿昌语熟练	汉语会听不会说/会说但不说	
	妻子	赵方芝	60	小学	阿昌语熟练	汉语一般	
	三子	们德相	24	初中	阿昌语会听不会说/会说但不说	汉语熟练	
	儿媳	马连仙	24	初中	阿昌语一般	汉语熟练	
	长孙	们世国	5		汉语熟练	阿昌语不会	
	次孙	们世泽	3		汉语熟练	阿昌语不会	

(续表)

2	户主	们德锦	31	高中	阿昌语一般	汉语熟练	
	妻子	尹老舒	34	初中	汉语熟练	阿昌语熟练	汉族
	长女	们立立	11	初中	汉语熟练	阿昌语不会	
	次女	们立明	11	小学	汉语熟练	阿昌语不会	
3	户主	们德林	34	初中	阿昌语会听不会说/会说但不说	汉语熟练	
	妻子	李家娇	34	初中	汉语熟练	阿昌语会听不会说/会说但不说	汉族
	长子	们世荣	16	初中	汉语熟练	阿昌语会听不会说/会说但不说	
	长女	们世姻	14	初中	汉语熟练	阿昌语会听不会说/会说但不说	
4	户主	曩其韦	53	小学	阿昌语会听不会说/会说但不说	汉语熟练	
	妻子	赵兴彩	54	小学	阿昌语熟练	汉语熟练	
	三子	曩昌仲	27	小学	阿昌语会听不会说/会说但不说	汉语熟练	
	孙女	曩兆听	4		汉语熟练	阿昌语会听不会说/会说但不说	
	次孙女	曩兆肖	3		汉语熟练	阿昌语会听不会说/会说但不说	
	儿媳	赵团英	28	初中	阿昌语会听不会说/会说但不说	汉语熟练	
5	户主	们德富	47	小学	阿昌语会听不会说/会说但不说	汉语熟练	
	妻子	王保兰	47	小学	阿昌语会听不会说/会说但不说	汉语熟练	
	长子	们永钦	27	小学	汉语熟练	阿昌语不会	
	次子	们永平	25	小学	汉语熟练	阿昌语会听不会说/会说但不说	
	四女	们世梅	19	初中	汉语熟练	阿昌语会听不会说/会说但不说	
	儿媳	赵兴凤	25	初中	汉语熟练	阿昌语会听不会说/会说但不说	
	孙女	们单妮	0	学龄前	汉语会听不会说/会说但不说	阿昌语不会	

(续表)

6	户主	董生有	51	小学	汉语熟练	阿昌语不会	汉族
	妻子	曩其翠	44	小学	阿昌语熟练	汉语一般	
	长女	曩昌丽	15	小学	汉语熟练	阿昌语不会	
	次女	曩丽红	14	初中	汉语熟练	阿昌语不会	
	母亲	们润芹	80	文盲	阿昌语熟练	汉语一般	
	三女	曩昌润	4		汉语熟练	阿昌语不会	
7	户主	曩其达	52	小学	阿昌语会听不会说/会说但不说	汉语熟练	
	妻子	张恩招	49	脱盲	阿昌语熟练	汉语一般	
	长女	曩昌芬	28	中专	汉语熟练	阿昌语会听不会说/会说但不说	
	次子	曩昌益	26	初中	汉语熟练	阿昌语会听不会说/会说但不说	
	三子	曩昌生	21	初中	汉语熟练	阿昌语会听不会说/会说但不说	
	四女	曩昌菊	19	初中	汉语熟练	阿昌语会听不会说/会说但不说	
	五女	曩昌兰	18	初中	汉语熟练	阿昌语会听不会说/会说但不说	
	孙子	曩兆勇	4		汉语一般	阿昌语一般	
	儿媳	魏大芹	27	初中	汉语熟练	阿昌语会听不会说/会说但不说	汉族
8	户主	们从定	53	小学	阿昌语会听不会说/会说但不说	汉语熟练	
	妻子	赵加英	49	脱盲	阿昌语会听不会说/会说但不说	汉语熟练	
	长子	们德旭	28	小学	汉语熟练	阿昌语会听不会说/会说但不说	
	孙子	们世亮	3		汉语熟练	阿昌语会听不会说/会说但不说	
	儿媳	曹梅香	24	初中	阿昌语熟练	汉语一般	
	孙女	们兵兵	0		汉语一般	阿昌语不会	
9	户主	们德虎	32	初中	汉语熟练	阿昌语会听不会说/会说但不说	
	妻子	鸾钦	32	初中	阿昌语会听不会说/会说但不说	汉语一般	
	长女	们世玉	11	小学	汉语熟练	阿昌语不会	
	次女	们世南	9	小学	汉语熟练	阿昌语不会	

(续表)

10	户主	们德显	40	中专	阿昌语会听不会说/会说但不说	汉语熟练	
	妻子	赵亚连	36	初中	阿昌语会听不会说/会说但不说	汉语熟练	
	长女	们世舒	17	初中	汉语熟练	阿昌语会听不会说/会说但不说	
	次女	们世留	14	初中	汉语熟练	阿昌语会听不会说/会说但不说	
11	户主	们德权	44	初中	阿昌语会听不会说/会说但不说	汉语熟练	
	妻子	赵水珍	46	初中	阿昌语会听不会说/会说但不说	汉语熟练	
	长子	们世锦	20	初中	汉语熟练	阿昌语会听不会说/会说但不说	
	次女	们世芳	18	文盲	汉语熟练	阿昌语会听不会说/会说但不说	
	三女	们世双	16	初中	汉语熟练	阿昌语会听不会说/会说但不说	
12	户主	们德忠	37	初中	阿昌语熟练	汉语熟练	
	妻子	们先妹	37	小学	阿昌语会听不会说/会说但不说	汉语熟练	
	长女	们世敏	13	初中	汉语熟练	阿昌语不会	
	次女	们世攀	8	小学	汉语熟练	阿昌语不会	
	母亲	梁兰芝	60	小学	阿昌语熟练	汉语会听不会说/会说但不说	
13	户主	们从有	60	小学	阿昌语熟练	汉语会听不会说/会说但不说	
	妻子	李明珍	57	小学	阿昌语会听不会说/会说但不说	汉语熟练	
	三子	们德学	30	初中	汉语熟练	阿昌语会听不会说/会说但不说	
	五子	们海荣	28	初中	汉语熟练	阿昌语会听不会说/会说但不说	
	母亲	赵顺英	76	文盲	阿昌语熟练	汉语会听不会说/会说但不说	

第三章　阿昌语梁河方言使用情况　107

（续表）

14	户主	们德尚	36	初中	阿昌语会听不会说/会说但不说	汉语熟练	
	妻子	王春仙	37	小学	阿昌语熟练	汉语会听不会说/会说但不说	
	长女	们秋叶	13	初中	汉语熟练	阿昌语不会	
	次女	们秋雪	9	小学	汉语熟练	阿昌语不会	
15	户主	张东丽	31	初中	阿昌语会听不会说/会说但不说	汉语熟练	
	长女	们世羽	9	小学	汉语熟练	阿昌语不会	
	次女	们世迪	6		汉语熟练	阿昌语不会	
16	户主	们从助	57	小学	阿昌语会听不会说/会说但不说	汉语熟练	
	次女	们连芬	19	初中	汉语熟练	阿昌语会听不会说/会说但不说	
	三子	们丙文	30	小学	汉语熟练	阿昌语会听不会说/会说但不说	
	孙子	们世楼	5		汉语熟练	阿昌语不会	
	儿媳	小东	27	初中	汉语熟练	阿昌语会听不会说/会说但不说	
	孙女	小蕊	0		汉语一般	阿昌语不会	
17	户主	们德联	36	初中	汉语熟练	阿昌语会听不会说/会说但不说	
	妻子	老如	36	初中	汉语熟练	阿昌语会听不会说/会说但不说	汉族
	长女	们立	12	上小学	汉语熟练	阿昌语不会	
	次女	们世徽	3		汉语熟练	阿昌语不会	
18	户主	们丙荣	34	初中	阿昌语会听不会说/会说但不说	汉语熟练	
	妻子	赵文枝	34	初中	阿昌语熟练	汉语一般	
	长女	们小溪	11	初中	汉语熟练	阿昌语一般	
	长子	们世源	9	小学	汉语熟练	阿昌语一般	
19	户主	们从文	51	小学	阿昌语熟练	汉语会听不会说/会说但不说	
	妻子	曾德牙	53	脱盲	阿昌语熟练	汉语熟练	
	次子	们德太	23	初中	汉语熟练	阿昌语一般	
	母亲	赵家秀	84	小学	阿昌语熟练	汉语不会	
	儿媳	张立梅	24	初中	汉语熟练	阿昌语会听不会说/会说但不说	
	孙女	们世君	2		汉语熟练	阿昌语不会	

(续表)

20	户主	们德春	32	小学	阿昌语会听不会说/会说但不说	汉语熟练	
	妻子	赵益坤	30	初中	阿昌语熟练	汉语熟练	
	长女	们世廷	8	小学	汉语熟练	阿昌语会听不会说/会说但不说	
	长子	们世杭	5		汉语熟练	阿昌语会听不会说/会说但不说	
21	户主	们从华	34	高中	阿昌语熟练	汉语会听不会说/会说但不说	
	妻子	老松	40	初中	阿昌语熟练	汉语会听不会说/会说但不说	
	长女	们书敏	8	小学	汉语熟练	阿昌语会听不会说/会说但不说	
	长子	们德高	7	小学	汉语熟练	阿昌语会听不会说/会说但不说	
	父亲	们发仓	79	小学	阿昌语熟练	汉语熟练	
	母亲	曹明会	77	脱盲	阿昌语熟练	汉语熟练	
22	户主	们从辉	38	初中	阿昌语会听不会说/会说但不说	汉语熟练	
	妻子	曹德团	39	初中	阿昌语熟练	汉语一般	
	长女	们德艳	16	初中	汉语熟练	阿昌语会听不会说/会说但不说	
	次女	们德成	15	初中	汉语熟练	阿昌语会听不会说/会说但不说	
23	户主	们发祥	49	初中	阿昌语会听不会说/会说但不说	汉语熟练	
	妻子	冯其兰	52	小学	阿昌语会听不会说/会说但不说	汉语熟练	
	五子	们从明	21	大专	汉语熟练	阿昌语会听不会说/会说但不说	
	母亲	们生顺	71	脱盲			哑巴
24	户主	们从林	27	初中	汉语熟练	阿昌语会听不会说/会说但不说	
	妻子	赵美英	28	初中	阿昌语熟练	汉语一般	
	长子	们德浩	7	小学	汉语熟练	阿昌语会听不会说/会说但不说	
	次子	们德雄	6	小学	汉语熟练	阿昌语会听不会说/会说但不说	

(续表)

25	户主	们从现	29	初中	汉语熟练	阿昌语会听不会说/会说但不说
	妻子	张兴松	29	初中	阿昌语熟练	汉语熟练
	长子	们德习	11	小学	汉语熟练	阿昌语会听不会说/会说但不说
	次子	们德志	4		汉语一般	阿昌语会听不会说/会说但不说
26	户主	们发湘	69	小学	阿昌语熟练	汉语一般
	妻子	徐开美	63	小学	阿昌语熟练	阿昌语会听不会说/会说但不说
	次子	们从济	19	初中	汉语熟练	阿昌语会听不会说/会说但不说
27	户主	们从广	30	小学	汉语熟练	阿昌语会听不会说/会说但不说
	妻子	新春	30	高中	阿昌语熟练	汉语一般
	长孙	们德爽	5		汉语熟练	阿昌语不会
28	户主	们从良	40	初中	阿昌语会听不会说/会说但不说	汉语熟练
	妻子	赵买芬	39	初中	阿昌语熟练	汉语一般
	长子	们德超	15	高中	汉语熟练	阿昌语会听不会说/会说但不说
	次女	们德聂	11	小学	汉语熟练	阿昌语会听不会说/会说但不说
29	户主	们从庆	41	高中	阿昌语会听不会说/会说但不说	汉语熟练
	妻子	赵家鸢	42	小学	阿昌语会听不会说/会说但不说	汉语熟练
	长子	们德传	16	初中	汉语熟练	阿昌语会听不会说/会说但不说
	长女	们德辉	10	上小学	汉语熟练	阿昌语会听不会说/会说但不说
	母亲	赵安芹	73	文盲	阿昌语熟练	汉语一般
30	户主	们发州	32	初中	阿昌语会听不会说/会说但不说	汉语熟练
	妻子	青彩	31	高中	阿昌语熟练	汉语一般
	母亲	赵才弟	75	脱盲	阿昌语熟练	汉语一般
	长子	们从祥	5		汉语熟练	阿昌语会听不会说/会说但不说

(续表)

31	户主	们发厚	52	初中	阿昌语会听不会说/会说但不说	汉语熟练	
	妻子	赵加坤	46	小学	阿昌语会听不会说/会说但不说	汉语熟练	
	长女	们从瑞	20	初中	汉语熟练	阿昌语会听不会说/会说但不说	
	次女	们从祺	18	初中	汉语熟练	阿昌语会听不会说/会说但不说	
	三女儿	们从怡	16	初中	汉语熟练	阿昌语会听不会说/会说但不说	
32	户主	赵家洲	43	初中	阿昌语熟练	汉语一般	
	妻子	曹根翠	42	初中	阿昌语会听不会说/会说但不说	汉语熟练	
	女儿	赵洪玲	19	初中	汉语熟练	阿昌语会听不会说/会说但不说	
	儿子	赵兴涛	16	初中	汉语熟练	阿昌语会听不会说/会说但不说	
33	户主	赵家羽	30	初中	阿昌语会听不会说/会说但不说	汉语熟练	
	妻子	曹水坤	30	初中	阿昌语熟练	汉语一般	
	母亲	曹先芬	69	小学	阿昌语熟练	汉语一般	
	长子	赵兴苹	5	学龄前	汉语熟练	阿昌语会听不会说/会说但不说	
34	户主	张发强	38	初中	阿昌语会听不会说/会说但不说	汉语熟练	
	妻子	梁金兰	38	初中	阿昌语会听不会说/会说但不说	汉语熟练	
	长子	张立杰	14	初中	汉语熟练	阿昌语会听不会说/会说但不说	
	次女	张立叶	13	初中	汉语熟练	阿昌语会听不会说/会说但不说	
35	户主	张发翠	51	脱盲	阿昌语会听不会说/会说但不说	汉语熟练	
	次子	张立文	30	小学	汉语熟练	阿昌语会听不会说/会说但不说	
	五子	张立贵	22	初中	汉语熟练	阿昌语会听不会说/会说但不说	
	孙子	张威	4		汉语一般	阿昌语会听不会说/会说但不说	
	儿媳	曹李梅	26	中专	阿昌语熟练	汉语熟练	

(续表)

36	户主	张立才	26	初中	汉语熟练	阿昌语会听不会说/会说但不说	
	妻子	谢芳	27	初中	汉语熟练	阿昌语会听不会说/会说但不说	汉族
	长子	张成	7	小学	汉语熟练	阿昌语不会	
37	户主	们从然	46	初中	阿昌语会听不会说/会说但不说	汉语熟练	
	妻子	赵兴英	50	初中	阿昌语熟练	汉语会听不会说/会说但不说	
	长女	们德仙	25	中专	汉语熟练	阿昌语会听不会说/会说但不说	
	三女	们德翠	19	高中	汉语熟练	阿昌语会听不会说/会说但不说	
	次子	们德繁	17	初中	汉语熟练	阿昌语会听不会说/会说但不说	
	母亲	王安芝	72	脱盲	阿昌语熟练	汉语一般	
38	户主	们发凯	28	初中	阿昌语会听不会说/会说但不说	汉语一般	
	妻子	爱梅	29	初中	汉语熟练	阿昌语会听不会说/会说但不说	汉族
	长子	们从力	7	小学	汉语熟练	阿昌语会听不会说/会说但不说	
	父亲	们生亮	65	小学	阿昌语熟练	汉语一般	
	母亲	赵安兰	68	小学	阿昌语熟练	汉语一般	
	次子	们从帅	4		汉语熟练	阿昌语不会	
39	户主	们发臻	34	初中	阿昌语会听不会说/会说但不说	汉语熟练	
	长子	们从垒	11	初中	汉语熟练	阿昌语会听不会说/会说但不说	
40	户主	们发裕	39	小学	阿昌语会听不会说/会说但不说	汉语熟练	
	妻子	赵家存	40	初中	阿昌语会听不会说/会说但不说	汉语熟练	
	长子	们从成	17	初中	汉语熟练	阿昌语会听不会说/会说但不说	
	次子	们从龙	16	初中	汉语熟练	阿昌语会听不会说/会说但不说	

（续表）

41	户主	们发福	50	初中	阿昌语熟练	汉语会听不会说/会说但不说	
	妻子	赵彩芳	50	脱盲	阿昌语熟练	汉语一般	
	长子	们从念	29	初中	阿昌语会听不会说/会说但不说	汉语熟练	
	三女	们从波	20	中专	阿昌语会听不会说/会说但不说	汉语熟练	
42	户主	们从应	45	初中	阿昌语熟练	汉语熟练	
	妻子	张发芝	47	脱盲	阿昌语会听不会说/会说但不说	汉语熟练	
	长子	们德纯	22	中专	汉语熟练	阿昌语会听不会说/会说但不说	
	次子	们德吉	21	初中	汉语熟练	阿昌语会听不会说/会说但不说	
43	户主	们从留	32	小学	汉语熟练	阿昌语会听不会说/会说但不说	汉族
	妻子	们祖妹	32	脱盲	阿昌语会听不会说/会说但不说	汉语熟练	
	长女	们丽苹	7	小学	汉语熟练	阿昌语不会	
	长子	们德敢	4		汉语熟练	阿昌语不会	
44	户主	们从强	43	初中	阿昌语一般	汉语熟练	
	妻子	曹明仙	45	脱盲	阿昌语会听不会说/会说但不说	汉语熟练	
	长子	们德森	17	初中	汉语熟练	阿昌语会听不会说/会说但不说	
	次女	们坤艳	13	初中	汉语熟练	阿昌语会听不会说/会说但不说	
45	户主	们发达	71	脱盲	阿昌语熟练	汉语一般	
	妻子	孙广兰	70	脱盲	阿昌语熟练	汉语一般	
46	户主	们从进	61	小学	阿昌语一般	汉语一般	
	四子	们海元	29	中专	阿昌语熟练	汉语一般	
	儿媳	赵兴锁	23	初中	阿昌语熟练	汉语一般	
	孙女	们小倩	3		阿昌语一般	汉语一般	
47	户主	们德敏	40	小学	阿昌语会听不会说/会说但不说	汉语熟练	
	妻子	赵荣分	36	初中	阿昌语熟练	汉语一般	
	长女	们娇叶	16	初中	阿昌语一般	汉语熟练	
	长子	们世寿	10	小学	阿昌语一般	汉语熟练	

(续表)

48	户主	们德严	37	初中	阿昌语会听不会说/会说但不说	汉语熟练	
	妻子	凉海	32	初中	汉语熟练	阿昌语会听不会说/会说但不说	
	长子	们世赞	9	小学	汉语熟练	阿昌语不会	
	次子	们世东	6	小学	汉语熟练	阿昌语不会	
49	户主	们德胜	36	初中	阿昌语熟练	汉语一般	
	妻子	老满	36	初中	汉语熟练	阿昌语不会	汉族
	长女	们世坤	9	小学	汉语熟练	阿昌语不会	
	次女	们世林	9	小学	汉语熟练	阿昌语不会	
	父亲	们从社	63	小学	阿昌语熟练	汉语熟练	
	母亲	张立仙	62	小学	阿昌语熟练	汉语一般	
	次女	们世瑶	3		汉语熟练	阿昌语不会	
50	户主	刀兰芬	41	初中	阿昌语熟练	汉语一般	
	长女	们爱松	20	中专	阿昌语熟练	汉语一般	
	长子	们志聪	18	初中	阿昌语熟练	汉语熟练	
	次女	们松梅	17	初中	阿昌语熟练	汉语熟练	
	父亲	们从义	67	小学	阿昌语熟练	汉语熟练	
	母亲	梁翠芝	67	脱盲	阿昌语熟练	汉语一般	
51	户主	梁鸾珍	50	脱盲	阿昌语熟练	汉语熟练	
52	户主	们德兴	36	初中	阿昌语熟练	汉语熟练	
	妻子	谢恩庆	36	初中	汉语熟练	阿昌语会听不会说/会说但不说	汉族
	长子	们世根	7	小学	汉语熟练	阿昌语会听不会说/会说但不说	
	母亲	马洪坤	61	文盲	阿昌语熟练	汉语熟练	
	长女	们路娇	3		汉语熟练	阿昌语不会	
53	户主	们德贵	38	初中	阿昌语会听不会说/会说但不说	汉语熟练	
	妻子	李必翠	39	初中	阿昌语会听不会说/会说但不说	汉语熟练	
	长女	们世莎	16	初中	汉语熟练	阿昌语会听不会说/会说但不说	
	次女	们世秋	15	初中	汉语熟练	阿昌语会听不会说/会说但不说	
54	户主	们德丙	40	小学	阿昌语会听不会说/会说但不说	汉语熟练	
	妻子	徐爱廷	35	高中	汉语熟练	阿昌语不会	汉族

（续表）

55	户主	们从培	51	小学	阿昌语会听不会说/会说但不说	汉语熟练	
	妻子	冯其坤	52	脱盲	阿昌语会听不会说/会说但不说	汉语熟练	
	次子	们原龙	27	初中	汉语熟练	阿昌语会听不会说/会说但不说	
	三子	们家清	19	小学	汉语熟练	阿昌语会听不会说/会说但不说	
56	户主	们德伟	30	小学	阿昌语会听不会说/会说但不说	汉语熟练	
	妻子	梁贵锁	30	初中	阿昌语熟练	汉语一般	
	长子	们世千	7	小学	汉语熟练	阿昌语会听不会说/会说但不说	
	次子	们世准	5		汉语熟练	阿昌语会听不会说/会说但不说	
57	户主	们从甲	46	小学	阿昌语会听不会说/会说但不说	汉语熟练	
	妻子	赵加兰	47	小学	阿昌语熟练	汉语熟练	
	次子	们德灿	19	中专	汉语熟练	阿昌语会听不会说/会说但不说	
	三女	们德仙	17	初中	汉语熟练	阿昌语会听不会说/会说但不说	
58	户主	赵家栋	38	小学	阿昌语会听不会说/会说但不说	汉语熟练	
	妻子	老存	38	小学	汉语熟练	阿昌语会听不会说/会说但不说	汉族
	长女	赵宏艳	15	初中	汉语熟练	阿昌语会听不会说/会说但不说	
	长子	赵康	13	初中	汉语熟练	阿昌语会听不会说/会说但不说	
59	户主	们从海	61	小学	阿昌语一般	汉语一般	
	妻子	张立英	63	小学	阿昌语熟练	汉语一般	
	次子	们文刚	27	初中	阿昌语会听不会说/会说但不说	汉语熟练	
	儿媳	赵海燕	23	初中	阿昌语会听不会说/会说但不说	汉语熟练	
	孙男	们世伦	2		汉语会听不会说/会说但不说	阿昌语不会	

(续表)

60	户主	们德福	38	初中	阿昌语会听不会说/会说但不说	汉语熟练	
	妻子	赵兴翠	39	小学	阿昌语熟练	汉语一般	
	长子	们世成	12	小学	汉语熟练	阿昌语会听不会说/会说但不说	
	长女	们世竹	10	小学	汉语熟练	阿昌语会听不会说/会说但不说	
61	户主	们德永	32	初中	阿昌语会听不会说/会说但不说	汉语熟练	
	妻子	赵金玉	30	初中	阿昌语熟练	汉语一般	
	长子	们世鹏	9	小学	汉语熟练	阿昌语会听不会说/会说但不说	
	次子	们世欢	8	小学	汉语熟练	阿昌语会听不会说/会说但不说	
62	户主	们发传	36	初中	阿昌语会听不会说/会说但不说	汉语熟练	
	妻子	生连	36	初中	阿昌语会听不会说/会说但不说	汉语熟练	
	长子	们从斌	13	小学	汉语熟练	阿昌语一般	
	次子	们从佳	10	小学	汉语熟练	阿昌语不会	
63	户主	们从能	33	小学	阿昌语会听不会说/会说但不说	汉语熟练	
	妻子	照彩	34	初中	阿昌语会听不会说/会说但不说	汉语熟练	
	长女	们德路	14	初中	汉语熟练	阿昌语会听不会说/会说但不说	
	次女	们小巧	10	小学	汉语熟练	阿昌语会听不会说/会说但不说	

五 永和村语言使用情况

(一) 社会概况

永和村是阿昌族聚居的自然村,坐落在梁河县城东面二台坪子上,距九保乡政府所在地1公里,距县城3公里,交通便利。

永和村总共87户人家,369人,其中阿昌族317人,傣族24人,汉族23人,景颇族4人,傈僳族1人,阿昌族人口占总人口的86%。永和村汉族家庭7户,傣族家庭2户,族际通婚家庭21户。

永和村经济以农业为主,种植水稻、甘蔗、玉米。2003年,永和村农民人均纯收入和人均口粮还处于温饱线之下。2004年,德宏州民宗局、财政局和梁河县政府把永和列为全州"兴边

(二) 语言使用的基本特点

1. 汉语水平普遍高于阿昌语水平。据统计，这地区的阿昌族能熟练掌握阿昌语的只有29%，50.5%的人能听懂但已不会说或只会说一点，20.5%的人已完全不会阿昌语。29%的熟练掌握阿昌语的人中，还包括14人是从阿昌语保存较好的村寨中嫁过来的。相反，能够熟练掌握汉语的阿昌人则达到96%，6岁以上的村民没有不会汉语的。

2. 不同年龄段的阿昌人，阿昌语和汉语掌握的程度各不相同。50岁以上、20－50岁、6－19岁等三个年龄段的人对阿昌语的掌握能力呈现递减趋势，而对汉语的掌握能力则呈递增趋势。如50岁以上年龄段的人，81%的都还能熟练掌握阿昌语，而20－50岁年龄段的人则有17%的已不会阿昌语，6－19岁年龄段的不会阿昌语的增加到31%。

3. 部分家庭已完全转用汉语。家庭是母语使用的最后一个堡垒，但在族际婚姻家庭内部，有一部分已完全转用汉语。如赵家良、尹兰香夫妇，赵玎、吞咪夫妇，赵家党、们聪娣夫妇，由于他们之间使用汉语交流，子女们从小学会汉语，已完全不会阿昌语。

表1 不同年龄段阿昌语语言能力统计表

年龄段	总人口	熟练		会听不会说或不说		略懂		不会	
		人口	百分比	人口	百分比	人口	百分比	人口	百分比
6－19岁	101	9	8.9%	40	39.6%	20	19.8%	32	31.7%
20－50岁	154	47	30.5%	48	31.2%	32	20.8%	27	17.5%
50岁以上	36	29	80.6%	0	0%	7	19.4%	0	0%
合计	291	85	29.2%	88	30.2%	59	20.3%	59	20.3%

注：统计数字不包括6岁以下儿童26人。（下表同）

表2 不同年龄段汉语语言能力统计表

年龄段	总人口	熟练		一般		不会	
		人口	百分比	人口	百分比	人口	百分比
6－19岁	101	100	99.9%	1	0.99%	0	0%
20－50岁	154	150	97.4%	4	2.6%	0	0%
50岁以上	36	28	77.8%	8	22.2%	0	0%
合计	291	278	95.5%	13	4.5%	0	0%

（三）永和村家庭语言使用情况一览表

序号	家庭关系	姓名	年龄	文化程度	第一语言及水平	第二语言及水平	备注
1	户主	赵家海	40	小学	阿昌语略懂	汉语熟练	
	妻子	曹明珍	42	小学	阿昌语熟练	汉语熟练	
	长子	赵兴伦	21	初中	汉语熟练	阿昌语不会	
	次子	赵兴乐	20	初中	汉语熟练	阿昌语不会	
2	户主	王有江	24	小学	汉语熟练	阿昌语不会	
	妻子	杨咪多	24	小学	汉语熟练	阿昌语不会	
	母亲	张翠芝	50	小学	阿昌语熟练	汉语一般	
	儿子	王佳来	2		汉语一般	阿昌语不会	
3	户主	赵兴文	40	小学	阿昌语略懂	汉语一般	
	妻子	梁团英	40	小学	阿昌语熟练	汉语一般	弄坵嫁来
	长女	赵爱华	17	初中	阿昌语熟练	汉语熟练	
	次女	赵青华	15	初中	阿昌语熟练	汉语熟练	
	三女	赵青月	12	小学	阿昌语熟练	汉语熟练	
	儿子	赵仁达	6		阿昌语熟练	汉语熟练	
4	户主	赵兴元	37	小学	阿昌语略懂	汉语熟练	
	妻子	曹加芬	35	小学	阿昌语熟练	汉语熟练	弄坵嫁来
	长女	赵婷婷	10	小学	阿昌语略懂	汉语熟练	
	次女	赵小俊	9	小学	阿昌语略懂	汉语熟练	
	母亲	曹先兰	70	文盲	阿昌语熟练	汉语熟练	
5	户主	王云春	40	小学	阿昌语略懂	汉语熟练	
	妻子	曹兰芬	44	小学	阿昌语熟练	汉语熟练	勐科嫁来
	长子	王振林	16	初中	阿昌语略懂	汉语熟练	
	次子	王振华	14	初中	阿昌语略懂	汉语熟练	
6	户主	王云芳	39	小学	阿昌语略懂	汉语熟练	
	妻子	郭春仙	35	小学	汉语熟练	阿昌语不会	汉族
	长子	王振雄	13	小学	汉语熟练	阿昌语不会	
	次子	王振康	10	小学	汉语熟练	阿昌语不会	
7	户主	王云龙	35	小学	阿昌语略懂	汉语熟练	
	妻子	赵兰芬	34	小学	阿昌语熟练	汉语熟练	丙盖嫁来
	父亲	王兴德	68	小学	阿昌语熟练	汉语熟练	
	母亲	曹先兰	67	文盲	阿昌语熟练	汉语熟练	
	长子	王振毅	8	小学	阿昌语略懂	汉语熟练	
	次子	王振广	3		阿昌语会听不会说/会说但不说	汉语一般	

(续表)

8	户主	赵家国	67	小学	阿昌语熟练	汉语一般	
	妻子	张祖玉	67	文盲	阿昌语略懂	汉语一般	
	儿子	赵永明	26	小学	汉语熟练	阿昌语不会	
	儿媳	杨长娣	25	小学	汉语熟练	阿昌语不会	腾冲汉族
	孙子	赵仁华	6		汉语熟练	阿昌语不会	
	孙女	赵盈	1		汉语不会	阿昌语不会	
9	户主	胡定洋	52	小学	汉语熟练	阿昌语不会	腾冲汉族
	妻子	杨留坤	49	小学	汉语熟练	阿昌语不会	
	母亲	陈有娣	74	文盲	汉语熟练	阿昌语不会	
	长子	杨恩信	23	初中	汉语熟练	阿昌语不会	
	次子	胡继邦	19	初中	汉语熟练	阿昌语不会	
10	户主	赵家成	41	初中	阿昌语略懂	汉语熟练	
	儿子	赵兴阳	15	初中	汉语熟练	阿昌语不会	
11	户主	赵家芳	40	小学	阿昌语会听不会说/会说但不说	汉语熟练	
	妻子	们从丽	38	小学	阿昌语会听不会说/会说但不说	汉语熟练	
	长女	赵兴爱	12	小学	汉语熟练	阿昌语不会	
	次女	赵兴志	8	小学	汉语熟练	阿昌语不会	
12	户主	曹明昌	32	小学	阿昌语会听不会说/会说但不说	汉语一般	
	父亲	曹先顺	63	小学	阿昌语熟练	汉语一般	
	母亲	线应兰	62	小学	阿昌语熟练	汉语一般	
	长子	曹根兵	7	小学	阿昌语会听不会说/会说但不说	汉语一般	
	次子	曹根贵	4		汉语一般	阿昌语略懂	
13	户主	曹明帮	36	小学	阿昌语会听不会说/会说但不说	汉语熟练	
	妻子	梁娣妹	35	小学	阿昌语熟练	汉语熟练	弄坵嫁入
	女儿	曹根绵	11	小学	阿昌语会听不会说/会说但不说	汉语熟练	
	儿子	曹根智	7	小学	阿昌语会听不会说/会说但不说	汉语熟练	
14	户主	曹明芳	40	小学	汉语熟练	阿昌语不会	
	妻子	赵兴坤	43	小学	汉语熟练	阿昌语不会	
	女儿	曹金梅	11	小学	汉语熟练	阿昌语不会	
15	户主	赵兴茂	40	小学	汉语熟练	阿昌语不会	
	妻子	孙兰芬	43	小学	汉语熟练	阿昌语不会	
	长女	赵仁语	16	初中	汉语熟练	阿昌语不会	
	次女	赵仁月	14	初中	汉语熟练	阿昌语不会	
	儿子	赵仁盛	13	初中	汉语熟练	阿昌语不会	

第三章　阿昌语梁河方言使用情况　119

（续表）

16	户主	赵兴卫	32	大专	阿昌语略懂	汉语熟练	
	妻子	尹解春	30	大专	阿昌语会听不会说/会说但不说	汉语熟练	
	儿子	赵仁仲	9	小学	汉语熟练	阿昌语不会	
17	户主	曹明贤	45	小学	阿昌语略懂	汉语熟练	
	妻子	杨春妹	44	小学	阿昌语略懂	汉语熟练	
	父亲	曹先福	69	初中	阿昌语熟练	汉语熟练	
	儿子	曹根伦	18	小学	阿昌语会听不会说/会说但不说	汉语熟练	
	女儿	曹根芬	15	初中	阿昌语会听不会说/会说但不说	汉语熟练	
18	户主	曹明元	39	初中	阿昌语略懂	汉语熟练	
	妻子	赵加芝	38	初中	阿昌语会听不会说/会说但不说	汉语熟练	
	女儿	曹娜	10	小学	阿昌语会听不会说/会说但不说	汉语熟练	
	儿子	曹根璧	0				
19	户主	赵香兰	45	小学	阿昌语略懂	汉语熟练	
	长女	王江梅	22	初中	汉语熟练	阿昌语不会	
	女婿	尹以团	20	初中	汉语熟练	阿昌语不会	
	次女	王薇	17	初中	汉语熟练	阿昌语不会	
	三女	王攀	22	初中	汉语熟练	阿昌语不会	
	孙子	王正柱	0				
20	户主	曹兴永	27	小学	阿昌语会听不会说/会说但不说	汉语熟练	
	妻子	们香美	27	小学	阿昌语会听不会说/会说但不说	汉语熟练	
	父亲	曹明山	62	小学	阿昌语熟练	汉语熟练	
	母亲	梁桥珍	62	小学	阿昌语熟练	汉语熟练	
	长子	曹敏	6		阿昌语会听不会说/会说但不说	汉语熟练	
	次子	曹盛毕	0				
21	户主	梁其湘	52	小学	阿昌语熟练	汉语熟练	
	妻子	杨东兰	52	小学	阿昌语熟练	汉语熟练	
	儿子	梁昌平	26	小学	阿昌语熟练	汉语熟练	
	儿媳	张培坤	24	小学	阿昌语熟练	汉语熟练	
	女儿	梁爱玲	17	高中	阿昌语熟练	汉语熟练	

(续表)

22	户主	王树兰	55	小学	阿昌语熟练	汉语一般	
	儿子	赵斌	29	初中	阿昌语会听不会说/会说但不说	汉语熟练	
	儿媳	们从水	28	初中	阿昌语熟练	汉语熟练	
	长孙	赵仁人	9	小学	汉语熟练	阿昌语不会	
	次孙	赵仁儒	7	小学	汉语熟练	阿昌语不会	
23	户主	赵家显	52	小学	阿昌语略懂	汉语熟练	
	妻子	曹明鸾	52	小学	阿昌语略懂	汉语熟练	
	女儿	赵东艳	30	初中	阿昌语会听不会说/会说但不说	汉语熟练	
	女婿	们发院	31	初中	阿昌语熟练	汉语熟练	勐科上门
	孙女	们云月	11	小学	阿昌语会听不会说/会说但不说	汉语熟练	
	孙子	赵仁柱	6		阿昌语会听不会说/会说但不说	汉语熟练	
24	户主	曹明刚	50	小学	阿昌语熟练	汉语熟练	
	妻子	杨春兰	50	小学	阿昌语熟练	汉语熟练	
	儿子	曹历	26	初中	阿昌语会听不会说/会说但不说	汉语熟练	
	儿媳	杨美仙	27	初中	阿昌语会听不会说/会说但不说	汉语熟练	
	孙子	曹植	8	小学	阿昌语会听不会说/会说但不说	汉语熟练	
25	户主	赵珩	34	高中	阿昌语略懂	汉语熟练	家庭内部用汉语交流
	妻子	吞咪	32	初中	傣语熟练	汉语熟练	瑞丽傣族,阿昌语不会
	儿子	赵繁	9	小学	汉语熟练	阿昌语会听不会说/会说但不说	傣语会听
26	户主	梁兆福	43	初中	阿昌语熟练	汉语熟练	弄丘上门
	妻子	赵兴会	43	小学	阿昌语略懂	汉语熟练	
	长子	梁涛	21	初中	阿昌语略懂	汉语熟练	
	儿媳	曹根玲	21	小学	阿昌语会听不会说/会说但不说	汉语熟练	
	长女	梁娥	18	高中	阿昌语略懂	汉语熟练	
	次女	梁航	16	初中	阿昌语略懂	汉语熟练	
27	户主	杨兰招	68	文盲	阿昌语熟练	汉语一般	

（续表）

28	户主	赵家党	35	小学	阿昌语会听不会说/会说但不说	汉语熟练	夫妇之间说汉语为主
	妻子	们聪娣	38	小学	阿昌语熟练	汉语熟练	勐科嫁来
	长女	赵兴益	17	初中	阿昌语略懂	汉语熟练	
	次女	赵云转	11	小学	阿昌语略懂	汉语熟练	
29	户主	赵家良	44	初中	阿昌语会听不会说/会说但不说	汉语熟练	家庭内部说汉语，所以子女的第一语言是汉语
	妻子	尹兰香	46	高中	汉语熟练	阿昌语不会	汉族
	次女	赵兴挺	20	初中	汉语熟练	阿昌语不会	
	三子	赵庆子	17	初中	汉语熟练	阿昌语不会	
30	户主	林会仙	67	小学	汉语熟练	阿昌语会听不会说/会说但不说	汉族
31	户主	许红润	49	初中	汉语熟练	阿昌语不会	九保汉族
	儿子	赵家波	25	初中	汉语熟练	阿昌语不会	
	儿媳	唐永兆	25	小学	傣语熟练	汉语熟练	傣族阿昌语不会
	长女	赵家娜	22	初中	汉语熟练	阿昌语不会	
	次女	赵家巧	16	初中	汉语熟练	阿昌语不会	
	孙女	赵兴新	4		汉语熟练	阿昌语不会	
32	户主	梁茂昌	44	小学	汉语熟练	阿昌语熟练	腾冲汉族
	妻子	赵家智	47	小学	阿昌语熟练	汉语熟练	
	父亲	梁其尚	68	文盲	汉语熟练	阿昌语略懂	汉族
	母亲	梁其会	67	小学	阿昌语熟练	汉语一般	
	儿子	梁兆伟	11	小学	阿昌语会听不会说/会说但不说	汉语熟练	
	女儿	梁兆书	8	小学	阿昌语会听不会说/会说但不说	汉语熟练	
33	户主	邹自荣	41	初中	汉语熟练	阿昌语会听不会说/会说但不说	汉族，家庭内部说汉语
	妻子	李仲坤	47	小学	阿昌语熟练	汉语熟练	
	长女	邹燕梅	20	初中	汉语熟练	阿昌语不会	
	儿子	邹建东	19	初中	汉语熟练	阿昌语不会	
	次女	邹柳燕	16	初中	汉语熟练	阿昌语不会	
	母亲	吴双芝	68	文盲	汉语熟练	阿昌语会听不会说/会说但不说	汉族

（续表）

34	户主	黄国玉	61	小学	汉语熟练	阿昌语会听不会说/会说但不说	汉族
	妻子	杨应鸾	60	小学	汉语熟练	阿昌语会听不会说/会说但不说	汉族
	儿子	黄立文	31	高中	汉语熟练	阿昌语不会	
	儿媳	仆木兰	31	小学	景颇语熟练	汉语熟练	阿昌语不会，景颇族
	孙女	黄瑶	9	小学	汉语熟练	景颇语会听不会说	阿昌语不会，景颇族
	次孙女	黄萍	7	小学	汉语熟练	景颇语会听不会说	阿昌语不会，景颇族
	孙子	黄成	0				
35	户主	马长德	37	小学	阿昌语会听不会说/会说但不说	汉语熟练	
	妻子	赵家芬	38	小学	阿昌语会听不会说/会说但不说	汉语熟练	
	儿子	马思凯	16	初中	汉语熟练	阿昌语不会	
	女儿	马思梅	10	小学	汉语熟练	阿昌语不会	
36	户主	瞿有兰	57	小学	汉语熟练	阿昌语会听不会说/会说但不说	汉族
	儿子	赵家环	25	初中	汉语熟练	阿昌语不会	
	儿媳	杨秋杏	24	小学	汉语熟练	阿昌语不会	汉族
	孙子	赵兴伟	2		汉语一般	阿昌语不会	
37	户主	赵家清	33	初中	阿昌语会听不会说/会说但不说	汉语熟练	
	妻子	梁润仙	33	初中	阿昌语熟练	汉语熟练	弄丘嫁来
	儿子	赵兴代	12	小学	阿昌语会听不会说/会说但不说	汉语熟练	
	女儿	赵兴念	10	小学	阿昌语会听不会说/会说但不说	汉语熟练	
38	户主	刘玉英	50	初中	汉语熟练	阿昌语会听不会说/会说但不说	汉族
	儿子	赵家卫	27	初中	汉语熟练	阿昌语会听不会说/会说但不说	
	儿媳	曹聪勤	28	初中	汉语熟练	阿昌语会听不会说/会说但不说	
	孙子	赵兴理	9	小学	汉语熟练	阿昌语不会	
	次孙	赵兴常	7	小学	汉语熟练	阿昌语不会	
	次子	赵家济	24	初中	汉语熟练	阿昌语会听不会说/会说但不说	
	次媳	谢恩香	24	初中	汉语熟练	阿昌语不会	腾冲汉族
	孙女	赵兴棠	3		汉语一般	阿昌语不会	
	次孙女	赵兴月	2		汉语一般	阿昌语不会	

(续表)

39	户主	梁祖彩	48	小学	阿昌语熟练	汉语熟练	弄丘嫁来
	丈夫	王兴张	49	小学	阿昌语会听不会说/会说但不说	汉语熟练	家庭内部使用双语
	父亲	王安泽	71	文盲	阿昌语熟练	汉语熟练	
	母亲	赵家玉	81	文盲	阿昌语熟练	汉语熟练	
	儿子	王云建	21	初中	阿昌语略懂	汉语熟练	
	女儿	王云仙	17	高中	阿昌语略懂	汉语熟练	
40	户主	马院	28	小学	汉语熟练	阿昌语不会	
	妻子	曹明艳	26	初中	汉语熟练	阿昌语不会	
	女儿	马芳月	5		汉语熟练	阿昌语不会	
	女儿	马芳婷	0				
41	户主	马文山	25	小学	汉语熟练	阿昌语不会	
42	户主	马长成	36	小学	汉语熟练	阿昌语不会	
	儿子	马思斌	17	初中	汉语熟练	阿昌语不会	
43	户主	马长全	41	小学	汉语熟练	阿昌语不会	
44	户主	马顺朝	44	初中	阿昌语会听不会说/会说但不说	汉语熟练	
	妻子	许小波	41	初中	汉语熟练	阿昌语不会	汉族
	儿子	马思芽	16	初中	汉语熟练	阿昌语不会	
	女儿	马思洁	12	小学	汉语熟练	阿昌语不会	
45	户主	马顺维	34	小学	阿昌语会听不会说/会说但不说	汉语熟练	夫妻之间说汉语
	妻子	闷兰仙	31	小学	阿昌语熟练	汉语熟练	勐科嫁来
	母亲	董春芝	60	文盲	阿昌语熟练	汉语熟练	
	儿子	马思专	9	小学	阿昌语会听不会说/会说但不说	汉语熟练	
	儿子	马思创	6		阿昌语会听不会说/会说但不说	汉语熟练	
46	户主	马顺连	39	小学	汉语熟练	阿昌语会听不会说/会说但不说	
	妻子	董宝兰	37	小学	汉语熟练	阿昌语略懂	
	儿子	马小泽	13	小学	汉语熟练	阿昌语不会	
	女儿	马丽江	8	小学	汉语熟练	阿昌语不会	
47	户主	马顺武	31	小学	汉语熟练	阿昌语会听不会说/会说但不说	
	妻子	卓咪	30	小学	傈僳语熟练	汉语熟练/阿昌语不会	傈僳族
	长子	司马满	5		汉语熟练	阿昌语不会/傈僳语会听不会说/会说但不说	
	次子	司马楼	4		汉语熟练	阿昌语不会/傈僳语会听不会说/会说但不说	
	父亲	马兴宽	60	初小	阿昌语略懂	汉语熟练	
	母亲	赵安亿	62	初小	阿昌语略懂	汉语熟练	

(续表)

48	户主	马顺文	37	小学	阿昌语略懂	汉语熟练	
	妻子	曹兴芬	37	小学	阿昌语会听不会说/会说但不说	汉语熟练	
	女儿	马司来	8	小学	汉语熟练	阿昌语会听不会说/会说但不说	
	女儿	马司学	5		汉语熟练	阿昌语会听不会说/会说但不说	
49	户主	赵家传	40	小学	阿昌语略懂	汉语熟练	
	妻子	王荐芝	42	小学	阿昌语熟练	汉语熟练	
	儿子	赵兴展	17	初中	汉语熟练	阿昌语会听不会说/会说但不说	
	女儿	赵兴多	11	小学	汉语熟练	阿昌语会听不会说/会说但不说	
50	户主	赵学海	40	小学	阿昌语略懂	汉语熟练	
	妻子	们发珍	50	小学	阿昌语熟练	汉语熟练	
	儿子	赵计朝	24	小学	汉语熟练	阿昌语会听不会说/会说但不说	
	儿媳	线朝娟	23	小学	汉语熟练	阿昌语会听不会说/会说但不说	
51	户主	赵助民	30	小学	汉语熟练	阿昌语会听不会说/会说但不说	
	妻子	杨祖香	29	小学	汉语熟练	阿昌语会听不会说/会说但不说	
	儿子	赵金成	6	小学	汉语熟练	阿昌语会听不会说/会说但不说	
	儿子	赵金旺	3		汉语	阿昌语不会	
52	户主	曹先果	72	初小	阿昌语熟练	汉语熟练	
	儿子	赵兴刚	37	小学	阿昌语熟练	汉语熟练	
	儿媳	周志兰	36	小学	阿昌语熟练	汉语熟练	
	孙子	赵仁品	18	初中	汉语熟练	阿昌语会听不会说/会说但不说	
	孙女	赵仁景	15	小学	汉语熟练	阿昌语会听不会说/会说但不说	

（续表）

53	户主	张立美	41	小学	汉语熟练	阿昌语会听不会说/会说但不说	
	儿子	赵兴垒	27	初中	汉语熟练	阿昌语略懂	
	女儿	赵小溪	12	小学	汉语熟练	阿昌语会听不会说/会说但不说	
54	户主	赵兴聪	34	小学	汉语熟练	阿昌语略懂	
	妻子	们祖芬	33	小学	汉语熟练	阿昌语熟练	
	儿子	赵仁鹏	7	小学	汉语熟练	阿昌语会听不会说/会说但不说	
	儿子	赵仁有	3		汉语会听不会说	阿昌语不会	
55	户主	梁其平	43	小学	阿昌语熟练	汉语熟练	弄丘上门
	妻子	李艳平	50	中专	汉语熟练	阿昌语会听不会说/会说但不说	
	儿子	梁俊	22	大学	汉语熟练	阿昌语会听不会说/会说但不说	汉族
	儿子	梁杰	20	小学	阿昌语熟练	汉语熟练	
	儿子	赵洛迪	18	高中	阿昌语熟练	汉语熟练	户主与前妻之子
56	户主	王兴苍	42	小学	阿昌语熟练	汉语熟练	
	妻子	曹明芬	41	小学	汉语熟练	阿昌语会听不会说/会说但不说	
	儿子	王云忠	7	小学	汉语熟练	阿昌语会听不会说/会说但不说	
57	户主	王兴达	37	小学	阿昌语熟练	汉语熟练	
	妻子	赵长存	41	小学	阿昌语熟练	汉语熟练	
	女儿	王云丝	8	小学	汉语熟练	阿昌语会听不会说/会说但不说	
	儿子	王云益	6	小学	汉语熟练	阿昌语会听不会说/会说但不说	
58	户主	王兴武	27	小学	阿昌语熟练	汉语熟练	
	妻子	曩有娣	23	小学	阿昌语熟练	汉语熟练	
	母亲	们发妹	64	文盲	阿昌语熟练	汉语熟练	
	儿子	王云爽	1				
59	户主	赵家明	37	小学	汉语熟练	阿昌语会听不会说/会说但不说	
	妻子	郭云兰	42	小学	阿昌语略懂	汉语熟练	
	女儿	赵兴满	7	小学	汉语熟练	阿昌语会听不会说/会说但不说	

(续表)

60	户主	王留苍	33	文盲	汉语熟练	阿昌语会听不会说/会说但不说	
	妻子	杨培香	28	小学	汉语熟练	阿昌语不会	汉族
	儿子	王云帮	8	小学	汉语熟练	阿昌语不会	
	次子	赵林嬴	3		汉语熟练	阿昌语不会	
61	户主	赵家益	41	初中	阿昌语略懂	汉语熟练	
	妻子	梁祖玉	43	小学	阿昌语熟练	汉语熟练	
	儿子	赵孟明	20	本科	阿昌语略懂	汉语熟练	
	次子	赵仲明	18	初中	阿昌语略懂	汉语熟练	
	女儿	赵季明	16	初中	阿昌语略懂	汉语熟练	
62	户主	赵家力	38	高中	阿昌语熟练	汉语熟练	
	妻子	曹兴彩	36	小学	阿昌语熟练	汉语熟练	
	女儿	赵癸明	15	小学	阿昌语熟练	汉语熟练	
	女儿	赵技玲	11	小学	阿昌语熟练	汉语熟练	
	儿子	赵建霖	9	小学	汉语熟练	阿昌语会听不会说/会说但不说	
63	户主	赵家东	36	小学	阿昌语熟练	汉语熟练	
	妻子	李庆锋	33	小学	汉语熟练	阿昌语不会	
	儿子	赵兴石	14	小学	汉语熟练	阿昌语会听不会说/会说但不说	
64	儿子	赵忠兴	12	小学	汉语熟练	阿昌语会听不会说/会说但不说	
	女儿	赵兴竹	2		汉语熟练	阿昌语会听不会说/会说但不说	
	父亲	赵安才	62	初小	阿昌语熟练	汉语熟练	
	母亲	梁彩鸾	63	文盲	阿昌语熟练	汉语熟练	
65	户主	邹自明	39	小学	汉语熟练	阿昌语略懂	
	妻子	梁毕坤	33	小学	阿昌语熟练	汉语熟练	
	长女	邹明蕊	19	小学	阿昌语略懂	汉语熟练	
	次子	邹明科	18	小学	阿昌语略懂	汉语熟练	
	父亲	邹德望	70	文盲	汉语熟练	阿昌语不会	汉族
66	户主	邹自贤	42	初中	汉语熟练	阿昌语略懂	
	妻子	曹赛兰	37	小学	阿昌语熟练	汉语熟练	
	儿子	邹霖龙	15	初中	汉语熟练	阿昌语会听不会说/会说但不说	
	儿子	邹霖海	14	小学	汉语熟练	阿昌语会听不会说/会说但不说	
	母亲	曹连玉	70	文盲	阿昌语熟练	汉语熟练	
67	户主	赵家月	14	初中	汉语熟练	阿昌语略懂	

68	户主	白逢元	34	小学	傣语熟练	汉语熟练/阿昌语会听不会说/会说但不说	傣族
	妻子	管有珍	36	小学	傣语熟练	汉语熟练/阿昌语会听不会说/会说但不说	傣族
	儿子	白连生	15	小学	傣语熟练	汉语熟练/阿昌语会听不会说/会说但不说	傣族
	女儿	白雪	13	小学	傣语熟练	汉语熟练/阿昌语不会	傣族
69	户主	白逢成	30	初中	傣语熟练	汉语熟练/阿昌语略懂	傣族
	妻子	赵家月	33	小学	阿昌语熟练	汉语熟练	
	长女	白云芬	11	小学	阿昌语熟练	汉语熟练	
	次女	白婷婷	7	小学	阿昌语略懂	汉语熟练	
70	户主	白逢柱	33	小学	傣语一般	汉语熟练	傣族，阿昌语不会
	妻子	王香芝	35	初中	阿昌语熟练	汉语熟练	勐科嫁来
	长子	白连锦	9	小学	汉语熟练	阿昌语不会	
	次子	白连科	6		汉语熟练	阿昌语不会	
71	户主	白逢林	30	高中	阿昌语会听不会说/会说但不说	汉语熟练	傣语会听不会说
	妻子	赵家仙	27	初中	阿昌语熟练	汉语熟练	关璋嫁来
	父亲	白正光	59	初小	傣语熟练	汉语熟练	傣族，阿昌语会说一点
	母亲	赵焕果	55	文盲	阿昌语略懂	汉语熟练	傣语会听不会说
	妹妹	白香会	21	初中	傣语一般	汉语熟练	阿昌语不会
	长女	白连花	6		阿昌语会听不会说/会说但不说	汉语熟练	
	长子	白连宾	3		阿昌语会听不会说/会说但不说	汉语熟练	
72	户主	曹明连	58	小学	阿昌语熟练	汉语熟练	
	妻子	杨恩兰	54	小学	阿昌语略懂	汉语熟练	
	儿子	曹毅	23	初中	阿昌语会听不会说/会说但不说	汉语熟练	

(续表)

73	户主	曹兴旺	40	小学	阿昌语熟练	汉语熟练	
	妻子	张立坤	40	小学	阿昌语熟练	汉语熟练	横路嫁来
	母亲	赵家凤	67	文盲	阿昌语熟练	汉语熟练	
	儿子	曹盛敏	16	初中	阿昌语略懂	汉语熟练	
	女儿	曹所维	13	小学	阿昌语略懂	汉语熟练	
74	户主	曹明才	45	小学	阿昌语会听不会说/会说但不说	汉语熟练	
	妻子	杨兴南	45	初中	阿昌语会听不会说/会说但不说	汉语熟练	
	儿子	曹玺	21	初中	阿昌语会听不会说/会说但不说	汉语熟练	
	母亲	王安英	84	文盲	阿昌语熟练	汉语熟练	
75	户主	曹加文	37	小学	阿昌语会听不会说/会说但不说	汉语熟练	
	妻子	赵云芳	37	初中	阿昌语会听不会说/会说但不说	汉语熟练	
	儿子	曹东旭	16	初中	汉语熟练	阿昌语不会	
76	户主	曹加聪	34	小学	汉语熟练	阿昌语会听不会说/会说但不说	
	母亲	王芹书	63	小学	阿昌语熟练	汉语熟练	
	妻子	赵田芬	33	小学	阿昌语熟练	汉语熟练	
	长女	曹爱东	7	小学	汉语熟练	阿昌语会听不会说/会说但不说	
	次女	曹爱萍	5		汉语熟练	阿昌语不会	
77	户主	曹加宽	38	小学	汉语熟练	阿昌语略懂	
	妻子	们生妹	38	初中	汉语熟练	阿昌语略懂	
	长女	曹胜蕉	18	初中	汉语熟练	阿昌语会听不会说/会说但不说	
	长子	曹胜贤	16	初中	汉语熟练	阿昌语略懂	
78	户主	曹加卫	36	小学	汉语熟练	阿昌语略懂	
	妻子	赵家芬	35	小学	阿昌语熟练	汉语熟练	
	长女	曹萍	12	小学	汉语熟练	阿昌语会听不会说/会说但不说	
	长子	曹云	10	小学	汉语熟练	阿昌语会听不会说/会说但不说	

(续表)

79	户主	曹聪元	32	高中	汉语熟练	阿昌语略懂	
	妻子	李铁梯	31	小学	汉语熟练	阿昌语不会	汉族
	母亲	们发兰	60	文盲	阿昌语熟练	汉语熟练	
	长女	曹倩	3		汉语熟练	阿昌语不会	
80	户主	唐发兴	60	小学	傣语熟练	汉语熟练	傣族
	妻子	线庆美	60	文盲	汉语熟练	阿昌语不会	汉族
	长子	唐仁旺	40	小学	傣语熟练	汉语熟练	傣族
	儿媳	赵兴美	45	初中	汉语熟练	阿昌语会听不会说/会说但不说	阿昌族
	长孙	唐思良	21	小学	傣语熟练	汉语熟练	傣
	孙女	唐清川	20	中专	傣语熟练	汉语熟练	傣
	次孙	唐思福	17	小学	傣语熟练	汉语熟练	傣
81	户主	白逢院	32	小学	傣语熟练	汉语熟练	傣族
	妻子	赵家英	29	小学	汉语熟练	阿昌语会听不会说/会说但不说	
	长女	白玉丹	4		汉语熟练	阿昌语不会	
	长子	白连熊	2		汉语一般	阿昌语不会	
82	户主	白逢良	36	小学	傣语熟练	汉语熟练	傣族
	妻子	曹云芬	35	小学	阿昌语熟练	汉语熟练	
	父亲	白正同	66	小学	阿昌语熟练	傣语不会	傣族
	长女	白玉蓉	17	小学	汉语熟练	傣语一般	傣族
	长子	白连齐	15	小学	汉语熟练	傣语不会	傣族
	次女	白连松	2				傣族
83	户主	白逢美	38	小学	傣语熟练	汉语熟练	傣族,阿昌语不会
	丈夫	蔺思宽	38	小学	傣语熟练	汉语熟练	傣族,阿昌语不会
	长子	白艳芳	17	初中	傣语一般	汉语熟练	阿昌语不会
	次子	白应钦	15	初中	傣语一般	汉语熟练	阿昌语不会
84	户主	曹明湘	68	文盲	阿昌语熟练	汉语熟练	
85	户主	曹兴春	42	初中	阿昌语熟练	汉语熟练	
	妻子	王美芝	42	小学	阿昌语熟练	汉语熟练	勐科嫁来
	长女	曹盛娟	20	中专	阿昌语略懂	汉语熟练	
	次女	曹盛月	17	高中	阿昌语略懂	汉语熟练	
86	户主	曹兴全	39	小学	阿昌语会听不会说/会说但不说	汉语熟练	

87	户主	张应德	64	文盲	阿昌语熟练	汉语一般	
	儿子	曹盛腐	16	初中	阿昌语会听不会说/会说但不说	汉语熟练	

六 对梁河方言区居民的语言测试

序号	汉义	阿昌语梁河方言	1 杨艳	2 曹先忠	3 杨书昌	4 赵兴位	5 梁其平
1	天	mau³¹	A	A	A	D	A
2	太阳	pɛi³³ ma³³⁻⁵⁵	A	A	A	D	A
3	月亮	pha³¹ la³¹	D	A	A	D	A
4	星星	pha³¹ kɯ³³	D	A	B	D	C
5	雷（打雷）	mau³¹ lui³¹	D	A	A	D	A
6	云	u⁵⁵ lu⁵⁵	D	A	A	D	C
7	风	lai³³	A	A	A	D	A
8	雨（下雨）	mau³¹	A	A	A	A	A
9	水	tʂɿ³³	A	A	A	A	A
10	雾	u³³ lu³³	D	A	A	D	D
11	霜	xã³³	D	A	A	D	A
12	雹子	kua⁷³¹	A	A	A	D	A
13	地（天地）	mɯŋ⁵⁵ lia³³/³¹	D	A	A	A	A
14	河	tʂɿ³³ ma³³⁻⁵⁵	D	A	A	D	A
15	山	tʂɯŋ³¹	D	A	A	C	A
16	水田	tã³¹	A	A	A	A	A
17	干土（泥巴）	sə⁷³¹	D	A	A	D	A
18	金子	ŋu³³ xɛ³³	D	D	A	D	D
19	银子	ŋu³³ phu⁵⁵	D	A	C	D	A
20	铁	ʂaŋ³³	D	A	A	D	A
21	石头	n̩ɯŋ⁵⁵ ka³¹	A	A	A	A	A
22	沙子	sɛ³¹ tsa³¹	D	B	B	D	A
23	尘土	pha³¹ lau³¹	D	A	A	D	A
24	火	mji³¹	A	A	A	A	A
25	烟（火~）	mji³¹ khau³⁵	A	A	A	D	A

(续表)

26	东（～方）	tuŋ³³	D	A	A	D	D
27	西（～方）	ɕi⁵⁵	D	A	A	D	D
28	前（～边）	wā³³ tɛ³³	A	A	A	D	A
29	后（～边）	nuŋ³³ tɛ³³	D	A	A	D	A
30	旁边	a³¹ ʑaŋ³¹	D	A	A	D	A
31	上面	a³¹ ka³¹	A	A	A	D	A
32	下面	a³¹ thə³⁵	A	A	A	D	A
33	里面	a³¹ khau³¹	A	A	A	D	A
34	外面	a³¹ noʔ³¹	A	A	A	D	A
35	年	tshuʔ⁵⁵	D	A	A	A	A
36	今年	ku³³ tshuʔ⁵⁵	D	A	A	D	A
37	去年	zi³¹ nuɯk³¹	D	A	A	D	A
38	月	zɛ³¹	D	D	A	D	A
39	天（日）	nai³³	A	A	A	D	A
40	今天	kha³³ nai³³	A	A	A	A	A
41	昨天	a³¹ mā³¹	A	C	A	C	A
42	前天	a³¹ mā³¹ sɿ⁵⁵³³ nai³³	A	A	A	D	A
43	明天	kha³³ nuɯk⁵⁵	A	A	A	C	A
44	后天	kha³³ nuɯk⁵⁵ sɿ⁵⁵ nai³³	A	A	A	D	A
45	早晨	nai³³/³¹ ȵa³⁵	A	A	A	D	A
46	现在	xa⁵⁵ tɕhi³³	A	A	A	A	A
47	从前	aŋ³¹ khau³³	D	B	A	D	C
48	黄牛	no³¹ tʂuŋ³¹	A	A	A	D	A
49	马	mjaŋ³¹	D	A	A	A	A
50	猪	waʔ³¹	A	A	A	A	A
51	羊	pjeʔ³¹	A	A	A	D	A
52	狗	khui³¹	A	A	A	A	A
53	猫	kuaʔ³¹ laʔ³¹⁵⁵	D	A	A	A	A
54	兔子	paŋ³³ tai⁵⁵	D	A	A	D	A
55	龙	luŋ³¹	D	D	A	D	A
56	象	lau³³ ɕaŋ³³	D	C	A	D	A
57	老虎	laʔ³¹ maŋ³¹	D	A	A	D	B
58	熊	ləu⁵¹ ɕuŋ³¹	D	A	D	D	D

(续表)

59	豹子	la⁵³¹	A	A	A	D	A
60	野猪	tʂuŋ³¹ wa⁵³¹	A	B	A	D	A
61	猴子	la⁵³¹ khaŋ³³	A	A	A	D	C
62	狼	pju³¹	D	D	B	D	A
63	麂子	tʂʰɿ⁵⁵	D	D	A	D	A
64	老鼠	kua⁵³¹	A	A	A	D	A
65	鸡	tɕa⁵³¹	A	A	A	A	A
66	公鸡	tɕa⁵³¹ pha³¹	A	A	A	A	A
67	母鸡	tɕa⁵³¹ ma³¹	A	A	A	A	A
68	鸭子	pə⁵³¹	A	A	A	D	A
69	鹅	pə⁵³¹ tɕaŋ³¹	D	A	A	D	A
70	鸟	ŋa⁵⁵	A	A	A	D	A
71	老鹰	tɕun³³ ma³³ ⁵⁵	D	A	D	D	D
72	乌鸦	ka³³ na⁵⁵	D	A	A	D	A
73	喜鹊	ka³¹ tɕɛk⁵⁵	D	A	A	D	C
74	斑鸠	ku³¹ tu³¹	D	A	A	D	A
75	麻雀	ku³¹ ti³⁵	D	A	C	D	A
76	青蛙	pho³¹ ok³¹	D	A	A	D	C
77	田鸡	thiẽ³¹ tɕi³³	D	B	A	D	A
78	鱼	ŋa³¹ ʂa³¹	A	A	A	A	A
79	螺蛳	pau³¹ kho⁵³¹	D	A	A	D	A
80	螃蟹	phaŋ³¹ xai³⁵	D	A	A	D	A
81	蛇	m̥jit⁵⁵ laŋ³³	A	A	A	D	A
82	萤火虫	xo⁵¹ liaŋ³⁵ tʂhuŋ³¹	D	A	A	D	A
83	蜜蜂	tɕi³¹ ʑaŋ³¹	C	A	A	D	A
84	蝴蝶	pha³¹ laŋ³³	C	A	A	D	A
85	蜻蜓	thuŋ³³ kuã³³	D	C	A	D	A
86	蟋蟀	tɕaŋ³³ kɯk⁵⁵	D	C	A	D	A
87	蚂蚁	tɕa³¹ ma⁵³¹	D	A	A	D	B
88	蜘蛛	tɕaŋ³³ khəŋ³³ pau³¹	D	A	B	D	D
89	臭虫	pau³¹ naŋ³³	D	A	C	D	D
90	跳蚤	khua³¹ lai³¹	B	A	A	D	A
91	虱	ʂən³¹	D	A	A	D	A

(续表)

92	蚊子	un³¹ tsʅ³⁵	C	A	A	D	A
93	蚯蚓	tie³³ l̥iaŋ³³	A	A	A	D	C
94	水蛭(个大的)	nu³³	C	A	A	D	C
95	虫(会飞的,叮人)	pau³¹	A	A	A	D	A
96	蛋(鸟蛋)	a³¹ u³¹	C	A	A	D	A
97	翅膀	a³¹ tuŋ³³	D	A	B	D	A
98	毛	a³¹ mu³⁵	A	A	A	D	A
99	犄角	tɕhau³³	D	A	A	D	C
100	尾巴	ui³³ pa⁵⁵	C	A	A	D	A
101	鸡冠	tɕi³³ kuã³³	C	A	A	D	A
102	鳞	a³¹ khoʔ³¹	A	C	A	D	A
103	树	ʂɯk⁵⁵	D	A	A	A	A
104	松树	ʂa³¹ ze³¹ paŋ³³	D	A	A	D	C
105	竹子	waʔ³¹ paŋ³³ ³¹	B	A	A	D	A
106	竹笋	mjɛʔ³¹	D	A	A	D	A
107	水稻秆	ku³¹ tɕhe³³	A	A	A	D	B
108	玉米	tɕau³³ xuaʔ⁵⁵	C	A	A	A	A
109	甘薯	ʂã³³ zo³¹	A	A	A	D	A
110	芋头	mji³¹ zaʔ³¹	D	A	A	D	A
111	甘蔗	a³¹ tʂhau³³ paŋ³³	D	A	A	D	D
112	芝麻	tʂʅ³³ ma³³	D	A	A	D	A
113	棉花	tu³¹ u³¹ paŋ³³	D	A	C	D	C
114	豆	nuk³¹ tɕhi³¹	A	A	A	D	A
115	南瓜	mjiŋ⁵⁵ kua³³	A	A	A	D	B
116	黄瓜	tuŋ³¹ khuaʔ³¹	B	A	A	D	A
117	冬瓜	tuŋ³³ kua³³	A	A	A	D	A
118	茄子	mə³¹ khə³³	C	A	A	D	A
119	蔬菜	aŋ³¹	A	A	A	D	A
120	白菜	aŋ³¹ phu³³	C	A	A	D	B
121	萝卜	aŋ³¹ khɯ³³/³¹	D	C	A	D	C
122	葱	tshuŋ³¹	A	A	A	D	A
123	姜	tshaŋ³¹	A	A	A	D	A
124	辣椒(红)	na̠ʔ³¹ n̥e³³	A	A	A	D	A

(续表)

125	水果	ʂɿ³¹	A	A	A	D	D
126	桃子	ʂɿ³¹ uŋ³¹	D	A	A	D	A
127	草	tɕhe³³	D	A	A	D	A
128	稻草	ku³¹ tɕhe³³	D	A	A	D	A
129	菌子	mɑu³³	C	A	A	D	B
130	种子	a³¹ n̥au³⁵	C	A	A	D	A
131	根	a³¹ met³¹	D	A	A	D	A
132	叶子	ʂɯk³¹ xuɑʔ⁵⁵	A	A	A	D	A
133	树枝	ʂɯk⁵⁵ khaʔ⁵⁵	D	A	A	D	A
134	芽（种子芽）	a³¹ n̥u³¹	D	A	A	D	B
135	核（果核）	a³¹ tɕit³¹	D	A	A	D	A
136	花	phjin³¹ taŋ³¹	A	A	A	D	A
137	稻穗	ku³¹ n̥aŋ³³	D	A	C	D	A
138	刺	tɕu³¹	A	A	A	D	A
139	身体	a³¹ to³⁵	C	A	A	D	A
140	头	u³¹ nuŋ³¹	A	A	A	A	A
141	额头	nau⁵¹ men³¹	D	A	A	C	A
142	头发	u³¹ phɛi³¹	A	A	A	C	A
143	辫子	u³¹ phjē³¹	A	C	A	D	A
144	脸	n̥a³¹ lia³³	A	A	A	D	A
145	眉毛	n̥aʔ³¹ mu³⁵	A	A	A	D	A
146	眼睛	n̥aʔ³¹ tɕit³¹	A	A	A	A	A
147	眼泪	n̥aʔ³¹ pɛi³³	A	A	A	D	A
148	鼻子	na³¹ khaŋ³³	D	A	A	A	A
149	耳朵	na³¹ kɯ³¹	A	A	A	A	A
150	嘴	nut⁵⁵	A	A	A	C	A
151	嘴唇	n̥ut⁵⁵ ɯ³³	D	D	C	D	D
152	牙齿	tsui³³	D	A	A	D	A
153	舌头	n̥ut⁵⁵ tshaʔ⁵⁵	D	A	A	D	C
154	胡子	n̥ut⁵⁵³¹ mu³³	A	A	A	D	A
155	脖子	lɯŋ³³ tsɯŋ⁵⁵	D	A	A	D	D
156	喉咙	khuŋ³¹ ta³¹	A	A	A	D	A
157	手	laʔ³¹	A	A	A	A	A

（续表）

158	手指	lɑ^{ʔ31} n̥ɑu^{35}	C	A	C	D	A
159	指甲	lɑ^{ʔ31} ʂɯŋ$^{313\ 5}$	C	A	A	D	B
160	脊背	tɑ^{31} tuŋ^{35}	D	A	C	D	A
161	肚子	uŋ^{31}	A	A	A	D	A
162	肚脐	tshɑ^{ʔ55}	D	A	C	D	D
163	脚	khɯ^{33}	A	A	A	A	A
164	腿	thui^{33} tsɿ^{55}	D	A	A	D	A
165	皮肤	ɑ^{31} ɯ^{55}	C	A	A	D	A
166	骨头	ɑ^{31} ʑɑu^{35}	C	A	A	D	A
167	血	sui^{31}	A	A	A	D	A
168	胃	u^{33} phu^{55}	D	A	A	D	D
169	肠子	ɑ^{31} u^{33}	C	A	A	D	A
170	心	n̥o^{31} luŋ^{33}	C	A	A	D	D
171	肺	pho^{31} lok^{31}	C	C	C	D	B
172	汗	ɑ^{31} xɛ^{33}	C	A	A	D	A
173	鼻涕	n̥ɑk^{55}	A	A	A	D	A
174	口水	tɕin^{31} khā^{31}	B	A	A	D	A
175	屎	khɯ^{31}	A	A	A	C	A
176	尿	tu^{31} tɕhi^{31}	A	A	A	C	A
177	疮	pɯŋ^{33} nɑ^{33}	D	A	A	D	B
178	脓	pɯŋ^{33}	D	A	A	D	D
179	人	tsu^{33}	A	A	A	C	A
180	男人	ȵit^{31} kɛ^{33} tsu^{33}	B	C	C	D	A
181	老人	tsu^{33} mɑŋ^{55}	A	A	A	D	A
182	瞎子	ȵa^{ʔ31} tɕit^{31} ɑ^{31} tɕit^{31}	A	A	A	D	A
183	聋子	nɑ^{31} pɑŋ^{31}	A	A	A	D	A
184	傻子	tsu^{33} lie^{55}	C	A	A	D	A
185	疯子	tsu^{33} un^{55}	C	A	A	D	A
186	跛子	khɯ^{33} ŋuai^{55}	C	A	C	D	B
187	汉族	ʑi^{31} wɑ^{ʔ31}	A	A	A	A	A
188	祖父	ɑ^{31} phɑu^{31}	A	A	A	A	A
189	祖母	ɑ^{31} ʑa^{33}	A	A	A	A	A
190	父亲	ɑ^{31} phɑ^{31}	A	A	A	A	A

(续表)

191	母亲	a^{31} n̠it^{31}	A	A	A	A	A
192	伯父	ta^{33} $tiɛ^{33}$	A	A	A	D	A
193	伯母	ta^{33} ma^{33}	A	A	A	D	A
194	哥哥	a^{31} sai^{35}	C	A	A	A	A
195	姐姐	a^{31} sai^{35}	A	A	A	D	A
196	嫂子	a^{31} $pɛ^{31/35}$	A	A	A	D	A
197	弟弟	a^{31} $nuŋ^{31}$	A	A	A	A	A
198	妹妹	a^{31} n̠$aŋ^{33}$	A	A	A	A	A
199	丈夫	$la^{ʔ31}$ $ŋau^{33}$	D	A	A	A	A
200	妻子	n̠it^{31} n̠a^{31}	A	A	A	A	A
201	儿子	tsa^{31} $lo^{ʔ31}$	A	A	A	A	A
202	儿媳	ʂu^{31} ma^{31}	A	A	A	D	A
203	女婿	tsa^{31} $ma^{ʔ31}$	C	A	A	A	A
204	侄子	tsa^{31} ʑ$aŋ^{31}$, tʂɛ^{31} ɛ^{33} tsɿ^{55}	C	A	A	D	A
205	孙子	$mə^{31}$ $sɿ^{55}$	D	A	A	C	B
206	房屋	ʑin^{33}	A	A	A	D	A
207	柱子	tʂu^{33} $tsɿ^{55}$	A	A	A	D	A
208	门	$khuŋ^{31}$	A	A	A	A	A
209	村子	wa^{33}	A	A	A	D	A
210	坟墓	$la^{ʔ31}$ $tuŋ^{33}$, lu^{31} $tuŋ^{33}$	A	A	A	D	A
211	圈（牛圈）	kok^{31}	D	A	A	A	A
212	包头	u^{31} pai^{31}	B	A	A	A	B
213	斗笠	m̥u^{33} $luŋ^{33}$	D	A	A	D	C
214	耳环	na^{31} pu^{31}	A	A	A	D	B
215	手镯	$kɯ^{31}$	B	A	A	D	A
216	衣服（上衣）	$tsɛ^{31}$ $mɛ^{31}$, tsa^{31} $mɛ^{31}$	A	A	A	C	A
217	袖子	$la^{ʔ31}$ $suŋ^{35}$	A	A	A	D	A
218	被子	mu^{31} tʂ$aŋ^{35}$、$mɛ^{31}$ tʂ$aŋ^{35}$	B	A	A	A	A
219	席子	ɕi^{31} $tsɿ^{35}$	A	A	A	D	A
220	枕头	ʑit^{31} ʑa^{33} u^{31} $khok^{31}$	D	C	A	A	B
221	米	tɕhin^{33}	A	A	A	A	A
222	饭	tɕa^{33}	A	A	A	A	A
223	盐	tɕha^{31}	A	A	A	A	A

（续表）

224	肉	ṣa³¹	B	A	A	A	A
225	酒	tsai³³	A	A	A	A	A
226	茶	laʔ³¹ phaʔ³¹	C	A	A	C	A
227	斧头	u³¹ tɕun³¹	C	A	A	D	B
228	刀	mjau³¹	A	A	A	A	A
229	镰刀	mjau³¹ ŋuai³¹	D	A	B	D	B
230	锄头	laŋ³¹ khaŋ³¹	A	A	A	C	A
231	犁	thun³³	D	A	A	D	A
232	耙	phɛ³¹	D	A	A	D	A
233	针	ak⁵⁵	D	A	A	A	C
234	线	khəŋ³³	A	A	A	A	A
235	绳子	tu³¹	B	A	A	D	A
236	枪	mji³¹ uŋ³¹	D	A	A	D	A
237	弓	nu³³ kuŋ³³	D	A	A	D	A
238	箭	tɕɛ̄³³	C	A	A	D	A
239	簸箕	pe³³ liaŋ³³, puŋ³³ luŋ³³	D	A	A	D	C
240	铁锅	au³¹	D	A	A	D	A
241	盖	a³¹ kai³³	C	A	A	D	A
242	碗	khuaʔ⁵⁵	A	A	A	A	A
243	筷子	tɕaŋ³¹ tʂu³⁵, tsaŋ³¹ tʂu³⁵	A	A	A	A	A
244	桌子	phɛn³¹	A	A	A	A	A
245	椅子	taŋ³¹ khu³¹	A	A	A	A	B
246	床	ʐit³¹ ẓaʔ³¹ ³³	C	A	A	D	A
247	梯子	kha³³ laŋ⁵⁵	D	A	A	D	C
248	梳子	u³¹ phjɛ³¹	A	A	A	A	A
249	路	tʂhɿ³³ ma³³ ⁵⁵	A	A	A	C	A
250	桥	tɕaŋ³³	D	A	A	D	B
251	药	mja³¹	A	A	A	D	A
252	话	tʂau³³	A	A	A	D	A
253	力气	a³¹ ɕaŋ³⁵	A	A	A	D	A
254	名字	a³¹ mjin³³	C	D	B	D	A
255	梦	ʐit³³ ma̰ʔ⁵⁵	D	A	A	D	C
256	影子	a³¹ pja³³	C	A	A	D	C

(续表)

257	鬼	ʂɿ³¹ pja³³	A	A	A	D	A
258	看	tʂau³¹	A	A	A	A	A
259	看见	mjaŋ³³	A	A	A	D	A
260	闭（眼）	tɕhin³¹	B	A	A	D	A
261	听	tɕaʔ³¹	A	A	A	C	A
262	吃	a³¹ mja³⁵ tɕa³¹	A	A	A	A	A
263	喝	zau³³	A	A	A	C	A
264	咬	khə³¹	C	A	A	D	A
265	舔	liaʔ³¹	A	A	A	D	A
266	咽	n̥au³³	D	A	A	D	C
267	呕吐	phaʔ³¹	C	A	A	D	A
268	咳嗽	khuŋ³¹ tshau³¹，tshau³¹	A	A	A	D	A
269	吹	mət³¹（吹喇叭）	A	A	A	D	A
270	说	kai³³；tɕuk⁵⁵	A	A	A	C	A
271	闻	naŋ³¹	D	A	A	D	A
272	拿	ʑu³³	A	A	A	D	A
273	摘（果子）	ʂaŋ³³（摘花）khut³¹（摘下）	A	A	A	D	A
274	撒（种子）	san³¹	A	A	A	D	A
275	推	tun³¹	A	A	A	D	A
276	捏	m̥jit⁵⁵	D	A	A	D	C
277	摇	n̥un³³	D	A	A	D	B
278	抱（小孩）	xu⁵⁵	A	D	A	D	A
279	踩	naŋ³¹	A	A	A	D	A
280	站	zək⁵⁵，zak⁵⁵	A	A	A	D	A
281	骑	tɕhi³¹	C	A	A	D	A
282	跑	pai³¹	A	D	A	D	A
283	背（小孩）	pu³¹	A	A	A	D	A
284	（虫）爬	to³¹	C	A	A	D	C
285	休息	naʔ³¹	A	A	A	C	A
286	睡	ʑit³¹	A	A	A	A	A
287	醒	nau³¹	C	A	A	C	A
288	打（铁）	paʔ³¹，ʂaŋ³³ paʔ³¹	C	A	A	D	A
289	挑	waʔ³¹	A	A	A	D	A

(续表)

290	耙（田）	phe³¹	D	A	A	D	A
291	割	zaŋ³¹	A	A	A	D	A
292	砍（柴）	tɕɛ̄³¹	A	A	A	D	A
293	劈（柴）	tɕu³¹	C	D	A	D	B
294	放牧	tʂau³¹	A	A	A	D	A
295	牵（牛）	ʂə³³	A	A	A	D	A
296	织（布）	za̰³¹	C	A	A	D	A
297	买	u³³	A	A	A	C	A
298	卖	uŋ³¹	A	A	A	C	A
299	教	mɑ̊³¹	A	A	A	D	B
300	擦	sut³¹	D	D	A	D	C
301	煮	tʂhau³¹	C	A	A	D	C
302	炒（菜）	l̥ə³³ nə̊³³ / tʂhau³³	C	A	A	D	A
303	烤（衣）	kaŋ³³	D	A	A	D	C
304	杀（人）	sat⁵⁵	C	A	A	C	A
305	缝	ʂok⁵⁵	D	A	A	D	B
306	磨（刀）	su³¹	D	A	A	D	C
307	簸（米）	tshaŋ³¹	D	A	A	D	A
308	舀（米）	kə³³	C	A	A	D	A
309	穿（衣）	ut³¹	A	A	A	D	A
310	脱（衣）	khut³¹	A	A	A	D	A
311	洗（手）	tɕhi³¹	A	A	A	D	A
312	染（衣）	tshau³¹	D	A	A	D	A
313	梳（头）	phje³¹	A	A	A	D	A
314	扫（地）	za̰³¹	A	A	A	D	A
315	解（绳结）	phɯ³³	B	A	A	D	C
316	包（糖）	pau³³ pau³³	A	A	A	D	A
317	埋	ŋok³¹	D	A	A	D	A
318	问	mji³¹	A	A	A	D	A
319	还（钱）	sɑi³¹	A	A	A	D	A
320	给	tɕi³¹ ³⁵	A	A	A	D	A
321	打（人）	xɑ³³ pɑ³³	A	A	A	D	A
322	追（上）	ȵuk³¹ tʂui³¹	C	A	A	D	A

(续表)

323	抢	lu³¹~	A	A	A	D	A
324	偷	kʰau³¹	C	A	A	D	A
325	笑	ɯ³³	A	A	A	C	A
326	哭	ŋau³³	A	A	A	C	A
327	知道	ɕɛ³¹	A	A	A	C	A
328	忘记	mjit³¹ la³⁵	C	A	A	C	A
329	敢	uŋ³³	D	A	A	D	D
330	是	n̥ɛ⁵⁵	C	A	A	D	C
331	来	kuŋ³⁵, laʔ⁵⁵	A	A	A	D	A
332	上（山）	tɑʔ³¹	A	A	A	D	A
333	下（山）	tsa³¹	C	A	A	D	C
334	进（进来）	waŋ³³	A	A	A	D	A
335	晒（晒太阳）	l̥ak⁵⁵	B	A	A	D	A
336	沉	l̥ak⁵⁵	D	A	A	D	A
337	（绳）断	pɛt⁵⁵	A	A	A	D	A
338	（生）病	na³³	A	A	A	D	A
339	肿	pʰau³¹	D	A	A	D	A
340	飞	tsaŋ³³	D	A	A	D	D
341	啼	tʰun³³	D	A	A	D	A
342	孵	xok⁵⁵	C	A	A	D	B
343	大	kɯ³¹	A	A	A	C	A
344	小	ŋə³³	A	A	A	C	A
345	高	m̥jaŋ³³	A	A	A	D	A
346	低	m̥jin⁵⁵	A	C	A	D	A
347	深	lɯk⁵⁵	B	A	A	D	B
348	长	sɯŋ³³	A	A	A	C	A
349	短	tuɑʔ³¹	C	A	A	D	A
350	厚	kā³¹	D	A	A	D	A
351	远	wai³¹	A	A	A	D	A
352	多	n̥a³¹	A	A	A	A	A
353	少	nɯŋ³¹	A	A	A	A	A
354	弯	ŋuai³¹	C	A	A	D	C
355	轻	səʔ³¹	A	A	A	D	A

(续表)

356	重	lai^{31}	B	A	A	D	A
357	硬	khuŋ^{33}	D	A	A	D	C
358	软	pjɛt^{31}, nuk^{55}	D	A	C	D	B
359	红	a^{31} ȵe^{33}	A	A	A	C	A
360	黄	a^{31} xə^{33}	C	A	A	C	B
361	蓝	a^{31} ȵau^{33}	A	A	A	D	A
362	白	a^{31} phu^{33}	A	A	A	C	A
363	黑	a^{31} na^{ʔ31}	A	A	A	C	A
364	满	pəŋ^{31}	A	A	A	D	A
365	胖	pjau^{31}	A	A	A	D	A
366	好	a^{31} kə^{33}	C	A	A	A	A
367	快（速度快）	ʂɿ^{33}	D	A	A	D	A
368	新	a^{31} ʂɯk^{55}	A	A	A	C	A
369	生（生肉）	a^{31} tɕin^{35}	C	A	A	D	B
370	快（刀）	tha^{ʔ31}	D	A	A	D	C
371	酸	a^{31} tʂhən^{33}	A	A	A	A	A
372	甜	a^{31} tʂhau^{33}	A	A	A	C	A
373	苦	kha^{31}	C	A	A	C	A
374	辣	tshɯk^{55}	A	A	A	C	A
375	饿	lau^{33}	A	A	A	A	A
376	醉	ət^{31}	B	A	A	D	B
377	一	ta^{31}	A	A	A	D	A
378	二	sɿ^{55}	A	A	A	D	A
379	三	suŋ^{31}	A	A	A	D	A
380	四	mɛ^{ʔ31}	A	A	A	D	A
381	五	ŋa^{31}	C	A	A	D	A
382	六	lu^{31}	D	A	A	D	A
383	七	tɕhi^{31}	C	A	A	D	A
384	八	pa^{31}	C	A	A	D	A
385	九	tɕu^{33}	C	A	A	D	A
386	十	ta^{31} tʂɿ^{33}	C	A	A	D	A
387	百	pɯk^{55}	A	A	A	D	A
388	千	tɕhɛ̄^{33}	C	A	A	D	A

(续表)

389	个（一个人）	zu⁵³¹⁵⁵	A	A	A	D	A
390	棵（一棵树）	paŋ³³	A	A	A	D	A
391	把（一把米）	tɕhaʔ³¹	C	A	A	D	C
392	两（斤两）	liaŋ³³, luŋ³⁵	D	A	A	D	A
393	我	ŋa³³	A	A	A	A	A
394	我们	ŋu³¹ tuŋ³³	A	A	A	C	A
395	你	naŋ³³	A	A	A	A	A
396	你们	ni³¹ tuŋ³³	A	A	A	C	A
397	他	ʂaŋ³¹	B	A	A	C	A
398	哪里	khə³³ tə³³	A	A	A	D	A
399	刚才	a³¹ khaŋ³¹ tsa³³	D	A	A	D	D
400	都	kɯŋ³³ kɯŋ⁵⁵	D	B	A	D	D

被测试人的基本情况：

1. 杨 艳：女，30岁，九保乡丙界村。
2. 曹先忠：男，53岁，老关璋村。
3. 杨书昌：男，40岁，小学，牛场地村。
4. 赵兴卫：男，32岁，大专，永和村。
5. 梁其平：男，43岁，小学，弄丘出生，后入赘到永和村。

第三节　梁河县访谈录

访谈三：

访谈对象：赵家培，男，57岁，永和阿昌族，研究生学历，德宏州人大副主任。熟悉本族语。
访谈时间：2007年2月19日
访谈地点：梁河县九保乡永和村文化站

问：赵主任，你好，非常高兴能遇到你。你能不能简单给我们介绍一下个人经历。
答：我首先代表州人大及我们阿昌族，对中央民族大学的各位专家、教授的到来表示感谢。党中央对人口较少民族特别关心，采取了一些行之有效的措施，整个阿昌族的政治、经济得到迅速发展。
我能走上领导岗位主要是靠党的培养和各族群众的支持和帮助。我个人经历了几个阶段,首先是在云南民族学院读书,然后回到村里当副支书。三年后到德宏州团结报社工作。八一年调回县宣传部当副部长,八三年十二月当县长,干了三届。九三年当县委书记,九六年到零三年当德宏州副州长,零四年到现在担任州人大副主任。大体经历了这几个阶段。从我亲身经历来看,我们少数民族能走上领导岗位以及阿昌族所发生的变化,都是党关怀的结果。

问:赵主任,阿昌族和德宏州其他各民族的关系如何?

答:德宏州有五个土著民族,占总人口的51%。我们在群众中灌输"汉族离不开少数民族,少数民族离不开汉族,各民族都相互离不开"的"三个离不开"思想。阿昌族和其他各民族互相学习,互相依靠,互相帮助,就像一个大家庭。

问:请你介绍一下整个阿昌族的经济、文化、教育现状。

答:从地理位置来看,整个阿昌族位于半山半坝区。从生产、生活水平来说,在全州属于中下水平。零六年全州人均收入1687元/年,阿昌族居住的地方在1000元/年左右。国家规定的贫困线是938元/年,所以阿昌族还有相当一部分群众在国家规定的贫困线以下。这主要是因为地理环境和生产水平都较差,而且交通不便,像梁河地质条件就比较差,土壤结构多为沙质。半山半坝区基本处于滑坡泥石流地带,自然灾害比较多,治山治水的任务比较重。

其次是文化程度低。贫困的一个重要原因是劳动者素质低。读到初中毕业的不多,高中更少,大学极少。老百姓缺少文化,推广科技知识就比较难。

第三是经济上产业结构单一,只种些甘蔗,增收致富的难度比较大。

问:地方党委、政府等对阿昌族等人口特少民族在政策上有没有特别优惠?

答:州委、州政府,包括州人大,对阿昌族和其他人口特少民族非常关心、重视和支持。首先在政治上人人平等。如人大代表名额的分配,各级人大代表中按照略高于本民族人口的比例安排人民代表。在州人大、县人大、乡人大中,都非常重视这点,人口较少民族都要占有一定名额。像全国人大,按照全国人口比例来说,几十万人才能产生一名代表。如果按照人口比例,我们一个代表都没有。但是全国人大规定,人口再少的民族也要有一个,像德昂族、阿昌族人口只有几万人,不足十万人都能保证一个全国人大代表名额,参加讨论国家大事,体现了政治上一律平等。

其次是大力培养少数民族干部。州、县各级领导班子当中,都安排了一定的名额。这也体现了对人口特少民族的关心。

第三是在经济发展方面加大了扶持力度。"十一五"期间实行"整村推进",每个行政村都要安排一百到两百万元钱,实行"整村推进"。

"整村推进"主要是针对人口特少民族。它以行政村为单位,针对村中群众最迫切要求改进的几件事,如水、电、路、农田基本建设、产业开发、学校,包括一些安居工程,编制规划,一次性实施。像梁河就有八个阿昌族行政村列入"整村推进"项目,一年安排两个村,准备十一五期间全部改造完。它是分期分批的,是国家和省的项目,是建国以来的第一次。

近几年来,国家对阿昌族等人口特少民族的文化保护力度也在加大。如阿昌族的长篇叙事诗《遮帕麻和遮米麻》和户撒刀已经列为国家级非物质文化遗产。省里把阿昌族的"阿露窝罗节"也列为非物质文化遗产进行保护。

问：阿昌族要想获得长足地发展，除了基础设施建设外，还应该采取哪些措施？

答：培植一些产业，靠产业支撑。因地制宜，结合本地方的实际，选准一些有发展潜力的产业。

阿昌族文化素质偏低，学生辍学率也比较高。要加大"普九"力度，办些寄宿制学校，从分散办学，到集中办学，集中师资，享受寄宿制的补助。

问：你认为阿昌族学生辍学率高的原因是什么？

答：辍学率高主要是经济基础薄弱。虽然有国家各方面补助，但到初中以后，家庭负担还是比较重的。

二是思想观念落后。现在读小学不成问题，读初中、高中、大学就是个问题。现在大学生毕业后找工作比较难，国家的整个就业形势对老百姓造成一定的负面影响。花那么多钱读书，回来找工作还那么难，有些干脆就不读了。

问：除了像《遮帕麻和遮米麻》等这些优秀的传统文化，你认为语言有没有保护的必要性？

答：从发展的进程来看，还是要加以保护。保护的方式一是通过学习汉语文化，转过来对阿昌族文化的挖掘、整理和传承，二是阿昌族聚居的村寨，除了学校教育外，还要加强用本族语的交流。总体来说，阿昌语保持的还是比较完整的，说明它还是有很强的生命力的。

问：阿昌族人口虽少，但内部方言差异大，你认为这是什么原因造成的？

答：这和所处的地理环境有关。虽然是一个民族，但交通不便，长期隔离，不通婚，不交往。如户撒和梁河通婚的就很少，梁河大部分靠近汉族，向汉族方面学习的多。户撒受傣族、景颇族的影响，包括宗教信仰，信小乘佛教，梁河这边是原始宗教。高埂田这边被叫做小阿昌，高埂田方言代表着腾冲和龙陵的一部分。腾冲的新华乡有一部分阿昌族，龙陵的芒麦村有一千多阿昌族。高埂田的王家、曹家都是从梁河迁过去的。大理云龙的曹涧乡还有一部分阿昌族有两千多人，已被白族同化。

问：我们发现阿昌族基本上都是"阿昌语—汉语"双语人，你认为学好汉语对本民族有什么作用？

答：学汉语对阿昌族来说本身就是一种进步。对提高阿昌族文化素质，了解外面的知识，经济文化的广泛交流都是十分有益的。通过学汉语，还可以把阿昌族的优秀文化整理出来。阿昌族没有文字，通过汉文的形式把阿昌族的传统文化完整地抢救，挖掘、整理出来，可以较好地继承下去。此外，学习汉语，还有利于民族团结。汉语是各民族相交流的一个桥梁和纽带。

问：对于阿昌族这样一个人口特少的民族，还有没有必要学习本族语？

答：阿昌族虽然没有文字，但语言还是比较丰富的，有它自身的特点。通过今后进一步地挖掘、整理，阿昌族的语言、文化还有必要发扬光大。阿昌族的传统文化，有些用汉语很难表达，很难翻译，阿昌语有存在的必要性。此外，阿昌族可以用阿昌语进行内部沟通，它是一个民族的标志。但是我认为创建阿昌语文字没有必要,阿昌语内部差异比较大,可以通过学习汉语言、文化把它发扬广大。

问:我们通过调查发现,陇川、高埂田和梁河的部分村寨阿昌语保存得比较好,但也有部分村寨,如九保乡的永和村,出现了语言转用现象。随着对外开放交流的机会越来越多,阿昌族会不会都转用汉语?

答:这个趋势是存在的。但是在阿昌族聚居的村寨,小孩子在学校学习汉语,回到家里就学习本民族语言。这是个漫长的过程。我的想法就是顺其自然,逐渐走向大同。

问:如果阿昌族都转用汉语,作为一个民族重要标志的语言就会逐渐消亡。这个民族会不会最终被同化为其他的民族?

答:我的看法是逐渐走向汉化。党的民族政策是尊重民族语言、风俗。在发展过程中,如果把这些政策继续落实好,对阿昌族语言、文化,特别是面临着失传的传统文化,进行积极抢救,通过汉语言文字把它记载传承下来,就会既可以学习先进的文化又能把本民族传统的好文化传承下去。

访谈四:
访谈对象:九保乡乡长曹明华,45 岁,阿昌族,中专文化程度。
访谈时间:2007 年 2 月 19 日
访谈地点:梁河县九保乡永和村文化站

问:曹乡长,能不能请您简单介绍一下九保乡的情况?
答:九保乡共有 6 个村民委员会,39 个自然村,67 个村民小组。全乡 3500 多户,14000 人。国土面积是 146 平方公里。零七年财政总收入 940 万元,支出 222 万元。零六年全乡人均收入 1129 元,人均占有粮食 222 公斤。产业上除了粮食外,以种植甘蔗、茶、油料等经济作物为主。全乡水田面积不大,只有 100900 亩,而且一部分水田用来种了甘蔗,另外还有一些水果。

基础设施建设上,水电路方面,80%的自来水工程已经投入使用,但在管理、改造上任务还比较重。电路基本覆盖了全乡 67 个村民小组,但是大概还有一半没有进行农网改造,这样农户负担比较大,我们一直在争取进行改造以减轻农民负担。毛路也基本通到了所有的村民小组,但是在路面硬化上就差得多了,晴通雨阻,下雨天很多地方都去不了。

医疗卫生方面:前两年还是非常困难的,主要是山区收入低,条件差,药品少,办公条件也简陋。今年以来,国家成立了新型合作医疗,这是国家惠及农民的一项好措施。另外,我们也加强了村卫生室的建设,6 个村民委员会的卫生室都建设起来了,今后还要活动办公,让农民任何时候都能看上病,使医疗卫生条件会得到改善。

问:九保乡六个村民委员会的民族人口分布情况如何?民族关系怎样?

答：全乡阿昌族人口有 3660 人，6 个村委会中有丙盖、勐科、横路三个是阿昌族聚居村。特别是横路，99％是阿昌族，其他村寨都是杂居的。各民族之间和谐共处。我们认为"少数民族离不开汉族，汉族离不开少数民族，汉族和少数民族是一家人。"

问：你们乡的教育情况怎么样？

答：全乡有 1 所中学，6 所完小，11 所单小。中学教师有 70 多个，小学教师有 120 多个。小学入学率和巩固率都达 100％，初中大概到 98％。零六年有 7 个考上重点大学。

问：政府和群众对教育的态度是怎样的？

答：从政府方面来说，我们的教育投入还是相当大的，过去我们征收的教育附加费都用于教育。现在在财政上我们自己没有调控余地了，都要靠上级财政拨款，但是即使我们乡上拿不出钱来，我们也会想办法向上面要。另外，我们还采取群众自筹的办法，一家出一点，作为一事一议决定下来以后，村民都自觉主动地来交。所以说这几年来对教育的支持力度是很大的。

群众对教育还是比较重视的，多数农户，不管再苦再穷，让孩子读书这个愿望还是高的。一方面我们这里挨近腾冲，九保是李根元的出生地，有文化传统在这里，文化教育方面历来都是重视的。另外，阿昌族没有吸毒人员，全乡现有吸毒人员 84 人，没有一个阿昌族。

问：阿昌族学习汉文的目的是什么呢？

答：现在随着社会的发展，科学技术的发展，逼着人们学。包括农民，过去重自然农业，现在重科技，你要不识字，连农药买来怎么用都不知道。现在读书并不是为了找好工作什么的，现在就业本身也很难，有部分老人不愿意送孩子读书，觉得家里几千几万供出一个孩子，毕业后就业还成问题。所以"读书无用论"还存在，但从思想认识上来说，更多人认为即使是当个农民，没有文化也不行，很多人也是出于今后生产、生活的考虑。

问：九保乡的阿昌族在经济文化上与汉族有没有差距？

答：经济文化上与本地汉族基本上是一样的了。但从整个民族乡来看，和汉族地区的差距还是有的。九保虽然接近县城，但与县城还是有一定的差距，但是一般汉族老大哥做什么都会向他们学习。

问：你们乡阿昌族的汉语水平如何？

答：我们这里阿昌族的汉语水平比较高。这里除了部分老人说得不太通顺外，不会说汉话的基本没有。

问：你们这里是否进行双语教学或者用阿昌语辅助教学？

答：一年级还需要用阿昌语辅助教学，因为汉话还听不懂。要用阿昌话来解释，到了三四年级就不需要了。

问：您认为阿昌族是否有必要掌握自己民族的语言？

答：我个人认为，作为一个少数民族，自己的民族语言是应该要掌握的，不懂的也应该学习，要是不学习以后就不会讲了。

问：有没有阿昌族不会说阿昌话的家庭？

答：在阿昌族聚居的村子，有个别阿昌族家庭有不会说阿昌话的，但这种情况不多。更多的是在和汉族杂居的村寨中，很多人不说自己的民族语言，年轻一辈就渐渐不会说了。

问：您认为为什么阿昌族会出现语言转用现象？

答：和汉族通婚有一定的影响。特别现在在外工作的人，在单位上，如果父母两个都是阿昌族，一般就会说；如果有一个不是阿昌族就不会说了。在和汉族杂居的村寨里，不会说、不愿意说阿昌话的人归根结底还是与社会交流沟通的需要有关，用阿昌语在社会上大多数时候都沟通不了，长期这样就淡化了自己的民族语言。

问：您平时一般在什么场合使用阿昌语？

答：平时不讲汉话，在家都用本民族的语言来交流。我们自己在单位上只要是本民族的一般都会讲。但有的也不太会讲了。乡政府有45个阿昌族，其中有四五个是一句都不会讲的。我们会说阿昌话的，一般都用自己的民族语言来交流，你本身是阿昌族却要用汉话来交流人家会笑的。

问：很多阿昌族家庭不愿意使用自己的语言，对阿昌族文化的继承是否有影响？

答：当然，这对保存我们民族文化绝对是不利的。

问：那么在保护民族语言文化方面你们是否采取了措施？

答：采取什么具体措施也不好说，毕竟说什么语言是个人的自由。当然作为一个少数民族，自己的语言应该会讲。现在很多老人都给我们提过意见和建议，希望能把我们阿昌族的语言文化继承、保存、发扬光大，但是部分人不愿意讲（阿昌话），我们除了作一些宣传教育之外也很难采取什么措施。因为阿昌语本身没有文字，人们学习、通用的都是汉语，这种情况也只能顺其自然了。

问：您最希望自己的孩子学好什么语言？

答：从现在这种情况来说，如果只选择一个的话，我还是更希望自己的孩子学会汉语，汉语是我们国家的国语，社会上能通用，阿昌族人口少，阿昌语在社会上通用面很窄。

问：您认为阿昌族掌握自己的语言是否有用？

答：作为一个民族，应该要保持自己的民族语言，这是一个民族的特征之一。但要是真正到社会上，我们阿昌语好像也没什么用。因为我们本身没有自己的文字，人数又少，而且很多都不聚居在一起，比如你买东西，除非是阿昌人开的店，否则就用不上，交流不了。

问：您觉得阿昌族会不会变成汉语单语人？

答：虽然我们有自己的服装、风俗习惯，但是再过几代人可能自己的语言就不会说了。像永和寨这样的，现在年轻的就已经不太会说了。我家在的那个村委会，老人小孩都会说，可能在三两代以内还不会失传。但是今后会不会产生民族同化就难说了。不过这也是相互的，我们村委会有7个自然村，有个小村有16户人家，都是汉族，但是因为周围都是阿昌族，现在整个寨子都会说阿昌话了。

问：您觉得阿昌族不会说自己的语言对这个民族会不会有什么影响？

答：我觉得是不存在（什么影响）的。他的阿昌族身份永远都不会改变，即使他不说自己的语言，他都承认自己是阿昌族。

问：是否担心将来有一天阿昌族都不会说阿昌话？

答：我不担心，因为我认为，我们是否会说阿昌族自己的语言对我们生活的各个方面都不会有什么影响。

访谈五：

访谈对象：梁愿昌，男，39岁，阿昌族。大专文化程度，曩宋乡现任乡长。

访谈时间：2007年2月22日

访谈地点：梁河县曩宋乡乡长办公室

问：梁乡长，请你简单介绍一下全乡的基本情况。

答：曩宋乡是我们梁河县的一个阿昌族民族自治乡。曩宋在我们县的东北部，东边临近平山乡，西边靠着河西乡，南边是小厂和九保乡，北边与腾冲县接壤，国土面积111.22平方公里。我们乡共有49个自然村，总人口约为2.4万人，其中阿昌族接近4000人，占全乡总人口的16.3%。曩宋乡的民族成分不算复杂，主要有阿昌族、汉族，还有部分傣族。我们乡经济方面总体上属于后进的，产业结构较单一，产业开发力度也不够，2006年人均收入只有896元，全乡还有14000多人处于贫困线以下。乡基础设施建设比较落后，同周围一些乡进行对比，交通建设相对滞后，农田水利基本设施也不配套。教育方面呢，根据我们最近的统计，全乡还有8所小学的房舍属于危房、破损房。中小学的教室、宿舍、教师配备等资源总体来看还是有一定的欠缺，教师平均年龄也偏低，骨干教师缺乏。医疗卫生这一块，我们有一个中心卫生院，部分自然村也设有卫生室，但普遍设施都较简陋，医疗设备老化，医务人员学历层次偏低。还有一些自然村连医疗卫生点也没有，农民看病难的问题仍然突出。

问：现在是商品经济社会，你们曩宋乡经商的多不多？

答：我们这里的阿昌族都不太善于经商。除了几个种植大户外，绝大多数都是小打小闹，小本生意，形不成气候。其中的制约因素很多，有经济方面的，也有个人意识方面的。

问：青年人打工的情况怎么样？

答：我们现在每年都组织人员外出打工，主要是到广州、深圳等地。没有通过中介自己出去的也有很多。打工是一件好事情，能够开阔眼界，还可以增加收入。

问：阿昌族现在还有没有"族外不婚"的做法？

答："族外不婚"那是老皇历了，现在时兴自由恋爱。有阿昌族姑娘嫁到汉族、傣族家的，也有其他民族姑娘嫁到我们阿昌家的。

问：族际婚姻家庭里的孩子都说什么话？

答：情况不一样。一般来讲，嫁到汉族寨子的，下一代基本上都转用汉语了，阿昌话顶多也就会说上个几句,都是日常用语。

问:听说在梁河,阿昌族是每讲三句民族语就会带出一句汉语,也就是这里说的"三句露一句"。你们乡是不是也这样?你是怎么看待这种情况的?

答:也是大同小异啊。不过,这个问题要一分为二地看。新事物、新名词不断出现,这些都是阿昌语里以前没有的,老辈人也没听说过,不用汉语来表达怎么办?还有些词语,跟汉语相比,用阿昌话说起来不太简便,所以也借用了汉语的说法。我认为这些都是合理的。我们阿昌话本来就是靠不断地吸收了汉话、傣话里面的一些词语来丰富、发展自己的。

问:你们这里男女老少都普遍兼用了汉语,那么,小孩子是如何同时学会两种语言的?是专门教的吗?

答:没有谁专门去教小孩子学说什么话。父母都是阿昌族的,娃娃从小就听、就说,阿昌语不知不觉也就学会了。小孩子从小就跟着父母上山下山的,接触汉语的机会也很多,再加上现在家家户户都有了电视机,娃娃上学以前耳朵里早就"灌满"了汉语,可能还不能说,但一般的话都能听得懂。一上了学,有了语言环境自然就能开口讲了。

问:梁河阿昌语的转用规模还是比较大的,但在你们乡的关璋和弄丘,阿昌话保存得还相当不错,你觉得主要是什么原因?

答:我没有专门想过这个问题。我想可能有这样几个原因吧:第一,这两个寨子都是纯阿昌族村寨,人口数量也较多。第二,就交通不太便利。从弄丘到曩宋有七八公里的山路,如果不是"集天"(当地方言,指"逢集的日子"),车子不多,步行的话至少需要一个半小时左右。另外呢,我们这里教育比较落后,这可能也是一个重要原因吧。

问:有一种说法叫"阿昌语过不了大盈江",也就是说,即使阿昌语说得再好,使用场合也相当有限。阿昌话对于阿昌族来讲,到底意味着什么?

答:阿昌语嘛,我们主要是在家里、寨子内、集市上说的。从使用场合来讲,当然没法跟汉语比,也没法跟我们德宏的景颇语和傣语比。不过,阿昌语是我们阿昌族的一个重要标志,如果连语言也留不住的话,我们阿昌族的特征就很不全面了。还有,阿昌语毕竟是我们的母语,我们本族人围着火塘说着阿昌话,都会觉得非常亲切,跟说汉语的感觉还是不太一样。

问:那你平常在家里和寨子里都说什么话?

答:当然是阿昌话了。

问:在乡上呢?

答:乡上嘛,要看具体情况。乡里乡亲来办事,我还是要讲阿昌话的,这样容易拉近距离,便于沟通。如果是遇到上级领导来检查工作,那就应该使用汉语。

问:从你们乡的情况来看,经济发展水平似乎跟语言的保留程度成反比。经济情况好一些的寨子,语言保留得反而差了些。经济的发展跟语言的保留是不是存在着冲突?

答:我觉得不能这样理解。语言的保留跟经济的发展如果处理得当,两方面会相辅相成的。举个例子来讲,前几年我去了一趟号称"东方女儿国"的泸沽湖地区。那个地方不仅经济水平高,当地摩梭人的民族语也保留得不错。我亲眼看到,当地人跟我们讲汉语,转过脸去就跟自己人讲本族语,一句汉语都不露。不仅是大人,小孩子也一样。我们乡应该向他们学习,要保留好我们阿昌族的语言和文化,同时还要把经济也搞上去。

问:汉语的重要性是不言而喻的,阿昌族掌握汉语重要性主要体现在哪些方面?

答:汉语是我们国家的官方语言,对阿昌族来讲,我们整个民族的政治、经济、文化、教育等各方面要发展,都是离不开汉语的。从个人角度来讲,汉语不仅跟个人升学、工作关系密切,在日常生活中也是离不开的。比如说吧,如果汉语说不了也听不懂,那么去赶集买东西都成问题。

问:语言的保护最终还是要依靠本民族,你怎么看这种说法?

答:我完全同意这种说法。阿昌语的保护,跟阿昌族地区的经济发展一样,不能"等"和"靠",不能只想着等政府派人来解决。要保留"活生生"的阿昌语,最终还是要靠我们阿昌族的每一个老百姓。

问:最后一个问题,您预测一下,梁河阿昌语能否长久地保留下来?

答:就目前的情况来看,我本人还是比较悲观的。我们这地方的阿昌语变化实在太快了。寨子里的一个老人去世了,就会带走一批词语。照着这个势头发展下去,也许用不了多少年,能真正达到阿昌话"满口"(当地方言,"熟练掌握"义)的,恐怕也就没有几个了吧。

访谈六:

访谈对象:梁河县民族宗教事务局局长赵兴光,45岁,阿昌族,大学本科文化程度。
访谈时间:2007年2月19日下午
访谈地点:梁河县九保乡永和村文化站

问:赵局长,想向您了解一些梁河阿昌族文化、经济、教育及语言使用的情况。您能先和我们谈谈梁河阿昌族的文化吗?

答:可以。梁河的阿昌族主要聚居在曩宋和九保两个阿昌族乡。阿昌族属于氐羌族群的后裔,历史悠久,文化也极为丰富。从服饰、风俗、语言、建筑、宗教信仰等多个方面都具有自己的特色。就拿阿昌族的节日来说吧,主要有每年阳历3月20日的阿露窝罗节,春节期间的"耍狮子"(春灯),大年三十到初一的各寨子立秋杆。

问:梁河阿昌族的经济情况呢?

答:梁河阿昌族居住在半山半坝地区,水利条件很好,自然灾害也相对较少。这样的条件有利于农作物的生长。其经济作物主要是水稻和甘蔗,也种植水果。2006年,人均收入达到了1100元左右。近几年外出打工的人也较多,这也是经济上一个比较直接的收入。政府也统一培训并组织劳务输出,解决村寨中剩余劳动力的问题。近的到州内、省内,远的到深圳、广东。打工者的经济收入也还不错,最好的每个月能寄回家1000多元。我们也开发阿昌族的其他资源,比如阿昌族的歌舞、服饰等。阿昌族的歌舞队每天也有几十元的收入。今后自然条件好的阿昌族村寨还可以发展"农家乐"形式的旅游业。

问：能谈谈梁河阿昌族的教育情况吗？

答：可以。自从国家实施"三免费"以来,梁河阿昌族小学生的上学率达到了100%,初中是97%,但到了高中阶段,就有大量的学生辍学。辍学的主要原因是家庭经济困难,九年义务教育只能到初中,高中的学费让大多数家庭承受不了,不少考上了高中的学生也辍学了,考上大学的学生也就更少了。阿昌族面临人才匮乏的问题。

问：梁河部分阿昌族现在更多地说汉语而不是阿昌语了,您怎样看待这个问题？

答：随着社会发展,人们接受新兴事物,也接受这些新兴事物的名称,比如汉语词"电视机、摩托车"等。阿昌族之间说阿昌语特别亲切,阿昌语也是阿昌族文化的一部分；汉语方便于阿昌族与其他民族,特别是与汉族的交流,也方便阿昌族学习先进文化。在某种程度上可以说阿昌语和汉语互补吧。

问：阿昌族对下一代学习阿昌语的态度如何呢？

答：顺其自然吧。我们现在主张小学以前不专门地向孩子灌输阿昌族语言,因为又要学习阿昌语,又要学习汉语,孩子的语言障碍太大,学习压力也太大。我们曾做过对比：两个阿昌族小学生中,同时学习两种语言的学生成绩明显不如只学习汉语的学生。到了小学毕业以后,孩子们之间通过互相交流、交往,自然而然就学会阿昌语了。

问：阿昌族与其他民族的关系、交往如何呢？

答：阿昌族人民热情好客,与其他民族能平等友好地相处。阿昌族受汉文化影响较深。梁河部分阿昌族寨子与汉族寨子接近,常常是半山区住阿昌族,平坝或山上住汉族,与汉族的交往尤为密切。阿昌族向汉族学习种植水果、盖房子等先进技术,通过交流和学习发展自己。从现实的情况来看,与傣族和德昂族接近的两个阿昌族村的经济水平低于与县城接近的永和阿昌族聚居村。

问：民宗局为保留好阿昌族文化,做了哪些事？

答：现在民宗局正在抓紧时间,采取一系列措施收集整理和抢救阿昌族文化。具体地说,措施包括：1) 专门请州民委、省民委的专家来调查和研究阿昌语文化,将阿昌族文化记录下来。例如：阿昌族有"活袍"这一传统节目,即一位年长者完全用阿昌语歌唱,内容包括歌颂阿昌族大家庭的温暖,歌唱来之不易的民族节日等。作为阿昌族传统节日中最重要的仪式,它不可或缺。但现在整个阿昌族会唱"活袍"的只有两位60多岁的老人了,为了抢救这一本来只能通过口头传授的文化财产,我们就聘请专家将它记录下来。2) 请州民委、省民委解决一部分资金,专门用于保存和保护阿昌族文化。3) 组织阿昌族村寨中的老人向年轻人传授阿昌语和民族传统服装的手工技术等文化。4) 大力宣传阿昌族文化。例如：解放40多年来,阿昌族都没有一个完整的民族活动场所。现在我们正努力筹措资金在永和村修建一个占地十五亩的阿昌族阿罗窝罗活动中心,希望这个活动中心能为每年一度的阿昌族民族节日提供活动场所。

届时，就可以邀请户撒、陇川和腾冲的阿昌族兄弟进行文化交流。

问：国家为发展阿昌族经济，改善阿昌族人民生活做了哪些努力？

答：2005年中央民族工作会议结束以后，提出要加大对人口较少民族的扶持力度。这种扶持不仅仅是经济上的，也有文化、政治上的，多层次、多方面的扶持。梁河在2010年以前要对有较小民族的8个村实施扶持。已经实施扶持的有2个村，正在实施扶持的有3个村，每个村平均可得到400万的资金扶持。也就是说，村里的每个寨子平均有30多万的扶持款。这种扶持力度是历史上从未有过的。这些资金的注入，会对村寨的经济、文化、生产及教育等提供帮助。政府还组织科技培训，筹措资金，将先进的科技文化知识传授给群众。大量从事科技传授的工作人员会说阿昌语，这样在讲解时能更好地拉动群众，促进交流。政府组织劳务输出，这些出去打过工的人，回家以后也会把先进的观念、信息及技术带回来，促进村寨的发展。国家为发展村寨经济所做的事还很多，这些只是一部分。

问：发展离不开教育。为了搞好梁河阿昌族的教育，政府还做了哪些努力？

答：阿昌族总体教育水平不高。一是因为经济，家庭的贫困，二是因为社会上存在一种"读书无用论"。为了在经济上帮助阿昌族学子，政府从多种渠道筹措资金。包括向上级部门请求拨款，向社会求助，向银行贷款等。政府还设有专款奖励和资助大学生。现在，一个考取大学本科的阿昌族学生可获得2000元奖金，大专生1000元奖金。民宗局也资助大学本科的阿昌族贫困学生1500元，大专生1000元，州内的大学生800元。初步统计，梁河有25个大学生，因为有政府的帮助，没有一个中途辍学。为了消除"读书无用论"，政府积极帮助阿昌族大学生求职。阿昌族招工招干方面享受特殊待遇。在招考公务员时，只要分数达到，阿昌族考生无须面试即可录取。这样的政策为贷款培养大学生的阿昌族家庭减轻负担。政府还在师资力量、教学质量等方面扶持阿昌族教育。例如，阿昌族根据自己的实际情况，在学校拆并的背景下，依然保留偏僻、分散阿昌族村寨的教学，哪怕仅有5个学生，也保证公办教师的师资配备。除保留一村一校以外，政府还解决校舍危房问题，阿昌族村寨校舍都不是危房。另外，在两位阿昌族人大代表的帮助下，云南省冶金集团捐资40多万建设一个专门为阿昌族尖子学生开办的学校，学校在永和的教学大楼现在已完工。政府还将部分没有考上高中的阿昌族学生送往云南民族中专继续学习，培养阿昌族人才。

问：作为一个民族干部，您认为自己的责任是什么？

答：一个民族干部的第一责任是做好本职工作，第二是做好民族工作。民族工作不仅在上班时做，生活中也要做好。我有3个孩子，老大读完民族中专后参军，老二在云南师范大学附属中学读高二，老三在湖南湘西民族中学读初三。三个孩子我都扶持其读书，我希望用自己家庭的实例告诉其他阿昌族，只有重视教育，才会有发展，有希望。

第四章 阿昌语潞西方言使用情况

潞西方言主要分布在潞西市江东乡一带，使用人口约有 1500 余人。江东乡的阿昌族大多保留自己的母语，并兼用汉语。

第一节 社会概况

潞西市共有六乡五镇。六个乡（西山乡、中山乡、轩岗乡、江东乡、五岔路乡和三台山乡）中，阿昌族主要分布在江东乡。

江东乡位于潞西市西北部。乡政府驻河头村，距市区 44 公里。设有 8 个村委会，分别是河头、大水沟、李子坪、大水井、花拉厂、仙人洞、芒龙和高埂田等村。高埂田村距离江东乡政府所在地（河头村）大约 25 公里。

高埂田村总人口为 1931 人，其中阿昌族有 1286 人，约占全村人口的 66.6%。高埂田村下辖 10 个村民小组，即蚂蝗塘、高埂田、大岭干、温乖、小新寨、芒岭、杏万、遮告、常新寨、夺产山。其中，蚂蝗塘、芒岭和夺产山为汉族居地，其他 7 个均为阿昌族聚居的村寨。各村民小组的户数与人口数见下表（按人口数由多到少排序）：

村民小组	户数	总人口数	阿昌族人口数
蚂蝗塘	59	269	无
高埂田	52	227	214
大岭干	49	232	214
温乖	54	240	226
小新寨	55	221	213
芒岭	50	216	无
杏万	48	196	175
遮告	29	132	131
常新寨	29	118	113
夺产山	17	80	无
合计	442	1931	1286

上述高埂田村各村民小组主要是阿昌族，还有少量汉、傣、景颇等民族。这些外族人多为嫁入的外族媳妇，她们进入阿昌族家庭后，经过几年的生活，已融入阿昌族中，不但改变了原有的生活方式，而且还学会了阿昌语，有的还改变自己的族称为阿昌族。例如：小新寨中嫁进6个傣族媳妇：景双连、曩叶伦，哏雪、范绍兰、砍娜和红目凹。她们相聚时说傣语，回到各自的家庭或跟寨内阿昌人则说阿昌语。她们一般嫁过来三四年之后，都能够熟练地掌握阿昌语。

这10个村民小组的基本地理位置如下图所示（直线表示各村民小组之间的公路）：

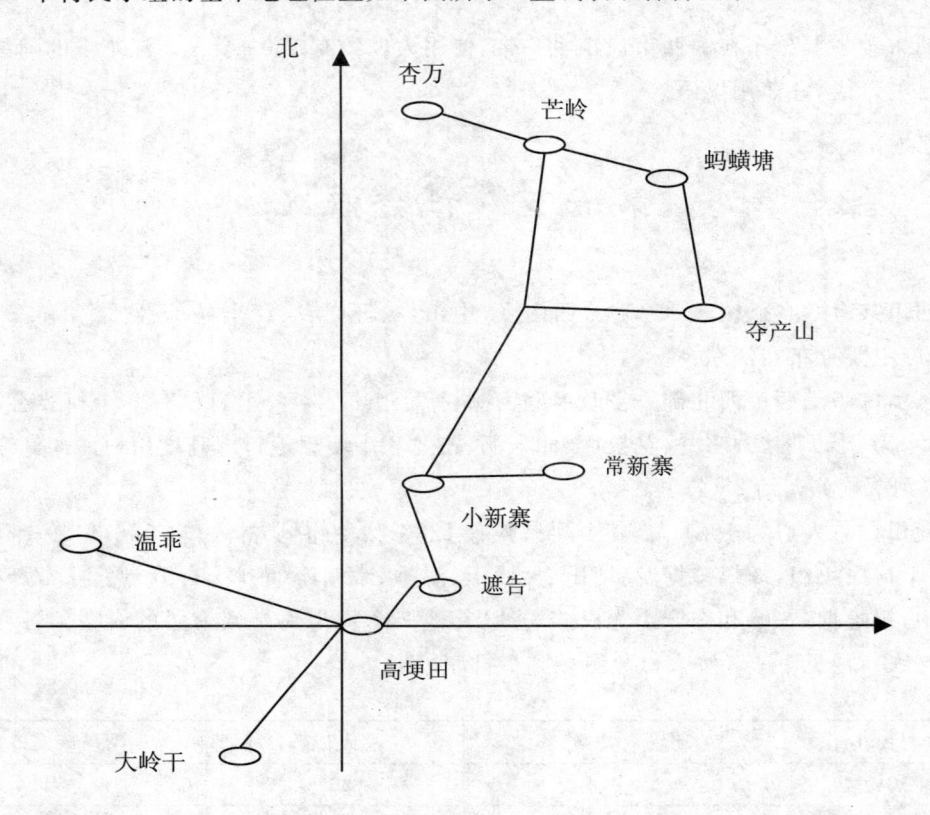

高埂田村海拔约1200米，东北地势较高，地处低纬高原，气候温和，日照时间长，雨量充沛。全村经济以农业为主，种植水稻、茶叶和甘蔗。但经济欠发达，与其他地区相比，较为贫困。阿昌族村寨与汉族村寨的收入基本相当。

改革开放以前，高埂田村的经济发展水平低，教育和医疗条件也比较差。各村民小组之间只有泥巴土路，村内没有自来水。改革开放以后，高埂田村的基础设施得到了很大的改善。全村修建并拓宽了各村寨之间的公路，使村民们出入方便。铺设了自来水管道，解决了村民的用水问题，还建立了自己的广播站，设立了村民文化活动室。

高埂田村现设有一所半寄宿制的中心小学"高埂田小学"。高埂田村所辖10个村民小组的学龄儿童都在此享受义务教育，一般7岁正式入学，5—6岁可以在该校的学前班就读。由于孩子们在进学校之前大多很少接触汉语,所以学前班的教师会适当地使用阿昌语来辅助教学。学生正式进入小学一年级以后,教师则严格执行普通话的单语教学。

高埂田小学的教师及后勤人员一共有 14 人,其中 2 位为阿昌族,其他都是汉族。该校教师待遇良好,教师工资全部由云南省财政厅和潞西市财政局专项拨款,每月准时发放。由于高埂田村地处潞西市的高寒山区,高埂田小学的教师还享受山区补贴、烤火补贴等津贴,工资金额略高于潞西市区的教师。2007 年高埂田小学共有学生 220 人,学前班 20 人,一到六年级共 200 人。其中,住校生 176 人,占全校学生总人数的 80%。阿昌族学生 142 人,约占全校学生总人数的 65%,其余的全部是汉族学生,此外没有其他民族学生。高埂田村小学阶段的义务教育普及率能保证 100%,由于国家实行"两免一补"的优惠政策,村民们都积极主动地送子女到高埂田小学就读。

由于高埂田村没有中学,高埂田村民子女要到 25 公里外的河头村(乡政府所在地)的"江东乡中学"去念初中。高埂田全村的初中生入学率还基本可以保证,但是存在中途辍学的现象。辍学学生很少回家务农,大多外出打工,主要去附近的芒市、陇川、瑞丽、龙陵等地,也有少数去昆明打工的。全村念高中的学生数量有限,大学生只有 3 人。高埂田村委会非常重视扶助贫困家庭的大学生。遮告村民小组的曹丽芳,父亲因病早逝,母亲一人艰辛地抚育姐弟四人,生活相当贫困。高埂田村委会积极帮助她争取到了面向边疆失学女童的"春蕾计划"名额,免除了她所有的学杂费,让她有机会去"昆明女子中学"念高中。学习成绩优异的曹丽芳考入云南师范大学后,高埂田村委会又帮助她多方筹措昂贵的学费,使她安心读书。感恩图报的曹丽芳在大学入学后,曾分别向江东乡政府和高埂田村委会两处致感谢信,表达对高埂田村领导关怀帮助的感激之情。从特困家庭走出来的大学生曹丽芳的事迹,鼓舞了越来越多的高埂田热血青年刻苦学习,回报家乡。

高埂田村在公路沿线设有两个村级卫生所,2004 年村委会投入了大量的资金和人力物力加以翻建。现在这两个卫生所的就医环境整洁,医疗设施比较齐全,村民们能够及时、便利地在本村就医,全村的健康水平有了较大提高。两个卫生所各自配备了持有中级医师执照的医生,一位是阿昌语说得很流利的汉族医生,另一位是国家专门着力培养的阿昌族医生,村民们就医时不存在任何语言交流的障碍。

阿昌族最隆重的节日是每年 3 月 20 日的"阿露窝罗节"。节日期间,热闹非凡。能歌善舞的高埂田村民们身着节日盛装,欢聚一堂,在村委会附近的"阿露窝罗场"隆重集会,举行各种庆祝活动。高埂田村的阿昌族还组织自己的表演队,代表本地的阿昌族,到梁河、户撒的阿昌族村寨去参加那里的庆祝活动。

高埂田的阿昌族在举行丧礼时,必须要请一个"磨桃"(阿昌语"阿昌族的先生"的意思),为死者祷告,替死者引路,指引他们的灵魂走到天堂。"磨桃"吟颂的是像山歌一样婉转悠长的阿昌族古调古词,其意义年轻人已不懂。

近年来,随着社会主义新农村建设在我国民族地区的不断推进,尤其是国家着力扶持边疆少数民族的"兴边富民"政策落实后,高埂田村民的生活蒸蒸日上。2002年,德宏傣族景颇族自治州人大与高埂田村进行扶贫挂钩,分期投入上百万的扶贫资金,实施"人口较少的少数民族整村推进"的计划,为全村各个村寨改善了通讯设施,架设了卫星接收器,进一步提高了高埂田村民们的生活水平。如今高埂田村的电视普及率已经达到30%,部分家庭已经有了电话、手机、摩托车,有一些人家还购买了拖拉机、微型汽车和卡车。高埂田村呈现出一派欣欣向荣的新景象。善良淳朴的高埂田人必将以自己的勤劳与智慧创造出更加美好的新生活。

第二节　语言使用情况

与陇川县户撒乡以及梁河县的阿昌族相比,潞西市江东乡高埂田村的阿昌族人口较少,然而,高埂田的阿昌语却保护得很好,整体上属于稳固使用型。在高埂田村委会辖区内的高埂田、大岭干、温乖、小新寨、杏万、遮告和常新寨这7个阿昌族聚居的村民小组里,无论是家庭内部,还是村寨内部,阿昌语都是最常用最重要的交际工具。据我们统计,这7个村民小组中,超过95%的阿昌族都能熟练使用阿昌语进行日常交流。

高埂田村是潞西市江东乡8个村委会中唯一的一个阿昌族聚居的村委会,高埂田村的周边有很多汉族村寨,因此高埂田的阿昌族村民要与外界交流就必须学会说汉语。而且,高埂田村下辖的10个村民小组,除了上述7个阿昌族聚居的村寨外,还有3个为汉族村寨。也就是说,即使在高埂田内部,阿昌族村民要与这3个寨子的汉族村民交流,也需要掌握汉语。据我们统计,高埂田的7个阿昌族聚居的村民小组,除了遮告村阿昌族的汉语熟练掌握率略低(62.6%),其他村民小组中,都有超过80%的阿昌族能熟练使用汉语。

以下是高埂田阿昌族语言使用情况的个案调查报告。

一　高埂田村语言使用情况

(一) 社会概况

高埂田村是江东乡的一个阿昌族聚居的村寨,行政单位为高埂田村委会高埂田村民小组,是高埂田村下面的10个自然村之一。该寨居民原是解放前由遮告村的阿昌族迁来的。全村现有52户,227人,其中阿昌族214人,汉族10人,傈僳族1人,德昂族1人,景颇族1人。

高埂田距江东乡政府所在地(河头村)大约25公里,距潞西市69公里,有弹石路及柏油路与乡政府和潞西市相通,交通便利。

全村经济以农业为主,种植水稻、包谷和甘蔗,近两年大力发展茶叶种植。如今电视的普及率已经超过30%,部分家庭已经有了电话、手机、摩托车,有一些人家还购买了拖拉机、微型汽车和卡车。由于经济结构单一,与其他地区相比,仍较为落后。

（二）语言使用的基本特点

1. 阿昌语是高埂田阿昌族村民重要的交际工具之一。高埂田属小片阿昌族聚居区，阿昌族村民在家庭内部或与本族人交流时都使用阿昌语。据调查统计，全寨阿昌族能熟练掌握本族语的达到 97.1%，仅有 2.4% 的阿昌族村民掌握阿昌语程度一般，这部分人主要是年龄偏低的儿童。不会说阿昌语的只有王智明 1 人，他今年 10 岁，在芒市上小学。母亲是景颇族，父亲是阿昌族，由于父母常年在芒市打工，王智明从小在芒市长大，所以不会说阿昌语。

改革开放以来，该村族际婚姻开始增多。如今嫁入或入赘阿昌家庭的汉族有 10 人，傈僳族 1 人，德昂族 1 人，景颇族 1 人。她（他）们生活在阿昌族家庭中，时间一长，不但改变了原有的生活方式，而且大多已熟练掌握阿昌语，并有少部分人的民族成分已改为阿昌族。阿昌语的生命力与影响力可见一斑。

表 1　不同年龄段阿昌语语言能力统计表

年龄段	总人口	熟练 人口	熟练 百分比	一般 人口	一般 百分比	不会 人口	不会 百分比
6—19 岁	62	56	90.3%	5	8.1%	1	1.6%
20—50 岁	112	112	100%	0	0%	0	0%
50 岁以上	31	31	100%	0	0%	0	0%
合计	205	199	97.1%	5	2.4%	1	0.5%

注：不包括 6 岁以下的儿童及聋哑人共计 9 人。（下同）

2. 高埂田阿昌族村民几乎全部熟练掌握当地汉语方言，均为双语人。

高埂田阿昌族村民与外族人或陌生人交流时使用汉语。据统计，能熟练掌握汉语的占总人数的 89.3%；6—19 岁年龄段的人中，汉语程度一般的 5 人都是尚未入学的儿童；20—50 岁年龄段的人中，汉语程度一般的 12 人全部为小学文化程度，且较少外出，此年龄段中没有不会汉语的；50 岁以上的人中，5 人汉语程度一般，年龄都在 60 岁以上。数据表明：熟练掌握汉语能力的人数随年龄的降低呈上升趋势。这说明汉语对高埂田阿昌族的影响日益加深。

表 2　不同年龄段汉语语言能力统计表

年龄段	总人口	熟练 人口	熟练 百分比	一般 人口	一般 百分比	不会 人口	不会 百分比
6—19 岁	62	57	91.9%	5	8.1%	0	0%
20—50 岁	112	100	89.3%	12	10.7%	0	0%
50 岁以上	31	26	83.9%	5	16.1%	0	0%
合计	205	183	89.3%	22	10.7%	0	0%

(三) 高埂田村家庭语言使用情况一览表

序号	家庭关系	姓名	年龄	文化程度	第一语言及水平	第二语言及水平	备注
1	户主	张福寿	45	小学	阿昌语熟练	汉语一般	
	妻子	囊菊妹	40	初中	阿昌语熟练	汉语熟练	
	长子	张海聪	28	初中	阿昌语熟练	汉语熟练	
	次子	张海凡	17	初中	阿昌语熟练	汉语熟练	
	女儿	张丽萍	14	初中	阿昌语熟练	汉语熟练	
2	户主	王兴祥	47	小学	阿昌语熟练	汉语熟练	
	妻子	杨树芝	47	文盲	阿昌语熟练	汉语一般	
	长子	王小念	21	初中	阿昌语熟练	汉语熟练	
	次女	王祖会	20	小学	阿昌语熟练	汉语熟练	
	长子媳	向玉闷	21	初中	阿昌语熟练	汉语熟练	
3	户主	王兴东	49	中专	阿昌语熟练	汉语熟练	
	妻子	谢保香	51	小学	汉语熟练	阿昌语熟练	汉族
	长子	王顺余	24	中专	阿昌语熟练	汉语熟练	
	长女	王丽娟	22	中专	阿昌语熟练	汉语熟练	
	次女	王丽犁	19	中专	阿昌语熟练	汉语熟练	
4	户主	俸小彩	45	小学	阿昌语熟练	汉语熟练	
	长女	王海艳	23	中专	阿昌语熟练	汉语熟练	
	长子	王云飞	21	中专	阿昌语熟练	汉语熟练	
	次女	王艳萍	19	中专	阿昌语熟练	汉语熟练	
5	户主	王德新	39	小学	阿昌语熟练	汉语熟练	
	妻子	曩板	36	文盲	阿昌语熟练	汉语熟练	
	长女	王光云	19	小学	阿昌语熟练	汉语熟练	
	次子	王光辉	16	小学	阿昌语熟练	汉语熟练	
6	户主	王自才	44	小学	阿昌语熟练	汉语熟练	
	妻子	俸满	45	小学	阿昌语熟练	汉语熟练	
	长子	王祖立	13	初中	阿昌语熟练	汉语熟练	
	次女	王金萍	21	初中	阿昌语熟练	汉语熟练	
	三女	王小盼	19	初中	阿昌语熟练	汉语熟练	
	四女	王瑞金	16	初中	阿昌语熟练	汉语熟练	
7	户主	王乔原	46	初中	阿昌语熟练	汉语熟练	
	妻子	杨焕	41	小学	阿昌语熟练	汉语熟练	
	长子	王国平	20	初中	阿昌语熟练	汉语熟练	
	长女	王小尖	19	小学	阿昌语熟练	汉语熟练	
	次子	王国敬	16	初中	阿昌语熟练	汉语熟练	
8	户主	王兴连	48	小学	阿昌语熟练	汉语熟练	
	妻子	曩老美	46	小学	阿昌语熟练	汉语熟练	
	长子	王押仓	20	中专	阿昌语熟练	汉语熟练	
	次子	王押志	14	高中	阿昌语熟练	汉语熟练	

（续表）

9	户主	张闯明	48	小学	阿昌语熟练	汉语熟练	
	妻子	赵小叶	45	小学	阿昌语熟练	汉语熟练	
	长子	张瑞恒	21	初中	阿昌语熟练	汉语熟练	
	次子	张永士	20	初中	阿昌语熟练	汉语熟练	
	三子	张永光	17	小学	阿昌语熟练	汉语熟练	
10	户主	王兴良	44	小学	阿昌语熟练	汉语熟练	
	妻子	曩叶糯	45	小学	阿昌语熟练	汉语熟练	
	长子	王自金	21	小学	阿昌语熟练	汉语熟练	
	次子	王顺其	17	初中	阿昌语熟练	汉语熟练	
11	户主	王祖留	44	初中	阿昌语熟练	汉语熟练	
	妻子	王焕玉	43	小学	阿昌语熟练	汉语一般	
	长子	王顺伦	19	中专	阿昌语熟练	汉语熟练	
	次子	王顺轻	16	小学	阿昌语熟练	汉语熟练	
12	户主	杨富	44	小学	阿昌语熟练	汉语一般	
	妻子	董彩芹	36	小学	阿昌语熟练	汉语一般	
	长子	杨思自	13	小学	阿昌语熟练	汉语熟练	
	长女	杨思艳	10	小学	阿昌语熟练	汉语熟练	
13	户主	王祖良	37	小学	阿昌语熟练	汉语熟练	
	妻子	曩小兰	36	小学	阿昌语熟练	汉语熟练	
	长女	王加运	16	小学	阿昌语熟练	汉语熟练	
	长子	王加引	10	小学	阿昌语熟练	汉语熟练	
14	户主	王青	42	小学	阿昌语熟练	汉语熟练	
	妻子	曩昌板	40	小学	阿昌语熟练	汉语熟练	
	长子	王祖银	19	初中	阿昌语熟练	汉语熟练	
	长女	王瑞菊	15	小学	阿昌语熟练	汉语熟练	
15	户主	王祖德	38	初中	阿昌语熟练	汉语熟练	
	妻子	郑秀爱	36	小学	汉语熟练	阿昌语熟练	
	长女	王荣雪	11	初中	阿昌语熟练	汉语熟练	
	长子	王荣特	9	小学	阿昌语熟练	汉语熟练	
16	户主	王旺	36	小学	阿昌语熟练	汉语熟练	
	妻子	曩昌芝	36	小学	阿昌语熟练	汉语熟练	
	长女	王丽娇	13	小学	阿昌语熟练	汉语熟练	
	母亲	曩云秀	74	文盲	阿昌语熟练	汉语熟练	
	长子	王加幸	11	小学	阿昌语熟练	汉语熟练	
17	户主	王然	41	小学	阿昌语熟练	汉语熟练	
	妻子	赵芹兰	42	小学	阿昌语熟练	汉语熟练	
	父亲	王兴茂	69	小学	阿昌语熟练	汉语熟练	
	母亲	张叶掌	64	小学	阿昌语熟练	汉语熟练	
	长子	王祖稳	16	初中	阿昌语熟练	汉语熟练	
	次子	王祖远	13	初中	阿昌语熟练	汉语熟练	

(续表)

18	户主	王柒	39	小学	阿昌语熟练	汉语熟练	
	妻子	曩广招	37	小学	阿昌语熟练	汉语熟练	
	母亲	马嗯	75	文盲	阿昌语熟练	汉语熟练	
	长子	王顺微	16	初中	阿昌语熟练	汉语熟练	
	次子	王国俊	15	小学	阿昌语熟练	汉语熟练	
19	户主	杨世生	38	小学	阿昌语熟练	汉语熟练	
	妻子	苏玉英	40	小学	汉语熟练	阿昌语熟练	傈僳族
	长女	杨雪梅	13	初中	阿昌语熟练	汉语熟练	
	长子	杨宇	9	小学	阿昌语熟练	汉语熟练	
	母亲	王金玉	73	文盲	阿昌语熟练	汉语熟练	
	弟弟	杨世龙	32	初中	阿昌语熟练	汉语熟练	
20	户主	曹明央	31	小学	阿昌语熟练	汉语熟练	
	长子	王俊波	11	小学	阿昌语熟练	汉语熟练	
	长女	王小妹	10	小学	阿昌语熟练	汉语熟练	
	父亲	王安林	68	文盲	阿昌语熟练	汉语熟练	
	母亲	马叶坎	62	文盲	阿昌语熟练	汉语熟练	
21	户主	王福	31	初中	阿昌语熟练	汉语熟练	
	妻子	曩昌瑞	32	小学	阿昌语熟练	汉语熟练	
	长女	王必雪	12	小学	阿昌语熟练	汉语熟练	
	长子	王顺欢	7	小学	阿昌语一般	汉语熟练	
	父亲	王安生	70	小学	阿昌语熟练	汉语熟练	
22	户主	王自先	36	初中	阿昌语熟练	汉语熟练	
	妻子	赵兴书	34	小学	阿昌语熟练	汉语熟练	
	长女	王咪界	13	小学	阿昌语熟练	汉语熟练	
	长子	王杰超	11	小学	阿昌语熟练	汉语熟练	
23	户主	王祖明	35	小学	阿昌语熟练	汉语一般	
	妻子	俸咪果	34	小学	阿昌语熟练	汉语一般	
	长女	王艳芬	11	小学	阿昌语熟练	汉语熟练	
	长子	王定排	6	小学	阿昌语熟练	汉语一般	
24	户主	王兴文	40	初中	阿昌语熟练	汉语熟练	
	妻子	董萍	33	初中	汉语熟练	阿昌语熟练	汉族
	长女	王玉玲	13	初中	阿昌语熟练	汉语熟练	
	长子	王将	8	小学	阿昌语熟练	汉语一般	
25	户主	王维	35	小学	阿昌语熟练	汉语熟练	
	妻子	张恩兰	33	小学	阿昌语熟练	汉语熟练	
	长女	王丽茹	10	小学	阿昌语熟练	汉语熟练	
	长子	王顺必	9	小学	阿昌语熟练	汉语熟练	
	父亲	王安团	73	文盲	阿昌语熟练	汉语熟练	

（续表）

26	户主	王自常	41	初中	阿昌语熟练	汉语熟练	
	妻子	曩相玉	40	小学	阿昌语熟练	汉语熟练	
	长女	王阿斯	40	小学	阿昌语熟练	汉语熟练	
	长子	王祖继	16	小学	阿昌语熟练	汉语熟练	
27	户主	杨世安	60	小学	阿昌语熟练	汉语熟练	
	妻子	赵安玉	65	文盲	阿昌语熟练	汉语熟练	
	次子	杨恩存	26	初中	阿昌语熟练	汉语熟练	
28	户主	王小城	49	大专	阿昌语熟练	汉语熟练	
	妻子	刘会茹	28	小学	汉语熟练	阿昌语一般	汉族
	次子	王国权	4		阿昌语一般	汉语一般	
29	户主	王强	29	小学	阿昌语熟练	汉语熟练	
	妻子	曩翠	34	小学	阿昌语熟练	汉语熟练	
	长女	王秋菊	6	小学	阿昌语熟练	汉语一般	
30	户主	王乔寿	66	文盲	阿昌语熟练	汉语一般	
	妻子	曹云召	63	文盲	阿昌语熟练	汉语一般	
	四子	王兴存	23	小学	阿昌语熟练	汉语熟练	
31	户主	王安成	67	小学	阿昌语熟练	汉语一般	
	妻子	杨挖	49	文盲	阿昌语熟练	汉语一般	
	三子	王兴启	29	小学	阿昌语熟练	汉语一般	
	四子	王兴德	27	高中	阿昌语熟练	汉语熟练	
	五子	王兴培	24	小学	阿昌语熟练	汉语熟练	
	三儿媳	曹明佳	27	小学	阿昌语熟练	汉语一般	
	五儿媳	曩美芹	33	小学	阿昌语熟练	汉语一般	
	五孙子	王小代	1		阿昌语一般	汉语不会	
32	户主	黄赛芹	27	初中	汉语熟练	阿昌语一般	汉族
	长子	王顺鹏	9	小学	汉语熟练	阿昌语一般	
33	户主	王永贵	40	初中	阿昌语熟练	汉语熟练	
	妻子	姚美兰	37	小学	德昂语熟练	汉语熟练	德昂族，阿昌语熟练
	儿子	王小龙	14	小学	德昂语熟练	汉语熟练	
34	户主	王永明	40	初中	阿昌语熟练	汉语熟练	
	妻子	刘松兰	38	小学	汉语熟练	阿昌语熟练	汉族
	长女	王艳秋	15	小学	阿昌语熟练	汉语熟练	
	次女	王艳香	13	小学	阿昌语熟练	汉语熟练	
35	户主	曹先会	62	小学	阿昌语熟练	汉语熟练	
	次子	王兴思	32	初中	阿昌语熟练	汉语熟练	
	三子	王兴坤	27	小学	阿昌语熟练	汉语熟练	
	三女	王丽梅	22	小学	阿昌语熟练	汉语熟练	
	三儿媳	杨月团	23	小学	阿昌语熟练	汉语熟练	
	三孙女	王顺涛	2		阿昌语一般	汉语不会	

(续表)

36	户主	王安付	59	小学	阿昌语熟练	汉语熟练	
	妻子	马乔娣	56	文盲	阿昌语熟练	汉语熟练	
	次子	王朝	36	初中	阿昌语熟练	汉语熟练	
	次女	王金分	24	小学	阿昌语熟练	汉语熟练	
	次媳	刘建娣	31	初中	汉语熟练	阿昌语一般	汉族
	长子	王祖能	37	初中	阿昌语熟练	汉语熟练	
	长媳	蔺康香	33	初中	汉语熟练	阿昌语一般	汉族
	长孙子	王丽芳	12	小学	阿昌语熟练	汉语熟练	
	长孙女	王洪云	8	小学	阿昌语熟练	汉语熟练	
	次孙女	王南	6		汉语熟练	阿昌语一般	
37	户主	王老顺	63	小学	阿昌语熟练	汉语熟练	
	妻子	张叶所	60	文盲	阿昌语熟练	汉语熟练	
	长子	王祖成	36	小学	阿昌语熟练	汉语熟练	
	次子	王兴中	29	小学	阿昌语熟练	汉语熟练	
	三子	王孝	26	小学	阿昌语熟练	汉语熟练	
	三女	王香菜	22	小学	阿昌语熟练	汉语熟练	
38	户主	王兴民	36	初中	阿昌语熟练	汉语熟练	
	妻子	曹祖会	29	小学	阿昌语熟练	汉语熟练	
	长女	王艳菊	7	小学	阿昌语熟练	汉语熟练	
	父亲	王安有	72	小学	阿昌语熟练	汉语熟练	
	母亲	杨绍珍	72	文盲	阿昌语熟练	汉语熟练	
	长子	王路可	3		阿昌语一般	汉语一般	
39	户主	王连启	31	小学	阿昌语熟练	汉语熟练	
	妻子	曹翠	36	小学	阿昌语熟练	汉语熟练	
	长子	王如玉	9	小学	阿昌语熟练	汉语熟练	
	次子	王顺康	3		阿昌语一般	汉语不会	
40	户主	王自方	33	初中	阿昌语熟练	汉语熟练	
	妻子	段兰	27	初中	汉语熟练	阿昌语熟练	汉族
	长子	王登	6	小学	阿昌语一般	汉语一般	
	父亲	王兴礼	68	文盲	阿昌语熟练	汉语熟练	
	母亲	俸叶嗯	68	文盲	阿昌语熟练	汉语熟练	
41	户主	王自云	34	小学	阿昌语熟练	汉语熟练	
	妻子	曩相芹	38	小学	阿昌语熟练	汉语一般	
	长女	王祖葵	15	小学	阿昌语熟练	汉语熟练	
	父亲	王兴正	73	文盲	阿昌语熟练	汉语熟练	
	母亲	曹广娣	73	文盲	阿昌语熟练	汉语一般	
42	户主	王永连	34	初中	阿昌语熟练	汉语熟练	
	妻子	唐木东	35	小学	景颇语熟练	汉语熟练	景颇族
	长子	王智明	10	小学	汉语熟练	阿昌语不会	景颇族

(续表)

43	户主	王启象	28	小学	阿昌语熟练	汉语熟练	
	长女	王江云	6				聋哑人
	父亲	王安洪	63	小学	阿昌语熟练	汉语熟练	
44	户主	王春德	34	初中	阿昌语熟练	汉语熟练	
	妻子	赵庭满	26	初中	汉语熟练	阿昌语一般	汉族
	长子	王卫彪	3		阿昌语一般	汉语一般	
45	户主	曩其妹	59	文盲	阿昌语熟练	汉语熟练	
	三子	王顺德	26	小学	阿昌语熟练	汉语熟练	
	四子	王顺维	23	初中	阿昌语熟练	汉语熟练	
	五子	王顺国	21	初中	阿昌语熟练	汉语熟练	
46	户主	王达	31	小学	阿昌语熟练	汉语熟练	
	妻子	曩买	30	初中	阿昌语熟练	汉语熟练	
	长女	王艳兴	6	小学	阿昌语熟练	汉语一般	
47	户主	王平	32	初中	阿昌语熟练	汉语熟练	
	妻子	马兰	33	小学	阿昌语熟练	汉语熟练	
	长女	王尼	9	小学	阿昌语熟练	汉语熟练	
	长子	王荣在	5		阿昌语一般	汉语一般	
48	户主	王龙	31	小学	阿昌语熟练	汉语熟练	
	妻子	许会仙	27	小学	汉语熟练	阿昌语一般	汉族
	长女	王玉兰	6	小学	阿昌语一般	汉语熟练	在龙陵外婆家住
49	户主	王云广	60	小学	阿昌语熟练	汉语熟练	
	妻子	曩香果	53	小学	阿昌语熟练	汉语熟练	
	长子	王兴周	29	小学	阿昌语熟练	汉语熟练	
	次子	王兴高	24	小学	阿昌语熟练	汉语熟练	
	次女	王彩会	20	初中	阿昌语熟练	汉语熟练	
	三子	王顺伦	19	初中	阿昌语熟练	汉语熟练	
	次子媳	曩乔芬	21	小学	阿昌语熟练	汉语熟练	
	次孙	王顺欢	1				
50	户主	曹顺娣	73	文盲	阿昌语熟练	汉语一般	不出门
	三子	杨维	24	初中	阿昌语熟练	汉语熟练	
51	户主	王和	37	小学	阿昌语熟练	汉语熟练	
52	户主	王聪	23	初中	阿昌语熟练	汉语熟练	
	母亲	曹老焕	57	小学	阿昌语熟练	汉语熟练	

二 大岭干寨语言使用情况

(一) 社会概况

大岭干寨是江东乡高埂田村下属的一个村民小组,位于高埂田村委会所在地高埂田村民小组南部约2公里处。因寨子旁有一个很大的陡坡而得名。大岭干寨周围的寨子有两个阿昌族寨(高埂田寨和温乖寨),一个汉族寨(光荣寨)。

大岭干寨阿昌族高度聚居。全组共有49户,232人。其中阿昌族有213人,占91.8%。非阿昌族人口共19人,汉族14人,景颇族2人及傣族3人。

大岭干寨主要的经济作物是水稻、玉米以及茶叶,饲养的牲畜主要为猪和牛。据统计,2006年,大岭干寨人均占有粮食375公斤。全寨60%~70%的家庭有电视机(一半是黑白电视机),拖拉机2台,摩托车1辆,4部座机,外出打工者及户主多有自己的手机。

(二)语言使用的基本特点

1. 阿昌语在大岭干寨被较好地保留。

我们对全寨6岁以上非残障阿昌族的语言使用情况做了统计(具体见表1及表2)。取得的结论是:阿昌语是大岭干寨最主要的交际工具,98.5%的阿昌族能熟练掌握阿昌语,50岁以上的全部阿昌族老年人都能熟练掌握阿昌语(见表1)。有3个阿昌族只能一般掌握阿昌语,他们是石元玉、杨国卫和杨彩兰。具体询问后得知:石元玉和杨彩兰两人均为汉族,是外地嫁入的媳妇,嫁入后才将民族成分改为阿昌族。杨国卫是石元玉的儿子,他和母亲的户口虽在大岭干寨,但两人均长期在龙陵居住。

表1 不同年龄段阿昌语语言能力统计表

年龄段	人口总数	熟练		一般		不会	
		人口	百分比	人口	百分比	人口	百分比
6—19岁	62	61	98.4%	1	1.6%	0	0%
20—50岁	106	104	98.1%	2	1.9%	0	0%
50岁以上	31	31	100%	0	0%	0	0%
合计	199	196	98.5%	3	1.5%	0	0%

2. 大岭干寨属于"阿昌语—汉语"双语村寨,全寨居民不同程度地掌握汉语。大岭干寨阿昌族居民众多,汉语只在与本寨少数汉族或外来人员交流时使用。因受教育程度、社会开放程度的影响,大岭干寨青少年和中年阿昌族的汉语水平明显高于老年阿昌族的汉语水平,具体数据见表2。

表2 不同年龄段汉语语言能力统计表

年龄段	人口总数	熟练		一般		不会	
		人口	百分比	人口	百分比	人口	百分比
6—19岁	62	51	82.3%	10	16.1%	1	1.6%
20—50岁	106	74	69.8%	32	30.2%	0	0%
50岁以上	31	11	35.5%	19	61.3%	1	3.2%
合计	199	136	68.3%	61	30.7%	2	1%

（三）大岭干寨家庭语言使用情况一览表

序号	家庭关系	姓名	年龄	文化程度	第一语言及水平	第二语言及水平	备注
1	户主	杨世良	41	小学	阿昌语熟练	汉语一般	
	妻子	王俩	42	小学	阿昌语熟练	汉语一般	
	父亲	杨绍安	88	小学	阿昌语熟练	汉语一般	
	长子	杨恩国	17	小学	阿昌语熟练	汉语熟练	
	次子	杨恩强	15	小学	阿昌语熟练	汉语熟练	
2	户主	王启荣	36	小学	阿昌语熟练	汉语一般	
	妻子	囊树英	33	小学	阿昌语熟练	汉语一般	
	长子	王东辉	10	小学	阿昌语熟练	汉语熟练	
	次子	王东泽	8	小学	阿昌语熟练	汉语熟练	
3	户主	杨恩荣	30	初中	阿昌语熟练	汉语熟练	
	妻子	曹金芝	32	小学	阿昌语熟练	汉语一般	
	长子	杨智涛	8	小学	阿昌语熟练	汉语熟练	
	长女	杨智梅	11	小学	阿昌语熟练	汉语熟练	
4	户主	杨恩孝	27	初中	阿昌语熟练	汉语一般	
	妻子	王美冬	22	小学	阿昌语熟练	汉语熟练	
	女儿	杨金婷	2		阿昌语一般	汉语不会	
	母亲	俸小俩	53	小学	阿昌语熟练	汉语一般	
	妹妹	杨恩芬	18	初中	阿昌语熟练	汉语熟练	
5	户主	王祖维	36	小学	阿昌语熟练	汉语熟练	
	妻子	杨美芹	33	小学	阿昌语熟练	汉语熟练	
	长子	王顺凡	13	小学	阿昌语熟练	汉语熟练	
	次子	王顺早	9	小学	阿昌语熟练	汉语熟练	
	父亲	王安春	72	小学	阿昌语熟练	汉语熟练	
6	户主	王次留	41	小学	阿昌语熟练	汉语一般	
	妻子	曹叶	41	小学	阿昌语熟练	汉语一般	
	长子	王小彭	15	小学	阿昌语熟练	汉语熟练	
	三女	王兴艳	17	小学	阿昌语熟练	汉语熟练	
7	户主	杨恩祥	32	小学	阿昌语熟练	汉语熟练	
	妻子	番改娣	31	小学	阿昌语熟练	汉语熟练	
	母亲	杨有明	60	小学	阿昌语熟练	汉语熟练	
	父亲	曹咪娣	60	小学	阿昌语熟练	汉语一般	
	长子	杨东达	11	小学	阿昌语熟练	汉语熟练	
	长女	杨玲彩	10	小学	阿昌语熟练	汉语熟练	
8	户主	番绍明	45	小学	汉语熟练	阿昌语熟练	汉族
	妻子	康美如	45	小学	汉语熟练	阿昌语一般	汉族
	儿子	番成纲	17	小学	汉语熟练	阿昌语熟练	汉族

（续表）

9	户主	王庆茂	49	文盲	阿昌语熟练	汉语熟练	
	妻子	赵金凤	51	文盲	阿昌语熟练	汉语熟练	
	儿子	王顺维	17	小学	阿昌语熟练	汉语熟练	
	长女	王顺兰	21	小学	阿昌语熟练	汉语熟练	
	次女	王顺菊	19	小学	阿昌语熟练	汉语熟练	
	大哥	王庆福	54	文盲	阿昌语熟练	汉语不会	
10	户主	杨咪安	43	初中	阿昌语熟练	汉语熟练	
	妻子	王买	44	文盲	阿昌语熟练	汉语一般	
	父亲	杨红	68	文盲	阿昌语熟练	汉语一般	
	母亲	囊玉妹	64	文盲	阿昌语熟练	汉语一般	
	儿子	杨买成	20	小学	阿昌语熟练	汉语熟练	
	女儿	杨软菊	17	小学	阿昌语熟练	汉语熟练	
11	户主	马明安	45	脱盲	阿昌语熟练	汉语一般	
	妻子	王相	46	脱盲	阿昌语熟练	汉语一般	
	长子	马有路	22	小学	阿昌语熟练	汉语熟练	
	次子	马有站	20	小学	阿昌语熟练	汉语熟练	
	三子	马有亮	18	小学	阿昌语熟练	汉语熟练	
12	户主	王祖良	40	小学	阿昌语熟练	汉语一般	
	妻子	囊玉珍	40	小学	阿昌语熟练	汉语一般	
	儿子	王立聪	17	小学	阿昌语熟练	汉语熟练	
	女儿	王小软	21	小学	阿昌语熟练	汉语熟练	
	次子	王顺虎	15	小学	阿昌语熟练	汉语熟练	
13	户主	杨恩亮	34	小学	阿昌语熟练	汉语熟练	
	妻子	番云娣	29	小学	汉语熟练	阿昌语熟练	汉族
	儿子	杨荣志	3		阿昌语一般	汉语不会	
	女儿	杨祖炎	8	小学	阿昌语熟练	汉语熟练	
14	户主	杨加永	48	小学	阿昌语熟练	汉语一般	
	妻子	曹买	42	脱盲	阿昌语熟练	汉语一般	
	儿子	杨祖坤	17	小学	阿昌语熟练	汉语熟练	
	女儿	杨祖满	19	小学	阿昌语熟练	汉语熟练	
15	户主	番成旺	48	小学	汉语熟练	阿昌语熟练	汉族
	妻子	杨彩兰	43	小学	汉语熟练	阿昌语一般	
	儿子	番家留	16	小学	阿昌语熟练	汉语熟练	
	次子	番家才	11	小学	阿昌语熟练	汉语熟练	
16	户主	王祖生	38	小学	阿昌语熟练	汉语一般	
	妻子	赵先会	37	小学	阿昌语熟练	汉语熟练	
	儿子	王顺华	15	小学	阿昌语熟练	汉语熟练	
	女儿	王丽蕉	13	小学	阿昌语熟练	汉语熟练	

（续表）

17	户主	番成昌	44	小学	汉语熟练	阿昌语熟练	汉族
	妻子	曹先妹	44	小学	阿昌语熟练	汉语熟练	
	儿子	番加传	17	小学	阿昌语熟练	汉语熟练	
	女儿	番菊会	20	初中	阿昌语熟练	汉语熟练	
	母亲	杨咪招	69	文盲	汉语熟练	阿昌语一般	汉族
18	户主	杨有启	61	小学	阿昌语熟练	汉语一般	
	妻子	俸小叶	61	小学	阿昌语熟练	汉语一般	
	儿子	杨双维	25	小学	阿昌语熟练	汉语熟练	
19	户主	王有德	62	小学	阿昌语熟练	汉语熟练	
	妻子	囊其英	56	小学	阿昌语熟练	汉语一般	
	次子	王自文	31	中专	阿昌语熟练	汉语熟练	
	四子	王维成	22	初中	阿昌语熟练	汉语熟练	
	次子媳	曹菊芬	25	初中	阿昌语熟练	汉语熟练	
	三子媳	杨恩芬	21	初中	阿昌语熟练	汉语熟练	
	次孙	王继南	3		阿昌语一般	汉语不会	
	三孙	王运来	1		阿昌语一般	汉语不会	
20	户主	王元	42	小学	阿昌语熟练	汉语熟练	
	妻子	马长妹	41	小学	阿昌语熟练	汉语熟练	
	儿子	王兵存	17	小学	阿昌语熟练	汉语熟练	
	女儿	王日米	17	小学	阿昌语熟练	汉语熟练	
21	户主	王有生	66	小学	阿昌语熟练	汉语一般	
	妻子	囊顺和	66	小学	阿昌语熟练	汉语熟练	
	次子	王长学	40	初中	阿昌语熟练	汉语熟练	
	三子	王长明	36	高中	阿昌语熟练	汉语熟练	
	四子	王番启	32	小学	阿昌语熟练	汉语熟练	
	六子	王自良	27	小学	阿昌语熟练	汉语熟练	
22	户主	王祖培	47	小学	阿昌语熟练	汉语一般	
	妻子	囊祖弟	49	小学	阿昌语熟练	汉语一般	
	长子	王顺文	20	初中	阿昌语熟练	汉语熟练	
	次子	王顺坤	17	小学	阿昌语熟练	汉语熟练	
23	户主	符保生	48	初中	汉语熟练	阿昌语熟练	汉族
	妻子	杨翠芝	49	小学	汉语熟练	阿昌语一般	汉族
	长子	符春明	16	小学	汉语熟练	阿昌语熟练	汉族
	次女	符春燕	19	小学	汉语熟练	阿昌语熟练	汉族
	父亲	符学仁	76	小学	汉语熟练	阿昌语一般	汉族
24	户主	曹祥	30	小学	阿昌语熟练	汉语熟练	
	妻子	何木努	31	初中	景颇语熟练	阿昌语熟练	景颇族，汉语熟练
	儿子	曹明国	6	学龄前	阿昌语熟练	汉语熟练	
	女儿	曹押书	10	小学	阿昌语熟练	汉语熟练	会景颇语

(续表)

25	户主	番成国	43	小学	汉语熟练	阿昌语熟练	汉族
	妻子	王美珍	44	小学	阿昌语熟练	汉语熟练	
	长子	番加稳	20	初中	阿昌语熟练	汉语熟练	
	长女	番加朝	19	小学	阿昌语熟练	汉语熟练	
26	户主	杨家能	42	初中	阿昌语熟练	汉语熟练	
	妻子	王翠兰	39	小学	阿昌语熟练	汉语一般	
	儿子	杨荣周	11	小学	阿昌语熟练	汉语熟练	
	女儿	杨押华	12	小学	阿昌语熟练	汉语熟练	
27	户主	杨云	39	小学	阿昌语熟练	汉语熟练	
	妻子	石元玉	38	小学	汉语熟练	阿昌语一般	
	儿子	杨国卫	10	小学	汉语熟练	阿昌语一般	
	次子	杨国祥	3		汉语熟练	阿昌语不会	
28	户主	王然	46	初中	阿昌语熟练	汉语熟练	
	妻子	赵林书	44	小学	阿昌语熟练	汉语一般	
	次女	王美芬	13	小学	阿昌语熟练	汉语熟练	
	三女	王押闷	6	学龄前	阿昌语熟练	汉语不会	
29	户主	曹先自	38	小学	阿昌语熟练	汉语熟练	
	妻子	杨街娣	39	小学	汉语熟练	阿昌语一般	傣族
	儿子	曹明田	11	小学	阿昌语熟练	汉语熟练	
	女儿	曹明菊	12	小学	阿昌语熟练	汉语熟练	
30	户主	曹先东	24	小学	阿昌语熟练	汉语熟练	
	二哥	曹良	36	初中	阿昌语熟练	汉语熟练	
	父亲	曹连学	56	小学	阿昌语熟练	汉语熟练	
	母亲	囊其会	59	小学	阿昌语熟练	汉语熟练	
	儿子	曹明在	5		阿昌语一般	汉语不会	
	侄女	曹娟	3		汉语一般	阿昌语不会	
	二嫂	胡群花	25	小学	汉语熟练	阿昌语不会	汉族
	妻子	王翠芹	25	小学	阿昌语熟练	汉语一般	
31	户主	王祖押	26	初中	阿昌语熟练	汉语一般	
	妻子	马该	28	小学	阿昌语熟练	汉语熟练	
	父亲	王云贵	66	文盲	阿昌语熟练	汉语一般	
	母亲	杨世珍	64	文盲	阿昌语熟练	汉语一般	
	女儿	王艳葵	1		阿昌语一般	汉语不会	
32	户主	曹明孔	38	小学	阿昌语熟练	汉语一般	
	妻子	王美娣	38	小学	阿昌语熟练	汉语一般	
	儿子	曹兴忠	4		阿昌语一般	汉语不会	
	女儿	曹祖艳	8	小学	阿昌语熟练	汉语一般	
	母亲	囊长娣	62	小学	阿昌语熟练	汉语一般	

(续表)

33	户主	曹明相	33	小学	阿昌语熟练	汉语熟练	
	父亲	曹先能	64	文盲	阿昌语熟练	汉语一般	
	妻子	王双兰	32	小学	阿昌语熟练	汉语熟练	
	女儿	曹祖丹	7	小学	阿昌语熟练	汉语一般	
34	户主	帅恩碰	44	小学	傣语熟练	阿昌语一般	傣族,汉语熟练
	次子	曹明恩	26	初中	阿昌语熟练	汉语熟练	
	次媳	曹明英	24	初中	阿昌语熟练	汉语熟练	傣族
	三女	曹明茹	29	高中	阿昌语熟练	汉语熟练	
	三子	曹明瑞	17	初中	阿昌语熟练	汉语熟练	
	母亲	囊有万	86	文盲	阿昌语熟练	汉语一般	
	孙女	曹祖微	7	小学	阿昌语熟练	汉语熟练	
	次孙女	曹小雨	1		阿昌语不会	汉语不会	
35	户主	曹先然	48	初中	阿昌语熟练	汉语熟练	
	母亲	郎美英	43	初中	阿昌语熟练	汉语熟练	
	长子	曹明欢	21	高中	阿昌语熟练	汉语熟练	
	长女	曹兰花	23	中专	阿昌语熟练	汉语熟练	
	次女	曹明左	19	高中	阿昌语熟练	汉语熟练	
36	户主	王明保	45	小学	阿昌语熟练	汉语一般	
	妻子	赵加珍	47	文盲	阿昌语熟练	汉语熟练	
	长子	王顺楼	20	小学	阿昌语熟练	汉语熟练	
	次子	王顺光	16	小学	阿昌语熟练	汉语熟练	
37	户主	王要留	60	小学	阿昌语熟练	汉语熟练	
	妻子	囊其兰	57	小学	阿昌语熟练	汉语熟练	
	次子	王兴林	33	小学	阿昌语熟练	汉语熟练	
	三子	王兴维	31	小学	阿昌语熟练	汉语熟练	
	五子	王兴权	21	小学	阿昌语熟练	汉语熟练	
	次媳	杨乔风	22	小学	阿昌语熟练	汉语一般	
	次孙女	王顺川	1		阿昌语一般	汉语不会	
38	户主	王祖连	36	小学	阿昌语熟练	汉语熟练	
	妻子	梁其召	35	初中	阿昌语熟练	汉语熟练	
	儿子	王伟	8	小学	阿昌语熟练	汉语一般	
	女儿	王艳	13	初中	阿昌语熟练	汉语熟练	
39	户主	杨宽	77	文盲	阿昌语熟练	汉语一般	
	妻子	王润妹	76	小学	阿昌语熟练	汉语一般	
	儿子	杨家富	50	小学	阿昌语熟练	汉语一般	
40	户主	王长成	28	初中	阿昌语熟练	汉语熟练	
	母亲	马康凹	67	文盲	阿昌语熟练	汉语一般	
	妻子	杨恩美	26	小学	阿昌语熟练	汉语熟练	
	儿子	王志盟	5		阿昌语熟练	汉语不会	

(续表)

41	户主	杨恩轻	34	初中	阿昌语熟练	汉语熟练	
	妻子	王维芹	29	小学	阿昌语熟练	汉语一般	
	长子	杨荣超	10	小学	阿昌语熟练	汉语一般	
	次子	杨荣敬	8	小学	阿昌语熟练	汉语一般	
42	户主	王自荣	47	小学	阿昌语熟练	汉语熟练	
	妻子	马长娣	46	小学	阿昌语熟练	汉语熟练	
	长子	王美恩	23	初中	阿昌语熟练	汉语熟练	
	次女	王金多	15	小学	阿昌语熟练	汉语熟练	
43	户主	王长荣	37	初中	阿昌语熟练	汉语熟练	
	妻子	曹明美	36	小学	阿昌语熟练	汉语一般	
	长子	王杰	10	小学	阿昌语熟练	汉语熟练	
	长女	王欢菊	12	小学	阿昌语熟练	汉语熟练	
44	户主	马良	37	小学	阿昌语熟练	汉语熟练	
	父亲	王连生	72	小学	阿昌语熟练	汉语一般	
	妻子	杨美玉	37	小学	阿昌语熟练	汉语一般	
	儿子	王东国	10	小学	阿昌语熟练	汉语一般	
	女儿	王东花	5		阿昌语熟练	汉语熟练	
	四弟	王启留	34	小学	阿昌语熟练	汉语熟练	
	五弟	王双成	32	高中	阿昌语熟练	汉语熟练	
	六弟	王自维	25	小学	阿昌语熟练	汉语熟练	
	四弟媳	尚麻英	26	小学	景颇语熟练	汉语熟练	景颇族
	四弟长女	王梅	1		汉语一般	阿昌语不会	
45	户主	曹连德	49	小学	阿昌语熟练	汉语熟练	
	妻子	马长秀	47	小学	阿昌语熟练	汉语一般	
	儿子	曹玉虎	7	小学	阿昌语熟练	汉语一般	
	女儿	曹玉兰	7	小学	阿昌语熟练	汉语一般	
46	户主	王金福	29	初中	阿昌语熟练	汉语熟练	
	母亲	曩生娣	53	文盲	阿昌语熟练	汉语熟练	
	妻子	俸美	28	小学	阿昌语熟练	汉语熟练	
	长子	王顺锋	6	小学	阿昌语熟练	汉语一般	
	女儿	王必霞	8	小学	阿昌语熟练	汉语一般	
	四妹	王兰芬	22	中专	阿昌语熟练	汉语熟练	
47	户主	王次安	33	小学	阿昌语熟练	汉语熟练	
	母亲	曩予妹	75	文盲	阿昌语熟练	汉语一般	
	妻子	杨美兰	33	小学	阿昌语熟练	汉语熟练	
	长子	王兴罗	13	小学	阿昌语熟练	汉语熟练	
	次子	王兴国	12	小学	阿昌语熟练	汉语熟练	

(续表)

48	户主	王广原	36	小学	阿昌语熟练	汉语熟练
	母亲	杨叶香	78	文盲	阿昌语熟练	汉语熟练
	妻子	符保芹	34	初中	阿昌语熟练	汉语熟练
	儿子	王东强	14	小学	阿昌语熟练	汉语熟练
	女儿	王东梅	12	小学	阿昌语熟练	汉语熟练

三 温乖村语言使用情况

（一）社会概况

温乖村是江东乡的一个阿昌族聚居的小村寨，是高埂田村下面的10个自然村之一。它位于高埂田村委会所在地的西部5.2公里处。温乖村共有居民54户，总人口240人，其中阿昌族有226人，约占总人口的94.2%。除了阿昌族外，还有14人是其他民族，约占总人口的5.8%，包括汉族6人，景颇族4人，傣族1人，缅甸汉族1人，缅甸德昂族1人，越南人1人。

温乖村的主要经济作物是水稻、茶叶和包谷等，牲畜主要为牛、猪等。全组拥有10多台电视机，6部座机电话，1辆拖拉机，3辆摩托车。在外打工者大多有手机。

（二）语言使用的基本特点

温乖村的阿昌语具有很强的生命力。

表1 不同年龄段阿昌语语言能力统计表

年龄段	总人口	熟练 人口	熟练 百分比	一般 人口	一般 百分比	不会 人口	不会 百分比
6—19岁	54	49	90.7%	5	9.3%	0	0%
20—50岁	115	114	99.1%	1	0.9%	0	0%
50岁以上	40	40	100%	0	0%	0	0%
合计	209	203	97.1%	6	2.9%	0	0%

表1的几点说明：

1.所作表中总人口数不包括其他民族14人，0—5岁的阿昌族儿童15人，以及2个聋哑人。（表2同）

2.有6人的阿昌语处于"一般"级。第1户的王雪梅（10岁）、第2户的王艳梅（7岁）、第3户的王瑶瑶（17岁）、第36户的马端静（8岁），第42户的王永福（6岁）第52户的孙黎慧（28岁）。主要是受母亲的影响或长期居住在非阿昌语地区的缘故。

我们对温乖阿昌族村民的汉语水平进行了全面的统计，结果如下：

表2 不同年龄段汉语语言能力统计表　　　　　　　　　　　　（续表）

年龄段	总人口	熟练 人口	熟练 百分比	一般 人口	一般 百分比	不会 人口	不会 百分比
6—19岁	54	35	64.8%	18	33.3%	1	1.9%
20—50岁	115	111	96.5%	3	2.6%	1	0.9%
50岁以上	40	26	65%	12	30%	2	5%
合计	209	172	82.3%	33	15.8%	4	1.9%

从表2可以看出，温乖村的阿昌族有82.3%的人能熟练使用汉语。

这4人完全不会汉语的阿昌族，他们都是学龄前的儿童和50岁以上的中老年人。

（三）温乖村家庭语言使用情况一览表

序号	家庭关系	姓名	年龄	文化程度	第一语言及水平	第二语言及水平	备注
1	户主	王顺海	34	小学	阿昌语熟练	汉语熟练	
	妻子	番丽苹	33	小学	阿昌语一般	汉语熟练	汉族
	女儿	王雪梅	10	小学	阿昌语一般	汉语熟练	
2	户主	王连自	36	小学	阿昌语熟练	汉语熟练	
	妻子	刘贵松	33	高中	汉语熟练	阿昌语一般	汉族
	女儿	王艳梅	7	小学	汉语熟练	阿昌语一般	
3	户主	王顺周	45	小学	阿昌语熟练	汉语熟练	
	妻子	张景英	38	小学	汉语熟练	阿昌语一般	越南
	女儿	王瑶瑶	17	初中	阿昌语一般	汉语熟练	
4	户主	马生连	51	小学	阿昌语熟练	汉语熟练	
	妻子	王乔果	43	初小	阿昌语熟练	汉语熟练	
	长子	马有晴	24	小学	阿昌语熟练	汉语熟练	
	次子	马有军	22	小学	阿昌语熟练	汉语熟练	
	长媳	王菊芳	20	小学	阿昌语熟练	汉语熟练	
	长孙	马元秋	1		阿昌语不会	汉语不会	
5	户主	马双龙	54	小学	阿昌语熟练	汉语熟练	
	妻子	王相板	55	初小	阿昌语熟练	汉语熟练	
	儿子	马生达	20	初中	阿昌语熟练	汉语熟练	
	女儿	马彩柱	24	小学	阿昌语熟练	汉语熟练	
6	户主	王顺生	32	小学	阿昌语熟练	汉语熟练	
	妻子	马丽芳	28	小学	阿昌语熟练	汉语熟练	
	长女	王祖凤	8	小学	阿昌语熟练	汉语熟练	
	次女	王梅仙	5		阿昌语熟练	汉语一般	

（续表）

7	户主	王顺恩	28	小学	阿昌语熟练	汉语熟练	
	妻子	唐麻南	28	初中	景颇语熟练	汉语熟练	景颇族
	长女	王金燕	10	小学	阿昌语熟练	汉语熟练	
	次女	王恩雨	7	小学	阿昌语熟练	汉语一般	
8	户主	王顺宽	32	小学	阿昌语熟练	汉语熟练	
	妻子	马长玉	32	小学	阿昌语熟练	汉语熟练	
	儿子	王荣杰	10	小学	阿昌语熟练	汉语熟练	
9	户主	王顺长	28	小学	阿昌语熟练	汉语熟练	
	妻子	马有翠	28	小学	阿昌语熟练	汉语熟练	
	儿子	王荣停	12	初中	阿昌语熟练	汉语熟练	
	女儿	王小松	9	小学	阿昌语熟练	汉语熟练	
10	户主	王连祥	40	小学	阿昌语熟练	汉语熟练	
	妻子	杨换	39	小学	阿昌语熟练	汉语熟练	
	儿子	王荣省	18	初中	阿昌语熟练	汉语熟练	
	女儿	王菊	17	初中	阿昌语熟练	汉语熟练	
11	户主	马生强	37	小学	阿昌语熟练	汉语熟练	
	父亲	马石昌	78	文盲	阿昌语熟练	汉语熟练	
	母亲	王玉头	78	文盲	阿昌语熟练	汉语一般	
	妻子	王连会	37	小学	阿昌语熟练	汉语熟练	
	儿子	马有念	14	初中	阿昌语熟练	汉语熟练	
	次子	马有勇	12	小学	阿昌语熟练	汉语熟练	
12	户主	王连方	38	小学	阿昌语熟练	汉语熟练	
	妻子	马有妹	40	小学	阿昌语熟练	汉语熟练	
	长子	王祖要	8	小学	阿昌语熟练	汉语熟练	
	长女	王祖丽	17	中专	阿昌语熟练	汉语熟练	
	次女	王祖徽	14	初中	阿昌语熟练	汉语熟练	
	三女	王晓依	13	小学	阿昌语熟练	汉语一般	
13	户主	王顺柳	20	初中	阿昌语熟练	汉语熟练	
	母亲	马玉相	60	文盲	阿昌语熟练	汉语一般	
14	户主	王春	43	小学	阿昌语熟练	汉语熟练	
	母亲	曹叶坎	43	初小	阿昌语熟练	汉语熟练	
	长子	王主涛	18	小学	阿昌语熟练	汉语一般	
	长女	王丽江	18	小学	阿昌语熟练	汉语熟练	
	次女	王丽葵	16	初中	阿昌语熟练	汉语熟练	
15	户主	马祖才	59	文盲	阿昌语熟练	汉语一般	
	母亲	郎云焕	57	文盲	阿昌语熟练	汉语一般	
	儿子	马有茂	30	初中	阿昌语熟练	汉语熟练	
	儿媳	刘满仙	33	初中	汉语熟练	阿昌语一般	汉族
	长孙	马元东	10	小学	汉语熟练	阿昌语熟练	

(续表)

16	户主	王定保	57	文盲			聋哑人
	母亲	杨祖秀	57	文盲	阿昌语熟练	汉语熟练	
	长子	王顺平	29	初中	阿昌语熟练	汉语熟练	
	长媳	曹明芬	22	初中	阿昌语熟练	汉语熟练	
	长女	王顺召	24	小学	阿昌语熟练	汉语熟练	
17	户主	马生万	47	小学	阿昌语熟练	汉语熟练	
	妻子	曹老书	44	文盲	阿昌语熟练	汉语熟练	
	父亲	马世德	83	初小	阿昌语熟练	汉语熟练	
	母亲	杨算	80	文盲	阿昌语熟练	傣语熟练	汉语熟练
	儿子	马有国	21	小学	阿昌语熟练	汉语熟练	
	女儿	马国兰	19	小学	阿昌语熟练	汉语熟练	
18	户主	马生全	29	小学	阿昌语熟练	汉语熟练	
	母亲	王会兰	28	小学	阿昌语熟练	汉语熟练	
	女儿	马欢如	3		阿昌语一般	汉语不会	
19	户主	马发能	61	小学	阿昌语熟练	汉语熟练	
	妻子	赵贵英	53	小学	傣语熟练	阿昌语熟练	汉语熟练
	长子	马生清	32	初中	阿昌语熟练	汉语熟练	
	长媳	王金会	25	小学	阿昌语熟练	汉语熟练	
	次女	马生腊	22	小学	阿昌语熟练	汉语熟练	
	长孙	马有超	5		阿昌语熟练	汉语不会	
20	户主	马生祥	35	初中	阿昌语熟练	汉语熟练	
	妻子	王连会	35	小学	阿昌语熟练	汉语熟练	
	父亲	马石倡	78	小学	阿昌语熟练	汉语一般	
	母亲	王玉尖	78	小学	阿昌语熟练	汉语一般	
	长子	马有念	14	初中	阿昌语熟练	汉语熟练	
	次子	马有永	12	小学	阿昌语熟练	汉语熟练	
21	户主	王顺岗	40	小学	阿昌语熟练	汉语熟练	
	母亲	杨顺芝	37	小学	汉语熟练	阿昌语熟练	汉族
	儿子	王祖金	16	小学	阿昌语熟练	汉语熟练	
	女儿	王丽美	13	小学	阿昌语熟练	汉语熟练	
22	户主	马生留	41	小学	阿昌语熟练	汉语熟练	
	妻子	王书	37	小学	阿昌语熟练	汉语熟练	
	长子	马有兵	18	高中	阿昌语熟练	汉语熟练	
	次子	马有权	17	初中	阿昌语熟练	汉语熟练	
23	户主	马明生	50	初中	阿昌语熟练	汉语熟练	
	妻子	石彩玉	41	初中	阿昌语熟练	汉语熟练	
	儿子	马有成	24	初中	阿昌语熟练	汉语熟练	
	女儿	马有会	22	初中	阿昌语熟练	汉语熟练	
	次女	马小兰	20	初中	阿昌语熟练	汉语熟练	
	父亲	马相保	92	文盲	阿昌语熟练	汉语熟练	

(续表)

24	户主	马生林	56	中师	阿昌语熟练	汉语熟练	
	妻子	王满娣	49	小学	阿昌语熟练	汉语熟练	
	长女	马海燕	22	小学	阿昌语熟练	汉语熟练	
	次女	马双依	19	初中	阿昌语熟练	汉语熟练	
	三女	马双丽	19	初中	阿昌语熟练	汉语熟练	
25	户主	马荣常	26	小学	阿昌语熟练	汉语熟练	
	妻子	曩昌芹	23	小学	阿昌语熟练	汉语熟练	
	母亲	杨咪珍	49	文盲	阿昌语熟练	汉语熟练	
	弟弟	马有伦	20	小学	阿昌语熟练	汉语熟练	
	妹妹	马有菊	22	小学	阿昌语熟练	汉语熟练	
	儿子	马元平	2		阿昌语一般	汉语不会	
26	户主	王连清	34	小学	阿昌语熟练	汉语熟练	
	母亲	马老买	66	文盲	阿昌语熟练	汉语一般	
	妻子	杨明秀	43	小学	阿昌语熟练	汉语熟练	
	哥哥	王连象	37	高中	阿昌语熟练	汉语熟练	
	妹妹	王珍娣	23	高中	阿昌语熟练	汉语熟练	
	儿子	王荣品	10	小学	阿昌语熟练	汉语一般	
	女儿	王祖芬	14	小学	阿昌语熟练	汉语一般	
27	户主	马生洪	38	小学	阿昌语熟练	汉语熟练	
	妻子	排木东	36	小学	景颇语熟练	汉语熟练	景颇族
	父亲	马发昌	80	文盲	阿昌语熟练	汉语一般	
	母亲	曩有娣	80	文盲	阿昌语熟练	傣语熟练	汉语一般
	弟弟	马定生	34	文盲	阿昌语熟练	汉语熟练	
	长子	马有弄	8	小学	阿昌语熟练	汉语一般	
	次子	马有贤	2		阿昌语一般	汉语不会	
28	户主	王顺良	36	小学	阿昌语熟练	汉语熟练	
	妻子	马玉很	30	小学	阿昌语熟练	汉语熟练	
	长子	王祖文	10	小学	阿昌语熟练	汉语一般	
	次子	王荣康	8	小学	阿昌语熟练	汉语一般	
	弟弟	王连未	28	小学	阿昌语熟练	汉语熟练	
29	户主	马生才	57	小学	阿昌语熟练	汉语熟练	
	妻子	曹咪焕	51	文盲	阿昌语熟练	汉语熟练	
	三子	马有辉	26	初中	阿昌语熟练	汉语熟练	
	三媳	王祖芬	24	小学	阿昌语熟练	汉语熟练	
	女儿	马贵	22	小学	阿昌语熟练	汉语熟练	
	孙女	马玉星	3		阿昌语一般	汉语不会	
30	户主	杨咪秀	56	文盲	阿昌语熟练	汉语熟练	
	儿子	王早荣	26	小学	阿昌语熟练	汉语熟练	
	儿媳	肖玉萍	20	初中	汉语熟练	阿昌语一般	汉族

(续表)

31	户主	王启	44	小学	阿昌语熟练	汉语熟练	
	妻子	杨祖妹	45	小学	阿昌语熟练	汉语熟练	
	长女	王祖端	15	小学	阿昌语熟练	汉语熟练	
	次女	王祖权	8	小学	阿昌语熟练	汉语一般	
32	户主	杨恩明	41	小学	阿昌语熟练	汉语不会	
	长女	杨相玲	8	小学	阿昌语熟练	汉语一般	
	弟弟	杨恩能	36	小学	阿昌语熟练	汉语熟练	
	父亲	杨世春	68	小学	阿昌语熟练	傣语熟练	汉语熟练
	母亲	曩美玉	73	小学	阿昌语熟练	汉语不会	
33	户主	杨世光	72	文盲	阿昌语熟练	傣语熟练	汉语熟练
	长子	杨祖留	41	高小	阿昌语熟练	汉语熟练	
	长媳	马祖妹	30	文盲	阿昌语熟练	汉语熟练	
	次子	杨恩良	32	小学	阿昌语熟练	汉语熟练	
	次媳	李焕芬	32	小学	汉语熟练	傣语熟练	缅甸汉族
	孙子	杨荣车	11	小学	阿昌语熟练	汉语一般	
	孙女	杨荣芬	8	小学	阿昌语熟练	汉语一般	
34	户主	王顺元	26	小学	阿昌语熟练	汉语熟练	
	妻子	杨木桃	29	小学	景颇语熟练	汉语熟练	景颇族
	儿子	王荣华	2		阿昌语一般		
	女儿	王小妹	8	小学	阿昌语熟练	汉语一般	景颇族
35	户主	马祖贵	33	小学	阿昌语熟练	汉语熟练	
	妻子	王兰花	25	小学	阿昌语熟练	汉语熟练	
	女儿	马近松	2		阿昌语一般	汉语不会	
36	户主	马有向	33	高中	阿昌语熟练	汉语熟练	
	父亲	马生付	58	小学	阿昌语熟练	汉语一般	
	妻子	向伦	32	小学	傣语熟练	汉语熟练	傣族
	儿子	马颜康	3		阿昌语一般	汉语一般	
	女儿	马端静	8	小学	阿昌语一般	汉语一般	
37	户主	马有定	25	小学	阿昌语熟练	汉语熟练	
	母亲	王长娣	60	文盲	阿昌语熟练	汉语一般	
	妹妹	马金书	20	小学	阿昌语熟练	汉语熟练	
38	户主	马有起	41	小学	阿昌语熟练	汉语熟练	
	妻子	李小妹	22	小学	德昂语熟练	汉语一般	缅甸德昂
39	户主	马长员	29	中学	阿昌语熟练	汉语熟练	
	妻子	杨美买	24	小学	阿昌语熟练	汉语熟练	
	儿子	马园朝	5		阿昌语熟练	汉语不会	
	父亲	马生保	62	文盲	阿昌语熟练	汉语熟练	
	母亲	石相妹	61	文盲	阿昌语熟练	汉语熟练	

第四章 阿昌语潞西方言使用情况　177

（续表）

40	户主	马有择	34	小学	阿昌语熟练	汉语熟练	
	妻子	王番昭	35	小学	阿昌语熟练	汉语熟练	
	长子	马园主	15	小学	阿昌语熟练	汉语一般	
	次子	马园孝	12	小学	阿昌语熟练	汉语一般	
41	户主	马定助	43	文盲	阿昌语熟练	汉语熟练	
	妻子	王芹	42	文盲	阿昌语熟练	汉语熟练	
	长子	马有云	23	初中	阿昌语熟练	汉语熟练	
	次子	马有学	21	初中	阿昌语熟练	汉语熟练	
	长女	马丽番	19	小学	阿昌语熟练	汉语熟练	
42	户主	王兴华	72	文盲	阿昌语熟练	汉语熟练	
	妻子	郭志妹	73	文盲	汉语熟练	阿昌语熟练	汉族
	儿子	王顺维	30	小学	阿昌语熟练	汉语熟练	
	儿媳	杨美翠	28	小学	阿昌语熟练	汉语熟练	
	长孙	王永福	6		阿昌语一般	汉语不会	
	孙女	王子西	4		阿昌语一般	汉语不会	
43	户主	赵加成	48	文盲	阿昌语熟练	汉语一般	
	妻子	杨祖弟	45	文盲	阿昌语熟练	汉语一般	
	父亲	赵得顺	84	文盲	阿昌语熟练	汉语熟练	
	母亲	杨秀	73	文盲	阿昌语熟练	汉语熟练	
	儿子	赵牙进	11	小学	阿昌语熟练	汉语一般	
44	户主	马有昆	34	小学	阿昌语熟练	汉语熟练	
	妻子	王芹芬	36	文盲	阿昌语熟练	汉语熟练	
	儿子	马盐余	4		阿昌语一般	汉语不会	
	女儿	马盐解	9	小学	阿昌语熟练	汉语一般	
45	户主	王高	49	初中	阿昌语熟练	汉语熟练	
	妻子	赵加买	46	文盲	阿昌语熟练	汉语熟练	
	儿子	王荣祖	22	初中	阿昌语熟练	汉语熟练	
	长女	王鸾	20	初中	阿昌语熟练	汉语熟练	
	次女	王荣欢	18	初中	阿昌语熟练	汉语熟练	
46	户主	赵得四	67	文盲	阿昌语熟练	汉语一般	
	侄子	赵加昌	38	文盲	阿昌语熟练	汉语熟练	
47	户主	杨恩能	28	小学	阿昌语熟练	汉语熟练	
	母亲	曩美玉	62	文盲	阿昌语熟练	汉语不会	
48	户主	王留	40	小学	阿昌语熟练	汉语熟练	
	妻子	杨赵娣	40	文盲	阿昌语熟练	汉语熟练	
	儿子	王容键	1		阿昌语不会	汉语不会	
	女儿	王艳飞	14	初中	阿昌语熟练	汉语熟练	
49	户主	马有荣	24	文盲	阿昌语熟练	汉语一般	
	妻子	杨明会	36	文盲	阿昌语熟练	汉语熟练	
	儿子	马改回	9				聋哑人
	女儿	马艳俊	2		阿昌语一般	汉语不会	

(续表)

50	户主	王兴洪	54	小学	阿昌语熟练	汉语熟练	
	妻子	曩叶长	56	文盲	阿昌语熟练	汉语熟练	
	次子	王顺培	28	初中	阿昌语熟练	汉语熟练	
	三子	王顺荣	26	初中	阿昌语熟练	汉语熟练	
51	户主	王连友	49	小学	阿昌语熟练	汉语熟练	
	妻子	曩老妹	42	小学	阿昌语熟练	汉语熟练	
	儿子	王选荣	18	初中	阿昌语熟练	汉语熟练	
	女儿	王小美	16	小学	阿昌语熟练	汉语熟练	
52	户主	王兴广	57	小学	阿昌语熟练	汉语熟练	
	妻子	杨润	61	文盲	阿昌语熟练	汉语熟练	
	四子	杨生	28	初中	阿昌语熟练	汉语熟练	
	四媳	孙黎慧	28	初中	傣语熟练	汉语熟练	傣族，阿昌语一般
	五子	王顺强	22	初中	阿昌语熟练	汉语熟练	
53	户主	王兴付	58	文盲	阿昌语熟练	汉语熟练	
	儿子	王连恩	25	初中	阿昌语熟练	汉语熟练	
54	户主	马有能	38	小学	阿昌语熟练	汉语熟练	
	妻子	王果娣	41	小学	阿昌语熟练	汉语熟练	
	儿子	马元环	9	小学	阿昌语熟练	汉语一般	
	长女	马菊聪	16	小学	阿昌语熟练	汉语熟练	
	次女	马艳芬	14	小学	阿昌语熟练	汉语熟练	

四 小新寨语言使用情况

（一）社会概况

小新寨是阿昌族聚居的寨子，现隶属高埂田村委会。位于高埂田村委会所在地高埂田村民小组西北部约1公里。解放前由腾冲搬迁而来，已有一二百年历史，旧属梁河土司管辖。

小新寨村民小组共55户，221人。阿昌族213人，约占总人数的96.4%，傣族6人，汉族2人。傣族和汉族的8人全部为嫁入的媳妇。寨内主要有"曩"与"俸"两大姓，"曩"姓原为招赘上门的女婿。"俸"是阿昌族大姓，进入腾冲后，最早定居于小蒲川，后来又迁到梁河小陇川，又从那里分出一支到潞西高埂田居住。俸姓族谱已失传，现在所记排辈为"德、本、其、长、兆、又、延"。

小新寨经济以农业为主，种植水稻、包谷、油菜子、茶叶和甘蔗。小新寨全村约有电视机47台，摩托车14辆，拖拉机3台。小新寨经济发展水平位居高埂田村10个村民小组前列。

（二）语言使用的基本特点

1. 阿昌语是小新寨村民最主要的交际工具之一。

在家庭内部及本寨中,阿昌语是小新寨阿昌族人唯一的交际工具。据我们调查统计,小新寨阿昌族村民能够熟练掌握本族语的占总人口的94.7%,一般和不会的人口只占总人口的5.3%(见表1)。在6—19岁年龄段的人中,阿昌语掌握程度一般的主要是尚未入学的儿童,另外在20—50岁年龄段的人中,阿昌语程度一般的1人为杏万村嫁入,其原所在村受汉语影响较大。如果把这些特殊情况排除在外,可以说小新寨阿昌族能够100%的熟练掌握本族语。我们还注意到,本寨中傣族媳妇共有6人,她们之间交流用傣语,回到各自家庭或和寨内阿昌人说阿昌语。她们嫁过来最少也有三四年,都已熟练地掌握了阿昌语。

表1　不同年龄段阿昌语语言能力统计表

年龄段	总人口	熟练 人口	熟练 百分比	一般 人口	一般 百分比	不会 人口	不会 百分比
6—19岁	53	44	83.1%	9	16.9%	0	0%
20—50岁	104	103	99.1%	1	0.9%	0	0%
50岁以上	32	32	100%	0	0%	0	0%
合计	189	179	94.7%	10	5.3%	0	0%

注:6岁以下儿童及聋哑人共计24人并未统计在内。(下同)

2. 小新寨村民大多能熟练地掌握当地汉语方言。

小新寨只有55户人家,他们虽然在家庭内部或与同族人用阿昌语交流,但80.4%的人都能熟练掌握当地汉语方言。我们注意到,不同年龄段的人对汉语的掌握程度存在差异。20—50岁年龄段的人汉语的能力最高,50岁以上年龄段的汉语能力最差,而6—19岁年龄段的人中汉族程度一般的多为尚未入学的儿童。数据表明:汉语是小新寨阿昌族村民对外交际的重要工具。小新寨的阿昌族为了方便与外界的交流,就必须学会说汉语。

表2　不同年龄段汉语语言能力统计表

年龄段	总人口	熟练 人口	熟练 百分比	一般 人口	一般 百分比	不会 人口	不会 百分比
6—19岁	53	35	66.1%	18	33.9%	0	0%
20—50岁	104	97	93.3%	7	6.7%	0	0%
50岁以上	32	20	62.5%	12	37.5%	0	0%
合计	189	152	80.4%	37	19.6%	0	0%

（三）小新寨家庭语言使用情况一览表

序号	家庭关系	姓名	年龄	文化程度	第一语言及水平	第二语言及水平	备注
1	户主	曩其常	40	小学	阿昌语熟练	汉语熟练	
	妻子	赵金芝	41	小学	阿昌语熟练	汉语熟练	
	儿子	曩昌兵	17	小学	阿昌语熟练	汉语熟练	
	女儿	曩昌艳	16	小学	阿昌语熟练	汉语熟练	
2	户主	曩其先	44	初中	阿昌语熟练	汉语熟练	
	妻子	杨顺妹	45	小学	阿昌语熟练	汉语熟练	
	儿子	曩昌廷	20	初中	阿昌语熟练	汉语熟练	
	女儿	曩昌柒	19	初中	阿昌语熟练	汉语熟练	
3	户主	曩昌自	36	小学	阿昌语熟练	汉语熟练	
	妻子	曹彩芹	34	小学	阿昌语熟练	汉语熟练	
	儿子	曩兆先	5	小学	阿昌语熟练	汉语一般	
	女儿	曩艳玲	12	小学	阿昌语熟练	汉语熟练	
4	户主	俸磊	31	初中	阿昌语熟练	汉语熟练	
	妻子	赵芹芝	30	小学	阿昌语熟练	汉语熟练	
	女儿	俸丝丹	4		阿昌语熟练	汉语一般	
	儿子	俸昌利	12	小学	阿昌语熟练	汉语熟练	
	母亲	曹连翠	57	小学	阿昌语熟练	汉语一般	
5	户主	曩云宽	38	小学	阿昌语熟练	汉语熟练	
	妻子	杨连妹	41	小学	阿昌语熟练	汉语熟练	
	儿子	曩兆中	16	小学	阿昌语熟练	汉语一般	
	女儿	曩兆美	14	小学	阿昌语熟练	汉语熟练	
6	户主	曩其林	77	初小	阿昌语熟练	汉语一般	
	妻子	曹押娣	74	初小	阿昌语熟练	汉语一般	
	儿子	曩应洪	35	小学	阿昌语熟练	汉语熟练	
7	户主	曩兴成	47	小学	阿昌语熟练	汉语熟练	
	妻子	王兴成	47	小学	阿昌语熟练	汉语熟练	
	长子	曩咪存	22	初中	阿昌语熟练	汉语熟练	
	长媳	景双连	22	初中	傣语熟练	汉语熟练	傣族
	长孙	曩景	1		阿昌语一般	汉语不会	
	次子	曩咪方	20	初中	阿昌语熟练	汉语熟练	
8	户主	曩咪德	36	小学	阿昌语熟练	汉语熟练	
	妻子	王焕芹	32	小学	阿昌语熟练	汉语熟练	
	儿子	曩昌云	3		阿昌语一般	汉语一般	
	女儿	曩押召	8	小学	阿昌语熟练	汉语一般	

(续表)

9	户主	曩祖祥	34	小学	阿昌语熟练	汉语熟练	
	妻子	杨小云	35	小学	阿昌语熟练	汉语熟练	
	长子	曩照纪	11	小学	阿昌语熟练	汉语熟练	
	女儿	曩丽娇	7	小学	阿昌语熟练	汉语熟练	
	次子	曩兆兴	2		阿昌语一般	汉语不会	
10	户主	曩德才	56	小学	阿昌语熟练	汉语一般	
	妻子	曹有秀	60	小学	阿昌语熟练	汉语一般	
	儿子	曩祖连	30	小学	阿昌语熟练	汉语熟练	
11	户主	曩祖培	33	小学	阿昌语熟练	汉语熟练	
	妻子	杨晏	29	小学	阿昌语熟练	汉语熟练	
	女儿	石永福	4		阿昌语一般	汉语不会	
12	户主	曩其生	49	小学	阿昌语熟练	汉语熟练	
	妻子	杨顺玉	53	小学	阿昌语熟练	汉语熟练	
	长子	曩昌海	26	小学	阿昌语熟练	汉语熟练	
	长媳	杨双兰	25	小学	阿昌语熟练	汉语熟练	
	长孙	曩照权	3		阿昌语一般	汉语不会	
	女儿	曩新彩	21	小学	阿昌语熟练	汉语熟练	
	次子	曩昌赞	18	初中	阿昌语熟练	汉语熟练	
13	户主	曩昌良	40	小学	阿昌语熟练	汉语熟练	
	妻子	曹长玉	34	小学	阿昌语熟练	汉语熟练	
	儿子	曩兆全	14	小学	阿昌语熟练	汉语熟练	
	女儿	曩小井	16	小学	阿昌语熟练	汉语熟练	
14	户主	俸新培	28	初中	阿昌语熟练	汉语熟练	
	妻子	曩叶伦	28	小学	阿昌语熟练	汉语熟练	傣族
	长子	俸利康	1		阿昌语不会	汉语不会	
	长女	俸秋梅	6	小学	阿昌语熟练	汉语一般	
15	户主	曩祥	44	小学	阿昌语熟练	汉语熟练	
	妻子	张叶砍	48	小学	阿昌语熟练	汉语熟练	
	儿子	曩咪凯	19	初中	阿昌语熟练	汉语熟练	
	女儿	曩咪花	22	小学	阿昌语熟练	汉语熟练	
16	户主	杨广娣	43	小学	阿昌语熟练	汉语熟练	
	长子	曩兆坤	18	小学	阿昌语熟练	汉语熟练	
	次子	曩兆思	15	小学	阿昌语熟练	汉语熟练	
17	户主	曩其番	37	小学	阿昌语熟练	汉语熟练	
	妻子	杨珍秀	39	小学	阿昌语熟练	汉语一般	
	儿子	曩昌东	15	小学	阿昌语熟练	汉语熟练	
	女儿	曩昌芬	12	小学	阿昌语熟练	汉语熟练	

(续表)

18	户主	曩咪其	40	小学	阿昌语熟练	汉语熟练	
	妻子	杨翠兰	33	小学	阿昌语熟练	汉语一般	
	父亲	曩有长	66	初小	阿昌语熟练	汉语一般	
	母亲	石云凤	70	初小	阿昌语熟练	汉语一般	
	儿子	曩昌余	12	小学	阿昌语熟练	汉语熟练	
	女儿	曩昌书	10	小学	阿昌语熟练	汉语熟练	
19	户主	曩其乐	32	高中	阿昌语熟练	汉语熟练	
	妻子	哏雪	26	高中	傣语熟练	汉语熟练	傣族,阿昌语熟练
	女儿	曩贵珍	3		阿昌语一般	汉语不会	
20	户主	曩咪常	47	小学	阿昌语熟练	汉语熟练	
	妻子	曹闯英	45	小学	阿昌语熟练	汉语熟练	
	长子	曩昌永	23	小学	阿昌语熟练	汉语熟练	
	长媳	范绍兰	22	小学	傣语熟练	汉语熟练	傣族
	次子	曩昌卫	20	小学	阿昌语熟练	汉语熟练	
	三子	曩昌番	17	初中	阿昌语熟练	汉语熟练	
	长孙	曩兆江	1		阿昌语不会	汉语不会	
21	户主	曩昌文	33	小学	阿昌语熟练	汉语熟练	
	妻子	董润萍	32	初中	汉语熟练	阿昌语一般	汉族
	父亲	曩其付	66	小学	阿昌语熟练	汉语一般	
	母亲	王珍英	75	小学	阿昌语熟练	汉语一般	
	长女	曩东艳	8	小学	阿昌语熟练	汉语一般	
	次女	曩东玉	2		阿昌语一般	汉语不会	
22	户主	曩加定	36	小学	阿昌语熟练	汉语一般	
	妻子	赵美玲	28	小学	阿昌语熟练	汉语熟练	
	母亲	曹先翠	63	小学	阿昌语熟练	汉语一般	
	女儿	曩押艳	2		阿昌语一般	汉语不会	
23	户主	曩有进	61	小学	阿昌语熟练	汉语熟练	
	妻子	杨娣	63	小学	阿昌语熟练	汉语熟练	
	次子	曩番起	33	小学	阿昌语熟练	汉语熟练	
	三子	曩咪洪	31	小学	阿昌语熟练	汉语熟练	
24	户主	曩其能	59	小学	阿昌语熟练	汉语熟练	
	妻子	砍娜	49	小学	傣语熟练	汉语熟练	傣族,阿昌语熟练
	三子	曩昌平	19	小学	阿昌语熟练	汉语熟练	
25	户主	赵加荣	45	初中	阿昌语熟练	汉语熟练	
	妻子	俸小会	45	小学	阿昌语熟练	汉语熟练	
	儿子	赵新石	17	小学	阿昌语熟练	汉语熟练	
	女儿	赵新芬	20	小学	阿昌语熟练	汉语熟练	

第四章　阿昌语潞西方言使用情况　183

（续表）

26	户主	赵加卫	39	小学	阿昌语熟练	汉语熟练	
	妻子	曩焕玉	33	小学	阿昌语熟练	汉语熟练	
	长女	赵新精	12	小学	阿昌语熟练	汉语熟练	
	次女	赵由艳	6	小学	阿昌语一般	汉语一般	
27	户主	赵安德	76	小学	阿昌语熟练	汉语熟练	
	妻子	曩东	80	小学	阿昌语熟练	汉语熟练	
28	户主	曩常生	43	小学	阿昌语熟练	汉语熟练	
	妻子	赵安艺	49	小学	阿昌语熟练	汉语熟练	
	长子	曩昌礼	20	小学	阿昌语熟练	汉语熟练	
	次子	曩昌坤	19	小学	阿昌语熟练	汉语熟练	
	三子	曩昌周	17	小学	阿昌语熟练	汉语熟练	
29	户主	曩润生	38	小学	阿昌语熟练	汉语熟练	
	妻子	王顺美	31	小学	阿昌语熟练	汉语熟练	
	儿子	曩昌波	6	小学	阿昌语一般	汉语一般	
	女儿	曩昌珠	12	小学	阿昌语熟练	汉语熟练	
30	户主	曩能	42	小学	阿昌语熟练	汉语熟练	
	妻子	番彩玉	39	初中	汉语熟练	阿昌语熟练	汉族
	儿子	曩昌县	15	小学	阿昌语熟练	汉语一般	
	母亲	王乔玉	76	小学	阿昌语熟练	汉语熟练	
31	户主	赵加志	49	小学	阿昌语熟练	汉语熟练	
	妻子	曩叶砍	48	小学	阿昌语熟练	汉语熟练	
	长子	赵新传	22	小学	阿昌语熟练	汉语熟练	
	女儿	赵珍菊	18	小学	阿昌语熟练	汉语熟练	
	次子	赵兴光	16	小学	阿昌语熟练	汉语熟练	
32	户主	曹先菊	47	初中	阿昌语熟练	汉语熟练	
33	户主	俸金田	63	小学	阿昌语熟练	汉语一般	
	母亲	王云秀	21	小学	阿昌语熟练	汉语一般	
34	户主	曩其贤	40	文盲			聋哑人
	长女	曩昌卷	15	小学	阿昌语熟练	汉语一般	
	次女	曩昌召	11	小学	阿昌语熟练	汉语熟练	
35	户主	曩生才	36	初中	阿昌语熟练	汉语熟练	
	妻子	杨美玲	35	初中	阿昌语熟练	汉语熟练	
	长子	曩昌强	8	小学	阿昌语熟练	汉语一般	
	次子	曩昌恒	3		阿昌语一般	汉语一般	
	父亲	曩有明	74	小学	阿昌语熟练	汉语熟练	
	母亲	石老妹	72	小学	阿昌语熟练	汉语熟练	
36	户主	俸兴祥	44	小学	阿昌语熟练	汉语熟练	
	妻子	帕月腊	43	小学	阿昌语熟练	汉语熟练	
	长子	俸昌记	18	初中	阿昌语熟练	汉语熟练	
	次子	俸昌余	15	小学	阿昌语熟练	汉语熟练	

(续表)

37	户主	俸小存	53	小学	阿昌语熟练	汉语熟练	
	母亲	曹叶作	53	小学	阿昌语熟练	汉语熟练	
	次子	俸卫先	21	初中	阿昌语熟练	汉语熟练	
	次女	俸美换	27	小学	阿昌语熟练	汉语熟练	
	母亲	曹春妹	88	文盲	阿昌语熟练	汉语熟练	
38	户主	张思然	30	小学	阿昌语熟练	汉语熟练	
	妻子	王果娣	30	小学	阿昌语熟练	汉语熟练	
	儿子	张立朝	2		阿昌语一般	汉语不会	
	女儿	张立唐	7	小学	阿昌语一般	汉语一般	
39	户主	张祖良	36	小学	阿昌语熟练	汉语熟练	
	妻子	杨小珍	30	小学	阿昌语熟练	汉语熟练	
	儿子	张富立	4		阿昌语一般	汉语一般	
	女儿	张艳芹	12	小学	阿昌语熟练	汉语熟练	
40	户主	张思平	23	小学	阿昌语熟练	汉语熟练	
	父亲	张应留	57	小学	阿昌语熟练	汉语熟练	
	母亲	王云兰	57	小学	阿昌语熟练	汉语熟练	
41	户主	张思旺	35	小学	阿昌语熟练	汉语熟练	
	妻子	曩祖买	36	小学	阿昌语熟练	汉语熟练	
	长子	张立昌	11	小学	阿昌语熟练	汉语熟练	
	次子	张立辉	9	小学	阿昌语一般	汉语一般	
42	户主	张恩泽	25	小学	阿昌语熟练	汉语熟练	
	妻子	曹祖买	26	小学	阿昌语熟练	汉语熟练	
	父亲	张应洪	56	小学	阿昌语熟练	汉语熟练	
	母亲	杨金	60	小学	阿昌语熟练	汉语熟练	
43	户主	俸生洪	42	小学	阿昌语熟练	汉语熟练	
	妻子	杨金	35	初中	阿昌语熟练	汉语熟练	
	儿子	俸昌帅	9	小学	阿昌语熟练	汉语一般	
	女儿	俸艳珍	12	小学	阿昌语熟练	汉语熟练	
44	户主	张番	34	小学	阿昌语熟练	汉语熟练	
	妻子	曩会珍	29	小学	阿昌语熟练	汉语熟练	
	女儿	张改芬	10	小学	阿昌语一般	汉语一般	
	儿子	张立杰	2		阿昌语一般	汉语不会	
45	户主	俸新伦	25	小学	阿昌语熟练	汉语熟练	
	妻子	红目凹	25	小学	傣语熟练	汉语熟练	傣族,阿昌语熟练
	儿子	俸俊杰	3		阿昌语一般	汉语一般	
	父亲	俸本轻	56	小学	阿昌语熟练	汉语熟练	
	母亲	马老妹	53	小学	阿昌语熟练	汉语熟练	

(续表)

46	户主	俸老该	26	小学	阿昌语熟练	汉语熟练	
	妻子	王相兰	28	小学	阿昌语熟练	汉语熟练	
	长女	俸自威	6	小学	阿昌语一般	汉语一般	
	次女	俸小开	2		阿昌语一般	汉语不会	
47	户主	俸本成	49	小学	阿昌语熟练	汉语熟练	
	妻子	曹彩	45	小学	阿昌语熟练	汉语熟练	
	长子	俸其飞	26	小学	阿昌语熟练	汉语熟练	
	次子	俸文平	23	小学	阿昌语熟练	汉语一般	
48	户主	俸新灿	25	初中	阿昌语熟练	汉语熟练	
	妻子	王很	26	初中	阿昌语熟练	汉语熟练	
	儿子	俸昌浑	5		阿昌语一般	汉语一般	
49	户主	俸小思	30	小学	阿昌语熟练	汉语熟练	
	妻子	曹芹	30	小学	阿昌语熟练	汉语熟练	
	女儿	俸艳芳	8	小学	阿昌语一般	汉语一般	
50	户主	张思其	30	小学	阿昌语熟练	汉语一般	
	妻子	襄闻妹	29	小学	阿昌语熟练	汉语一般	
	女儿	张立雪	1		阿昌语一般	汉语不会	
	儿子	张立秋	6	小学	阿昌语一般	汉语一般	
51	户主	俸小文	31	小学	阿昌语熟练	汉语熟练	
	妻子	赵连翠	26	小学	阿昌语一般	汉语熟练	
	儿子	俸建发	6	小学	阿昌语一般	汉语一般	
	女儿	俸昌喜	2		阿昌语一般	汉语不会	
52	户主	俸其海	31	小学	阿昌语熟练	汉语熟练	
	妻子	杨永芹	37	小学	阿昌语熟练	汉语熟练	
	长女	俸菊香	8	小学	阿昌语熟练	汉语一般	
	次女	俸秋路	3		阿昌语一般	汉语不会	
53	户主	俸长成	41	小学	阿昌语熟练	汉语熟练	
	妻子	石芹珍	41	小学	阿昌语熟练	汉语熟练	
	长子	俸元周	19	初中	阿昌语熟练	汉语熟练	
	长女	俸美敬	17	小学	阿昌语熟练	汉语熟练	
	次子	俸昌超	3		阿昌语一般	汉语不会	
54	户主	俸车龙	62	小学	阿昌语熟练	汉语熟练	
	妻子	王金秀	69	小学	阿昌语熟练	汉语一般	
55	户主	俸车章	61	小学	阿昌语熟练	汉语熟练	
	妻子	马云珍	50	小学	阿昌语熟练	汉语熟练	
	三子	俸新达	23	初中	阿昌语熟练	汉语熟练	

五 杏万村语言使用情况

(一) 社会概况

杏万村是一个阿昌族聚居的村寨,是高埂田所辖的 10 个自然村之一。杏万村位于村委会的北部,距离村委会 9 公里。"杏万",是傣语"住在江边的人"的意思,因为寨子位于龙江边而得名。杏万全村共有 48 户,总人口为 196 人,其中阿昌族有 175 人,约占总人口数的 89.2%,傣族 9 人,占 4.6%,汉族 7 人,占 3.6%,傈僳族 5 人,占 2.6%。

杏万村的主要经济作物是水稻、茶叶和甘蔗,有远近闻名的特产龙江鱼。牲畜主要为牛、猪等。2006 年杏万村的人均年纯收入为高埂田全村 10 个村民小组之冠。如今,杏万村的电视机普及率达到 60%,座机电话有 10 台,手机普及率达 50%,拖拉机 3 台,摩托车 16 辆。

(二)语言使用的特点

1. 阿昌语是杏万村民最主要的交际工具之一。

在杏万这样一个多民族杂居的村寨,阿昌语是杏万村民最主要的交际工具之一。据我们调查统计,杏万村的阿昌族 97.4% 能够熟练使用阿昌语,其中 20 岁以上的杏万阿昌族 100% 都能熟练使用阿昌语进行日常交流。生活在杏万村的傈僳族和嫁入的傣族、汉族也大多会用阿昌语进行日常交流,只是有少数人说得不太流利。杏万村阿昌语说得一般的阿昌族只有 4 人,分别是匡辉国(9 岁)、匡丽金(12 岁)、帕成明(6 岁)和帕成艳(8 岁)。他们的家庭是族际婚姻的家庭,匡辉国与匡丽金的祖母李顺珍是从蚂蝗塘嫁来杏万村的汉族,帕成明与帕成艳的母亲陈轻松是从梁河嫁来的汉族,他在家里都说汉语。因此,这 4 个人虽然是阿昌族,但他们的第一语言则是汉语,阿昌语说得一般。

表 1 不同年龄段阿昌语语言能力统计表

年龄段	总人口	熟练 人口	熟练 百分比	一般 人口	一般 百分比	不会 人口	不会 百分比
6—19 岁	45	41	91.1%	4	8.9%	0	0%
20—50 岁	82	82	100%	0	0%	0	0%
50 岁以上	28	28	100%	0	0%	0	0%
合计	155	151	97.4%	4	2.6%	0	0%

注:6 岁以下儿童及聋哑人共计 20 人并未统计在内。(下同)

2. 杏万村是一个"阿昌语—汉语"的双语村寨。

据调查统计,杏万村汉语说得一般的阿昌族有 19 人,主要是刚入学的小学生、60 岁以上的老年人,以及很少出寨子的中年人。杏万村能够熟练掌握汉语的阿昌族有 136 人,约占总人口数的 88%。杏万村是多民族杂居的村寨,村里的傣族与傈僳族也都会说汉语。汉语是杏万村村民日常生活不可或缺的交际工具,杏万村是一个"阿昌语—汉语"的双语村寨。

表2 不同年龄段汉语语言能力统计表

年龄段	总人口	熟练 人口	熟练 百分比	一般 人口	一般 百分比	不会 人口	不会 百分比
6—19岁	45	40	88.9%	5	11.1%	0	0%
20—50岁	82	73	89.1%	9	10.9%	0	0%
50岁以上	28	23	82.1%	5	17.9%	0	0%
合计	155	136	87.7%	19	12.3%	0	0%

杏万村民汉语能力强的原因主要有以下几个：

（1）杏万村处在德宏自治州的潞西市、梁河县和保山地区的龙陵县三地的交界处，地处交通要冲，交通非常便利，与外界的汉族交往甚多。高埂田村委会所辖的10个村民小组中有3个汉族村寨，即芒岭、蚂蝗塘和夺产山，杏万村与这三个汉族村寨相邻。相对于高埂田村的其他6个阿昌族村寨，杏万村民与汉族交流的机会比较多，因此全村的汉语熟练程度整体上比较高，87.7%的村民能够使用汉语与他人进行交流。

（2）杏万村是高埂田经济发展最好的村寨，2006年人均年纯收入为3406元，在高埂田的10个村民小组中位居榜首。经济的发展促进教育的发展，杏万全村受教育的程度整体上比较高。整个高埂田只有3名阿昌族大学生，其中有两个在杏万村。他们俩的汉语都说得很流利。杏万全村196人，其中初中生有58人，约占全村总人口数的30%，在高埂田10个村民小组中名列前茅。杏万村的在读初中生和初中毕业生绝大多数都能熟练掌握汉语，因为在中学里，课堂内外，阿昌族学生有很多操练汉语的机会。

（3）杏万全村196人中，现在外地打工或有打工经历的有30人，约占全村总人口数的15.3%。他们一般是去德宏自治州的芒市、陇川、瑞丽等地打工，也有少数去过境外（缅甸）、北京、山东打工。在外打工的这些杏万村民，由于工作和生活的需要，汉语都说得非常流利，回到杏万村以后，出于习惯，有不少人也会以汉语与他人交流，这就增加了在杏万村内部使用汉语的机会。

（三）杏万村家庭语言使用情况一览表

序号	家庭关系	姓名	年龄	文化程度	第一语言及水平	第二语言及水平	备注
1	户主	曹先中	31	小学	阿昌语熟练	汉语熟练	
	妻子	曩会兰	28	小学	阿昌语熟练	汉语熟练	
	父亲	曹连章	70	小学	阿昌语熟练	汉语熟练	
	母亲	俸本英	64	文盲	阿昌语熟练	汉语熟练	
	长女	曹丽娇	7	小学	阿昌语熟练	汉语熟练	
	次女	曹艳惠	2		阿昌语一般	汉语一般	

(续表)

2	户主	曹先国	38	小学	阿昌语熟练	汉语熟练	
	妻子	夏润兰	30	小学	汉语熟练	阿昌语一般	汉族
	女儿	曹明金	11	小学	阿昌语熟练	汉语熟练	
	儿子	曹明超	9	小学	阿昌语熟练	汉语熟练	
3	户主	曩其忠	58	初小	阿昌语熟练	汉语熟练	
	妻子	马老妹	58	初小	阿昌语熟练	汉语熟练	
	长子	曩昌龙	25	小学	阿昌语熟练	汉语熟练	
	长媳	石老妹	22	小学	阿昌语熟练	汉语熟练	
	次子	曩昌恩	20	小学	阿昌语熟练	汉语熟练	
	长女	曩昌玉	19	小学	阿昌语熟练	汉语熟练	
4	户主	曹先旺	31	小学	阿昌语熟练	汉语熟练	
	妻子	杨双娣	34	初小	傣语熟练	汉语熟练	傣族,阿昌语熟练
	父亲	曹连汉	64	小学	阿昌语熟练	汉语熟练	
	母亲	赵咪长	62	小学	阿昌语熟练	汉语熟练	
	长子	曹明涛	9	小学	阿昌语熟练	汉语熟练	
	次子	曹明强	3		阿昌语一般	汉语一般	
5	户主	曹连光	50	初小	阿昌语熟练	汉语熟练	
	妻子	杨小况	45	文盲	阿昌语熟练	汉语熟练	
	长子	曹云东	22	本科	阿昌语熟练	汉语熟练	
	次子	曹云虎	21	初中	阿昌语熟练	汉语熟练	
	三子	曹云祥	17	初中	阿昌语熟练	汉语熟练	
6	户主	俸其海	26	小学	阿昌语熟练	汉语熟练	
	母亲	王相娣	65	文盲	阿昌语熟练	汉语熟练	
	哥哥	俸其亮	33	文盲	阿昌语熟练	汉语熟练	
7	户主	帕祖顺	45	初中	阿昌语熟练	汉语熟练	
	妻子	曹祖召	43	初中	阿昌语熟练	汉语熟练	
	长女	帕改芹	20	大学	阿昌语熟练	汉语熟练	
	次女	帕成菊	17	中专	阿昌语熟练	汉语熟练	
	三女	帕成密	15	初中	阿昌语熟练	汉语熟练	
8	户主	帕祖宏	32	初中	阿昌语熟练	汉语熟练	
	妻子	石兰改	31	初中	阿昌语熟练	汉语熟练	
	儿子	帕成孝	4		阿昌语熟练	汉语一般	
9	户主	帕祖云	37	初中	阿昌语熟练	汉语熟练	
	妻子	曹光美	38	小学	阿昌语熟练	汉语熟练	
	儿子	帕成建	15	初中	阿昌语熟练	汉语熟练	
	女儿	帕成晨	12	初中	阿昌语熟练	汉语熟练	
10	户主	王兴留	57	小学	阿昌语熟练	汉语熟练	
	妻子	杨娇	51	文盲	阿昌语熟练	汉语熟练	
	儿子	王顺泽	20	小学	阿昌语熟练	汉语熟练	

(续表)

11	户主	帕有金	29	初中	阿昌语熟练	汉语熟练	
	妻子	曩云翠	28	初中	阿昌语熟练	汉语一般	
	母亲	曩月哏	70	文盲	阿昌语熟练	汉语一般	
	姨母	帕老妹	62	文盲	阿昌语熟练	汉语一般	
	妹妹	帕金娣	25	初中	阿昌语熟练	汉语一般	
	女儿	帕丽雪	1		阿昌语不会	汉语不会	
12	户主	帕加旺	21	初中	阿昌语熟练	汉语熟练	
	父亲	帕先发	62	小学	阿昌语熟练	汉语熟练	
	母亲	王朝娣	61	小学	阿昌语熟练	汉语熟练	
13	户主	曩芹召	45	小学	阿昌语熟练	汉语熟练	
	母亲	赵兴院	21	初中	阿昌语熟练	汉语熟练	
	妹妹	赵翠花	19	中专	阿昌语熟练	汉语熟练	
14	户主	帕启富	34	初中	阿昌语熟练	汉语熟练	
	妻子	金晓喊	27	初中	傣语熟练	汉语一般	傣族
	儿子	帕祖运	4		傣语一般	汉语一般	
15	户主	帕先启	24	初中	阿昌语熟练	汉语熟练	
	妻子	王三	22	小学	汉语熟练	阿昌语一般	汉族
16	户主	帕生旺	25	初中	阿昌语熟练	汉语熟练	
	妻子	曩明兰	23	小学	阿昌语熟练	汉语熟练	
	女儿	帕东雪	1		阿昌语不会	汉语不会	
17	户主	帕启万	28	初中	阿昌语熟练	汉语熟练	
18	户主	赵兴旺	28	初中	阿昌语熟练	汉语熟练	
	长女	赵明惠	5		汉语一般	阿昌语不会	
19	户主	赵兴连	33	初中	阿昌语熟练	汉语熟练	
	母亲	王金玉	63	文盲	阿昌语熟练	汉语熟练	
20	户主	赵加良	64	小学	阿昌语熟练	汉语熟练	
	妻子	曹连芝	60	小学	阿昌语熟练	汉语熟练	
	长子	赵顺宽	33	小学	阿昌语熟练	汉语熟练	
	次子	赵兴银	30	小学	阿昌语熟练	汉语熟练	
	三子	赵兴定	19	小学	阿昌语熟练	汉语熟练	
21	户主	曩咪连	55	初小	阿昌语熟练	汉语熟练	
	妻子	曹连果	56	初小	阿昌语熟练	汉语熟练	
	父亲	曩有广	82	文盲	阿昌语熟练	汉语熟练	
	长子	曩昌余	22	初中	阿昌语熟练	汉语熟练	
	长女	曩昌买	20	初中	阿昌语熟练	汉语熟练	
	次女	曩昌来	17	初中	阿昌语熟练	汉语熟练	

(续表)

22	户主	曩咪德	57	小学	阿昌语熟练	汉语熟练	家庭内部说汉语
	妻子	杨润召	55	文盲	傣语熟练	汉语熟练	傣族,阿昌语一般
	长子	曩祖云	22	小学	阿昌语熟练	汉语熟练	
	长媳	杨彩芹	22	小学	傣语熟练	汉语熟练	傣族,阿昌语一般
	长女	曩菊花	20	小学	阿昌语熟练	汉语熟练	
	长孙女	曩俊英	1		傣语一般	汉语一般	阿昌语不会
23	户主	曹祖运	46	初小	阿昌语熟练	汉语熟练	
	妻子	马乔玉	46	初小	阿昌语熟练	汉语熟练	
	母亲	赵改娣	78	文盲	阿昌语熟练	汉语熟练	
	儿子	曹明永	23	初中	阿昌语熟练	汉语熟练	
	长女	曹明菊	20	初中	阿昌语熟练	汉语熟练	
	次女	曹明芬	17	初中	阿昌语熟练	汉语熟练	
24	户主	曹先海	31	初中	阿昌语熟练	汉语熟练	
	妻子	杨菊凤	31	初中	汉语熟练	阿昌语熟练	汉族
	母亲	曹连周	68	小学	阿昌语熟练	汉语熟练	
	儿子	曹明宇	2		阿昌语一般	汉语不会	
	女儿	曹丹丹	9	小学	阿昌语熟练	汉语熟练	
25	户主	曹先聪	34	初中	阿昌语熟练	汉语熟练	
	妻子	称叶孝	29	小学	傣语熟练	汉语熟练	傣族,阿昌语熟练
	父亲	曹连芳	62	小学	阿昌语熟练	汉语熟练	
	儿子	曹明登	9	小学	阿昌语熟练	汉语熟练	傣语一般
26	户主	俸其光	36	初小	阿昌语熟练	汉语熟练	
	妻子	曹兰	40	初小	阿昌语熟练	汉语熟练	
	父亲	俸本祥	68	大专	阿昌语熟练	汉语熟练	
	儿子	俸昌佳	19	初中	阿昌语熟练	汉语熟练	
	长女	俸昌沙	14	初中	阿昌语熟练	汉语熟练	
	次女	俸密雪	2		阿昌语一般	汉语不会	
27	户主	曹顺龙	22	小学	阿昌语熟练	汉语熟练	
	父亲	曹连庆	56	文盲	阿昌语熟练	汉语熟练	
28	户主	曹先维	36	小学	阿昌语熟练	汉语熟练	
	妻子	赵兴兰	38	小学	阿昌语熟练	汉语熟练	
	儿子	曹明炳	2		阿昌语一般	汉语不会	
	长女	曹金珠	18	小学	阿昌语熟练	汉语熟练	
	次女	曹江满	16	初中	阿昌语熟练	汉语熟练	
	三女	曹明改	14	初中	阿昌语熟练	汉语熟练	

(续表)

29	户主	曹叶相	36	中专	阿昌语熟练	汉语熟练	
	儿子	帕恩成	7	小学	阿昌语熟练	汉语一般	
30	户主	曹云生	44	小学	阿昌语熟练	汉语熟练	
	妻子	俸祖秀	40	文盲	阿昌语熟练	汉语熟练	
	叔父	曹祖留	55	文盲			聋哑人
	长女	曹明瑞	21	初中	阿昌语熟练	汉语熟练	
	次女	曹明纪	17	初中	阿昌语熟练	汉语熟练	
	三女	曹丽娟	6	小学	阿昌语熟练	汉语一般	
	四女	曹丽花	3		阿昌语一般	汉语不会	
31	户主	赵长员	46	小学	阿昌语熟练	汉语熟练	
	妻子	杨召焕	47	文盲	傣语熟练	汉语熟练	傣族,阿昌语熟练
	长子	赵恩怀	16	初中	阿昌语熟练	汉语熟练	
	长女	赵春梅	23	初中	阿昌语熟练	汉语熟练	
	次子	赵永平	14	小学	阿昌语熟练	汉语熟练	
32	户主	苏玉银	33	初中	汉语熟练	阿昌语一般	傈僳族
	妻子	李松兰	35	小学	汉语熟练	阿昌语熟练	汉族
33	户主	余林顺	62	文盲	傈僳语熟练	汉语熟练	傈僳族,阿昌语熟练
	儿子	苏玉河	29	初中	汉语熟练	阿昌语一般	傈僳族
	儿媳	曾菊云	30	初中	汉语熟练	阿昌语不会	汉族
	孙子	苏其鹏	5		汉语熟练	阿昌语不会	
	孙女	苏明蝶	5		汉语熟练	阿昌语不会	
34	户主	俸其孝	45	小学	阿昌语熟练	汉语一般	
	妻子	曹芹	42	小学	阿昌语熟练	汉语一般	
	长子	俸其平	24	小学	阿昌语熟练	汉语一般	
	长媳	王丽菊	20	小学	阿昌语熟练	汉语一般	
	长孙	俸兆伟	1		阿昌语不会	汉语不会	
	次女	俸丽依	17	初中	阿昌语熟练	汉语熟练	
	三女	俸智娟	15	高中	阿昌语熟练	汉语熟练	
35	户主	曹先良	40	初中	阿昌语熟练	汉语熟练	
	妻子	石乔娣	37	初小	阿昌语熟练	汉语熟练	
	儿子	曹明辉	10	小学	阿昌语熟练	汉语熟练	
	女儿	曹露水	12	初中	阿昌语熟练	汉语熟练	
36	户主	匡大祥	37	初中	汉语熟练	阿昌语一般	
	妻子	曹美珍	34	小学	阿昌语熟练	汉语熟练	
	母亲	李顺珍	66	初小	汉语熟练	阿昌语不会	汉族
	儿子	匡辉国	9	小学	汉语熟练	阿昌语一般	
	女儿	匡丽金	12	初中	汉语熟练	阿昌语一般	

(续表)

37	户主	俸其旺	36	初小	阿昌语熟练	汉语熟练	
	妻子	曹美芹	36	初小	阿昌语熟练	汉语熟练	
	儿子	俸昌东	1		阿昌语不会	汉语不会	
	女儿	俸玲梅	9	小学	阿昌语熟练	汉语熟练	
38	户主	赵兴国	35	初中	阿昌语熟练	汉语熟练	
	妻子	郎彩招	35	小学	阿昌语熟练	汉语一般	
	儿子	赵江东	4		阿昌语一般	汉语一般	
	女儿	赵艳梅	10	小学	阿昌语熟练	汉语一般	
39	户主	赵兴福	37	初中	阿昌语熟练	汉语熟练	
	妻子	俸小买	30	小学	阿昌语熟练	汉语一般	
	女儿	赵红艳	1		阿昌语不会	汉语不会	
40	户主	帕祖贵	40	小学	阿昌语熟练	汉语熟练	
	妻子	陈轻松	33	小学	汉语熟练	阿昌语一般	汉族
	儿子	帕成明	6	小学	汉语熟练	阿昌语一般	
	女儿	帕成艳	8	小学	汉语熟练	阿昌语一般	
41	户主	赵兴虎	28	初中	阿昌语熟练	汉语熟练	
	母亲	曩黑	61	初小	阿昌语熟练	汉语一般	
42	户主	赵加兴	48	初中	阿昌语熟练	汉语熟练	
	妻子	郎门	45	初小	阿昌语熟练	汉语一般	
	长子	赵连旺	21	初中	阿昌语熟练	汉语熟练	
	长女	赵翠芬	17	初中	阿昌语熟练	汉语熟练	
	次子	赵恩培	19	初中	阿昌语熟练	汉语熟练	
43	户主	曩自云	38	初中	阿昌语熟练	汉语熟练	
	妻子	徐小等	37	小学	傣语熟练	汉语一般	傣族
	儿子	曩洪林	10	小学	阿昌语熟练	汉语熟练	
	女儿	曩祖娣	11	小学	阿昌语熟练	汉语熟练	
44	户主	曩昌能	25	初中	阿昌语熟练	汉语熟练	
	母亲	赵老满	62	初小	阿昌语熟练	汉语一般	
45	户主	曩云亮	34	小学	阿昌语熟练	汉语熟练	
	妻子	赵芹兰	35	小学	阿昌语熟练	汉语熟练	
	儿子	曩兆超	1		阿昌语不会	汉语不会	
	长女	曩艳秦	10	小学	阿昌语熟练	汉语一般	
	次女	曩丽黎	6	小学	阿昌语熟练	汉语一般	
46	户主	赵兴然	35	初中	阿昌语熟练	汉语熟练	
	妻子	杨连召	36	小学	傣语熟练	汉语一般	傣族
	儿子	赵怀清	13	初中	阿昌语熟练	汉语熟练	
	女儿	赵艳丽	9	小学	阿昌语熟练	汉语熟练	
47	户主	赵顺元	40	小学	阿昌语熟练	汉语熟练	
	父亲	赵加合	82	文盲	阿昌语熟练	汉语一般	
	弟弟	赵顺林	36	小学	阿昌语熟练	汉语熟练	

48	户主	赵兴成	31	小学	阿昌语熟练	汉语熟练	
	妻子	杨翠兰	21	小学	傣语熟练	汉语熟练	傣族
	儿子	赵仁斌	4		阿昌语一般	汉语一般	傣语一般

六 遮告村语言使用情况

(一) 社会概况

遮告村是一个阿昌族聚居的村寨,是高埂田所辖的10个自然村之一。它位于村委会东部约500米,分布于公路沿线的北侧。"遮告",是傣语"老寨子"、"旧城"的意思,周边的不少寨子的村民都是从这个寨子搬迁出去的。遮告全村有29户,总人口为132人,其中阿昌族有131人,约占99.2%。还有一人是外地嫁入的汉族媳妇。

遮告村的主要作物是水稻、茶叶和甘蔗。全村电视机普及率大约在50%,手机的普及率达到了70%,固定电话有3部,全村有拖拉机3台,摩托车2辆。

(二) 语言使用的特点

1. 阿昌语是遮告村民最主要的交际工具。

在家庭内部与村民之间,阿昌语是遮告村民最主要的交际工具。据我们调查统计,遮告村的阿昌族有95.9%的村民都能熟练掌握阿昌语,其中20岁以上的99%都能熟练使用阿昌语进行日常交流。可见,阿昌语在遮告村属于稳固使用型。阿昌语说得一般的有5人,其中4人为6—7岁的儿童,他们由于生活经验有限,很多事物还没有接触过,所以也不知道如何用阿昌语表述。另一个阿昌语说得一般的是23岁的赵兴改,她是从外地龙陵嫁来遮告的阿昌族,由于龙陵地区汉族人口多,所以她的汉语很熟练,阿昌语则说得一般。遮告全村唯一的一个汉族是曹先城的妻子刘咪嘿,现年41岁,嫁来遮告十多年,阿昌语说得很流利。

表1 不同年龄段阿昌语语言能力统计表

年龄段	总人口	熟练		一般		不会	
		人口	百分比	人口	百分比	人口	百分比
6—19岁	33	29	87.9%	4	12.1%	0	0%
20—50岁	66	65	98.5%	1	1.5%	0	0%
50岁以上	24	24	100%	0	0%	0	0%
合计	123	118	95.9%	5	4.1%	0	0%

注:6岁以下的儿童共计8人并未统计在内。(下同)

2. 汉语是遮告村民另一重要的交际工具。

在家庭内部与村寨内部,阿昌语基本能满足遮告村民的交际需要,但与外界交流时,只懂阿昌语就显然不够了。遮告村地处公路沿线,距离高埂田村委会只有500米,与外界交流的机会很多,村民们学习使用汉语很有必要。据我们调查统计,遮告村的阿昌族100%都会说汉语。其中,熟练掌握汉语的有77人,约占总人口的62.6%,汉语说得一般的有46人,约占总人口的37.4%。可见,汉语是遮告村民重要的交际工具。

表2 不同年龄段汉语语言能力统计表

年龄段	总人口	熟练 人口	熟练 百分比	一般 人口	一般 百分比	不会 人口	不会 百分比
6—19岁	33	18	54.5%	15	45.5%	0	0%
20—50岁	66	46	69.7%	20	30.3%	0	0%
50岁以上	24	13	54.2%	11	45.8%	0	0%
合计	123	77	62.6%	46	37.4%	0	0%

(三)遮告村家庭语言使用情况一览表

序号	家庭关系	姓名	年龄	文化程度	第一语言及水平	第二语言及水平	备注
1	户主	曹连启	63	初小	阿昌语熟练	汉语熟练	
	妻子	杨石妹	62	初小	阿昌语熟练	汉语熟练	
	长子	曹老押	36	初小	阿昌语熟练	汉语熟练	
	次子	曹先周	29	高中	阿昌语熟练	汉语熟练	
	三子	曹先补	27	小学	阿昌语熟练	汉语熟练	
	女儿	曹相过	25	小学	阿昌语熟练	汉语熟练	
2	户主	曹先理	38	小学	阿昌语熟练	汉语熟练	
	妻子	曩祖焕	39	小学	阿昌语熟练	汉语熟练	
	长子	曹明雄	16	小学	阿昌语熟练	汉语熟练	
	次子	曹明建	15	小学	阿昌语熟练	汉语熟练	
3	户主	曹顺才	42	初小	阿昌语熟练	汉语一般	
	妻子	曩润美	38	初小	阿昌语熟练	汉语一般	
	儿子	曹明晓	12	小学	阿昌语熟练	汉语熟练	
	女儿	曹晓丽	16	初中	阿昌语熟练	汉语一般	
4	户主	曹先能	58	小学	阿昌语熟练	汉语熟练	
	妻子	曩咪召	59	初小	阿昌语熟练	汉语熟练	
	儿子	曹明怀	30	小学	阿昌语熟练	汉语熟练	
	儿媳	石明娣	27	小学	阿昌语熟练	汉语熟练	
	长孙女	曹兴传	6		阿昌语一般	汉语一般	
	长孙	曹院传	1		阿昌语不会	汉语不会	

（续表）

5	户主	曹明旺	35	小学	阿昌语熟练	汉语一般	
	妻子	杨焕召	34	小学	阿昌语熟练	汉语一般	
	父亲	曹先保	64	小学	阿昌语熟练	汉语一般	
	母亲	曩润召	68	小学	阿昌语熟练	汉语一般	
	儿子	曹押改	11	小学	阿昌语熟练	汉语一般	
	女儿	曹新回	13	小学	阿昌语熟练	汉语一般	
6	户主	曹祖龙	48	小学	阿昌语熟练	汉语熟练	
	妻子	曩闻美	46	小学	阿昌语熟练	汉语熟练	
	儿子	曹明瑞	20	初中	阿昌语熟练	汉语一般	
	女儿	曹明川	15	初中	阿昌语熟练	汉语一般	
7	户主	曹明宽	34	中专	阿昌语熟练	汉语熟练	
	妻子	王芹兰	30	小学	阿昌语熟练	汉语一般	
	儿子	曹兴休	1		阿昌语不会	汉语不会	
	女儿	曹祖边	7	小学	阿昌语一般	汉语一般	
8	户主	曹先然	36	小学	阿昌语熟练	汉语一般	
	妻子	赵兴会	36	小学	阿昌语熟练	汉语一般	
	长子	曹明正	8	小学	阿昌语熟练	汉语一般	
	次子	曹明杰	2		阿昌语一般	汉语不会	
9	户主	曹先城	39	小学	阿昌语熟练	汉语熟练	
	妻子	刘咪嘿	41	初中	汉语熟练	阿昌语熟练	汉族
	儿子	曹明存	11	小学	阿昌语熟练	汉语熟练	
	女儿	曹明敏	14	初中	阿昌语熟练	汉语熟练	
10	户主	曹良	47	小学	阿昌语熟练	汉语熟练	
	妻子	王才招	37	小学	阿昌语熟练	汉语熟练	
	长子	曹祖权	23	高中	阿昌语熟练	汉语熟练	
	次子	曹利锋	21	高中	阿昌语熟练	汉语熟练	
11	户主	曹先德	35	初中	阿昌语熟练	汉语熟练	
	妻子	曩美芝	26	小学	阿昌语熟练	汉语一般	
	儿子	曹明涛	3		阿昌语一般	汉语一般	
	女儿	曹艳萍	7	小学	阿昌语熟练	汉语一般	
12	户主	曹先柱	53	小学	阿昌语熟练	汉语熟练	会傣语，略懂景颇语
	妻子	曩小顺	61	小学	阿昌语熟练	汉语熟练	会傣语，略懂景颇语
	儿子	曹万生	24	小学	阿昌语熟练	汉语熟练	会傣语
	女儿	曹明芬	21	初中	阿昌语熟练	汉语熟练	

(续表)

13	户主	曹明生	41	小学	阿昌语熟练	汉语熟练	
	妻子	王相果	37	小学	阿昌语熟练	汉语熟练	
	父亲	曹先荣	69	小学	阿昌语熟练	汉语熟练	
	母亲	王老召	67	初小	阿昌语熟练	汉语熟练	
	长子	曹祖华	16	初中	阿昌语熟练	汉语熟练	
	次子	曹兴孟	14	初中	阿昌语熟练	汉语熟练	
14	户主	曹昌有	60	小学	阿昌语熟练	汉语熟练	
	妻子	曩老妹	61	脱盲	阿昌语熟练	汉语一般	
	三子	曹文	31	小学	阿昌语熟练	汉语一般	
	三子媳	王彩兰	23	小学	阿昌语熟练	汉语一般	
15	户主	曹长才	47	小学	阿昌语熟练	汉语熟练	
	妻子	曩芹娣	49	初中	阿昌语熟练	汉语熟练	
	长子	曹祖平	22	初中	阿昌语熟练	汉语熟练	
	长女	曹明菊	16	小学	阿昌语熟练	汉语熟练	
	次子	曹明远	19	小学	阿昌语熟练	汉语熟练	
16	户主	曹先其	39	小学	阿昌语熟练	汉语熟练	
	妻子	杨树招	39	小学	阿昌语熟练	汉语熟练	
	母亲	王咪秀	79	文盲	阿昌语熟练	汉语一般	
	儿子	曹祖云	16	小学	阿昌语熟练	汉语熟练	
	女儿	曹祖芬	17	中专	阿昌语熟练	汉语一般	
17	户主	曹连甲	67	初小	阿昌语熟练	汉语一般	
	妻子	杨金妹	59	小学	阿昌语熟练	汉语一般	
	儿子	曹咪忠	25	小学	阿昌语熟练	汉语一般	
18	户主	曹顺林	43	小学	阿昌语熟练	汉语熟练	
	妻子	赵秀兰	44	小学	阿昌语熟练	汉语熟练	
	母亲	俸玉珍	80	文盲	阿昌语熟练	汉语一般	
	长子	曹明先	21	初中	阿昌语熟练	汉语熟练	
	女儿	曹小梅	19	初中	阿昌语熟练	汉语熟练	
	次子	曹小应	17	初中	阿昌语熟练	汉语熟练	
19	户主	曹自留	51	小学	阿昌语熟练	汉语一般	
	妻子	曩祖秀	50	脱盲	阿昌语熟练	汉语一般	
	长子	曹明恩	22	小学	阿昌语熟练	汉语一般	
	女儿	曹明很	25	小学	阿昌语熟练	汉语一般	
	次子	曹明仓	19	小学	阿昌语熟练	汉语一般	
20	户主	俸小芹	47	小学	阿昌语熟练	汉语熟练	
	儿子	曹明维	16	中学	阿昌语熟练	汉语熟练	
	女儿	曹丽芬	21	大学	阿昌语熟练	汉语熟练	
	次女	曹明引	17	初中	阿昌语熟练	汉语熟练	

(续表)

21	户主	曹明留	35	小学	阿昌语熟练	汉语熟练	
	妻子	王玉果	34	小学	阿昌语熟练	汉语熟练	
	父亲	曹先洪	62	小学	阿昌语熟练	汉语熟练	
	母亲	王乔娣	60	小学	阿昌语熟练	汉语一般	
	儿子	曹新奎	13	小学	阿昌语熟练	汉语熟练	
	女儿	曹新卫	11	小学	阿昌语熟练	汉语熟练	
22	户主	曹润	44	小学	阿昌语熟练	汉语一般	
	妻子	石林书	46	小学	阿昌语熟练	汉语一般	
	长子	曹祖青	19	初中	阿昌语熟练	汉语一般	
	女儿	曹艳飞	16	初中	阿昌语熟练	汉语一般	
	次子	曹明伦	17	初中	阿昌语熟练	汉语一般	
23	户主	曹德	43	小学	阿昌语熟练	汉语熟练	
	妻子	俸砍	42	小学	阿昌语熟练	汉语熟练	
	儿子	曹祖记	17	小学	阿昌语熟练	汉语熟练	
	女儿	曹组改	21	小学	阿昌语熟练	汉语熟练	
24	户主	曹和	31	小学	阿昌语熟练	汉语一般	
	妻子	王金兰	35	小学	阿昌语熟练	汉语一般	
	儿子	曹明爱	5		阿昌语一般	汉语一般	
	女儿	曹小软	12	小学	阿昌语熟练	汉语熟练	
25	户主	曹润元	54	小学	阿昌语熟练	汉语熟练	
	妻子	俸本兰	55	小学	阿昌语熟练	汉语一般	
	长子	曹祖明	24	初中	阿昌语熟练	汉语一般	
	女儿	曹祖凤	26	小学	阿昌语熟练	汉语一般	
	次子	曹明俊	20	高中	阿昌语熟练	汉语熟练	
26	户主	曹先东	26	初中	阿昌语熟练	汉语熟练	
	妻子	赵兴改	23	初中	阿昌语一般	汉语熟练	龙陵的阿昌族
	儿子	曹明航	2		阿昌语一般	汉语不会	
27	户主	曹站	31	小学	阿昌语熟练	汉语熟练	
	妻子	石采兰	28	小学	阿昌语熟练	汉语熟练	
	儿子	曹明众	7	小学	阿昌语一般	汉语一般	
	女儿	曹明婷	3		阿昌语一般	汉语一般	
28	户主	曹连金	61	小学	阿昌语熟练	汉语熟练	
	妻子	杨焕召	53	小学	阿昌语熟练	汉语一般	
	儿子	曹先银	23	初中	阿昌语熟练	汉语熟练	
	儿媳	曩芹芬	20	初中	阿昌语熟练	汉语熟练	
29	户主	曹培	28	小学	阿昌语熟练	汉语熟练	
	妻子	王丽京	26	小学	阿昌语熟练	汉语熟练	
	儿子	曹明刊	5		阿昌语一般	汉语一般	
	女儿	曹明辉	6	小学	阿昌语一般	汉语一般	

七 常新寨语言使用情况

(一) 社会概况

常新寨是江东乡高埂田村委会下属的一个村民小组,位于高埂田村委会所在地高埂田村民小组东北部约 2 公里处,是一个阿昌族高度聚居的村寨。距常新寨约 3 公里有方家山寨(汉族寨),约 4 公里有遮告寨(阿昌族寨)。

全寨共有 29 户,118 人。其中,阿昌族有 113 人,约占全组总人口的 95.8%。外来人口共 5 人,均为汉族。5 人中 4 人是外嫁入的汉族媳妇,1 人是由汉族媳妇带入的汉族子女。

常新寨的主要经济作物是水稻、玉米、茶叶,饲养的牲畜主要为猪和牛。据统计,2006 年人均占有粮食 347 公斤。全寨家庭有电视机 12 台(黑白电视 6 台),拖拉机 1 台,没有座机电话、摩托车和汽车,只有少数外出打工者有手机。

(二) 语言使用的基本特点

1. 常新寨属于"阿昌语—汉语"双语村寨。

对占全寨总人数 95.8% 的阿昌族村民的语言使用情况进行了穷尽式的调查。表 1 及表 2 是对 108 名阿昌族村民阿昌语及汉语能力的统计。从表中可以看出常新寨 93.5% 和 88.9% 的居民能熟练地掌握阿昌语及汉语。通过询问得知,居民们几乎都会根据具体的环境自由转换语言。例如:当向汉族买东西或者当家里来了汉族客人时,能自由运用汉语进行交流。

表 1 不同年龄段阿昌语语言能力统计表

年龄段	总人口	熟练 人口	熟练 百分比	一般 人口	一般 百分比	不会 人口	不会 百分比
6—19 岁	30	25	83.4%	4	13.3%	1	3.3%
20—50 岁	58	56	96.6%	1	1.7%	1	1.7%
50 岁以上	20	20	100%	0	0%	0	0%
合计	108	101	93.5%	5	4.6%	2	1.9%

注:6 岁以下的儿童及聋哑人共计 5 人并未统计在内。(下同)

表 2 不同年龄段汉语语言能力统计表

年龄段	总人口	熟练 人口	熟练 百分比	一般 人口	一般 百分比	不会 人口	不会 百分比
6—19 岁	30	28	93.3%	2	6.7%	0	0%
20—50 岁	58	51	87.9%	7	12.1%	0	0%
50 岁以上	20	17	85%	3	15%	0	0%
合计	108	96	88.9%	12	11.1%	0	0%

2. 由于高度聚居,汉语在常新寨使用机会并不多。阿昌语仍是常新寨最主要的日常用语,被较好地保留。

从表1、表2中可以看出常新寨居民阿昌语程度比汉语程度高,且居民的年龄与其掌握阿昌语的程度成正比。越年长的阿昌人阿昌语越好,50岁以上的阿昌人都能熟练掌握阿昌语。我们注意到,不会说阿昌语的郎玉华和郎桂花的母亲是外族媳妇,阿昌语说得一般的曹先丽是外地嫁入媳妇,郎小强、杨朝波和曹枝菊是13岁以下儿童。

(三)常新寨家庭语言使用情况一览表

序号	家庭关系	姓名	年龄	文化程度	第一语言及水平	第二语言及水平	备注
1	户主	囊兆丁	14	小学	阿昌语熟练	汉语熟练	
2	户主	郎长才	47	小学	阿昌语熟练	汉语熟练	
	妻子	杨祖召	47	小学	阿昌语熟练	汉语熟练	
	长子	郎正旺	22	高中	阿昌语熟练	汉语熟练	
	长女	郎香等	17	小学	阿昌语熟练	汉语熟练	
	次子	郎正东	20	小学	阿昌语熟练	汉语熟练	
3	户主	郎长能	34	初中	阿昌语熟练	汉语熟练	
	母亲	王安妹	77	文盲	阿昌语熟练	汉语一般	
4	户主	囊昌春	33	小学	阿昌语熟练	汉语一般	
	妻子	郎闯召	29	小学	阿昌语熟练	汉语一般	
	父亲	囊其恩	67	文盲	阿昌语熟练	汉语熟练	
	母亲	曹长秀	68	文盲	阿昌语熟练	汉语熟练	
	儿子	囊兆祥	5		阿昌语熟练	汉语一般	
5	户主	囊相成	42	小学	阿昌语熟练	汉语熟练	
	妻子	王解	42	小学	阿昌语熟练	汉语一般	
	长子	囊祖学	22	小学	阿昌语熟练	汉语熟练	
	次子	囊祖经	17	小学	阿昌语熟练	汉语熟练	
6	户主	郎其云	42	小学	阿昌语熟练	汉语一般	
	妻子	符彩芹	40	小学	汉语熟练	阿昌语熟练	汉族
	长子	郎正文	15	初中	阿昌语熟练	汉语熟练	
	长女	郎小腊	17	小学	阿昌语熟练	汉语熟练	
7	户主	囊顺德	35	初中	阿昌语熟练	汉语熟练	
	妻子	郎小彩	34	小学	阿昌语熟练	汉语一般	
	长子	囊兆福	13	小学	阿昌语熟练	汉语熟练	
	长女	囊祖江	15	初中	阿昌语熟练	汉语熟练	
8	户主	郎咪生	39	小学	阿昌语熟练	汉语熟练	
	妻子	赵彩凤	39	小学	阿昌语熟练	汉语熟练	
	长子	郎小强	9	小学	阿昌语一般	汉语熟练	
	长女	郎丽婷	4		阿昌语一般	汉语不会	
	母亲	曹连芝	68	文盲	阿昌语熟练	汉语熟练	

(续表)

9	户主	囊老启	53	小学	阿昌语熟练	汉语熟练	
	妻子	杨彩桂	52	文盲	阿昌语熟练	汉语熟练	
	次子	囊后发	18	初中	阿昌语熟练	汉语熟练	
	长媳	蔺彩焕	34	高中	汉语熟练	阿昌语一般	汉族
	长孙女	囊兆杰	6	小学	汉语熟练	阿昌语一般	
10	户主	囊跃龙	41	小学	阿昌语熟练	汉语一般	
	妻子	王顺英	45	小学	阿昌语熟练	汉语熟练	
	长子	囊祖荣	10	小学	阿昌语熟练	汉语熟练	
	次女	囊玲焕	17	小学	阿昌语熟练	汉语熟练	
	三女	囊翠芬	15	初中	阿昌语熟练	汉语熟练	
11	户主	曹明长	43	小学	阿昌语熟练	汉语熟练	
	妻子	囊板	45	小学	阿昌语熟练	汉语一般	
	长子	曹安东	17	中专	阿昌语熟练	汉语熟练	
	长女	曹美芬	22	小学	阿昌语熟练	汉语熟练	
	三女	曹美焕	20	小学	阿昌语熟练	汉语熟练	
12	户主	囊跃德	55	小学	阿昌语熟练	汉语熟练	
	妻子	张月凤	50	小学	阿昌语熟练	汉语熟练	
	长子	囊卫成	27	小学	阿昌语熟练	汉语熟练	
13	户主	郎其常	62	小学	阿昌语熟练	汉语熟练	
	妻子	曹金妹	63	小学	阿昌语熟练	汉语熟练	
	长子	郎祖良	23	小学	阿昌语熟练	汉语熟练	
	长媳	曹先丽	23	初中	阿昌语一般	汉语熟练	
	长孙	郎院祥	1		阿昌语一般	汉语一般	
14	户主	曹先民	64	小学	阿昌语熟练	汉语熟练	
	妻子	石云召	58	小学	阿昌语熟练	汉语熟练	
	次子	曹保良	29	小学	阿昌语熟练	汉语熟练	
	三子	曹保成	23		阿昌语熟练	汉语熟练	
	四子	曹兴旺	20	小学	阿昌语熟练	汉语熟练	
	四子媳	囊玲美	22	小学	阿昌语熟练	汉语熟练	
15	户主	杨明伦	32	小学	阿昌语熟练	汉语熟练	
	妻子	郎金会	29	小学	阿昌语熟练	汉语熟练	
	长子	杨朝波	6	小学	阿昌语一般	汉语一般	
16	户主	郎其龙	41	初中	阿昌语熟练	汉语熟练	
	妻子	曹们娣	36	小学	阿昌语熟练	汉语熟练	
	长子	郎小平	15	初中	阿昌语熟练	汉语熟练	
	长女	郎丽花	13	初中	阿昌语熟练	汉语熟练	

（续表）

17	户主	郎龙	42	小学	阿昌语熟练	汉语熟练	
	妻子	杨唥	47	小学	阿昌语熟练	汉语熟练	
	长子	郎正泽	20	高中	阿昌语熟练	汉语熟练	
	长女	朗小很	18	小学	阿昌语熟练	汉语熟练	
	次子	郎春敬	15	初中	阿昌语熟练	汉语熟练	
18	户主	郎生洪	49	小学	阿昌语熟练	汉语熟练	
	妻子	赵香果	49	小学	汉语熟练	阿昌语不会	汉族
	次子	郎玉华	18	初中	汉语熟练	阿昌语不会	
	长女	郎桂花	20	初中	汉语熟练	阿昌语不会	
19	户主	曹顺良	36	小学	阿昌语熟练	汉语熟练	
	妻子	王美玉	38	小学	阿昌语熟练	汉语熟练	
	长子	曹小娣	3		阿昌语一般	汉语一般	
	长女	曹枝菊	12	小学	阿昌语一般	汉语一般	
20	户主	囊其周	49	小学	阿昌语熟练	汉语熟练	
	妻子	符保朱	46	小学	汉语熟练	阿昌语一般	汉族
	长子	囊昌合	16	小学	汉语熟练	阿昌语熟练	汉族
21	户主	杨定妹	42	小学	阿昌语熟练	汉语熟练	
	妻子	赵叶满	40	小学	阿昌语熟练	汉语熟练	
	长子	杨永存	14	小学	阿昌语熟练	汉语熟练	
	长女	杨乔押	16	小学	阿昌语熟练	汉语熟练	
22	户主	杨加合	39	小学	阿昌语熟练	汉语熟练	
	妻子	郎彩芹	39	小学	阿昌语熟练	汉语熟练	
	长子	杨权	16	小学			聋哑人
	长女	杨志芬	13	小学	阿昌语熟练	汉语熟练	
	次子	杨永朝	11	小学	阿昌语熟练	汉语熟练	
23	户主	囊其生	64	小学	阿昌语熟练	汉语熟练	
	妻子	王连英	68	文盲	阿昌语熟练	汉语熟练	
24	户主	杨加顺	36	小学	阿昌语熟练	汉语熟练	
	长子	杨菊	11	初中	阿昌语熟练	汉语熟练	
	母亲	囊连娣	71	文盲	阿昌语熟练	汉语一般	
25	户主	曹先才	56	小学	阿昌语熟练	汉语熟练	
	妻子	郎团英	51	小学	阿昌语熟练	汉语一般	
	父亲	曹连三	81	小学	阿昌语熟练	汉语熟练	
	母亲	王云珍	85	文盲	阿昌语熟练	汉语熟练	
	长子	曹长员	28	高中	阿昌语熟练	汉语熟练	
	次子	曹生卫	27	初中	阿昌语熟练	汉语熟练	
	长女	曹芹书	23	小学	阿昌语熟练	汉语熟练	
	次女	曹芹娥	21	小学	阿昌语熟练	汉语熟练	
26	户主	曹先进	58	小学	阿昌语熟练	汉语熟练	
	儿子	曹明聪	32	高中	阿昌语熟练	汉语熟练	

（续表）

27	户主	曹先成	64	小学	阿昌语熟练	汉语熟练	
	四子	曹明富	28	高中	阿昌语熟练	汉语熟练	
	四媳	王美芳	20	小学	阿昌语熟练	汉语熟练	
28	户主	曹明顺	38	初中	阿昌语熟练	汉语熟练	
	妻子	王顺芝	38	小学	阿昌语熟练	汉语熟练	
	儿子	曹兴跃	12	小学	阿昌语熟练	汉语熟练	
	长女	曹丽秋	14	小学	阿昌语熟练	汉语熟练	
	次女	曹秋云	13	小学	阿昌语熟练	汉语熟练	
29	户主	囊其旺	42	小学	阿昌语熟练	汉语熟练	
	妻子	王焕	41	小学	阿昌语熟练	汉语熟练	
	儿子	囊昌培	20	初中	阿昌语熟练	汉语熟练	
	女儿	囊昌芹	17	小学	阿昌语熟练	汉语熟练	

八　对潞西方言区居民的语言测试

序号	汉义	阿昌语潞西方言	1 王祖发	2 付宝芹	3 马生连	4 帕祖云	5 曹艳萍	6 曹祖买	7 曹明长
1	天	mau^{51}	A	A	A	A	B	A	A
2	太阳	$pui^{55} ma^{31}$	A	A	A	A	A	A	A
3	月亮	$pau^{55} la^{ʔ31}$	A	A	B	C	A	A	A
4	星星	kw^{35}	A	A	A	D	D	A	A
5	雷	$mau^{51} khɔŋ^{51}$	A	A	A	A	A	B	A
6	云	$na^{55} mau^{55}$	A	A	A	D	D	C	A
7	风	lw^{31}	A	A	A	A	A	A	A
8	雨	$mau^{51} wa^{31}$	A	A	A	A	A	A	A
9	水	$tɕi^{31}$	A	A	A	A	B	A	A
10	雾	$u^{55} lu^{35}$	A	A	A	D	D	C	A
11	霜	$ŋan^{35}$	A	A	A	A	A	D	A
12	雹子	kua^{51}	A	A	B	A	A	B	A
13	地	$məŋ^{55} lia^{31}$	A	A	A	A	A	A	A
14	河	$tɕi^{31} laŋ^{31}$	A	A	A	A	A	A	A
15	山	$tsəŋ^{51}$	A	A	A	A	C	A	A
16	水田	tan^{51}	A	A	A	A	A	A	A
17	干土	$nɔm^{55} tsua^{31}$	A	A	A	D	A	C	A
18	金子	$ɲɔi^{31} wui^{35}$	A	A	A	D	D	A	C

(续表)

19	银子	ŋoi³¹	A	A	C	D	D	A	A
20	铁	sam³⁵	A	A	A	D	D	A	A
21	石头	laŋ⁵⁵ ka⁵⁵	A	A	A	A	A	A	A
22	沙子	sa⁵⁵ tsɿ⁵⁵	A	A	A	A	D	A	A
23	尘土	pha⁵⁵ lau⁵¹	A	A	A	C	D	A	A
24	火	mi⁵¹	A	A	B	A	A	A	A
25	烟（火~）	mi⁵¹ khau⁵⁵	A	A	A	A	D	C	A
26	东（~方）	pui⁵⁵ ma⁽³¹⁾ thua⁵⁵ za³¹	A	C	B	D	D	A	C
27	西（~方）	pui⁵⁵ ma³¹ lɔ⁵⁵ za³¹	A	C	B	A	D	A	D
28	前（~边）	wan⁵⁵ pja⁵¹	A	A	A	A	A	A	A
29	后（~边）	nɔŋ³¹ pje³¹	A	A	A	A	A	A	A
30	旁边	a³¹ zam³¹	A	A	A	D	A	C	A
31	上面	a³¹ ka⁵⁵ (a³¹ tha⁵⁵)	A	A	A	A	B	A	A
32	下面	a³¹ khɯ³⁵ a³¹ məi³¹	A	A	A	A	A	A	A
33	里面	a³¹ kau³⁵	A	A	A	A	D	A	A
34	外面	a³¹ ȵɛ³⁵	A	A	A	C	D	A	A
35	年	tshu⁵⁵	A	B	B	D	A	A	A
36	今年	ku⁵¹ tshu⁵⁵	A	A	A	A	A	A	A
37	去年	xau³⁵ tshu⁵⁵	A	A	A	A	D	B	A
38	月	pau³⁵ la⁵¹	A	A	A	A	D	A	B
39	天（日）	ȵi⁵¹	A	A	A	A	A	A	A
40	今天	khɯ⁵⁵ ȵi⁵¹	A	A	A	A	A	A	A
41	昨天	man⁵¹ khji³⁵	A	A	A	A	A	C	A
42	前天	man⁵¹ ȵi⁵¹	A	A	B	A	D	A	A
43	明天	kha⁵⁵ nap⁵⁵ khji³⁵	A	A	A	A	C	A	A
44	后天	kha⁵⁵ nap⁵⁵ ȵi⁵⁵	A	A	A	A	C	B	A
45	早晨	ȵi⁵¹ ȵa³⁵	A	A	A	A	A	A	A
46	现在	tɕi⁵⁵ khji³⁵	A	A	A	A	D	B	A
47	从前	aŋ⁵¹ khau⁵¹	A	A	A	C	D	A	C
48	黄牛	ȵua⁵⁵ tsɔŋ⁵¹	A	A	A	A	B	A	A
49	马	mjaŋ⁵¹	A	A	A	A	A	A	A
50	猪	wa⁵⁵	A	A	A	A	A	A	A
51	羊	tshək⁵⁵	A	A	A	A	C	A	A

(续表)

52	狗	khui⁵⁵	A	A	A	A	B	B	A
53	猫	la⁷³¹ mjau³⁵	A	A	A	A	A	A	A
54	兔子	paŋ³¹ tai⁵¹	A	A	A	A	B	C	A
55	龙	muŋ⁵¹ tɕuŋ⁵¹	A	C	D	D	D	A	B
56	象	tshan³⁵	D	D	D	D	D	D	D
57	老虎	la³¹	A	A	A	A	B	D	A
58	熊	tsham³⁵ phi⁵⁵	A	D	D	D	D	A	D
59	豹子	la³¹	A	A	A	A	D	A	A
60	野猪	tsəŋ⁵¹ wa⁷³¹	A	A	B	A	D	C	A
61	猴子	laʔkhaŋ³⁵	A	A	A	A	D	A	A
62	狼	əm⁵¹ khui³⁵	A	A	D	C	D	B	A
63	麂子	tɕhi³⁵	A	A	A	A	D	C	A
64	老鼠	kua⁷³¹	A	A	A	A	D	A	A
65	鸡	kja⁷³¹	A	A	A	A	A	A	A
66	公鸡	kja⁷³¹ pha⁵⁵	A	A	A	A	A	A	A
67	母鸡	kja⁷³¹ mi⁷³¹	A	A	A	A	A	A	A
68	鸭子	pəi⁵¹	A	A	A	A	A	A	A
69	鹅	pəi⁵¹ ŋəŋ⁵¹	A	A	A	A	D	A	A
70	鸟	ŋaʔ⁵⁵	A	A	A	A	A	B	A
71	老鹰	tsun³¹	A	A	B	C	D	B	A
72	乌鸦	ka⁵⁵ na⁷³¹	A	A	A	A	D	C	A
73	喜鹊	kha⁵⁵ tɕak³¹	A	C	A	D	D	A	A
74	斑鸠	kha⁵⁵ tsau⁵⁵	A	A	A	A	D	A	A
75	麻雀	kha⁵⁵ tɕək³¹	A	A	B	C	D	D	A
76	青蛙	pa⁵⁵ kuat⁵⁵	A	A	A	C	A	A	A
77	田鸡	tan⁵¹ kja⁷³¹	A	D	B	D	D	A	D
78	鱼	ŋa⁵⁵ sa⁵⁵	A	A	A	A	A	C	A
79	螺蛳	pau⁵⁵ khu³¹	A	A	A	A	B	A	A
80	螃蟹	phaŋ³¹ xai⁵¹	A	C	B	C	D	A	A
81	蛇	mui³¹ laŋ⁵⁵	A	A	A	A	A	A	B
82	萤火虫	sui⁵¹ tsaŋ⁵¹ ɔ⁷³¹	D	D	D	D	D	D	D
83	蜜蜂	pja⁵¹ ʑaŋ⁵¹	A	A	A	A	A	A	A
84	蝴蝶	pha⁵⁵ lam⁵¹	A	A	A	D	D	D	B

(续表)

85	蜻蜓	sam^{55} ʐa^{51} pɔ^{51} kai^{35}	A	A	B	D	A	A	C
86	蟋蟀	tɕaŋ^{55} kək^{31}	A	C	A	C	D	A	C
87	蚂蚁	tɕaŋ^{55} man^{51}	A	A	A	C	A	A	A
88	蜘蛛	kjaŋ^{31}	A	A	A	D	B	A
89	臭虫	pau^{51} nam^{31}	A	A	A	C	A	A
90	跳蚤	khui^{55} lɯ^{55}	A	A	A	A	C	A	B
91	虱	sən^{55}	A	A	A	A	A	A	B
92	蚊子	pɔp^{55}	A	A	A	D	C	A	A
93	蚯蚓	tiɛ^{31} laŋ^{35}	A	A	B	D	D	C	A
94	水蛭	nɔ^{31}	A	C	A	A	D	B	A
95	虫	pau^{51}	A	A	A	A	A	B	A
96	(鸟)蛋	a^{31} u^{35}	A	A	A	A	C	A	A
97	翅膀	a^{31} tɔŋ^{31}	A	A	A	D	D	B	A
98	毛	a^{31} mui^{31}	A	A	A	C	D	A	A
99	犄角	khjau^{35}	A	A	A	A	A	A	A
100	尾巴	a^{31} mi^{35}	A	A	A	A	C	B	A
101	鸡冠	kja^{255} kuan^{35}	A	C	B	D	D	C	C
102	鳞	ŋa^{55} kjap^{55}	A	A	B	A	D	A	D
103	树	sək^{55}	A	A	A	A	A	A	A
104	松树	u^{55} tsham^{51} paŋ^{31}	A	A	A	B	D	A	A
105	竹子	wa^{255}	A	A	A	A	D	A	A
106	竹笋	wa^{255} mjit^{31}	A	A	B	B	C	A	B
107	水稻秆	ku^{231} paŋ^{31}	A	B	B	C	D	D	D
108	玉米	la^{231} khaŋ^{55} khɯ^{55}	A	A	A	D	A	B	A
109	甘薯	tsən^{55} ɕi^{55}	A	D	D	D	A	D	D
110	芋头	mui^{51}	A	A	A	A	A	B	A
111	甘蔗	khan^{55} tɕi^{55}	A	A	A	C	D	A	B
112	芝麻	nam^{55} pji^{51}	A	A	A	A	C	A	A
113	棉花	təu^{55} u^{51}	A	A	A	D	D	D	A
114	豆	nu^{231}	A	A	A	A	A	A	A
115	南瓜	nua^{55} tsɔŋ^{31} aŋ^{55}	C	C	D	D	D	A	B
116	黄瓜	tɔŋ^{31} khua^{55}	A	A	A	A	D	A	A
117	冬瓜	phji^{55} ɔm^{51}	A	A	B	D	C	A	A

(续表)

118	茄子	ma⁵⁵ khɯ⁵¹	A	A	A	C	A	A	A
119	蔬菜	aŋ⁵⁵	A	A	A	A	A	A	A
120	白菜	aŋ⁵⁵ phu⁵¹	A	A	B	A	C	C	A
121	萝卜	aŋ⁵⁵ khɯ⁵¹	A	A	A	C	A	A	A
122	葱	fu⁵⁵ mo⁵¹	A	A	D	D	D	B	A
123	姜	tɕhaŋ⁵⁵	A	A	A	A	A	C	A
124	辣椒	ɕi⁵⁵ phjit⁵⁵	A	A	A	A	D	A	A
125	水果	ɕi⁵⁵ tsap⁵⁵	A	A	A	D	A	B	A
126	桃子	ɕi⁵⁵ ɔm⁵⁵	A	A	A	A	A	B	A
127	草	man⁵⁵	A	A	A	A	A	A	A
128	稻草	khui⁵⁵ ʐau⁵¹	A	D	A	D	D	A	A
129	菌子	mau³¹	A	A	A	A	C	C	A
130	种子	a³¹ mjau³¹	A	A	A	A	D	A	B
131	根	a³¹ mət³¹	A	A	B	C	D	A	A
132	叶子	a³¹ waʔ⁵⁵	A	A	B	A	A	A	A
133	树枝	sək⁵⁵ kaʔ⁵⁵	A	A	A	C	C	A	A
134	芽	a³¹ ɲɔʔ³¹	A	A	A	D	D	B	A
135	（果）核	a³¹ tɕiʔ⁵⁵	A	A	B	D	D	A	A
136	花	phjin⁵⁵ tam⁵⁵	A	A	A	A	A	A	A
137	稻穗	a³¹ ɲam³⁵	A	A	A	D	D	A	B
138	刺	tsu⁵¹	A	A	A	A	A	C	A
139	身体	kɔŋ³¹ tɔ³¹	A	A	A	A	D	A	A
140	头	u⁵⁵ nɔŋ⁵⁵	A	A	A	A	A	B	A
141	额头	nɛ⁵¹ laŋ⁵¹	A	C	B	A	D	A	A
142	头发	tsham³⁵	A	A	A	A	A	A	A
143	辫子	tsham³⁵ pjɛn³⁵	A	A	A	A	A	A	A
144	脸	ɲaʔ³¹ na³⁵	A	A	A	A	A	A	A
145	眉毛	ɲaʔ³¹ mui³¹	A	A	A	A	D	A	A
146	眼睛	ɲaʔ³¹ tɕiʔ⁵⁵	A	A	A	A	A	A	A
147	眼泪	ɲaʔ³¹ pɯ³¹	A	A	A	C	B	A	A
148	鼻子	na⁵⁵ kaŋ³⁵	A	A	A	A	A	A	A
149	耳朵	na⁵⁵ phja⁵⁵	A	A	A	A	A	A	A
150	嘴	nut⁵⁵	B	A	A	A	A	A	A

(续表)

151	嘴唇	nut⁵⁵ tɔŋ⁵¹	B	A	A	D	C	A	A
152	牙齿	tsui³¹	A	A	A	A	A	A	A
153	舌头	lia³⁵	A	A	A	A	B	A
154	胡子	na⁵⁵ mui³⁵	A	A	A	D	A	A	A
155	脖子	ləŋ⁵⁵ ləŋ³⁵	A	A	A	B	D	A	A
156	喉咙	khɔm⁵⁵ lɔm³⁵	A	A	A	D	A	A	C
157	手	laʔ³¹	A	A	A	A	B	A
158	手指	laʔ³¹ ȵau³⁵	A	A	A	A	A	A	A
159	指甲	laʔ³¹ səŋ³⁵	A	A	A	D	D	B	A
160	脊背	tsaʔ³¹ tɔm³¹	A	A	A	C	A	A	A
161	肚子	ɔm³¹ tau⁵¹	A	A	A	A	B	A
162	肚脐	tɕha⁵¹	A	A	A	C	A	C	A
163	脚	khɯ³⁵	A	A	A	A	A	A	A
164	腿	thaŋ⁵⁵ pau⁵⁵	A	A	A	A	A	A	A
165	皮肤	a³¹ ɯ³¹	A	A	A	A	A	A	A
166	骨头	a³¹ ʐau³¹	A	A	A	A	C	A	A
167	血	sui⁵⁵	A	A	A	A	C	A	A
168	胃	u⁵⁵ phu⁵⁵	A	A	B	C	C	C	B
169	肠子	a³¹ u³⁵	A	A	A	A	C	B	A
170	心	nɯk⁵⁵ lɔm³⁵	A	A	A	C	D	A	A
171	肺	phɔʔ³¹ ləp³¹	B	B	A	D	A	A	A
172	汗	a³¹ tsui³⁵	A	A	A	D	A	A	A
173	鼻涕	nap⁵⁵	A	A	A	A	B	A	A
174	口水	tsa⁵⁵ kan⁵⁵	A	A	A	C	A	A	A
175	屎	khɯ⁵⁵	A	A	A	A	B	B	A
176	尿	ȵi⁵⁵ ɕi⁵¹	A	A	A	A	C	A	A
177	疮	pəŋ⁵¹ na³¹	A	A	A	D	D	A	A
178	脓	pəŋ⁵¹	A	A	B	A	A	A	A
179	人	pju³¹	A	A	A	A	D	A	A
180	男人	pju³¹ phau³⁵	A	A	B	D	A	A	A
181	老人	pju³¹ ma⁵¹	A	A	A	A	A	A	A
182	瞎子	ȵaʔ³¹ tsət³¹	A	A	A	D	A	A	A
183	聋子	na⁵⁵ paŋ⁵¹	A	A	A	A	D	A	A

(续表)

184	傻子	pju^{31} paŋ^{31}	A	A	A	A	D	A	C
185	疯子	pju^{31} wun^{35}	A	A	A	A	A	A	A
186	跛子	khɯ^{35} pai^{35}	A	C	B	A	D	C	C
187	汉族	xjɛ^{35}	A	A	A	A	D	A	A
188	祖父	phau^{55}	A	A	A	A	D	A	A
189	祖母	ʑa^{31}	A	A	A	A	A	A	A
190	父亲	tiɛ^{31} (a^{31} pha^{31})	A	A	A	A	A	A	A
191	母亲	miɛ^{31}	A	A	A	A	B	A	A
192	伯父	phɔ^{ʔ31} ma^{35}	A	A	A	A	B	A	A
193	伯母	mji^{31} ma^{35}	A	A	A	A	A	A	A
194	哥哥	tsai^{55}	A	A	A	A	A	A	A
195	姐姐	mun^{55}	A	D	D	D	C	D	A
196	嫂子	a^{31} pəi^{35}	A	A	A	A	C	A	A
197	弟弟	ʑa^{55} ȵi^{ʔ31}	A	A	A	A	B	A	A
198	妹妹	na^{55} ma^{55}	A	A	A	A	C	A	A
199	丈夫	la^{ʔ31} ŋau^{35}	A	A	B	A	C	A	B
200	妻子	mji^{31} ʑɛ^{51}	A	A	A	A	C	A	A
201	儿子	ʑa^{55} lu^{ʔ55}	A	A	A	A	C	B	A
202	儿媳	tsha^{55} ma^{55}	A	A	A	A	D	D	A
203	女婿	tsa^{ʔ31} ma^{ʔ31}	A	A	D	D	D	A	A
204	侄子	ʑa^{55} pjam^{51}	A	A	A	C	D	A	C
205	孙子	mɯ^{51} ʑa^{55} lu^{ʔ55}	A	A	A	A	A	A	A
206	房屋	ʑin^{35}	A	A	A	A	C	A	A
207	柱子	ʑaŋ^{31} paŋ^{31}	A	A	B	C	A	A	A
208	门	khɔm^{55}	A	A	A	A	C	A	A
209	村子	wa^{31}	A	A	A	A	D	A	B
210	坟墓	la^{ʔ31} tɔŋ^{31}	A	A	A	A	C	A	A
211	(牛)圈	kɔk^{31}	A	A	A	A	C	C	A
212	包头	u^{55} khɔp^{31}	A	A	A	C	D	C	A
213	斗笠	tsa^{55} kɔŋ^{51}	A	A	A	B	D	A	A
214	耳环	naŋ^{31} ŋuai^{31}	A	A	A	D	A	A	B
215	手镯	taŋ^{55} khəŋ^{51}	A	A	A	A	A	A	A
216	衣服(上衣)	məi^{31}	A	A	A	A	B	A	A

(续表)

217	袖子	pəi⁵⁵ la⁷³¹	A	A	A	B	D	A	A
218	被子	məi³¹ tsaŋ³⁵	A	A	A	A	A	C	A
219	席子	mu⁵⁵ lu⁷⁵⁵	A	A	B	D	D	A	A
220	枕头	u⁵⁵ khu⁵¹	A	A	A	A	A	A	A
221	米	tshən³⁵	A	A	A	A	A	A	A
222	饭	tsa³¹	A	A	A	A	A	B	A
223	盐	tsha⁵⁵	A	A	A	A	B	A	A
224	肉	sa⁵⁵	A	A	A	A	A	A	A
225	酒	ʑi³⁵ (naŋ⁵⁵ thei⁵⁵)	A	A	A	A	A	B	A
226	茶	tɕi³¹ kha³⁵	A	A	A	A	D	A	B
227	斧头	wa⁷⁵⁵ tsuŋ⁵¹	A	A	A	A	C	A	A
228	刀	mjau⁵¹	A	A	A	A	C	A	A
229	镰刀	mjau⁵¹ ŋai⁵¹	A	A	B	D	D	A	A
230	锄头	khɔm⁵⁵ ma⁵⁵	A	A	A	A	A	A	A
231	犁	thai³⁵	A	A	A	A	C	C	A
232	耙	pjaŋ⁵¹	A	A	D	A	C	A	D
233	针	ap⁵⁵	A	A	A	A	A	A	A
234	线	khən³⁵	A	A	A	A	A	A	A
235	绳子	tui⁵⁵	A	A	A	C	A	A	A
236	枪	mji⁵¹ ɔm⁵⁵	A	A	B	D	D	A	A
237	弓	tan³⁵ kɔŋ⁵⁵	A	B	A	D	C	D	D
238	箭	luɯ⁵¹	D	D	A	D	D	D	A
239	簸箕	pə⁵⁵ ləŋ⁵¹	A	B	B	D	C	A	C
240	铁锅	au⁵⁵	A	A	A	A	A	A	A
241	盖	phɔm⁵⁵	A	A	A	A	C	A	D
242	碗	khua⁷⁵⁵	A	A	A	A	A	A	A
243	筷子	tsu⁵¹	A	A	A	A	A	A	A
244	桌子	phən³⁵	A	A	A	A	A	B	A
245	椅子	taŋ⁵⁵ khu⁵¹	A	A	A	A	A	B	A
246	床	ʑi⁵⁵ ʐa⁵¹	A	A	A	A	C	A	A
247	梯子	kan⁵⁵ laŋ⁵⁵	A	A	D	C	A	A	A
248	梳子	pjɛ⁵⁵	A	A	A	A	C	A	A
249	路	tsha³⁵	A	A	A	A	B	A	A

(续表)

250	桥	tsam^{31}	A	A	A	C	A	A	A
251	药	mja^{ʒ31}	A	A	A	A	C	A	A
252	话	tsau^{31}	A	A	A	A	C	A	A
253	力气	ɔm^{51}	A	A	A	A	D	A	A
254	名字	a^{31}na^{35}	A	A	B	C	C	C	A
255	梦	ʑi^{55}ma^{55}	A	A	A	C	C	B	A
256	影子	a^{31}ət^{31}	A	A	B	D	A	A	A
257	鬼	tam^{51}	A	A	A	A	C	A	A
258	看	tɕha^{55}（tɕiau^{55}）	A	A	A	A	A	A	A
259	看见	mjaŋ^{31}	A	A	A	B	C	A	A
260	闭（眼）	tshən^{55}	A	A	A	A	C	A	A
261	听	kja^{51}	A	A	A	A	A	A	A
262	吃	tsa^{51}	A	A	A	A	A	A	A
263	喝	su^{255}	A	A	A	A	C	A	A
264	咬	ŋat^{31}	A	A	A	A	C	A	A
265	舔	lia^{ʒ31}	A	A	B	A	D	A	A
266	咽	mjau^{31}	A	A	A	A	A	A	A
267	呕吐	phat^{55}	A	A	A	A	C	A	A
268	咳嗽	tsau^{55}	A	A	A	A	A	A	A
269	吹	mut^{31}	A	A	A	A	A	A	A
270	说	tsɔp^{31}	B	A	A	A	B	A	A
271	闻	nam^{51}	A	A	A	A	A	A	A
272	拿（持）	ʐu^{31}	A	A	A	A	B	A	A
273	摘（果子）	phja^{55}	A	A	B	A	B	A	A
274	撒（种子）	san^{55}	A	A	A	B	A	A	B
275	推	tun^{51}	A	A	A	D	D	D	A
276	捏	mjit^{31}	A	A	A	A	D	A	A
277	摇	nun^{51}	A	A	A	A	C	A	A
278	抱（小孩）	pun^{51}	A	A	A	A	A	B	A
279	踩	naŋ^{51}	A	A	A	A	A	A	A
280	站（立）	liap^{31}	A	A	A	A	A	A	A
281	骑	tɕi^{51}	A	A	B	A	C	A	A
282	跑	pjau^{31}	A	A	A	A	A	A	A

（续表）

283	背（小孩）	pu^{51}	A	A	A	A	C	A	A
284	（虫）爬	tua^{51}	A	A	A	C	C	C	A
285	休息	na^{51}	A	A	A	A	C	A	A
286	睡	ʑit^{55}	A	A	A	A	B	A	A
287	醒	nau^{51}	A	A	A	A	A	A	A
288	打（铁）	pat^{31}	A	A	B	B	D	A	A
289	挑	wa^{ʔ31}	A	A	A	A	A	A	A
290	耙（田）	pjaŋ^{51}	A	A	D	C	D	A	D
291	割	ɔp^{55}	A	A	A	A	C	A	A
292	砍（柴）	tsɑn^{51}	A	A	A	A	B	A	B
293	劈（柴）	khjam^{55}	A	B	A	B	C	A	B
294	放牧	pɔi^{31}	A	A	A	C	C	A	A
295	牵（牛）	sə^{35}	A	A	A	A	A	A	A
296	织（布）	ʑa^{ʔ31}	A	A	A	C	A	C	A
297	买	ui^{31}	A	A	A	A	A	A	A
298	卖	ɔŋ^{55}	A	A	A	A	B	A	A
299	教	ma^{51}	A	A	A	A	C	A	A
300	擦	sut^{55}	A	A	A	B	C	A	A
301	煮	tsau^{51}	A	A	A	A	C	A	B
302	炒（菜）	ləi^{35}	A	A	B	C	C	A	A
303	烤（衣）	kaŋ^{31}	A	A	A	A	C	A	A
304	杀（人）	sat^{55}	A	A	A	A	C	A	A
305	缝	tshɔp^{55}	A	A	A	A	C	A	A
306	磨（刀）	sui^{55}	A	A	A	A	C	A	A
307	簸（米）	pjaŋ^{55}	A	A	A	A	C	A	A
308	舀（米）	khu^{55}	A	A	A	C	B	A	A
309	穿（衣）	ut^{31}	A	A	A	A	A	A	A
310	脱（衣）	khut^{55}	A	A	A	A	A	A	A
311	洗（手）	tɕhi^{55}	A	A	A	A	C	A	A
312	染（衣）	tshau^{55}	A	A	A	A	A	A	A
313	梳（头）	pjɛ^{55}	A	A	A	A	A	A	A
314	扫（地）	ʑa^{51}	A	A	A	A	D	A	A
315	解（绳结）	phɯ^{35}	A	A	B	A	D	A	B

(续表)

316	包（糖）	thɔp^{55}	A	B	A	C	A	A	B
317	埋	mɔp^{55}	A	A	A	C	A	A	A
318	问	mi^{51}	A	A	A	A	A	B	A
319	还（钱）	tshɑp^{55}	A	A	A	A	C	A	A
320	给	pji^{51}	A	A	A	A	A	A	A
321	打（人）	pat^{31}	A	A	A	B	D	A	A
322	追（上）	khat^{55}	A	A	A	A	C	A	A
323	抢	lu^{ʔ31}	A	A	A	B	A	A	A
324	偷	khau^{55}	A	A	A	A	A	A	A
325	笑	ɯ^{31}	A	A	A	A	A	A	A
326	哭	ŋau^{31}	A	A	A	A	A	A	A
327	知道	ɕe^{51}	A	A	A	A	A	A	A
328	忘记	jit^{31} la^{35}	A	A	A	A	C	A	B
329	敢	ɔm^{51}	A	A	B	C	D	A	B
330	是	ŋut^{55}	A	A	A	A	D	A	A
331	来	la^{31}	A	A	A	A	A	C	A
332	上（山）	ta^{51}	A	A	A	A	C	A	A
333	下（山）	ʐa^{51}	A	A	A	A	B	C	A
334	进（来）	waŋ^{31}	A	A	A	A	A	A	A
335	晒（太阳）	lap^{55}	A	A	A	C	A	A	A
336	沉	lɔ^{ʔ31}	C	D	B	A	D	A	D
337	（绳）断	pət^{31}	A	A	A	A	B	B	A
338	（生）病	na^{31}	A	A	A	A	A	C	A
339	肿	ʐam^{51}	A	A	A	C	C	A	A
340	飞	pjam^{31}	A	A	A	C	A	A	A
341	啼（鸡叫）	tun^{35}	A	B	B	C	D	D	A
342	孵	xɔp^{55}	A	A	B	C	D	A	A
343	大	kɯ^{51}	A	A	A	A	B	A	A
344	小	ŋəi^{31}	A	A	A	A	A	C	A
345	高	mjaŋ^{35}	A	A	A	A	A	A	A
346	低	ȵin^{31}	A	A	A	A	C	C	A	A
347	深	nək^{31}	A	A	A	A	C	B	A
348	长	əŋ^{35}	A	A	A	A	A	A	A

(续表)

349	短	liuŋ³¹	A	A	A	A	C	A	A
350	厚	kan⁵¹	B	A	A	A	C	A	C
351	远	wɛ⁵¹	A	A	B	A	C	A	A
352	多	ȵa⁵¹	A	A	A	A	C	A	A
353	少	nəŋ⁵¹	A	A	A	A	C	A	A
354	弯	ŋuai⁵¹	A	A	B	C	C	A	A
355	轻	səi⁵¹	A	A	A	B	C	A	A
356	重	luɯ⁵¹	A	A	A	A	A	A	A
357	硬	khɔŋ³⁵	A	A	B	A	C	A	B
358	软	nu⁵⁵	A	A	A	A	C	A	A
359	红	nɛ³¹	A	A	A	A	B	A	A
360	黄	wui³¹	A	A	A	C	C	A	A
361	蓝	ȵau³¹	A	A	A	C	A	A	A
362	白	phu³⁵	A	A	A	A	A	A	A
363	黑	na⁵¹	A	A	A	C	A	A	A
364	满	pəŋ⁵¹	A	A	A	A	C	A	A
365	胖	pjau⁵¹	A	A	A	A	C	A	A
366	好	kəi³¹	A	A	A	A	A	A	A
367	快	lui³¹	A	A	A	A	B	A	A
368	新	sək⁵⁵	A	A	A	A	C	C	A
369	生（肉）	tsən⁵¹	A	A	B	A	D	A	A
370	快（刀）	tha⁵⁵	A	A	A	A	D	A	A
371	酸	tɕin³⁵	A	A	A	A	A	A	A
372	甜	tɕhau³⁵	A	A	A	A	A	A	A
373	苦	kha⁵⁵	A	A	A	A	A	A	A
374	辣	phjit⁵⁵	A	A	A	A	A	A	A
375	饿	lau³¹	A	A	B	A	A	A	A
376	醉	fən⁵⁵（ʑin³¹）	A	A	A	A	A	B	A
377	一	ta³¹	A	A	A	A	B	B	A
378	二	ak⁵⁵	A	A	A	A	C	A	A
379	三	som³⁵	A	A	A	A	A	A	A
380	四	muɯ³¹	A	A	A	A	C	A	A
381	五	ŋa⁵¹	A	A	A	A	C	A	A

（续表）

382	六	$tshu^{51}$	A	A	B	A	C	A	A
383	七	nit^{55}	A	A	D	A	D	A	A
384	八	$phən^{31}khɯ^{35}$	A	A	A	A	C	A	A
385	九	$khjau^{51}$	A	A	D	C	C	C	B
386	十	$ta^{31}tshəi^{35}$	A	A	A	A	A	A	A
387	百	pak^{55}	A	A	B	A	B	A	A
388	千	$ta^{31}lia^{35}$	A	A	A	C	D	D	A
389	个（一个人）	$ʑu^{ʔ31}$	A	A	A	A	A	A	A
390	棵（一棵树）	$paŋ^{31}$	A	A	A	C	B	A	A
391	把（一把米）	$kja^{ʔ31}$	A	A	A	A	C	A	A
392	（斤）两	$ləŋ^{31}$	A	C	B	D	C	A	B
393	我	$ŋa^{31}$	A	A	A	A	A	A	A
394	我们	$ŋɔ^{55}tɔ^{55}$	A	A	A	A	C	A	A
395	你	$naŋ^{31}$	A	A	A	A	B	A	A
396	你们	$noŋ^{51}toŋ^{51}$	A	A	A	A	A	A	B
397	他	$siaŋ^{51}$	A	A	A	A	C	A	B
398	哪里	$xai^{35}tuaŋ^{31}$	A	C	B	C	B	A	B
399	刚才	$a^{31}kən^{35}$	A	A	A	C	C	A	A
400	都	$kəŋ^{55}kəŋ^{51}$	A	C	B	C	C	B	A

被测试人的基本情况：

1. 王祖发，男，68 岁，小学，高埂田村。
2. 付宝芹，女，34 岁，小学，大岭干村。
3. 马生连，男，51 岁，小学，温乖村。
4. 帕祖云，男，38 岁，初中，杏万村。
5. 曹艳萍，女，7 岁，小学，遮告村。
6. 曹祖买，女，26 岁，小学，小新寨。
7. 曹明长，男，43 岁，小学，常新寨。

第三节　高埂田村访谈录

访谈七：

访谈对象：曹先其，男，39 岁，小学文化程度，潞西市江东乡高埂田村村长。

访谈时间：2007年2月6日
访谈地点：高埂田村委会办公室

问：请问高埂田村一共有几个阿昌族聚居的寨子？
答：我们高埂田村辖区内一共有十个村民小组：高埂田、遮告、温乖、大岭干、小新寨、常新寨、杏万、芒岭、蚂蟥塘、夺产山。其中前七个为阿昌族寨子，后三个为汉族寨子。

问：阿昌族主要聚居在高埂田、梁河和户撒三个地区，高埂田这里的阿昌语与其他两地的阿昌语有不同之处吗？
答：高埂田与梁河两地的阿昌语大同小异，可互相交流，只是声调上和词汇上有一些不同。但我们高埂田的阿昌族与户撒的阿昌族已经无法用本民族语言交流，差别太大了，我们完全听不懂他们说的阿昌语。

问：请您大致介绍一下高埂田村的阿昌语使用情况。
答：应该说我们高埂田的阿昌语保持比较好。本村的阿昌族年轻人大多数跟本族人用阿昌语交流，而他们跟汉族人就用汉语交流，主要是说汉语。本村的阿昌族年轻一代受汉语的影响比较大，他们即使说阿昌语时也会时常夹杂汉语，所谓"三句话漏一句半"（注：意即说三句话中自然地会带进一句半汉语）。本村的小孩子一般是在六岁时到高埂田小学上学前班，七岁正式上小学一年级，在学校里老师教他们说汉语、写汉字，所以他们大多是在六、七岁以后就慢慢可以同时使用阿昌语和汉语了。相对而言，本村老人的汉语能力要差一些。

问：刚刚您介绍了高埂田村有三个汉族寨子，除了汉族之外，本村有没有其他民族居住？
答：有。我们阿昌族和汉族、傣族、景颇族自由通婚，关系很好。我们高埂田有不少嫁过来的汉族、傣族、景颇族的媳妇，她们嫁来本村之后，因为家里面主要是说阿昌语，所以她们渐渐地就能听懂阿昌语了，时间长了，她们也慢慢学会说阿昌语了。嫁过来十年以上的外族媳妇，她们的阿昌语就已经非常熟练了。

问：阿昌族最隆重的节日是什么节？节日期间大家聚在一起说阿昌语还是汉语？
答：我们阿昌族最隆重的、全民参与的节日是每年的三月二十日的"阿露窝罗节"。节日期间，高埂田、梁河和户撒各地的阿昌族都会欢聚一堂，举行各种庆祝活动。三地的阿昌族还会组织各自的表演队，代表本地的阿昌族，到彼此的村寨去参加庆祝活动。节日期间大家都以说阿昌语为主。

问：阿昌族有哪些主要的风俗习惯？
答：我们阿昌族要是一家办婚礼的话，全寨子的人都会来帮忙，非常热闹。
问：大家来吃喜酒、来帮忙的时候是说阿昌语还是说汉语？
答：大家一般都是说阿昌语。
问：阿昌族的丧礼是怎样办的呢？主要使用阿昌语还是汉语呢？
答：我们阿昌族在办丧礼时，必须要请一个"磨桃"（阿昌语是"阿昌族的先生"的意思），为死者祷告,替死者引路,指引他们的灵魂走到天堂。我们高埂田村已无人会念祷告词,通常得到我们附近的龙陵县去请"磨桃"为死者祷告。"磨桃"吟颂时,声调像唱山歌一样,不过都是阿昌族的古调古词,具体意思年轻人已完全听不懂。

问:高埂田村的九年制义务教育普及的情况怎么样?

答:我们高埂田村有一所中心小学,属半寄宿制学校。小孩子六、七岁入学。学校教学使用普通话。学校的学前班和一年级教学通常会以阿昌语作为辅助语,因为有些孩子上学前没有学过汉语,不会说汉语。寨子里的小孩子一般是先在自己家里面学会了阿昌语,再到学校里开始学汉语。我们村的小学教育普及得比较好,但村里没有中学,孩子们念初中只能到江东乡中学去。到初中阶段,阿昌族学生一般都能比较熟练地掌握汉语,能用汉语与他人交流,但本村初中生辍学的比较多。辍学后这些学生大多外出打工,主要去附近的芒市、龙陵等地,也有少数去昆明打工的。他们会说汉语为他们的打工提供了一定的便利。

问:请问您家有几口人?都是阿昌族吗?

答:我家共有五口人,全都是阿昌族。我父亲已经去世,母亲叫王咪秀,今年79岁。我妻子叫杨树召,跟我同年,39岁。我有两个孩子,长女叫曹祖芬,18岁,她初中毕业以后到芒市去念卫校,小儿子曹祖云,17岁,他上个月刚刚去腾冲当兵。

问:在家里您和母亲交流说阿昌语还是汉语?

答:我老母亲年纪大了,她会的汉语不多,所以在家里我和我妻子、儿女跟我母亲一般都说阿昌语。

问:您的妻子和儿女会说汉语吗?

答:我妻子在村口开了一家小卖部,由于做生意的需要,她说汉语当地方言比较流利。我的女儿和儿子念了书,他们的汉语当地方言也比较熟练,而且他们都会说汉语普通话。

问:您在家里面与妻子、儿女交流时使用哪种语言?

答:虽然我们都会汉语,但我们在家里时还是说阿昌语。觉得这样亲切一点,习惯一点。

问:如果您家里来了客人,您是用阿昌语还是汉语跟客人交流?

答:那就要因人而异了。如果客人是阿昌族,我就跟他说阿昌语。如果客人是汉族,我就跟他说汉语。

问:您遇到陌生人会用哪种语言和对方打招呼?

答:因为我不知道对方是不是阿昌族,如果说阿昌语怕对方听不懂,所以我会选择使用汉语。

问:高埂田村里赶集时,大家说阿昌语还是汉语?

答:那要看做买卖的对象了。如果买卖双方都是阿昌族,那就当然用阿昌语交流了。如果买卖双方有一方是汉族、傣族或景颇族等其他民族,双方大多会选用当地汉语方言来交流,这样大家都比较方便。

问:村民生病了到村医务室就诊,医生跟病人使用哪种语言交流呢?

答:我们高埂田村医务室有两个医生。一个是阿昌族,他的汉语方言很熟练。另一个是汉族,他也能用阿昌语进行一般的日常交流。如果来看病的是阿昌族病人,医生就跟他说阿昌语,而如果来看病的是汉族、傣族或景颇族等其他民族的病人,医生就会选用汉语和病人交流。

问:请您介绍一下高埂田村开村民小组会议时的语言使用情况。

答:我们高埂田有七个阿昌族寨子,三个汉族寨子。所以,为了方便大家的相互交流,如果我们召开全村会议的话,一般是使用汉语来说开场白和自由讨论发言的。由于我们阿昌族只有语言没有自己的文字,而上级指示大多是一些书面形式的文件,所以我们大多使用汉语来传达这些文件的精神。有时候,我们会下到那七个阿昌族的寨子去,在那里由于大家都是阿昌族,我们就会用阿昌语和村民小组的成员交流。

问:您觉得阿昌族掌握阿昌语的目的是什么?

答:阿昌语是我们民族文化的一部分,我们阿昌人有传承本民族文化的责任。另外,只有说好阿昌语才能与本族人很好地交流。

问:您认为阿昌族学好汉语有用吗?

答:很有用。学好了汉语,我们阿昌族才能比较好地与汉族人交流,也才能了解汉族的文化。学好汉语也有助于阿昌族的青少年升学,能帮助找到好工作,得到更多的收入。

问:如果一些阿昌族人到外地学习或工作几年后回到家乡,不再说阿昌语而使用汉语,您会有怎样的感觉?

答:会感到很不习惯,很别扭。

访谈八:

访谈对象:曹丽芳,21岁,大学文化程度,潞西市江东乡高埂田村遮告小组村民。

访谈时间:2007年2月8日

访谈地点:高埂田村遮告村民小组曹丽芳家

问:高埂田全村一共有几个大学生?

答:三个。

问:你在哪个大学念书?念的是哪个专业?

答:云南师范大学。我是中文系汉语言文学专业的学生。

问:你的阿昌语和汉语都很熟练吧?

答:是的。我使用这两种语言和不同的人交流,我的母语阿昌语说得很熟练,我说当地汉语方言和普通话也还行。

问:请你介绍一下你家庭成员的基本情况。

答:我父亲在我很小的时候就过世了。我母亲叫俸小芹,47岁,念过小学。我妹妹叫曹明引,17岁,弟弟叫曹明维,16岁,他们俩都在念初中。

问:你的家人都是阿昌族吗?

答：是的。

问：他们的阿昌语说得怎么样？他们会说汉语吗？

答：我妈妈、妹妹、弟弟的阿昌语都说得很好。他们说当地汉语方言都比较熟练。妹妹和弟弟念初中，他们的普通话也说得挺好的。

问：在家里，你跟家人用什么语言交流？

答：我在家里都是说阿昌语的。我妈妈跟我们姐弟之间的对话都是用的阿昌语，我和妹妹、弟弟也是说阿昌语。

问：除了阿昌语和汉语，你还会其他民族的语言吗？

答：我会一点傣语，也会一点景颇语。因为我的二舅妈是住在附近小新寨的傣族，三舅妈是五岔路乡的景颇族。小时候，我经常到她们家去玩，渐渐就能大致听懂她们所说的傣语和景颇语了，但我说得不太好。

问：高埂田的阿昌族和梁河、户撒的阿昌族之间用阿昌语交流是否很顺畅？

答：不是的。过阿露窝罗节的时候，梁河和户撒的阿昌族来我们寨子都是说当地汉语方言的，因为我们三个地方的阿昌语有区别，用阿昌语交流还没有说汉语来得方便。我们倒是和附近保山地区的龙陵县的阿昌族可以直接用阿昌语来交流。

问：你是在哪里念的小学？

答：就在村里的高埂田小学。

问：高埂田小学的老师上课时，用阿昌语还是用汉语授课？

答：由于我们在上小学一年级以前没有接触过汉语，所以在一、二年级时老师会使用一些阿昌语来辅助教学。但三年级以后，老师在课堂上就都说汉语了。

问：那你们下课时同学们之间说哪种语言？

答：如果是阿昌族的同学一起玩，我们就说阿昌语。如果有汉族的同学在，我们为了让他们能听懂我们的谈话，就会说汉语。也有些时候，我们说一些不想让汉族同学知道的小秘密，就会用阿昌语了。

问：你的初中是在哪里念的？

答：我在潞西市民族中学念了初中。我们班里有很多傣族的同学，所以我能听懂一般的傣语日常对话。

问：在潞西市民族中学，你们在课堂上和课间休息时使用哪种语言？

答：我们上课时师生都是用汉语普通话，下了课同学们大多用汉语当地方言交流。

问：你的高中是在哪里念的？

答：我很幸运地被"春蕾计划"选中，免除了所有学杂费，去了昆明女子中学念高中。我们学校是邓小平夫人卓琳的母校。

问：你高中同学里有阿昌族吗？

答：没有。但有很多其他的少数民族，例如：彝族、瑶族、壮族、纳西族、傈僳族等。

问：在昆明女子中学，你们课堂上下分别使用哪种语言？

答：课堂上老师和学生都是用汉语普通话。由于我们班的 40 多名同学分别来自云南省的 21 个不同的少数民族，所以下了课以后，大家一般是用普通话或者汉语当地方言交流，这样大家都比较方便一些。

问：你到云南师范大学读书后，学习和生活中一般使用哪种语言？

答：由于大学里没有说阿昌语的语言环境，我的同学们也是来自云南的不同的少数民族，所以我们一般都是用汉语普通话进行日常交流的。各门课的老师也都是用普通话授课的。

问：那你在念大学的这半年就没有机会说阿昌语了吗？

答：也不完全是。我隔三五天就会给我妈妈打电话，我们在电话里说的都是阿昌语。但由于我平时都和老师同学们说汉语，跟妈妈用阿昌语打电话时会时常夹杂一些汉语词汇。

问：你对阿昌族都成为"阿昌语—汉语"双语人的态度是怎样的？

答：顺其自然。

问：如果阿昌人成为汉语单语人，你的态度又是怎样的？

答：也是顺其自然。我觉得语言的发展自有其规律，我们最好不要刻意人为地加速或阻碍它的发展。语言之间的优胜劣汰也不是以人的意志为转移的，什么语言有活力，什么语言生命力渐渐衰退，这都是很自然的事。

问：如果一些阿昌族人到外地学习或工作几年后回到家乡，不再说阿昌语，而使用汉语，你会有怎样的感觉？

答：可以理解。他们到了新的语言环境，说阿昌语的人少了，他们的阿昌语渐渐就没有以前说得好了，回到寨子后，可能一下子适应不过来，所以还是说汉语。我自己也是出去念书好几年的，我能够理解他们。

高埂田村所有的阿昌族亲身经历了经济生活、文化生活的巨大变化，他们由衷地感激国家、政府对他们的体贴关怀。在采访过程中，我们无意发现曹丽芳写给高埂田村委领导的一封感谢信。我们看到后很受感动，认为这代表了阿昌族人民在改革开放后的心声，这对我们了解阿昌人现实的语言文化会有一些帮助。现附上她这封感谢信：

感 谢 信

尊敬的高埂田村民委员会全体成员

尊敬的曹书记、曹村长：

您们好！

很冒昧给您们写这封信，耽误您们宝贵的时间，但是不吐不快，进入到学校的这段时间，我的心久久不能平静，在我拿到云南师范大学录取通知书后，您们为我所做的一切虽已经过了快一个学期，但仍时时浮现眼前，您们为我日月奔忙的情景仍时时触动我敏感的神经，令我感慨不已。在我很小的时候父亲就因病不幸去世，是母亲一个人把姐弟四人带大，家庭的贫困使我感觉到不幸,但我又很幸福,因为我有您们这样的好领导,让我感受到您们无微不至的关怀和支持,是您们对高埂田后代无比的厚爱和热望,是您们对家乡教育事业的伟大创举,一直以来在您们的帮助下,不仅使我一次次地获得了学习的机会,还不断地帮助我、关心我在学校的学习和生活。如果没有您们的帮助,我无法想象我现在的处境,您们给予我帮助的意义不仅在物质上,更大的是在精神上的鼓舞,使我激发出我更大的学习热情和积极性,向着更高的目标不懈努力。同时,这种精神上的营养和食粮也远远不只停留于我身上,它必将作为一种精神财富,滋养一届又一届的莘莘学子茁壮成长,激励一批又一批高埂田的热血青年刻苦学习,努力钻研,学有所成,满怀激情地自觉地发挥自己的聪明才智造福桑梓,回报家乡。衷心地对您们的帮助表示感谢,谢谢您们!

俗话说"滴水之恩应以涌泉相报",没有任何的帮助是理所应当的,也没有任何帮助是无动于衷,我知道您们的付出,一直以来您们给予我的帮助促使我不断地努力,不断地向着自己的目标前进,生活中遇到困难和挫折的时候,我就会严格的要求自己,不断地提高自己的文化素质,创造自己的人生价值,现在本人已经在学校安心地学习,在本人的努力下,在一个学期将要结束的时候,本人获得了"云南省政府奖学金一等奖",我还会再接再励,请您们放心!

请允许我再次对您们的帮助表示深深的感谢,我会将您们的这份爱心传递下去,把我自己学到的知识为家乡的建设付出自己的一份力量,寥寥数语,难以表达我对您们的感谢,我会时刻牢记刻苦学习,决不辜负您们的重望。

在新的一年来临之际,我衷心地祝愿您们身体健康,工作顺利!

此致

敬礼

村民:曹丽芬
2007 年 1 月 1 日

访谈九:

访谈对象:王永祥,男,39 岁,阿昌族,大专文化程度,高埂田小学现任校长。

访谈时间:2007 年 2 月 8 日上午

访谈地点:高埂田村王永祥家

问:王校长,你好,请问你当校长多长时间了?

答:已经三年了。

问:在这之前你是一直在这所小学当老师吗?

答:是的,高埂田村 1956 年三月份开始办学,现在基本上有 50 年的办学历史了。我是从这里上的小学,江东乡中学上的初中,德宏师范读完后就回到这里教书。

问:这样说来,王校长对这所学校应该非常熟悉了。请你介绍一下田埂村小学的一些基本情况。

答:高埂田小学教师连后勤一共有14人,其中两个阿昌族,其他全部是汉族。今年学前班和小学一共220人,学前班20人,一到六年级是200人,住校生176人。住校生占全校人数的80%,高埂田小学的学生全部来自本村十个小组,其中阿昌族学生142人,占全校学生的65%,其余的全部是汉族学生,此外没有其他民族学生。

问:请问老师上课用什么语言?

答:从2003年起,我们实行单语教学,要求老师上课全部用普通话。

问:那学前班的学生和低年级的小学生能听懂吗?

答:没问题的,即使学前班的学生用汉语也能完全听懂。

问:那课下呢?

答:我们要求老师和学生谈话时用普通话。学生入学那一天起,就全部接受普通话教育。

问:老师和老师之间一般是什么话交流呢?

答:老师和老师在开会时用普通话,但在私下场合交流时用我们当地汉语方言。

问:学生是一种什么情况?

答:学生下课后和老师说普通话,同学之间说当地汉语方言,阿昌话只说一点点。

问:请问2003年以前我们是实行双语教学吗?

答:也不完全是,有时老师为了能让低年级的学生听懂讲课内容,会用阿昌话解释一下。高年级就完全用汉语教学了。

问:那为什么现在要完全实行单语教学呢?

答:我总觉得用双语教学,对汉语的学习,包括作文都有实质上的影响。

问:江东乡中心校是不是每学年也要搞评比呢?

答:是的,中心校每年都要评比。我们江东八个村,我们一直是老八。

问:为什么?

答:它们都是汉族地区,肯定要好的。我们文化上发展比较缓慢,还有就是语言上的过渡。从小学开始,学生本身讲阿昌语,到学校里学汉语,肯定要有一个过渡。他们其他村都是汉族学生,没有过渡,学的肯定要快一些。再一个是家长的意识、文化程度等。这个地区本身就偏僻,落后,文化也落后,素质也低。平时教教写写,他们也不会。汉族地区可以教教写写,进行一些辅导。当然,我们有的年级成绩上也好一点。但总的基本上是处在落后的状态。

问:是不是高年级的会好一点?

答:是的,年级高的就好一点。

问:有其他少数民族,如傣族、景颇族等的乡是不是也有这种现象?

答:差不多,因为近几年搞评比,我也到过轩岗等有傣族的地区,感觉考试怎么也比不过汉族学生。

问:阿昌族家长对孩子上学受教育是什么态度?

答：农村上的老百姓，都希望自己的孩子能学到更多的知识。阿昌族自己没有文字，希望自己的娃娃能学好汉语。

问：适龄儿童都能保证入学吗？

答：现阶段能保证100%都能完成小学教育，升入初中后，基本能保证，极少部分也有辍学现象。现在国家实行两免一补，有的小孩子年龄还不到七岁，大人就送来了。我们一般是不到年龄是不接收的，没办法的，我们是按年龄办的。从这一点可以看出，家长还是很重视的，不到年龄就送来了。

问：教师的待遇如何？

答：最近几年，待遇相当好。我们是省财政和市财政拨款，乡上不出工资。工资水平和城里没多大区别。加上山区补贴、烤火费等，山区的工资还要高一点点。

问：和其他行业相比，教师的工资处于什么水平？

答：和其他行业来比，工资算高的。村公所的村长、书记每月五百多点，仅仅是我们的三分之一。江东乡乡长，书记的工资一千七八，和我们也差不多。

问：教师工资这么高，是不是很多人都想做老师呀？

答：不是这样的。教师工资比较高，但工作比较辛苦。课程多，平常时间学习多。老师压力比较大，要写教案、批改作业、还要参加素质培训，每个学期都要学习，要求写读书笔记，还要检查。

问：这其实从一个侧面说明，我们当地教育局对教师的素质要求是蛮高的。

答：是的。现在对教师的要求提高了，小学教师现在要求必须是大专学历。

问：王校长，你一直在本地生活，你觉得高埂田的老年人、年轻人和小孩子阿昌语的使用上近几年有没有区别？

答：声调没变化。老人会说的一些词语，年轻人已经不会说了，娃娃们一般是老人怎么讲就怎么讲。

问：王校长，你感觉阿昌族学生在学习汉语过程中有没有受本族语影响？

答：阿昌语词汇中掺杂有汉语、傣语、景颇语一些词汇，语法和汉语不同。受母语影响，小学生刚开学时会受一定影响，但不长时间就会完全用汉语思维。因为学校里面全部用汉语教学。不像景颇族、傣语，它们有自己的文字，所以受母语的影响就比较大，我们阿昌族没有文字，所以这方面没有多大的问题。

问：王校长，你个人觉得阿昌族掌握汉语有什么作用？

答：学汉语很有用。

问：为什么？

答：学汉语最重要的是交流。阿昌族没有文字，阿昌语仅仅只是用在这样一个范围内，并且是这样一个小小的范围内，范围太窄。感觉没有多大的用处。我感觉还是叫我们的下一代多用一用汉语。我们面对的是大汉族，需要用汉语交流。

问：那你觉得阿昌族掌握阿昌语还有用吗？

答：有些用。像我经常在外，不可能用本民族的语言办一些事情。所以只能说是有些用，而不能说很有用。

问：你对阿昌人都成为"阿昌语—汉语"双语人是什么态度？

答：顺其自然。

问：如果阿昌人成为汉语单语人，你是什么态度？

答：无所谓。我家大哥的小孩已经不会说阿昌语了。

问：你家大哥在什么地方居住？

答：他在芒市居住。

问：你希望你的孩子会哪种语言？

答：阿昌语和普通话。

问：你能不能对阿昌语的未来作个预测？

答：本民族要一直保持下去，将来慢慢的肯定会走汉语的路子。因为我们的人数太少了，我们阿昌族才2万7千人，分布在陇川的户撒、梁河、潞西，全部在德宏。像我们潞西的阿昌族几乎全在我们村，但十个村小组，其中还有三个小组是汉族，阿昌族人口大约只有一千四百多人。人口太少了。

访谈十：

访谈对象：俸本林，男，53岁，阿昌族，高埂田村小新寨村民。小学毕业后当兵，转业后作教师，曾担任高埂田小学校长。

访谈时间：2007年2月9日

访谈地点：高埂田村小新寨俸本林家

问：俸校长，很高兴认识你，我发现你家的户口册上只有你爱人一个人，这是怎么回事？

答：我和我的儿子、女儿都是非农业，户口不在村上，所以村里的户口册上没有我们的名字。

问：你的儿子和女儿在哪工作？

答：他（她）们都作教师，儿子俸智勇现在在芒陇中心小学当校长，女儿俸留珠在李子平小学当教师。

问：他（她）们为什么没在本村的小学教书？

答：我作为一名教师，希望自己的孩子汉语好一点，没让他（她）们回本村教书。

问：芒陇和李子平是不是汉族聚居地区？

答：是的。

问：你的孩子在学校里面和同事和学生讲什么话？

答：当然是汉语了，他们既会我们当地方言，也会普通话。他们的普通话水平比我高，是二甲,我才是三甲。

问:你的孩子在外面说汉语,在家里说什么话?

答:回到家里后,他们都讲阿昌话。

问:俸校长,你们家三个老师,在外面说汉语,回到家里你感觉对说阿昌语有没有影响?

答:没有什么影响,他们的阿昌话说的很好。

问:你在这里生活工作了一辈子,感觉阿昌语这几年来有没有变化?

答:阿昌语受当地的景颇语、傈僳语、傣语和汉语影响比较大,里面掺杂了大量的这些语言的词语。有些不常用的词语,年轻人已经不会说了。

问:俸校长,你作为高埂田小学的原校长,在学校里面上课用什么语言?

答:汉语。

问:小学生刚入学时可能汉语水平较低,你们怎么办?

答:现在的小学生汉语水平已经很高了,入学时讲汉语他们已经能够完全能听懂了。

问:我听说以前是用双语教学。

答:是的,七八年以前,低年级学生汉语水平低,听不懂汉话,需要用阿昌语辅助教学。

问:如果阿昌族人都成为"阿昌语—汉语"双语人,你认为怎样?

答:很好呀。

问:如果阿昌族成为汉语单语人呢?

答:现在阿昌语里面掺杂了很多的汉语。阿昌族人数较少,可能最终会被汉语同化。你像现在我们阿昌族的人服装等已完全和汉语没有区别了,民族服装只在重大节日的时候才穿。

问:你能不能预测一下阿昌语的未来。

答:如果没有政府、学校等的干预、教育等,阿昌语肯定会失传的。我有一个请求,其他少数民族有高层次的人才,我们阿昌族人才少,希望你们谱一些歌曲,多宣传一下我们阿昌族。

第五章　阿昌族稳定使用阿昌语的条件和因素*

阿昌族人口少,分布散,内部差异大,在这样的背景下,阿昌语为什么能够保存下来？这个问题值得我们深思。本章要分析制约阿昌语稳定使用的条件和因素。

第一节　小片聚居是阿昌语稳定使用的客观条件

阿昌族分布呈小片聚居状态。陇川县户撒阿昌族乡是阿昌族人口的主要聚居地之一。全国阿昌族人口共31800人,其中有三分之一左右聚居在此。据乡政府最新的人口统计数字(2006年),全乡总户数为4781户,总人口22555人,其中:阿昌族11955人,占全乡总人口的53％;汉族7269人,占32.2％;傈僳族2371人,占10.5％;景颇族418人,占1.9％;傣族358人,占1.6％;回族184人,占0.8％。各民族人口所占比例见下图:

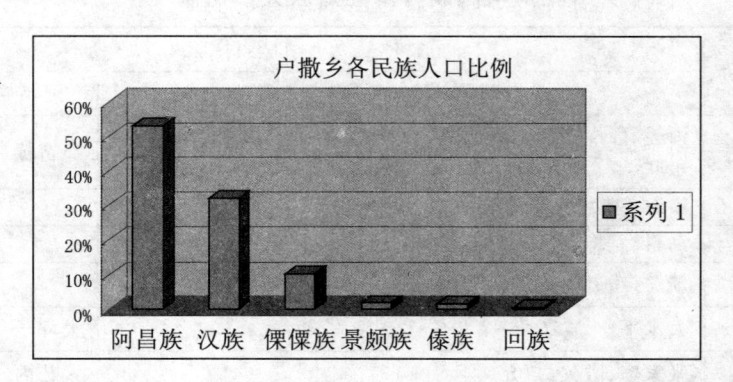

户撒乡各民族人口比例柱状图（阿昌族、汉族、傈僳族、景颇族、傣族、回族，系列1）

据2006年统计数字,梁河阿昌族共有12708人,主要分布在九保阿昌族乡和囊宋阿昌族乡。据2006年统计数字,高埂田总人口为1931人,其中阿昌族有1286人,占全村人口的66.6％。各民族人口比例见下图:

---

*　本章关于阿昌族政治、经济、教育等方面历史、现状的介绍除了亲自调查的外,还参考了云南民族出版社出版的《梁河阿昌族今昔》、《户撒史话》两本书。

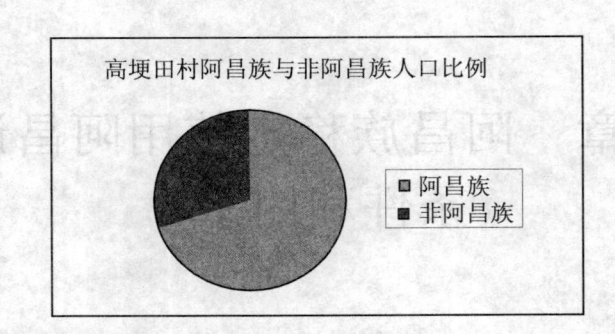

高埂田村阿昌族与非阿昌族人口比例

从单一村寨来看,阿昌族高度聚居的特点更加明显。如下图:

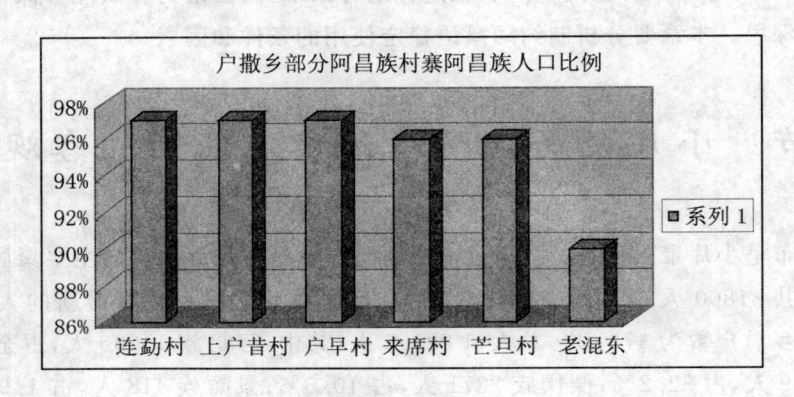

户撒乡部分阿昌族村寨阿昌族人口比例

梁河阿昌族村寨阿昌族人口比例

乡镇	村民委员会	自然村	
		阿昌族占50%以上	阿昌族占10%—49%
九保阿昌族乡	丙盖	丙盖、丙岗、永和、新城、联合村、那峦阿昌族寨、马脖子、永联	那峦傣族寨
	横路	横路、曹家寨、芒掌、沙坡	
	勐科	勐科、龙塘、荒田、鸡头坡、羊叉田、麻栗山、运河山	
曩宋阿昌族乡	关璋	新关璋、老关璋、弄丘、牛场地	
	马茂	大水平	大坪子
	瑞泉	张家寨、墩欠、户允	大芒丙
	弄别	上弄别、下弄别	南林
	河东		孙家寨、石碑

说明:上表根据梁河县人民政府编《梁河地名志》(1994年6月内部发行)。

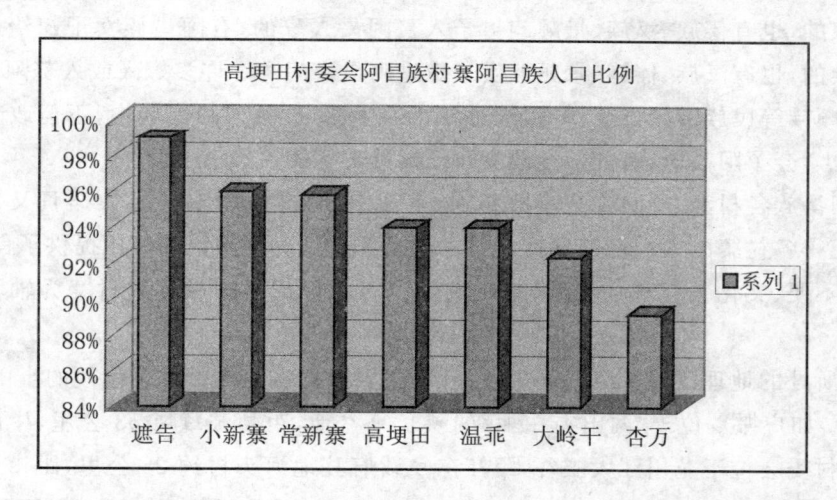

高埂田村委会阿昌族村寨阿昌族人口比例

[图表：纵轴 84%—100%，横轴依次为 遮告、小新寨、常新寨、高埂田、温乖、大岭干、杏万；系列1]

通过以上三个图表我们可以看出，户撒部分阿昌族村寨阿昌族人口比例最少的为90.5％，高的达到 97.1％。梁河两个阿昌族乡阿昌族人口比例达到 50％以上的高达 29 个。而高埂田村阿昌族人口比例最少的为 89.3％，最高的达到 99.2％。阿昌族分布的高度聚居性是显而易见的。

阿昌族按村寨高度聚居和其有较强的家族观念是分不开的。阿昌族的家族观念较强，一般分直系宗亲和旁氏宗亲，各成体系，二者结合，形成大家族，推有族长。有的家族按族系而居，成为单一姓氏族系的村寨。如腊撒的海朗寨，是纯阿昌族寨，居住有雷、许、曹、熊四姓，但划成上、中、下三片，分别为雷、熊、许三姓所居，只有曹姓一户独居其间。又如梁河关璋村，多数村民姓曹，其始祖据说是明洪武年间曹晓禄，他娶夷人之女俸氏老妹为妻，最早创立此寨。清代乾隆年间，关璋已发展成 30 多户人家的寨子。乾隆十六年（公元 1752 年），寨子边曹启贵的田脚突然冒出一股水，寨子中的人认为是不祥之兆，后山崖倒塌，离山较近的人家纷纷搬走：两家搬到横路村的曹家寨；两家搬到勐科村的荒田寨；两家搬到河西；两家搬到潞西遮告；有 12 家搬到寨子西边的偏坡上，形成了新寨子，人们把新建的寨子称为新关璋。现在，遮告寨29 户人家，全部为曹姓。小新寨 55 户人家，主要分属"曩"与"俸"两大姓。村寨一般以宗亲为纽带，形成家族关系。但也有不同家族，不同民族相居的，形成地缘联系的共同体。例如户撒乡曼东寨，有 12 个姓氏，即益、必、番、刀、段、杨、刘、藤、董、马、许、屈。其中杨、番、段三姓为汉族，马姓为回族，其他均为阿昌族。

阿昌族按村寨高度聚居还与其婚姻观念有关。过去，阿昌族主要是族内婚，与其他民族通婚的不多见。他们不娶外族女子，本族女子也不嫁入外族。只有外族男子到他们那里入赘上门，才认为是可以允许的。如梁河阿昌族的姓氏有闷、朗、哄、俸、马、杨、孙、曹、张、李、赵、侯、王十三姓氏，其中闷、朗、哄、俸、马、杨、王等姓氏被称为守土氏族，也就是本来的阿昌族，其余姓氏则被认为是外来民族到这里后融合在阿昌族之中的。解放后，随着社会政治、经济、文化等各方面的发展，人们的思想观念发生了变化，族际婚姻增多。50 多年来，有阿昌男子入赘汉族、傣族人家的，也有傣族、汉族、景颇族男子入赘阿昌人家的，有阿昌族女子嫁给傣族、汉族、佤族、德昂族的，也有汉族、傣族、景颇族女子嫁进阿昌家门的。许多嫁入或入赘阿昌家庭的汉族、傣族、景颇族等民族的媳妇或女婿，经过几年的生活，已融入阿昌族中，不但改变了生活的方式，而且也学会了阿昌语，有的甚至改变自己的族称为阿昌族。

另外，阿昌族各村寨之间，都有小路相连，来往十分方便。这种小片聚居且又来去便利的地形条件，使得各村寨的人们能够保持经常的联系。这就为阿昌语的使用提供了良好的条件。

交通的不便、文化教育水平偏低、单一的生产方式形成了阿昌族以村寨为轴心的生活方式。

阿昌族所处的地理位置为滇西高山峡谷区，主要居住在亚热带季风气候的半山半坝区，交通十分不便。如户撒乡位于"两山夹一坝"的狭长小盆地，距县城章凤53公里，中间有一山相隔。高埂田村委会位于龙川江大峡谷，距江东乡政府驻地河头村约25公里，距市区44公里。梁河两个阿昌族乡部分村寨位于大山深处，只有山间土路与外界相联，且"晴通雨阻"。

户撒地区一百年前，阿昌族子弟到了读书年龄，一般送去奘房跟佛爷读傣文经书，学成后还俗。但由于封建土司地主的残酷剥削压迫，能受到佛教文化教育的阿昌族子弟并不多，学成后能升为佛爷的更是寥寥无几。民国时期，云南省府教育厅发令各地开办国民学校。户撒先后开办5所，有学生二百多人。民国末年，大的村寨也有开办私塾的，但由于生活贫苦，多数阿昌族子女仍处于文盲状态，受不到所谓的"国民教育"，在所开办的几所国民学校中，阿昌族子女所占比例不到30%。

新中国成立后，阿昌族聚居的户撒地区成为民族区，党和政府十分重视该地区的民族文化教育，先后在各村寨兴办了小学。2000年，在校中学生1034人，中学教职工55人，小学在校生3182人，小学教职工118人，其中阿昌族学生占70%。1995—2001年已培养阿昌族大中专生20余人。这一民族区的内部凝聚，得到进一步加强。

解放前，梁河阿昌族地区的学校教育犹如一张白纸。个别殷实富户的子弟想入学读书，也必须离家到外村汉族学校读汉文。根据1985年《梁河县教育志》编纂组的调查，清代光绪末年曾有勐科、丙盖等阿昌族村寨办过私塾；民国二三十年，丙盖、芒展、永和、湾中、弄丘、弄别、关璋等阿昌族村寨也办过私塾。这些私塾大都时办时停，收效甚微。1948年冬，丙盖村始办初级小学，由阿昌族第一代中学毕业生赵安然执教，学生30多人，到1949年止，全县阿昌族仅有中学毕业生1人，高小毕业生4人，初小毕业生11人，小学教师1人，在校小学生30余人。解放后，尤其是改革开放后，国家对教育重视。1985年《中华人民共和国义务教育法》颁布后，阿昌族村寨小学的校舍建设得到不同程度的修缮。1995年梁河县普及六年义务教育，小学生入学率100%。1996年梁河县基本扫除青壮年文盲。2002年秋季统计，梁河县中小学教职工1832人，其中阿昌族教师155人，阿昌族教师中初评为中级专业技术职务的有14人。毋庸置疑，阿昌族地区的教育比解放前得到了极大的提高。但是我们不得不承认，与内地相比，整个阿昌族地区的基础教育仍然比较落后。这就造成阿昌族的经济模式仍然处于传统农业经济阶段。加上阿昌族新中国成立前社会形态处于封建土司制度,在短短的几十年里跨越了数百年的历史鸿沟跨入现代社会,使得阿昌族在许多方面未能适应社会发展的要求。

封闭落后及按村寨高度聚居,形成了阿昌族以村寨为轴心的生活方式。这一生活方式对不同语言的使用范围会起到间离作用,这就自然地会构成稳定而又相对独立的不同语言的使用空间。由于人们在生产、生活中的交往都以村寨为中心,虽说汉语在众多语言中发挥着最大的社会功能,但在这种情形之下要迅速扩展到使用阿昌语的各个角落则是比较困难的。这就使得阿昌语与汉语都能拥有自己的相对领域,处于一个相对抗衡的状态之下,并由此而产生了某种程度的平衡,使得阿昌语与汉语所形成的两维格局得以长久保持。就是说,不同语言相对独立的使用范围,既可以保证阿昌语的继续使用,又可以维系双语格局的稳定发展①。

第二节 开放的语言观念有利于阿昌语的稳定使用

"对一种语言的语言态度是决定着使用者是否使用及如何使用这种语言的重要因素。对某种语言持什么态度、什么感情,往往影响对这个语言的使用。"②语言态度包括了对母语的态度、对其他语言的态度以及双语态度等。

阿昌族普遍热爱自己的语言,大多掌握自己的母语,并在日常生活中使用。在户撒、高埂田,以及梁河曩宋乡的关璋村委会辖下的关璋自然村和弄丘自然村、九保乡辖下的丙界村委会的丙界自然村、横路村委会的芒展自然村以及勐科村委会,上至七八十岁的耄耋老人,下到蹒跚学步的小娃娃,均能讲一口流利的阿昌语。无论是在家庭、村寨,还是集市贸易,到处都可以听到用阿昌语进行的交谈。从使用范围来看,阿昌语主要用在家庭内部及本族人之间交流,有时还用于私密语境下。如户撒阿昌族寸得富说:"记得小时候,阿昌族小伙伴一起玩,如果想说点悄悄话,就说阿昌话,其他族的小朋友就听不懂。"

"语言感情是一种很奇特的现象,也许是因为他生下来就孕育在其中并时刻在使用这种媒介,使他觉得分不开,而且最能表达自己。这是一种心理现象,同时也是一种社会现象。我在这里称之为语言感情的东西,是有物质基础的,是从千百年世世代代共同生活而共同使用同一种交际工具因而形成的,这不是生理现象,而是社会心理现象"。③许多民族在进行自己隆重而神圣的传统宗教仪式时,只使用本民族语言。④阿昌族也不例外,其古文化的精华,可说是由"活袍"(无字经师),在进行丧礼祭典时,通过诵经的方式传承下来的。每一折口诵经文,也

---

① 何俊芳:《也谈我国民族的语言转用问题》,《民族研究》,1999年第3期。
② 同上。
③ 陈 原:《社会语言学》,1983年,学林出版社,第358页。
④ 赵世林:《论民族文化传承的本质》,《北京大学学报(哲学社会科学版)》2002年第3期。

就是一部完整的叙事诗。活袍的唱诵分为祷词和经文。祷词为祭祀时活袍请师的祈祷语,经文则纯粹是叙事诗。《遮帕麻和遮米麻》就是活袍唱诵的一折最主要的长篇经文。活袍唱诵的叙事诗体经文还有民俗传说《亲妹子和晚妹子》、《老姑太》、《陪郎撑伞》、爱情故事《曹扎与龙女》,历史故事《喇银和喇康》,饶有趣味的动物故事《老熊撕人脸皮》、《麂子和豹子换工》以及《龙筋草》、《人为什么会死》和《织布机的由来》等。这些故事通过口头讲说,流传在一般老百姓中。

阿昌族母语意识比较强,但对于第二语言的态度也表现的比较积极。德宏州人大副主任、阿昌族人赵家培说:"汉语是我们国家的官方语言,你去其他地方与人交流,接受什么新的知识都是通过汉语。而且阿昌族没有文字,很多阿昌族优秀的东西都只能靠口耳相传,这样很多东西都会偏差或丢失,所以我们必须要学汉语,而且必须学好,不能搞狭隘的民族主义。学汉语并不会影响我们作为阿昌族的身份,反过来学好汉语对民族有推动、促进作用,对挖掘阿昌族优秀文化也有好处。"阿昌族人口较少,要想立足生存,除了具有强烈的保留本民族语言和传统文化的意识以维系本族内部成员的联系之外,必须首先学会周边民族的语言。阿昌人全部为双语人,而且有些人还会兼用傣语或傈僳语等。

开放的语言观念使阿昌语具有较强的吸收外来语的能力,从邻近各民族的语言里吸收借词来丰富自己,以适应语言发展的需要。阿昌语借用的语言主要是汉语、傣语、缅语,其中汉语借词最多,其次是傣语。而傣语和缅语主要是解放前借入的,解放后借入的很少。解放前借的汉语主要是生产、生活方面的词,解放后增加了大量表示政治、经济、文化的新词术语。所有的借词进入阿昌语后都带上了阿昌语的发音特征,并受其语法规则支配。梁河阿昌族人梁愿昌说:"新事物、新名词不断出现,这些都是阿昌语里以前没有的,老辈人也没听说过,不用汉语没法表达。还有些词语,跟汉语相比,用阿昌话说起来不太简便,所以也借用了汉语的说法。我认为这些都是合理的。我们阿昌话本来就是靠不断地吸收了汉话、傣话里面的一些词语来丰富、发展自己的。"户撒阿昌族人许本学说:"比较奇怪的,很多阿昌族去学傣语、景颇语都很快,而傣族、景颇族学阿昌语就没那么容易了。"我们认为,大量不同民族语言词语的借入,使得阿昌族去学其他民族的语言比其他民族学阿昌语要容易得多。这对于阿昌语的稳定使用是非常有利的。

第三节 语言兼用有利于阿昌语保存

传统观点认为,语言兼用不利于母语保存。但这并不是绝对的。语言最重要的功能是交际功能,必须适应社会的需要而改变自己。一种语言由于自身使用功能上的不足,使用者就有可能选择兼用另一种功能较强的语言,这形成语言使用功能上的互补。强势语言和弱势语言各有其使用范围,功能上各尽其职,结构上相互补充,这反而有利于弱势语言的保存。

阿昌族现在普遍兼用汉语。母语阿昌语和兼用语汉语形成了一个语言使用系统,各自在不同领域内发挥作用。

母语主要在家庭内、村寨内使用,主要担负着日常生活交际以及传播民族文化的功能,此外,还在集市、商店、学校、机关、文化、宗教等领域使用。

在家庭内部,各个成员都使用阿昌语交谈,家家如此,年年如此。尽管他们还都会汉语,有的还会别的语言,但从不说汉语或别的语言。当被问到表达一些用阿昌语不能表达的意思该怎么办时,他们说:"掺些汉语,但还是说阿昌语。"只有当家中有了其他民族的客人而客人不会阿昌语或说不好阿昌语时,才说汉语。阿昌族家庭的孩子,除了少数说话开始就接触阿昌、汉两种语言外,大多数是先接触阿昌语而后才接触汉语的。

在村寨,不同家庭之间的交往大多也是使用阿昌语。但不同地区的情况各有不同。在阿昌族聚居的寨子(如户撒户那寨、曼困寨、丁允寨、赖姐寨、梁河老关璋、潞西高埂田等),寨内相互间的交谈都用阿昌语,只有当不会说阿昌语的民族来寨时才说汉语。在阿昌族与别的民族(大多是汉族、少量是傈僳族、景颇族)杂居的寨子(如户撒弓姐寨、户别寨、贺红寨、曼面寨、梁河大坪子、大芒丙等),阿昌语与汉语同时使用。其中,若阿昌族多的村寨(如户撒曼捧下寨),阿昌语使用得多,若阿昌族较少(如户撒户那上寨),则多用汉语。即使是纯汉族的寨子(如户撒李曼呆寨、坡头寨、潞西蚂蝗塘、芒岭等),也有不少汉族会说阿昌语,当他们遇到阿昌族时或说阿昌语,或说汉语。村寨内召开群众大会或其他会议都使用阿昌语。集市、商店是各民族之间广泛接触的场所,各民族在这里都按市场交际的需要选择使用语言。交际人总是按自己的语言能力和对方能接受的语言,选择最佳使用的语言。这里,使用什么语言均服从于市场能获得更多的利润,而较少考虑别的因素。

在学校,特别是初级小学,阿昌语在课下也占有重要地位。不论是小学还是中学,远景规划相互交谈都用阿昌语。他们感到用阿昌语交谈比较亲切,也符合习惯。初级小学的授课,凡有条件安排阿昌族教师的都用阿昌语辅助教学,这种双语教学手段效果较好。小学三年级后,学生大多已会说汉语,教师在课堂上就只用汉语。这时,阿昌语仅在课下学生交谈时使用。从以上的语言使用情况中可以看到,阿昌语在阿昌族中使用广泛。除家庭外,在集市,商店、学校、机关、文化、宗教等各个领域都广泛使用,在各种社会场所及各种社会活动中都能听到阿昌语。

阿昌语对阿昌族的生存、发展、包括经济建设、文化教育建设以及继承发展阿昌语的传统文化等,不管是过去还是现在,都有着不可替代的重要的作用。但是由于环境的变迁、社会的进步,不同民族交际的需要,阿昌族母语的功能已不能完全满足其实际生活的需要,不得不用兼用语来弥补母语功能的不足。

傣语曾是阿昌族的第一兼用语。傣族是德宏地区的主体民族,不仅人口多,而且经济、文化的发展都走在其他少数民族的前面,傣语是当地各少数民族的兼用语。很早以前,阿昌族在生产、生活、政治、经济、文化、宗教等方面都受到傣族的广泛影响。特别是陇川的阿昌族,在农耕技术以及宗教文化方面受傣族影响很深。他们像傣族一样普遍信仰小乘佛教,诵读傣文佛经,很早就与傣族通婚。因此,这个地区的阿昌族普遍兼用傣语,50岁以上的老人大多会傣语,有的还会傣文。阿昌族通过傣语与傣族及其他少数民族在村寨内、集市上交流,在寺庙中参加宗教活动,还通过傣语、傣文学习傣族的农耕技术、手工技术、天文历法及其他文化知识。在阿昌族的整个社会生活中,阿昌语与傣语构成了互补。

新中国成立后,随着社会制度的变化,以汉族为主体的多民族友好关系的不断发展,阿昌族对汉语的需求不断增强,这就使得阿昌族不再以兼用傣语为主,而是转为兼用汉语为主,出现了双语类型的转型。半个世纪以来,阿昌语又与汉语构成了互补。如今,汉语不仅用在不同民族之间的交际,还广泛用于阿昌族的文化教育建设、党政建设以及接受通过广播、电视、新闻媒体所带来的各种现代文化的知识。在阿昌族每日的生活、工作和学习中,处处都离不开汉语,汉语在科技、教育、文化、医疗、娱乐等各个方面都起着重要作用。在当今信息化时代,各种新知识层出不穷,整个世界日新月异地变化着,阿昌族仅靠母语来获取知识是很不够的,只有兼用汉语,用汉语补充才有可能。就拿时常需要传达上级文件、会议精神来讲,越来越多的内容单单靠母语是无法表达的,即使勉强使用阿昌语,也难以说得清楚透彻,必须借助于汉语,因而在这样的场合,要么全用汉语,要么两种语言交替使用。在参加会议、商量事务、布置工作时,两种语言往往同时使用,但传达上级文件、会议精神时则多用汉语或全部要用汉语。在学校里,阿昌族除了小学三年级以前需要用母语辅助教学外,均使用汉语文授课。特别是改革开放以来,阿昌族已不满足于原地或近距离的做工谋生,而是纷纷走出家乡到全国各地寻找新的天地,自然需要使用各民族的通用语,汉语实际上已成为阿昌族改变自己生活、走向现代化的拐杖。几十年来,汉语在阿昌族生活、工作中的作用,不断地呈上升趋势。

第四节 民族自信心的提高有助于阿昌语保存

解放前,阿昌族一直处于地下地位。经济上,绝少占有生产资料,大多数人以粗粮野菜勉强维持生活;文化上,解放前夕仅有中学毕业生1人,高小毕业生4人,初小毕业生11人,其余全部为文盲;政治上,仅有一人当过岳尊,乡佬,担任相当于如今乡级或乡级以上的行政官员的只是凤毛麟角。有一首民谣是解放前阿昌族社会地位的真实写照:"祖先来得早,家住半山坡。妇女高包头,男女打赤脚。衣布自纺织,筒裙自己做。茅草当铺睡,家具竹木做。租债压弯腰,杂粮充饥饿。赶街卖柴草,有病难医药。无年不劳苦,有儿难上学。同是炎黄子,无人得官做。"民谣"螺蛳不算肉,阿昌不算人",歇后语"阿昌当官,还早呢"更是深刻反映了解放前阿昌族政治地位的低下。

新中国成立以来,特别是党的十一届三中全会以来,从中央到地方,各级党委和政府坚持实行人民代表大会制度,阿昌族也和其他民族一道享受到政治上一律平等的待遇,而且在很多方面给予特殊照顾。阿昌族人口只有三万余人,如果按照人口比例,一个全国人大代表都没有。全国人大规定,人口再少的民族也要有一个代表名额。从第三届全国人民代表大会开始到现在的第十届全国人民代表大会,德宏州阿昌族先后有穆光荣、孙广道、曹自芹、银恩铭、赵家培、赵东芬、雷翁团、曹明强依次当选为全国人民代表大会的代表,直接参与大会讨论国家大事,并依法履行代表职责,参与地方国家事务管理。州委、州政府,包括州人大,对阿昌族和其他人口特少民族非常关心、重视和支持。人大代表名额的分配,各级人大代表中按照略高于本民族人口的比例安排人民代表。在州人大、县人大、乡人大中,都非常重视这点,人口较少民族都要占有一定名额。

党和政府还大力培养少数民族干部,州、县各级领导班子当中,都安排了一定的阿昌族人名额。阿昌族担任副处级以上干部的先后共计有30人左右,副科级以上的更多。州委、州政府还规定,阿昌族乡的乡长必须是阿昌族人。

2005年中央民族工作会议结束以后,提出加大对人口较少民族的扶持力度,针对人口特少民族,每个行政村都要安排一百到两百万元钱,实行"整村推进"。它以行政村为单位,针对村中群众最迫切要求改进的几件事,如水、电、路、农田基本建设、产业开发、学校,包括一些安居工程,编制规划,一次性实施。像梁河就有八个阿昌族行政村列入"整村推进"项目,一年安排两个村,准备十一五期间全部改造完。它是分期分批的,是国家和省的项目,是建国以来的第一次。

近几年来,国家对阿昌族等人口特少民族的文化保护力度也在加大。如阿昌族的长篇叙事诗《遮帕麻和遮米麻》和户撒刀已经列为国家级非物质文化遗产。云南省还把阿昌族的"阿露窝罗节"也列为省级非物质文化遗产进行保护。梁河县民宗局正在抓紧时间,采取一系列措施收集整理和抢救阿昌族文化。具体地说,措施包括:1) 专门请州民委、省民委的专家来调查和研究阿昌语文化,将阿昌族文化记录下来。例如:阿昌族有"活袍"这一传统节目,即一位年长者完全用阿昌语歌唱,内容包括歌颂阿昌族大家庭的温暖,歌唱来之不易的民族节日等。作为阿昌族传统节日中最重要的仪式,它不可或缺。但现在整个阿昌族会唱"活袍"的只有两位60多岁的老人了,为了抢救这一本来只能通过口头传授的文化财产,民宗局正请专家,把它记录下来;2) 请州民委、省民委解决一部分资金,专门用于保存和保护阿昌族文化;3) 组织阿昌族村寨中的老人向年轻人传授阿昌语和民族传统服装的手工技术等文化;4) 大力宣传阿昌族文化。例如:正努力筹措资金在永和村修建一个占地十五亩的阿昌族阿罗窝罗活动中心,为每年一度的阿昌族民族节日提供活动场所。

随着党的一系列民族政策的实施,阿昌族的政治、经济、文化各方面的地位得到了提高,民族自信心增强。由于历代王朝,特别是明清时期的民族压迫和歧视政策,使个别地区的阿昌族人民对自己民族的前途失去信心,因而不愿意再承认自己是阿昌族。如新山乡八角寨阿昌族过去早已不承认自己是阿昌族,直到第三次人口普查中才有204人要求恢复他们的阿昌族的族称。说明这是一次新的民族觉醒,是民族平等政策日益深入人心的结果。

民族自信心的增强及国家语言政策的保障，使阿昌族意识到要保护自己的母语，都以会说自己的母语为荣。如梁河县永河村在新制定的村规中规定："一、全村各族民众要长久普及阿昌语言。二、家庭内通熟阿昌语言的户，一时一事讲述阿昌话，全家不要终断，不要自逃自失忘本变质。三、开办村民业余晚会学习班，计一个礼拜学习一晚上，以阿昌语为主学习讲课。"

第六章 阿昌族的语言转用[*]

语言转用是指一个民族或民族的一部分放弃使用母语而使用另一民族语言的现象。它是由语言接触引起的语言特点及功能上的变化。世界各国,尤其是多民族国家,语言转用都或多或少地存在过。在我国,语言转用的现象也很普遍,但各民族转用语言的具体情况不同。例如:回族已全部转用汉语,满族绝大部分也已转用汉语,而景颇族却只有少部分人转用汉语。语言转用与语言保持是相对的概念,语言转用在语言关系中具有普遍性,研究语言的保持以及制定语言政策都离不开对民族语言转用情况的研究。

语言的转用是由语言的接触引起的,语言接触是指不同语言由于使用者的接触而出现的语言关系。语言接触一方面会带来语言结构上的逐渐变化,同时也会带来语言使用功能上的变化,即语言兼用和语言转用。语言兼用和语言转用是语言接触的不同层次。语言一旦发生接触关系,就有可能产生语言兼用;而语言兼用到一定时期就可能发生语言转用。语言兼用在前,语言转用在后。

第一节 阿昌族语言转用的类型

阿昌语的三个方言区都有语言转用的现象,但具体情况不同,大致可分为两类:

一 少数人语言转用型

属于这一类型的是陇川方言区和潞西方言区。这两个方言区只有极少数人出现语言转用。在这里,我们没有发现大面积的语言转用。无论是在家庭中还是在日常劳动或工作中,阿昌语都是阿昌族最常使用的交际工具。他们除了熟练掌握本族语外,大部分人还能兼用其他语言。年老者兼用傣语的多,而中青年则一般兼用汉语。但傣语和汉语只有在阿昌族与傣族或汉族交流时才使用。

在实地调查中,我们也发现两个方言区都出现少数语言转用的情况,但不是大面积的转用,只有极少数阿昌族家庭存在这种现象。在陇川方言区,我们共调查了九个自然村寨。其

---

[*] 本章的部分内容参照《梁河阿昌族的语言转用》,戴庆厦、何俊芳《语言和民族》(二),中央民族大学出版社 2006,第94页。

中,在拉启村、芒炳村、东么上寨村以及下芒门寨村（均为杂居的自然村寨）中发现了个别语言转用的现象。例如,拉启村的寸喃将是阿昌族,但她子女的第一语言却是汉语,而且不再习得阿昌语。金相焕是阿昌族,但她的孩子的第一语言也是汉语。上户昔村的曹秋容由于受到母亲的影响,第一语言为汉语,第二语言为阿昌语。在我们调查的潞西方言区的五个村寨中,也存在语言转用的个案。例如:温乖村的刘贵松为汉族,但她的七岁女儿王艳梅受到她的影响,第一语言为汉语。杏万村的赵明惠在陇川县城上幼儿园,第一语言为汉语,没有习得第二语言。匡辉国和匡丽金的祖母只说汉语,家庭内部交流也用汉语,所以他们的第一语言均为汉语。帕成名和帕成艳的母亲为梁河汉族,他们在家庭内部也只使用汉语,他们的第一语言为汉语。常新寨村的郎玉华和郎桂花的父亲虽然为阿昌族,但由于受到其母亲的影响,只会说汉语,不会说阿昌语。

陇川及潞西两方言区的语言转用多集中在与外族通婚家庭的子女以及户口在本地但在外地生活的这些人中。陇川县户撒乡乡长寸待富的话基本能概括陇川及潞西两方言区的语言转用情况。他说:"嫁到外族家庭的,小孩基本上不会说阿昌语;只要是（嫁入）阿昌族家庭,就会说阿昌话。""过去与外族通婚的很少,现在外出打工的人多了,与汉族通婚的也越来越多了,一些与汉族通婚的家庭很多孩子都不会说阿昌话了。"寸乡长的爱人是汉族,而他的孩子就不会说阿昌语,只会讲汉语了。

二 大面积语言转用型

梁河方言区属于这一类型。部分地区已完全转用汉语,部分地区正在转用。如永和村的阿昌族已全部转用汉语,囊宋乡的阿昌族已大部分转用汉语。即使是交通不便的边远村寨,也发生了大面积的语言转用。语言转用的程度与当地阿昌族的年龄大小紧密相关。年龄越大,语言转用的程度越小,相反,年龄越小的阿昌族,转用汉语的程度越大。这些地区,年龄在20岁以下的,都已基本完全转用汉语。现从辈分的角度,将梁河阿昌族的语言使用分为以下几种类型:

（一）祖辈型

年龄在50岁以上的老壮年,大多是家庭中的第一代。其语言使用特点是,汉语与阿昌语兼用,阿昌语水平略高于汉语。这一代人,他们仍频繁地使用着阿昌语。在家中、在寨中、在集市上,凡是有阿昌族的地方,他们都乐意用阿昌语交谈。很多梁河家庭中都会有小辈听老人讲阿昌语,用汉语回答;而小辈讲汉语,老人则用阿昌语回答的有趣现象。老人们兼用汉语有两个用途:一是为了交际需要;二是为了弥补母语功能的不足。在家里,如果来了不会阿昌语的客人或在寨中若遇到不会阿昌语的村民,他们就改用汉语。他们的汉语水平相当不错,甚至有的还会好几种少数民族语言,能自如地用各种语言与其他民族交流。由于汉语能弥补本族母语表达不了的新概念和新事物名称,老一辈的阿昌族也乐于使用汉语。弄丘寨62岁老人梁其仁就说:"我们这一搭的老人,还不是东一句汉语,西一句昌话吗?不这样,没法白活(交谈)"。老一辈阿昌族熟练兼用汉语是语言发生转用的一种预兆,说明这一地区阿昌语的语言价值和生命力正在减弱,而当这种价值和生命力减弱到一定程度后,就必然会发生语言转用。

即使是在偏远的阿昌族自然村寨,阿昌族老人的汉语水平也较高。关璋寨是曩宋乡山区的一个阿昌族聚居寨,是梁河阿昌族超过一百户的四个寨子之一。它远离县城,且交通十分不便。我们所遇到的阿昌族,都能用汉语与我们交谈自如。而且他们的语言里,都借用了不少汉语语词来补充自己,方便了阿昌语表达自己的思想。关璋村委会下弄别寨的一位71岁梁姓老人对我们说:"(梁河的)阿昌语加掺着三成的汉语,离了汉语不合(不正确)。"

(二) 父辈型

这一类型年龄在20岁以上至50岁以下,是阿昌族家庭中的第二代。这一年龄段的人,阿昌语能力明显低于上一年龄段的人。其语言使用的特点是阿昌语和汉语并用。他们通常使用汉语,也能说阿昌语,普遍情况是说的能力弱于听的能力。如果再细分,可以说40岁以上的阿昌族两种语言能力相差不大,使用汉语的频率更高,汉语能力略显突出。梁河县关璋村委会弄丘自然村48岁的阿昌族赵家柱说:"不加汉语没有办法,翻不合(找不到合适的阿昌族词来表达)。"梁其炳也是弄丘村的居民,今年42岁,他说:"我们现在说的阿昌话,汉人仔细听都能听出一些。"

梁河县的永和村是一个语言转用较普遍的村寨。我们对村民小组组长赵兴位做了阿昌语400词的测试。结果是:他有75.3%(301个)的阿昌语词汇不会,包括阿昌语从1到10的数字。测试中,经提示后而想起的词汇占四分之一。他们听与说的能力不平衡,听的能力强些。说的能力减弱是语言功能减弱的关键因素,是语言转用前的标志。从阿昌族的情况看,语言转用大致经历了会听说到会听不会说,再到不会听、不会说这样一个过程。

听、说能力的不平衡的这种现象在梁河已经非常普遍。这个地区长期在外工作或到外地谋生的阿昌族一般都在20—50岁之间,阿昌语使用情况也相同。他们小时大都既讲汉语又能讲阿昌语,有的在出外工作之前阿昌语比汉语好,只因长年在外工作,说阿昌语的机会不多或没有,渐渐地对阿昌语生疏了,后来只会听,说起来困难加大。

(三) 儿孙辈型

年龄在20岁以下,是家中的第三代、第四代人。其语言使用特点是阿昌语已不会,基本完全转用汉语。部分村寨的青少年能听懂日常的阿昌语,但不说阿昌语;而在有些村寨,会听一点阿昌语的青少年少见,会说阿昌语的则更少见。例如:牛场地村89%的6—19岁青少年汉语熟练,而墩欠村和上弄别二社村的6—19岁阿昌族青年的汉语熟练掌握率为100%。一部分父母对孩子的语言习得的态度很平和,认为应顺其自然发展。正如曩宋乡乡长梁愿昌所说:"没有谁专门去教小孩子学说什么话。父母都是阿昌族,娃娃从小就听、就说,阿昌语不知不觉也就学会了。小孩子从小跟着父母上山下山的,接触汉语的机会很多,再加上现在家家户户都有了电视机,娃娃上学之前耳朵里早就'灌满'了汉语,虽然还不能说,但一般的话都能听得懂。一上了学,有了语言环境自然就能开口讲了。"有许多家的父母则从小就培养孩子说汉语,尤其经济稍好地区的孩子父母,认为学习汉语有利于孩子今后的发展。现在,干部子弟中能听一点阿昌语的已经罕见,会说的更是个别的了。有的认为:"先学阿昌语后学汉语,上学就太吃亏了。不如先学汉语后学阿昌语,阿昌语将来学得会就学,学不会就算了。"在这个竞争激烈的时代里,究竟要有一个怎样的合理选择,是一个需要认真思考的问题。

阿昌族学生由于在学前就有一定的双语基础,所以孩子入学一年后即可接受直接用汉语授课。九保乡乡长曹明华对是否用阿昌语辅助汉语教学的问题时说:"一年级还需要用阿昌语辅助教学,因为还听不懂汉话。要用阿昌话来解释,到了三四年级就不需要了。"包括关璋等的远离县城的纯阿昌族村寨,儿童入学后也只要短期的母语辅助,就可以直接用汉语进行教学。

以上的三种语言转用类型,可以用下列图表示意。[①]

第一代　阿昌语 S+ H+
　　　　汉　语 S　H
　　　　部分会傣语、景颇语、缅语等
第二代　阿昌语 S− H
(父辈)　汉　语 S+ H+
第三代　阿昌语 H−
(儿孙辈)汉　语 S+ H+

第二节　阿昌族语言转用的原因

当两种或两种以上语言接触的时候,它们会互相影响,产生某种变化。语言兼用和语言转用是语言功能的变化,但二者属于不同的层次。引起语言转用的因素很多,如民族迁徙、民族关系的变化、民族融合及民族政策等,其中有民族内部因素和外部客观条件,二者共同起作用,这里,我们主要分析引起梁河大面积语言转用的几个主要因素:

一　汉文化的影响和认同是最直接的原因

语言与社会的关系常常表现为语言与民族的关系。梁河阿昌族和汉族接触频繁,关系密切。地理位置靠近腾冲的梁河,是内地通往缅甸的交通要道。梁河的九保和囊宋阿昌族自治

---

① 该材料引自戴庆厦、袁焱《梁河阿昌族的语言转用》,原载《云南民族学院学报》(增刊)2001年6月。S表示说的能力,H表示听的能力。+表示能力强,−表示能力弱。

乡过去曾归腾冲县管辖。历史上,腾冲县是云南省的文化重镇,文化气息相当浓厚,当地居民尊孔崇儒,重视文化教育,梁河亦深受腾冲汉文化的影响。另外,九保阿昌族自治乡原是满清时代都司的所在地。早在辛亥革命前,该地就出过一批思想先进的文人志士,包括曾去日本留学的知名人士李根源、毕业于云南讲武堂的赵宝贤等,他们对家乡的影响也很大。

阿昌族自身或许因为人口少的原因,磨练出了较强的生存能力和适应能力,具有异常强的吸收先进民族文化的能力。如过节日,梁河阿昌族除了过自己的传统节日"阿露窝罗节"外,还和汉族一样过许多汉族节日,如过大年（春节）、小年（元宵节）、清明节、端午节、中秋节等。过春节的热闹气氛不亚于汉族。年前也杀猪宰羊,准备各种年货;春节期间不出工,走串亲戚,访亲探友,进行拜年活动。又如元宵节包汤圆,清明节上坟,端午节吃粽子,中秋节全家聚庆丰收。不但是节日源于汉族,时间和过法也与汉族相同。阿昌族唱的山歌,七八十岁老人唱的调子是本民族的,而60岁以下的人唱的完全采用云南花灯调"索索咪来"为主旋律,与前者不同。从内容来看,他们把许多汉族故事都借用到他们生活中,他们还把赵子龙等三国时期受欢迎的英雄人物搬进了他们的生活,融进了他们的空间。歌词完全使用汉语,而且有些山歌的修辞已达到了相当的水平。再从姓名上看,明代以前阿昌族多用阿昌族双姓。如腊依、腊松、腊施、腊莎等,现在姓氏与汉族一样用单姓——赵、梁、王、曹、孙等。阿昌族耍的武术,不但一招一式受汉族武术影响,连名称也随了汉姓,如关公刀等。在梁河至今还保留一块墓碑,碑身高大,上面雕刻着精细的汉字碑文,时间是乾隆时期,说明乾隆年间之前,阿昌族就受汉族影响了。

梁河阿昌族由于受汉文化影响早而深,因而在心理上贴近汉民族。他们自称自己是"汉昌",在各方面都很自然地接受汉族的影响,语言上也不例外。他们认为汉语用途大,愿意花工夫学习,大家都把母语和汉语放在同等重要的位置上。在阿昌族中,无论年龄大小、文化程度高低,他们都有一个共识——努力学习汉语、学习汉语知识。梁河关璋村委会弄丘村的赵家柱说:"阿昌语过不了大盈江,不会说普通话出不了云南省。"阿昌族中很多人的汉语水平不亚于当地汉族,有的甚至超过汉族。梁河史志办梁照佩说:"高科技时代,不能自己封闭自己。应该走出去,引进来。"他还说:"如果汉语不好,出去开会都不敢发言。该学习的也学习不到,该争取的也争取不到。"九保乡曹明华村长说:"现在随着社会的发展,科学技术的发展,逼着人们学。包括农民,过去重自然农业,现在重科技,你要不识字,连农药买来怎么用都不知道。从思想认识上来说,更多人认为即使是当个农民,没有文化也不行,很多人（读书）也是出于今后生产、生活的考虑。"梁河县政协的赵家斌也说:"阿昌族的孩子应该多学习汉语,多接受汉文化,将来的出路会更大一些。"梁河的阿昌族感到母语对自己民族的经济及文化发展有一定的局限性。

重视和普及学校教育是阿昌族直接受汉文化影响的重要渠道。相对而言,梁河地区的教育比其他阿昌族地区早,清嘉庆年间就设立了义学。光绪六年（1880）后,九保、囊宋设立义学,乾隆年间创立了私塾,为各民族培养了一批人才。光绪年间,李根源曾到囊宋任教两年,对囊宋一带的教育起到了很大的推动作用。辛亥革命成功后,李根源返回家乡大力发展教育,在他的带领下,一些具有民主思想的文人绅士参加办学。民国二十年以后,在梁河各地陆续办起学校,入学儿童不用交学费,就连劳苦农民也可半工半读。三十户以下的村寨大部分办起了学校,五十户左右的村寨断断续续办起来了。民国初在九保还创办了女子学校。小学毕业后,还可以到腾冲继续学习,也有到保山、昆明,或者外省去读书学习的。民国二十四年(1935年)省立梁河小学成立,学生有汉、傣、阿昌、景颇、傈僳、佤等民族,共300余人。当时阿昌族人口居少数民族第二位,阿昌族初级小学有一所。

梁河阿昌族无论经济上有什么困难,从来都不放弃读书,不放弃对知识的追求。曩宋乡中心小学的梁其松校长用一句阿昌语生动地概括了阿昌族人民重视教育的心态,他说:"若要书中求富贵,白日耕田夜读书。"1951年,省人民政府接办萝卜坝芒东小学,将其改为"省立小学",九保、曩宋等乡的阿昌族子弟多人到该校就读。1952年,县文教科设立阿昌族小学7所,在校生159人;1954年,县文教科将丙盖村小学改办为"阿昌族中心小学",面向全县阿昌族村寨招生。据1963年统计,全县少数民族中阿昌族适龄儿童入学率是最高的,达72%,与入学率仅为13%的傈僳族相比,存在很大差距。到2000年,梁河县阿昌族适龄儿童的入学率已达100%,并且一直保持至今。党和人民政府对民族学生教育的重视和对少数民族学生的优待,也促进了阿昌族教育事业的发展。赵兴光局长介绍:"为了在经济上帮助阿昌族学子,政府从多种渠道筹措助学资金。包括向上级部门请求拨款,向社会求助,向银行贷款等。政府还设有专款奖励和资助大学生。现在,一个考取大学本科的阿昌族学生可获得2000元奖金,大专生1000元奖金。民宗局也资助大学本科的阿昌族贫困学生1500元,大专生1000元,州内的大学生800元。梁河的25个大学生,因为有政府的帮助,没有一个中途辍学。"除此之外,政府还在教学设施、师资配备上,加强对阿昌族地区的教育投入。赵局长说:"阿昌族根据自己的实际,在学校拆并的背景下,依然保留偏僻、分散阿昌族村寨的教学,哪怕仅有5个学生,也保证公办教师的师资配备。除保留一村一校以外,政府还解决校舍危房问题。另外,在两位阿昌族人大代表的帮助下,云南省冶金集团捐资40多万建设了一个专门为阿昌族尖子学生开办的学校,学校在永和的教学大楼现在已完工。政府还将部分没有考上高中的阿昌族学生送往云南民族中专继续学习,培养阿昌族人才。"

二 阿昌族与别的民族杂居、通婚是语言转用的重要条件

梁河有汉族、傣族、阿昌族、景颇族、德昂族等10多种民族。2000年第五次人口普查全县总人口为150985人,其中阿昌族有11938人。由于地理环境和历史的原因,各民族交错杂居,相依互存。梁河全县有380个自然村寨,其中只有155个是单一民族村。纯阿昌族的自然村只有16个,与汉族杂居的村寨就多达40个。在阿昌族自治乡中,除芒东村公所没有阿昌族与汉族杂居的村子外,其他村公所多多少少都与汉族杂居。梁河县的10多个乡,乡乡都有阿昌族;阿昌族自治乡的15个村公所,村村有汉族。九保和曩宋虽然是阿昌族自治乡,但人口最多的民族还是汉族。据九保乡乡长介绍:"全乡阿昌族人口有3660人,6个村委会中有丙盖、勐

科、横路三个是阿昌族聚居村。特别是横路,99%是阿昌族,其他村寨都是杂居的。各民族之间和谐共处。"据曩宋乡乡长介绍:"我们乡共有49个自然村,总人口约为2.4万人,其中阿昌族接近4000人,占全乡总人口的16.3%。"阿昌寨周围都有汉族寨,所以很多人从小就是双母语伴随他们长大。杂居是语言转用的重要条件。当一个民族一部分杂居于一个人口较多的民族之中,语言转用在所难免。即使是人口比阿昌族多一些的民族也是如此,更不用说像阿昌族这样人口少的民族。阿昌族与各民族关系融洽,在经济生活上互通有无,相互帮助,共同生活空间必将导致语言兼用或转用。梁河曩宋的马茂大寨是一个民族杂居的大寨,一个寨子有上千户居民,主要是汉族、傣族及阿昌族杂居。大寨内的阿昌族基本都只说汉语了。九保乡曹乡长说:"在阿昌族聚居的村子,有个别阿昌族家庭有不会说阿昌话的,但这种情况不多。更多的是在和汉族杂居的村寨中,很多人不说自己的民族语言,年轻一辈就渐渐不会说了。"

不同民族的杂居和相互通婚,是梁河各少数民族的一个重要特点。阿昌族的习俗是同姓不婚,主要实行族内婚,主张外族不婚。80年代初还曾有一个关璋阿昌族小伙与马茂寨汉族女子谈恋爱,由于遭到父母的反对而未成婚。但现在,阿昌族已不反对本族人与外族人结婚,尤其是20世纪50年代以后,族际婚姻越来越多,与外族结婚的阿昌族年轻人也越来越多。曩宋乡中心小学梁其松校长说:"以前小伙子、姑娘谈恋爱还要考虑是不是本民族,因为老人忌讳。现在已经无所谓了,老人也管不了。那么多打工的,跟其他民族姑娘结婚是不可避免的。"曩宋乡乡长梁愿昌也说:"族外不婚那是老皇历了,现在时兴自由恋爱。有阿昌族姑娘嫁到汉族、傣族家的,也有其他民族姑娘嫁到我们阿昌家的。""一般来讲,嫁到汉族寨子的,下一代基本上都转用汉语了,阿昌话顶多也就会说上个几句,都是日常用语。"九保乡那峦寨共69户,纯阿昌族37户,阿昌族与汉族通婚的18户,阿昌族与其他民族通婚的14户。过去不同民族通婚,一方还得学习掌握另一方的语言,现在普遍使用汉语,就不存在语言障碍。他们说:"民族大团结了,一个民族可以自由与另一民族通婚,不同民族通婚,在一起还是说汉语方便。"那峦寨就是一个语言转用人数很多的寨子,族际家庭进一步巩固了这种格局。可以说,族际家庭的不断增多,必将加快语言转用的速度。

三 经济的开放和发展是促进阿昌族转用汉语的重要因素

解放前,梁河的经济制度是土地的领主所有制和地主所有制并存,阿昌族人民生活贫困,世受土司和地主剥削。解放后,梁河阿昌族地区和其他民族地区一样,经济建设也纳入了计划经济的轨道,改革开放以后,梁河阿昌族地区也出现了私营经济,地区经济发展迅速。与之相伴随的是,阿昌族与外界其他民族的交往也更加频繁,阿昌族学习及使用汉语的热情也越发高涨。在我们调查过程中不只听到一个阿昌族说:"汉语说不来,赶街都吃亏(被骗、上当)。"可见,汉语能力的高低直接影响了阿昌族的生产生活。

过去阿昌族居民主要从事农业生产,收入主要源于农业。但半山半坝的阿昌族居住区自然条件不好,交通不便,由于各种条件的局限,阿昌族的生活水平一直较低。过去的阿昌族不善于经商,一年的劳务主要靠农作物,有很多农闲时间都没有加以利用。"正月闲过,二月晃过,三月理活四月做",一句民谚形象地描述了当时纯农耕的生产方式。

随着社会的发展,特别是社会经济的对外开放,阿昌族与外界其他民族的经济交往越来越多,阿昌语已不能满足多向开放的需要。社会经济生活转型后,阿昌族也加强了经营思想,开始从多方面发展经济。我们了解到,梁河建起了糖厂,还有很多人做起了挖煤、木材等生意,赵兴光局长还介绍了一些由政府出面组织的,帮助阿昌族发展经济的措施,他说:"梁河在2010年以前要对有较小民族的8个村实施扶持。已经实施扶持的有2个村,正在实施扶持的有3个村,每个村平均可得到400万的资金扶持。也就是说,村里的每个寨子平均有30多万的扶持款。这种扶持力度是历史上从未有过的。这些资金的注入,会对村寨的经济、文化、生产及教育等提供帮助。政府还组织科技培训,筹措资金,将先进的科技文化知识传授给群众。大量从事科技传授的工作人员会说阿昌语,这样在讲解时能更好地拉动群众,促进交流。政府组织劳务输出,这些出去打过工的人,回家以后也会把先进的观念、信息及技术带回来,促进村寨的发展"。九保乡地处交通干道,这里的阿昌族大力发展运输业,全村共43户人,跑运输的就有10多户。为了与外界沟通,适应运输业的需要,九保乡大多数阿昌族都转用了汉语。

阿昌族深深感到一个民族的生存和发展与科学文化知识发展的关系。"生活要过好,必须要有文化,懂科学",这是一个阿昌族乡党委书记的话,也是阿昌族的心声。经济的开放,开阔了人们的眼界,那就是学习先进的生产方式,与外界接触,而这一切都要求必须掌握汉语,这些认识无形中更加快了语言转用的进程。

第三节 阿昌族语言转用的启示

阿昌族的语言转用是我国各民族中语言转用的一种,与其他民族的语言转用相比,既有共性又有特性。从阿昌族语言转用的个案调查中,我们能在理论上受到一定的启示。

1. 阿昌族的语言转用说明,语言转用是我国少数民族语言生活中存在的一种客观事实。在我们这样一个多民族国家里,语言转用会时而出现。历史上我国由于政治、经济、人口等因素曾发生过西夏、女真、契丹、回、土家等民族的语言转用。解放后,我国宪法中规定了各民族都有使用和发展自己语言文字的自由,使少数民族语言文字都得到了尊重。但有的民族由于受到条件的限制(人口、分布、发展等),仍然会出现语言转用。对这一客观存在的现象,我们不能回避,应该予以正视,并研究、认识、掌握其规律。

2. 不同民族由于自身条件不一样,语言转用的成因也不一样。西夏人的语言转用主要与政治有关,满族语言的转用主要与人口分布有关。阿昌族(梁河)的转用主要原因是:汉文化影响早而深,民族心理的认同;民族杂居、通婚;经济转型后交际的需要。一个民族内部的语言使用存在不平衡,不同地区存在不同的特点。因此我们应对不同地区、不同民族的语言转用的成因做具体的分析。

  3. 语言转用若不是强制转用,则有其适应社会发展需要的一面,也是不以人们意志为转移的,它的形成需要内外因素的共同配合。但语言毕竟是一种重要的文化财富,任何一种语言的消失都是这一民族的损失。梁河阿昌族是阿昌族的一个方言,保存了这一地区阿昌族的历史文化,该地区的阿昌族对它有深厚的感情,是不愿让它消失的。因此,如何采取必要措施抑制语言转用和延长语言使用的寿命;对无文字的语言应采取某种手段把语言记录保存下来,这些都是当前必须考虑的问题。

第七章 汉语对阿昌语的影响

半个多世纪以来,阿昌族与当地汉族交往密切,接触频繁,在政治、经济、文化、教育等各个领域都受到汉文化全面、深入的影响。如今,阿昌族已普遍成为"汉—阿昌"双语人,有些甚至已转为汉语单语人。阿昌语也通过不断吸收汉语的有效成分来保持自身的语言活力。因此,汉语的影响在阿昌语的发展演变中是一个不可忽视的因素,是阿昌语研究中值得重视的一个问题。

本章以语言接触背景下阿昌语受到的汉语影响为研究对象,从汉语影响的主要表现、影响的基本特点以及影响的主要作用等三个方面进行阐释与说明。文中陇川方言、梁河方言和潞西方言分别是以陇川县户撒乡郎光话、梁河县曩宋乡关璋话和潞西市江东乡高埂田话为代表,各方言区内程度不一的地域差异以及母语人的代际差异在本章中均不再予以细化说明。

第一节 汉语影响的主要表现

汉语对阿昌语的影响主要有两个方面:其一表现在对语言结构中词汇、语音和语法的影响上;其二表现在对语言交际中交际内容通解度的影响上。

一 词汇方面的影响

词汇是语言结构中最具开放性的语言要素,也是最易于受到影响的一个部分。阿昌语受汉语的影响在词汇上的表现最为突出,其影响的主要特点有:

(一)汉借词汇广泛分布于阿昌语的各个义类中,涵盖了阿昌族生活的基本领域。例如:

	梁河	潞西	汉义
天文地理	$lu^{33} ʂui^{55}$	$lu^{33} sui^{55}$	露水
	$pɑ^{33} tsɿ^{55}$	$pɑ^{35} tsɿ^{51}$	坝子
	$khuaŋ^{33}$	$khuaŋ^{35}$	矿
	$khən^{33}$	$khən^{33}$	坑
动物植物	$xu^{31} li^{33}$	$xu^{51} li^{35}$	狐狸
	$pjɛ^{31} fu^{35}$	$pjɛ^{731} fu^{33}$	蝙蝠
	$ʑaŋ^{31} liu^{35}$	$ʑaŋ^{31} liu^{51}$	柳树

	tɕoʔ31 tsɿ35	kjuʔ31 tsɿ55	橘子
亲属称谓	tɕɛ33	tɕɛ33	姐姐
	ʑo31 fu33	lau51 tsaŋ35 zən33	岳父
	ʑo31 mu33	lau51 wai35 mu51	岳母
生活用品	tiŋ33 tsɿ55	tin55 tsɿ55	钉子
	tʂuɑ̃31 tsɿ35	tshuan31 tsɿ55	椽
	ɕɑŋ33 tsɿ55	ɕaŋ55 tsɿ55	箱子
	tən31	tən33	灯
宗教文化	ʑin35 khji35	ʑin35 khji35	运气
	phu31 sa33	phu31 sa33	菩萨
	fu31	foʔ31	佛
	mji31 ʑi35	mji31 ʑi51	谜语
动作行为	tʂə31	tsəʔ31	折叠
	tiŋ33	tin33	叮
	tu31	tuʔ31	读
	to33	to35	剁
性质状态	tɕhɑ31 xɑu35	khja31 xau33	合适
	tshui33	tshui35	脆
	ɕɛ̃31	ɕɛn31	闲
	mɑŋ31	maŋ31	忙
数词量词	ə35	ə35	二
	ti35 ʑi31	ti35 ʑi51	第一
	pən33	pən51	本
	tshɿ33	xuiʔ31	次

陇川方言词汇的义类分布也较为广泛。例如：

ʑin31	云	tʂhaŋ31	墙	nan31	南
tshan31	蚕	maʔ31	麻	tɕhaŋ31	姜
lau51 sɿ31	老师	kuŋ31	祖父	ʑa31 pa33	哑巴
piʔ31	笔	məʔ31	墨	an31	鞍
kəʔ31 min35	革命	tɕɔʔ31 u35	觉悟	pai31	拜
tsi31	给	tʂhan51	馋	xɔʔ31	合适
ʐi31	一	ti35 u51	第五	mu31	亩

总体上看，三个方言的汉语借词在义类的分布上还存有一些差异。梁河方言和潞西方言的汉借词广泛分布于各个义类中，且分布较为均衡。陇川方言由于受傣语影响的历史长，傣语

借词较多,这一定程度上影响了词汇系统中汉借词义类分布的均衡性。大致说来,陇川方言中动物植物类、亲属称谓类以及宗教意识类汉语借词比较少。

汉借词汇还渗入到阿昌语词汇系统的各个词类中,包括各类实词和虚词。例如:

	梁河		潞西		陇川	
实词类	kəu³³	沟	khən³³	坑	tʂuan³¹	砖
	xo³¹	盒	tsaŋ⁵⁵	张	mu³¹	亩
	xun³¹	横	tɕhen⁵¹	浅	tʂhan⁵¹	馋
	khuā³¹	宽	khuan³³	宽	lau⁵⁵ʂʅ³¹	老实
	tuā³³	拦	tsə³¹	叠	thun³¹	吞
	kuā³³ɕin³³	关心	saŋ³³liaŋ³³	商量	pai³¹	拜
虚词类	tɕu⁵⁵	就	tsai³⁵	再	tsai³⁵	再
	ʑɛ³³	也	xai³³	还	ʑu³⁵	又
	m³³ʂʅ³¹	还是	ʑu³⁵	又	pi⁵⁵	比
	so³¹ʑə³¹	所以	ma⁵⁵ʂə³⁵	还是	ɕian⁵⁵	先

汉借词汇中也有不少四音格词和固定短语格式。例如:

梁河
ta³¹tɕiŋ³³ɕau³³kuai³⁵	大惊小怪	pu³¹kā³⁵pu³¹tɕin³¹	不干不净
la³¹li³³la³¹tha³³	邋里邋遢	maŋ³¹maŋ³¹tau³³tau³³	急急忙忙
ʑɛ³¹pha³³ʑɛ³¹pha³³	越…越…	ʑu³³…ʑu³³…	又…又…
xaŋ³³la³¹xaŋ³³	越来越…	ʑi³¹pjē³³ʑi³¹pjē³³	边…边…

潞西
xu³¹li³³xu³¹thu³¹	糊里糊涂	ta³⁵kjin⁵⁵ɕau⁵¹kuai³⁵	大惊小怪
pu³¹tɕin³¹bu³¹man³⁵	不紧不慢	pu³¹li⁵¹pu³¹tshai³¹	不理不睬
ʑu³⁵…ʑu³⁵…	又…又…	ʑɛ³¹…ʑɛ³¹…	越…越…

陇川
ma³¹ma³¹fu⁵⁵fu⁵⁵	马马虎虎	pan³⁵sin⁵⁵pan³⁵tɕiu³⁵	半新半旧
ʂui⁵¹ti³¹ʂʅ³¹tshuaŋ⁵⁵	水滴石穿	ku⁵⁵tʂaŋ⁵¹nan³¹min³¹	孤掌难鸣
pian⁵⁵…pian⁵⁵…	边…边…	ʑe⁵¹…ʑe⁵¹…	也…也…

(二)在阿昌语中,部分核心词汇已为汉语借词替换。三种方言中以梁河方言受汉语的影响最深,这方面表现也就最为明显。例如:

nu³³	弩	ʑi³³pau⁵⁵	胎盘
ku³¹tā³³	胆	li³¹kai³³	离开
n̩ɛ³¹	乳房	thuā³¹	圆
tiē³³ɕin³³	头旋	nau³³tɕi³³	脑髓

ʑaŋ³¹ tsʅ³⁵   淋巴   tɕhi³¹ tai³³   脐带

与汉借词并用的核心词语也多处于竞争中的劣势,例如(居于"/"之前的使用频度高):

ʑɛ³³/ɑ³¹ phɑ³¹   父亲   mɑ³³/ɑ³¹ n̥it³¹   母亲
n̥u³¹ tɕɛ̄³³/no³¹ kok³¹ 牛圈   tɕɛ³¹ xun³³/tsu³³ mu³³   结婚
lau³³ ʑɛ³³/phɑ³¹ ʑaŋ³³ 叔叔   mɛi³³ tsʅ⁵⁵/ɑ³¹ naŋ³³   妹妹
tʂə³¹ ə³³ tsʅ⁵⁵/tsa³¹ ʑaŋ³¹ 侄子 u³³ sʅ³³/pja³³   巫师
ui³³ pa⁵⁵/n̥it³¹ tsha³¹   尾巴   sɑ³³ tsə³¹/n̥uɯ⁵⁵ ka³¹ tsa³⁵ 沙子

(三)汉借词语与表达同一概念的固有词语普遍并用,使用频度通常要高于固有语词,在语言的竞争中处于优势地位。例如:

	汉借词语	本语词语	汉义
梁河	ʑau³³ tsʅ³³	ʑau³³ luŋ³³	肾
	mɑ⁵¹ xuaŋ³¹	nu³³ tsa⁵⁵	蚂蟥
	tɕaŋ³³	tɕuk⁵⁵	讲
	kɯŋ³³ kɯŋ⁵⁵	thuŋ³³	都
潞西	ʑaŋ⁵¹ xo³¹	mji⁵¹ kjap⁵⁵	火柴
	ɕaŋ³³	xom⁵⁵	香
	xoŋ³¹ thaŋ³¹	a³³ tɕhau³⁵	红糖
	si⁽³¹ tsʅ⁵⁵	mu⁵⁵ lu⁽⁵⁵	席子
	tsua³³ phaʔ⁵¹	pjaŋ⁵¹	耙
陇川	tian³⁵ ʂʅ³⁵	a³¹ z̩t⁵⁵	电视
	pi⁵⁵ sai³⁵	khən³¹ ko³⁵ sʅ³¹	比赛
	pai³¹	ŋu³¹ pa³¹	拜
	sin³⁵	a³¹ pʐo⁵⁵	信
	ə³⁵	sək⁵⁵	二
	ʂʅ³¹	tɕe⁵⁵	十

汉借词语与表达相同概念的固有词语并用于同一结构中,形成语义的叠置。例如:

梁河

naŋ³³ tɕu⁵⁵ ʑiŋ³³ kai³³ a⁵⁵ su³¹ kai³³ khui³¹ ɛiʔ⁵⁵.   你就该这么说。
你   就   该(借)   这么说 该(本)(语助)

ŋa³³ xai³³   n̥³¹ tɕa³⁵ ʂən³¹.   我还没有吃。
我 还(借)   没 吃 还(本)

陇川

nuaŋ⁵⁵ tsai³⁵   ta³¹ pok⁵⁵ kʐai⁵⁵ ʂə³⁵!   你再说一遍!
你   再(借)   一 遍 说 还(本)

ŋɔ⁵⁵ ʑi³¹ tin³⁵ a³¹ na⁵⁵ ȵu⁵⁵ z̧ua⁵⁵ kai³⁵.　　　　我一定要红的。
我 一定（借）红的 要 一定（本）

潞西

ŋa³³ xai³³ tsɿ³³ m³¹ su⁵¹ səŋ³³.　　　　　　　我还没喝水呢。
我 还（借）水 没 喝 还（本）

（四）汉语影响深及构词法，部分汉语借词已成为阿昌语复合词中的构词语素并为本族人所广泛认同与接受。以梁河方言和陇川方言为例：

梁河

ku³¹ tɕhɛ³³	稻草	zɛ̄³¹ fa³¹	烟叶
谷（借）草		烟（借）叶	
tʂɯŋ³¹ tuŋ³¹	山洞	xəu⁵⁵ tɕhi³³	以前
山 洞（借）		那 期（借）	
tsu³³ kaŋ⁵⁵	坏人	lai³³ kaŋ⁵⁵	旋风
人 坏（借）		风 坏（借）	

陇川

ŋui⁵⁵ suan³⁵	算账	sen⁵⁵ ʑi³⁵ xɔt⁵⁵	经商
钱 算（借）		生意（借）做	
pz̧ei³¹ a³¹ pz̧o̧ʔ⁵⁵	碑文	ka⁵⁵ khai⁵⁵	开车
碑（借）文		车 开（借）	

二　语音方面的影响

阿昌语和汉语的音节结构均由声母、韵母和声调组成，结构上的近似性使阿昌语的语音系统很容易受到汉语语音系统的影响。主要表现为：

（一）汉借词语的大量进入使阿昌语的声母和韵母方面都发生了一些变化。在声母方面，借入了两个唇齿的擦音"f"、"v"和一个舌尖的浊擦音"z̧"。其中梁河方言借入"f"和"z̧"，潞西方言只借一个"f"，陇川方言借入"f"和"v"。在韵母方面，借入了复合元音韵母、带辅音尾的韵母（陇川方言只借入复合元音韵母、带辅音尾的韵母）等新的韵母。汉语声韵母的借入丰富了阿昌语的语音系统。以梁河方言和陇川方言为例：

梁河：
f	fa³¹	浇	z̧	z̧au³³	绕
ɛi	thɛi⁵⁵	只[有]	ai	xai³¹	还
əu	kəu³³	沟	iau	liau³³	扔
uai	tsuai³³	切[菜]	aŋ	xaŋ³³	先
ən	fən³³	肥料	iaŋ	khiaŋ³³	什么
uaŋ	xuaŋ³¹ ko̧ʔ³¹	榕树			

陇川： f　　　fen³¹　　　　分（钟）　　　v　　　vaŋ⁵¹　　　网
　　　　ei　　　mei³¹　　　　煤　　　　　ai　　　pai³¹　　　跪
　　　　iu　　　tiu³⁵　　　　扔　　　　　uai　　uai³¹　　　甜
　　　　iau　　ɕɔʔ³¹ɕiau³⁵　学校　　　　iaŋ　　siaŋ³⁵　　歌
　　　　iam　　tiam³¹　　　　写　　　　　iak　　tiak³⁵　　笑
　　　　uan　　tuan³⁵　　　　阉

（二）高升调和全降调多为阿昌语（梁河方言）的变调，使用频度偏低。随着大量汉语借词的进入，这两个声调在使用频度上大幅提高，调值逐渐固化。例如：

高升　　　　　　　　　　　　　全降
ɕɛ̄³⁵　　　　　县　　　　　　　taŋ⁵¹　　　　　　党
zi³⁵　　　　　亿　　　　　　　phjɛ⁵¹ phɑ³¹　　鱼篓
ɑ³¹ tsə³⁵　　 污垢　　　　　　tɕu⁵¹ pjɛʔ³¹　　酒窝
zi³¹ tin³⁵　　一定　　　　　　ʑu⁵¹ miŋ³¹　　　有名
lɑʔ³¹ tʂɑ³⁵　梁（姓）　　　　tsu³³ tɕhuɑ⁵¹　　土匪

三　语法方面的影响

阿昌语与汉语同属于分析性语言，语法上存在诸多共同性，相互间的影响自然有其便利之处。并且，阿昌族长期以来与汉文化接触密切，又普遍兼用汉语，因而其语法特点必然要受到汉语的强烈影响。表现主要有：

（一）借用部分虚词，一方面对固有的部分虚词进行了替换，一方面又增加了阿昌语虚词的数量，使语义的表现方式由隐性向显性转变。借用的虚词主要包括副词和连词，其中连词主要有"要是"、"所以"、"还是"、"因为"、"不管"等。例如：

梁河

ʑɑu³³ ʂɿ³³ mɑu³¹ n³¹ kɯ³³, ŋɑ³³ tɕu⁵⁵ lɛi⁷⁵⁵.　　　　要是雨不大，我就来。
要　是　雨　不　大　　我　就　来

mɑu³¹ wɑ³³ nɛi⁷³¹, so³¹ zi³¹ khɑ⁵⁵ nɑi³³ n³¹ thoʔ⁵⁵ lɑʔ³⁵.　因为下雨，所以今天不出去了。
雨　下　　　　所以　今天　　不　出　去

nɑŋ³³ lɑʔ³¹ ɕi⁷⁵⁵　xɑi³¹ ʂɿ³³ n³¹ lɑ³⁵.　　　　　　　　你去还是不去？
你　去（语助）还是　　不　去？

潞西

nɑŋ³³ lɑʔ³¹/⁵¹ pu³⁵ tsɿ⁵⁵ m³¹ lɑʔ⁵¹?　　　　　　　　你去还是不去？
你　去　　　还是　不去

陇川

pa²⁵⁵　lɔ³⁵s̩₁³¹　la³¹，ma⁵⁵ʂə³⁵pi³¹xa²⁵⁵lɔ³⁵si³¹　la³¹？　　是姨妈去还是嫂嫂去？
姨妈　去（助）（助）　还　是　嫂嫂　　去（助）（助）
a³¹sak³¹n̩i⁵⁵ne²⁵⁵，kuai⁵⁵ʂə³⁵pi³¹si⁵⁵ʐe²⁵⁵sa³⁵ne²⁵⁵.　　年纪虽小，可是什么都懂。
年纪　小（助）可　是什么　也　懂（助）

借入的副词主要有"也"、"还"、"就"、"才"、"又"、"刚"、"倒"、"仍然"等。例如：

梁河

ŋa³³tā³¹　pa³³nɛi²³¹，lia³³　ʐɛ³³pa³³nɛi²³¹.　　我有水田，也有旱田。
我　水田有　着　　旱田也　有　着

ŋa³³xai³¹tʂau³¹ ³⁵m³¹pa³⁵.　　我还没看过呢。
我　还　看　　没有

陇川

n̥aŋ³¹so³¹，ŋɔ⁵⁵ʐe³¹so³¹.　　他走，我也走。
他　走　我也走

ŋɔ⁵⁵xai³¹ma³¹tɕo³¹ʂə³⁵.　　我还没吃饭。
我　还　没　吃还

潞西

naŋ³³tsai³⁵ta²³¹xui²³¹tsop³¹lɛ²³³！　　你再说一遍！
你　再　一遍　说　吧

ɕaŋ⁵¹na³³tso⁵¹ta²⁵⁵，xai⁵¹tan⁵¹thai³⁵la⁵⁵.　　他病了，可还去犁田。
他　病（助）　还　水田犁　去

阿昌语梁河方言和潞西方言借用了汉语的"比"，构成"A＋比＋基准＋B＋…"的差比句式。比如：

梁河

a³¹mā³¹pji³³kha⁵⁵nai³³kuai³³ɛi²⁵⁵.　　昨天比今天热。
昨天　比　　今天　热（助）

a³¹pə³⁵pji³³naŋ³³kɯ³¹ɛi²³¹po³⁵？　　嫂子比你大吧？
嫂子　比　你　大　（助）（助）

潞西

maŋ⁵¹khji³⁵pji⁵¹khun⁵¹n̩i⁵¹kuɛ³³.　　昨天比今天热。
昨　天　比　今　天热

阿昌语陇川方言也借用了汉语的"比"，不过主要是用在"数量＋比＋数量"的句型中。例如：

ta³¹tseŋ⁵⁵pi⁵⁵ta³¹tseŋ⁵⁵n̩ʐaŋ⁵⁵　　一棵比一棵高
一棵　比一　棵高

ta³¹ lum³¹ pi⁵⁵ ta³¹ lum³¹ kz̞ə³¹   一个比一个大
一 个   比 一 个   大
ta³¹ȵen³¹ pi⁵⁵ ta³¹ȵen³¹ tɕi⁵⁵   一天比一天好
一 天   比 一 天   好

（二）借用复句格式（连同虚词一起），一定程度上改变了阿昌语固有的隐性表达方式，丰富了阿昌语的复句格式。例如：

梁河

naŋ³³ taŋ³¹ khu³¹ tə³³ nai³³ aʔ⁵⁵ ŋa³³ tɕu⁵⁵ koʔ⁵⁵ tə³³ nai³³ paŋ³³.
你 板凳（结助）坐（语助）我 就 蒲墩（助） 坐（语助）
你坐板凳的话我就坐蒲墩。

tʂʰ₁³¹ ma⁵⁵ so³¹ kua³¹ kaŋ³¹, pu³¹ ko³³ n³¹ tsau³⁵.
路   走 难 很   不过 没 关系
路不好走，不过没关系。

tʂ³¹ ʂ¹³³ naŋ³³ laʔ³¹ ʂaŋ³¹ ŋu³¹ tuŋ³³ tə³³ tshai³¹ ŋa³¹ tɕi³¹ ɕiʔ⁵⁵.
只是 你   去 他 我们（宾助）才   借 给（语助）
只有你去，他才借给我们。

潞西

wui³⁵ la³¹ ɕaŋ⁵¹ mau³⁵ sau⁵⁵ tu⁵¹ kei⁵¹, ŋa³³ xai³³ khji³³ ³¹ nɛ³³ ɕaŋ⁵¹ lə³¹ tsue³³ tiʔ⁵⁵.
为了   他 书   读   好 我   经常   他（宾助）帮助 着
为了他好好读书，我经常帮助他。

ɕaŋ⁵¹ ʐu³⁵ ta ʔ⁵⁵ tsop⁵⁵, ʐu³⁵ taʔ⁵⁵ ³¹ lai⁵⁵.
他 又 会 说   又 会 写
他不仅会说，而且会写。

陇川

mau³¹ z̞o⁵⁵ po³¹, kə⁵¹ ʂə³⁵ ȵaŋ³¹ xai³¹ z̞ə³⁵ po³¹.
雨   下（助） 可是 他   还 来（助词）
天虽然下雨，可他还是来了。

mau³¹ ʂaŋ³¹, ŋɔ⁵⁵ tɕiu³⁵ so³¹.
天   亮   我 就   走
天一亮，我就走。

（三）借入汉语的语义结合方式，使阿昌语增加了新的语义结合模式。像"解"和"手"组合成"解手"是汉语的一种普遍语义结合形式，阿昌语由于受汉语影响较深，借鉴了这种非本语固有的构词模式，用 laʔ³¹"手"和 phɯk⁵⁵"解"组成 laʔ³¹ phɯk⁵⁵"解手"。诸如此类的新型语义结合模式在阿昌语中不乏其例：

梁河

khaŋ³³ tɕu³³	救命	ʑit³¹ ma̯²⁵⁵ paʔ	打瞌睡
命 救		瞌睡 打	
sɿ³³ nɛ̄³³ ko³³	过年	tɕuŋ³¹ pʔ⁵⁵	打伞
新年 过		伞 打	
tiɛ̃³³ xua⁵⁵ paʔ⁵⁵	打电话	tən³¹ phuŋ³¹	开灯
电话 打		灯 开	
tsu³³ ʑin⁵⁵	人家	tsu³³ kuŋ³³	人中
人 家		人 中	
khaŋ³³ suā³³	算命	tʂhə³¹ tsɿ⁵⁵ tuā³³	拦车
命 算		车子 拦	

陇川

ã³¹ xan⁵¹ kzai⁵⁵	讲价	ka³¹ tɕhet⁵⁵	包车
价钱 讲		车 包	
ka⁵⁵ khai⁵⁵	开车	sen⁵⁵ ʑi³⁵ xɔt⁵⁵	做生意
车 开		生意 做	

(四) 出现了一些新型语序, 与固有语序并存共用。主要是：增加"数+量+名"、"指示代词+量词+名词"等修饰语序, 分别与固有的"名+数+量"、"名词+指示代词+量词"交替使用。例如：

梁河

ŋa³¹ ʂa³¹ ta³¹ tɕaŋ³³	一斤鱼	ta³¹ tɕaŋ³³ ŋa³¹ ʂa³¹	一斤鱼
鱼 一 斤		一 斤 鱼	
xa³³ tʂu⁵⁵ phjin³¹ taŋ³¹	这种花	phjin³¹ taŋ³¹ xa³³ tʂu⁵⁵	这种花
这 种 花		花 这 种	

潞西

tsɿ³³ laŋ³³ taʔ³¹ thiau⁵¹	一条河	taʔ³¹ thiau⁵¹ tsɿ³³ laŋ³³	一条河
河 一 条		一 条 河	
sək⁵⁵ ak⁵⁵ paŋ⁵¹	两棵树	ak⁵⁵ paŋ⁵¹ sək⁵⁵	两棵树
树 两 棵		两 棵 树	
tuaŋ⁵⁵ tɕhi³⁵ lom³³	这个坑	tɕhi³⁵ lom³³ tuaŋ⁵¹	这个坑
坑 这 个		这 个 坑	

(五) 受汉语影响, 小句宾语句中谓语动词可前移至主语之后, 构成"S+V+小句宾语"格式。阿昌语梁河方言中有一部分动词可以后接小句宾语, 虽然这类动词目前数量尚嫌偏少, 但在一定程度上反映了阿昌语的"宾动"结构已出现"松动"的征兆。例如：

ŋa³³ kai³³ saŋ³³ tɕa²³¹ ʂaŋ³¹ pjɛ²³¹ ʂa³⁵ m³¹ tɕa³⁵.　　我听说他不吃羊肉。
我　听说　　　他　羊　肉　不　吃
ŋa³³ ʂaŋ³¹ pjɛ²³¹ ʂa³⁵ m³¹ tɕa³⁵ kai³³ saŋ³³ tɕa²³¹.　　我听说他不吃羊肉。
我　他　羊　肉　　不　吃　听说

(六) 引发了某些句型的变化。像梁河阿昌语中固有的施事格助词 xa³³ 被替换为动词 tɕu³³"用",固有的简单动词谓语句逐渐趋同于相应的汉语连动句:

ŋa³³ tɕɛ̄³³ pji³¹ xa³³ tsɿ³³ ɕɛ³³.　　我用铅笔写字。
我　铅笔（施助）字　写
ŋa³³ tɕɛ̄³³ pji³¹ tɕu³¹ tsɿ³³ ɕɛ³³.　　我用铅笔写字。
我　　铅笔　用　字　写
naŋ³³ tɕaŋ³¹ tʂu³⁵ xa³³ 　 aŋ³¹ tə³³ 　 n̥aŋ³¹ tɕa³¹ ɛi²³⁵.　　你用筷子夹菜吃呀。
你　筷子　（施助）菜（结助）夹　吃（语助）
naŋ³³ tɕaŋ³¹ tʂu³⁵ tɕu³¹ aŋ³¹ tə³³ 　 n̥aŋ³¹ tɕa³¹ ɛi²³⁵.　　你用筷子夹菜吃呀。
你　筷子　　用　菜（结助）夹　吃（语助）

四　交际方面的影响

语言的交际能力是一个连续统,从基本的交际能力到高层面的交际能力呈现出的是一个级差(graduation)系列。前者指语言社团内部成员之间传递信息的一种最基本的能力,后者则不仅要具备这种传递信息的能力,而且还应该具有本语社团成员间的交际内容不为其他语言社团成员所知晓的性质。由于汉语与阿昌语长期以来保持着一种高强度的语言接触态势,大量汉借词汇和部分汉借句式都已进入了阿昌语的语言系统,再加上语音系统有渐次向汉语语音靠拢的趋势,因而本族人之间使用母语进行交流时,交际内容难免出现不同程度"外露",导致语言通解度的一定程度的提升。具体表现在两个方面:其一是语句(单句和复句)中汉语借词、汉语句式的数量较多。例如:(横线标注的为汉借成分,下同)

梁河

ʂaŋ³¹ zē³¹ zi³¹ ko³³ nuŋ³³ tɕhɛ³³ tə³³ 　 tɕi²³¹ ɛi²⁵⁵.　　他给客人一支烟。
他　烟　一　支　客人　　（结助）给（语助）
kha⁵⁵ nai³³ ɕin³³ tɕhi³³ u³¹ n̥ɛ²⁵⁵.　　今天不是星期五。
今天　　　星期　五　不　是
lau³³ zē³³, naŋ³⁵ zi³³ sɿ⁵⁵ ŋa³³ thuŋ³³ n³¹ ɕɛ³⁵.　　大叔,你的意思我不懂。
大叔　　你的意思　我都不　懂
a³¹ mã³¹ ŋa³³ maŋ³¹ pu³³ zin³¹, so³¹ zi³¹ n³¹ la²³⁵.　　昨天我太忙,所以没去。

昨天　我　太忙　　　　　所　以　没去
ŋo³¹ tuŋ³³ ẓi³¹ pjē³³ pɛ³¹ xua³³ kai³³ la⁵⁵ ẓi³¹ pjē³³ mjɛ³¹ sı³³ pho³³ nɛi⁽⁵⁵⁾.
我们　　一边　白话　　讲　来一边　蔑子　破　着
我们一边聊天一边破蔑子。

陇川

ŋu³¹ tu³⁵ tan³⁵ ẓi³¹ tɕiu⁵⁵ u⁵⁵ ẓi³¹ nek⁵⁵ kai⁵⁵ faŋ³⁵ mu⁵⁵ ne⁵⁵.
我们家　　　　　1951　　年　解放　　才
我们家乡1951年解放。

lau³¹ sı³⁵ tau³⁵ ʂə³⁵ pu³⁵ lo⁽⁵⁵⁾ kẓai⁵⁵. 老师倒是经常说。
老师　倒是　　经常　　说

潞西

ŋa³³ a³⁵ tsan³³ kjin³⁵ mau³³ sau⁵⁵ tu⁽³¹/⁵¹⁾ kɯ³³ ta³⁵ ɕo⁽⁵⁵⁾ khau³³ ai³⁵.
我　要努力　　　书　　　读　（语助）大学　考　（语助）
我要努力读书考大学。

ŋa³³ ẓɛ³¹ op⁵⁵ ẓɛ³¹ lui³⁵. 我越坐越累。
我　越　坐　越　累

ŋo³³ to³³ pan³⁵ xua⁵¹ pa³³ təu⁵¹ wen³⁵ thi⁵¹ tshı³⁵ lom³³ kjɛ³³ kjɛ³¹.
我们　办法　　有了　问题　　这　个　解决
我们有办法解决这个问题。

其二为语言交际过程中"汉—昌"语码转化的无意识性。这在交际双方话轮转换和进行大段陈述时出现的频率较高。三个方言中这种情形均有出现,下面以梁河方言为例：

例 1

A：lau³³ ẓɛ³³ kha⁵⁵ nai³³ ŋui³⁵ kē³¹ ẓɛ³¹ pjɛ³³ xəu³³ n³¹ pjɛ³³ wai³¹ ?
　　大叔　　　　今天　我家根源　　放　了　没放　呀

B：khau³³ sı³⁵ nɛi⁽⁵⁵⁾, tɕu⁵⁵ ẓau³³ kau³³ wā³¹ kəu³¹, naŋ³³ la³³ 　kə³³ tə³³ tə³¹ ?
　　考试　　着　　就要　考　完　了　　你（话助）哪　里　在

A：ẓin³³ tə³³ nai³³ nɛi⁽³¹⁾.
　　家（助）在　着

B：khau³³ wā³¹ kəu³¹, ŋa³³ tɕu⁵⁵ naŋ³³ tə³³ tiē³³ xua³³⁵⁵ pa⁽⁵⁵⁾ la³¹ tɕit³¹.
　　考　完　了　　我就　　你（助）　　电话　打　去　给

A：uŋ³³ ɛi⁽⁵⁵⁾, uŋ³³ ɛi⁽⁵⁵⁾, ɕɛ³¹ ɕɛ³³ ! ɕɛ³¹ ɕɛ³³ !
　　行　呀　行　呀　　谢谢　　　谢谢

B：pu³¹ ẓu⁵¹, pu³¹ ẓu⁵¹.
　　不　有　不　有

译文：

A:大叔,今天我家根源放学了没有？

B:在考试呢。就要考完了。你在哪里？

A:在家。

B:考完了,我就给你打电话。

A:行呀！行呀！谢谢！谢谢！

B:没有,没有。

例 2

ŋa³³ ŋaŋ³¹ na³³ naŋ³³ ko³⁵ n̠i³¹ tɕɛ̃³³ ɕi³³. ŋo³³ ʂo³¹ kə³¹ n̠i⁵¹,
我　　觉得　你　　过于　客气　　我说　给　你

n̠i³³ tsai³⁵ ŋo³³ tʂə³¹ tiɛ̃⁵¹ luã³⁵ pu³¹ ʐau³³ tɕɛ̃³³ ɕi³³, ʑe³³ pu³¹ ʐau³³
你在　我　这里　　乱　　不要　　客气　　也不要

n̠i³¹ sai³¹ pa³³ nɛi²⁵⁵. naŋ³³ n̠³¹ la³⁵, ŋa³³ xai³³ pu³¹ ʂi³³ ku³³ nai³³ nai⁵⁵
害羞　有（助）　你　不来　　我　还　不　是　每　天　天

tʂau³⁵ tʂhaŋ³¹ ʐ̩u³¹ ʂi³³ tə³³ taŋ³³ nɛi²⁵⁵. kə³⁵ ʂi³¹？
照　　常　　如　是　地　做（助）是不是

译文：

我觉得你太客气。我跟你讲,你在我这里一定不要客气,也不要觉得不好意思。你不来,我还不是每天照常如是地做饭嘛？是不是？

第二节　汉语影响的基本特点

从影响所及的范围、深入的程度以及影响的时间段来看,汉语对阿昌语影响的基本特点大致可以归纳为四点:全面性、深层性、层级性和阶段性。

一　全面性

从影响所及的范围来看,汉语的影响是全方位的,既包括语言结构方面(语音、词汇和语法)的影响,又包括语言使用方面的影响。

先看语言结构方面。在汉语影响下,阿昌语的语音系统新增加了部分声母、韵母和声调,自身的语音系统与汉语语音系统更为接近。受汉语影响,阿昌语的词汇系统中汉借词语不仅数量大,而且分布也十分广泛,涉及阿昌族生活的各个方面;汉借词语与表达同一概念的固有词并用时通常占居优势地位,在固有词语、早期借词和新近借词并用的情况下,新近借词的使用频率通常最高,固有词语的最低,使用频率由低及高依次为"固有词语"＞"早期借词"＞"新近借词";阿昌语中的部分汉借词语还进入词语的核心领域;阿昌语的固有构词法在汉语影响下能产性的衰退。受汉语影响,阿昌语的语法系统借入了一些表"时间"、"频率"和"范围"等的虚词,逻辑语义表现方式从隐性转为显性。此外,阿昌语中还引入了一些与固有语序并存共用的新型语序、新型句式。

再看语言使用方面。由于阿昌语中汉借词汇数量大,汉借句式丰富,语音系统与汉语语音系统近似程度较高,因而在使用阿昌语进行交际时,本语社团内的交际内容在话语中以及语轮替换时往往会出现不同程度的"外露",语言社团之间的通解度增高。

二 深层性

从影响深入的程度来看,汉语的影响具有深层次性的特征。语言接触引起的影响依照程度差异可划分为表层影响和深层影响。表层影响只是改变了语言的若干特点,尚未触及到语言的核心部分;深层影响则是进入了语言的核心领域,并在一定程度上使受语(recipient language)的特点逐步向源语(source language)靠拢。

汉语影响的深层性首先表现在词汇方面。任何语言都有数量不等的、构成该语言特质的核心词汇。在语言接触中,倘若有一定数量的借词已深及核心词汇层面,那么就表明受语词汇系统中有活力的词语已经相当匮乏,语言的影响已经进入深层。阿昌语的情况正是如此。从上文所举的例子中可以发现,梁河阿昌语的部分核心词汇(比如 nu^{33}"弩"、zi^{33} pau^{55}"胎盘"、$tɕhi^{31}$ tai^{33}"脐带"、$zaŋ^{31}$ $tsɿ^{35}$"淋巴"等)已为汉语借词替换,与汉借词并用的核心词语(比如 ui^{33} pa^{55}"尾巴"、sa^{33} $tsə^{31}$"沙子"、pha^{31} $zaŋ^{33}$"叔叔"、a^{31} $naŋ^{33}$"妹妹"、pja^{33}"巫师"等)也多处于竞争中的劣势。部分汉借词进入阿昌语的核心词汇领域是汉语影响具有深层性的一个重要指标。

汉语影响的深层性也表现在构词法方面。一种语言在大量吸收借词时,会调动自身的潜力尽量利用本族语材料创造新词。但阿昌语新词术语的丰富和进一步发展主要依靠汉语音译全借词。阿昌语中原有的构词手段主要有复合式(联合、修饰、支配、附注、多层)和附加式(前加、后加),受到汉语影响后,出现了"借词+本语词词注"和"本语词词注+借词"两种新型构词方式。随着接触强度的加深,阿昌语的固有构词法向音译全借词靠拢。固有构词法以及"借词+本语词词注"的构词方式均受到相当程度的抑制,"本语词词注+借词"中也仅剩下"a^{31}+借词"尚存有一定的能产性,比如,梁河方言中的 a^{31} $ɕin^{33}$"信"、a^{31} $tuŋ^{31}$"洞"、a^{31} pa^{31}"把"(工具的把手)、a^{31} $khok^{31}$"壳"等。可见,阿昌语的固有构词能力和混合构词能力基本丧失,词汇量的进一步扩充和词汇义类的细化与切分主要通过音译借词的大量借用来实现。阿昌语在词汇的核心领域存在着一定数量的汉借词,构词法主要是汉语音译借词,这是汉语影响具有深层性的另一个重要指标。

汉语对阿昌语影响的深层次性还表现在语法方面。分析型语言以语序和虚词为最主要的语法手段,一般来讲,表层影响不会改变语言的基本语序,也不通过虚词的大量借贷来补充自身的缺失部分。深层影响则不仅会通过接纳一定数目的虚词来充实和完善自身的虚词体系，而且还能够改变基本语序。阿昌语在表示"转折"、"目的"、"因果"等关系语义时，固有的表示方法除了在分句缀以"kun^{33}"外，多通过上下文语境、变调、停顿、重读等方法来表示。汉借虚词进入后，固有表示方法的使用频度呈降势，有些表达手段（如重读等）渐趋丧失。在语序方面，阿昌语固有的修饰语序、"S+O+V"语序都出现了不同程度的"松动"迹象。阿昌语语法中有些表达方式与汉语有趋同的迹象，这也是汉语影响深层性的一个重要指标。

三　层级性

从总体上看，汉语对阿昌语的影响具有深层性的特点，不过，在梁河、陇川和潞西方言以及语言结构上，这种影响的深层性分别还有一定程度的差异，表现出汉语影响的层级性特点。

先看三个方言的情况。汉语影响的程度在地域方言上的层级性差异导源于各方言区的地理环境、社会历史条件以及民族接触等方面的不同。梁河阿昌族的聚居地处于交通要冲，与文化较发达的腾冲县接壤，梁河最大两个阿昌族聚居地囊宋乡和九保乡曾一度归腾冲县的行政管辖。因为地域和行政上的缘由，梁河阿昌族与腾冲汉族接触一向较为频繁。此外，梁河阿昌族的汉语教育也起步较早，清初就已经蓬勃兴起，此后就一直再没有间断过。民国时期当地就有部分阿昌族能兼通汉语。与之不同，陇川阿昌族靠近邻邦缅甸，聚居地周围多环以傣族村寨。傣族在当地不仅人口数量占据绝对优势，行政管理方面处于主导地位，而且经济、文化、教育等方面要远比阿昌族发达。在新中国成立以前，陇川阿昌族主要受到傣族文化的影响，傣语是当地不同民族进行交际的共同语，汉语的影响相对来讲十分有限。潞西阿昌族聚居地处在梁河与陇川之间，建国以前受到汉语和傣语的影响相对均衡一些，所受汉语的影响在程度上当介于陇川方言和梁河方言之间。可见，阿昌语的三种方言在建国之前所受汉语的影响就已经存在着程度上的差别。建国以后，由于政治上的高度统一，计划经济制度的贯彻执行，以及大量汉族人口（干部、教师、军人等）的进入，再加上"汉—阿昌"族际婚姻家庭的不断增加，中小学教育的迅速普及，德宏地区的社会情况发生了天翻地覆的变化，汉文化迅速取代傣文化成为当地的主流文化，汉语也随之替代傣语一跃成为当地不同民族进行交际的通用语。但是，由于阿昌语的三个方言在与汉语接触的历史、广度及深度方面原本就存有一定的差异，因而汉语影响的程度在地域方言上就表现出一定的层级性。大致说来，层级性的差异由高及低依次为：梁河方言＞潞西方言＞陇川方言。应该指出，自上世纪80年代改革开放以来，随着经济建设的加速发展、交通运输条件的迅速改善、文化交流的广泛深入，尤其是流动人口的日益增多，新闻媒体、汉语大众文化的强力冲击，阿昌族地区所受汉语影响是前所未有的，汉语影响推进到每一个阿昌族山寨中，每一户阿昌族家庭里。在这种情况下，阿昌语三个地域方言性差异渐趋缩小，层级性已大不如以往鲜明。

再看汉语影响的层级性在语言结构上的表现。语音、词汇和语法三个要素中，所受影响在程度上由高及低依次为：词汇＞语音＞语法。汉语影响程度上的差异性来源于语言要素本身在语言接触中所具有的特性。词汇在语言系统中是最具开放性的一个部分,也最易受到其他语言的影响,在语言接触中受到汉语影响的程度自然是最深入的。阿昌语中不仅汉借词语数量众多,分布广泛,而且一部分汉语借词已经深入到了核心词汇领域;构词法也受到汉语影响,固有的构词方式已为新起的音译全借词方式所代替。与词汇相比,语音所受到的影响在程度上要轻一些。阿昌语的语音系统只是增加了部分声母、韵母和声调,语音系统的基本特点仍较完整地保留着。语言三要素中,语法是最具封闭性的部分,它处于语言结构的底层,是语言类型区别的最重要的一个参项,也是语言三要素中最为稳固一部分。在汉语影响下,阿昌语借入了部分汉语虚词,也产生了一些与固有语序并用的新型语序。但是从总体上看,阿昌语的语法所受影响并没有"伤筋动骨",语言类型的特质仍然较完好地保留着。

四　阶段性

从影响的时间段来看,汉语对阿昌语的影响具有明显的阶段性。以新中国成立为分界线,可划分为建国前和建国后两个阶段。建国前以傣语的影响为主,汉语的影响非常有限;建国后则是汉语单独对阿昌语施加全面、深入的影响。

建国以前,德宏地区汉族人口相对较少,分布零散,汉族与阿昌族的早期接触仅限于木材加工、房屋建筑等为数不多的几个领域。这期间,阿昌语也受到汉语的一些影响,但总体上看,汉语在当地是一种影响力相当有限的非主流语言。相比之下,傣族是当地的主体民族,人口众多,分布广泛,经济文化先进。无论是民族间的自然接触,还是行政上的隶属关系,早期傣族对阿昌族的影响都要远远超过汉族。傣语是当地各民族进行交流的通用语,傣语对阿昌语的影响在广度和深度方面都是汉语所难以企及的。

建国以后,随着政治的高度统一,经济、文化、教育方面的转型,以及汉族人口的大量迁入,德宏地区的主流文化逐渐由傣文化转变为汉文化,汉语成为当地不同民族进行交际的通用语言,开始全面、深入对阿昌语产生影响。在与汉语的竞争中,傣语的影响力逐渐降低,使用范围日渐狭窄。兼用傣语的人口渐渐固定于一些特殊群体(部分老人、"傣—阿昌"族际婚姻家庭成员),使用人数也在不断下降。最后,傣语在与汉语的语言竞争中完全退出。改革开放以来,经济、文化、教育等方面都发生了天翻地覆的变化,大规模的人口流动也比以往任何一个时期都要频繁,不少阿昌族青年外出打工,大量汉族也来到阿昌族地区务工经商,这就使汉语对阿昌语的影响进一步深化,汉语作为通用语的地位也得以进一步的稳固。

第三节　汉语影响的主要作用

长期以来,汉语与阿昌语始终处在高强度的接触中,由于二者在使用人口、使用范围和交际功能等方面的过于悬殊,因而语际间的所谓"迁移"实际上所呈现出的是绝对"一边倒"的态势,汉借成分大量"迁移"至阿昌语中,使阿昌语的语言系统与汉语的语言系统产生了一定的趋同性。汉语的影响是全面的、深入的,那么,这种影响对阿昌语的发展和演变究竟有哪些作用?以下从语言结构和语言使用两个方面,尝试对这一问题做出说明。

一 语言结构方面的双重作用

汉语的影响对阿昌语的语言结构有着异化和固化两种作用,体现了汉语影响作用的双重性。

首先来看异化作用。所谓异化,也称弱化,指的是在汉语影响下,阿昌语中一些固有的特征发生变化,产生一些与固有语言不同的新质,从而引起了语言面貌的部分改变。异化作用在语音、词汇和语法方面都有诸多表现。下面以语法方面的表现为例。

阿昌语属于藏缅语族的彝缅语支,是"SOV"型语言,蕴含修饰成分多居于中心语之后的特征。比如在梁河方言中:

ŋa^{33} n^{31} tɕa^{35} ʂən^{31}.　　　　　　　　　　　　我还没有吃。
我　没吃　还(本)

ŋa^{33} xai^{33}　　n^{31} tɕa^{35} ʂən^{31}.　　　　　　我还没有吃。
我　还(借)　没吃　还(本)

naŋ^{33} a^{33} su^{31} kai^{33} khui^{33} ɛi$^{?55}$.　　　　　　你应该这么说。
你　这么　说　应该(助)

naŋ^{33} tɕu^{55}　　zin^{31} kai^{33}　a^{33} su^{31} kai^{33} khui^{33}　ɛi$^{?55}$.　　你就应该这么说。
你　就(借)　应该(借)　这么　说　应该(本)(语助)

naŋ^{33} la^{33} tshuɯk^{55} ʂɿ^{33}.　　　　　　　　　你先算算。
你(话助)算　先(本)

naŋ^{33} ɕɛ̃^{33}　tshuɯk^{55} la$^{?55}$.　　　　　　　你先算算。
你　先(借)算　来

在上述例句中,固有的修饰性成分 ʂən^{31}"还"、khui^{33}"应该"、"ʂɿ^{33}"均符合阿昌话语序所要求的修饰语居后的原则。但在借用了相应的 xai^{31}"还"、zin^{33} kai^{33}"应该"、"ɕɛ̃^{33}"之后,遵循汉语语序规则,修饰语一概居前。从目前的情况来看,这两种语序并行于阿昌语日常交际中,新型修饰语序在总体上使用频度甚至要略高于相应的固有修饰语序。显然,这在一定程度上打破了阿昌语固有修饰原则,使固有的语序特征出现弱化。此外,受到汉语影响,阿昌语在句法方面新增加的"数+量+名"、"指示代词+量词+名词"修饰语序以及借用汉语的"动宾"型语序等都使阿昌语的固有语法规则有所弱化。上述所举的例子都是汉语影响的异化作用在句法层面的表现。

再看固化作用。所谓固化,又称强化,指的是汉语的某些语言特征蕴含了阿昌语中的某些语言要素的特质,因而汉语的影响实质上对这些相应的语言特征起到一种加固与强化的作用。

古代藏缅语中都有丰富的鼻音韵尾(-m、-n、-ŋ等),但后来在大部分的语言里出现了简化和脱落。演变过程大致如下:第一步,多种鼻音韵尾通过合并,数量减少。第二步,部分鼻音韵尾韵母转化为元音的鼻化。这时期,鼻音韵尾与鼻化元音并存。第三步,鼻音韵尾脱落,全部转化为鼻化元音韵母。第四步,鼻化元音的鼻化成分消失,转为口元音。从鼻音韵尾的演变过程中,可以看出其间经历了元音鼻化的中介阶段。

在梁河阿昌语语音系统中有四个鼻化元音,分别是ẽ、iẽ、ã、uã,这些鼻化元音存在于固有词语中,但为数不多,阿昌语中带鼻化元音的词语大多是出现在汉语借词中。例如:tuŋ^{31} tɕhẽ^{33} "钱"、tiẽ^{33} "[一]滴"、xã^{33} "霜"、tʂuã^{33} "[一]趟",等等。可以这样认为,汉语影响增加了阿昌语语音系统中鼻化元音的数量,提高了鼻化元音的出现频率,固化了阿昌语语音演变在中介阶段的这一特征,使这种特征更为凸显。固化作用的结果不仅使阿昌语语言类型的特质得以保持,而且也使得阿昌语在系属关系中处于彝缅语支语言的一个比较特殊的地位中。

二 语言使用方面的作用

在语言使用方面,汉语影响的作用主要表现为语言使用功能的互补和语言表达功能的补充上。

(一) 使用功能上的互补作用

假若一种语言的使用功能出现不足,那么通常会兼用其他功能较强的语言,这样就出现了语言使用功能上的互补。阿昌族"源于氐羌",大约在13世纪前后才西迁至现今德宏境内并定居下来。阿昌族与傣族长期共居一处,因而不少人能够兼用傣语,形成了"傣—阿昌"双语类型。新中国成立后,随着社会制度的转型,以汉族为主体的多民族友好关系不断发展。这就使得阿昌族由主要兼用傣语转为兼用汉语为主,双语类型由"傣—阿昌"转变为"汉—阿昌"双语型。半个多世纪以来,阿昌语与汉语形成了牢固的互补关系。汉语和阿昌语在使用功能上互相补充,各自在不同领域内发挥作用。具体来讲,阿昌语主要用在家庭内、村寨中以及族群内部。阿昌语不仅用于日常交流,而且还传递着族群特殊的情感意义。在一些传统领域,如口头文学、民间文艺、传统仪式、地方习俗中,阿昌语的运用包含有丰富独特的语言特点和文化内蕴。

汉语是我们国家各民族的共同语,汉语的的获得和运用,为阿昌族带来了更为广阔的视野,增加了更为丰富多彩的生活、劳作经验,提供了更广泛的发展途径。汉语不仅用在阿昌族与汉、傣、景颇等不同民族之间的交际中,而且也用在本民族内部三个不同方言区之间的交流;汉语不仅用于阿昌族日常生活、田间劳作中,还广泛用于阿昌族人民参政议政、务工经商、读书升学以及记录本民族的文化历史方面。当今社会已经进入了信息化时代,新知识层出不穷,阿昌族仅靠母语来获取新知识是远远不够的,只有在兼用汉语的前提下,使汉语与阿昌语在不同的领域内各司其职,各自发挥重要的作用,这样才能使阿昌语在语言和谐、语言互补中得以继续生存和进一步发展。

（二）表达功能上的补充作用

语言是人类最重要的交际工具和思维工具。工具性要求语言必须能够满足人类日常交际与思维认知的需要。倘若这种要求得不到满足，那么，语言系统就会进行适当调整，要么是利用本语系统的材料去实现新型语言表现方式的创新，要么是在语言接触中借入他族语言成分来提高本族语的表达能力。

建国前，阿昌语长期兼用傣语，阿昌族的语言使用是"傣—阿昌"双语型。建国后，由于政治、经济、文化教育等方面的急遽转型，汉语在较为短暂的一段时间内就取代了傣语成为德宏阿昌族地区的通用语言。这种突如其来的变化对于人口数量较少的阿昌族来讲，若想在短时间内使用母语材料去创造出相应的新的表达方式是相当困难的，因而通过大量吸收汉借成分来弥补母语使用功能的不足就成为一种必然。这种全方位的借用在语言结构的三个要素中均有明显的体现。词汇方面，阿昌语通过大量吸收汉语词语，丰富了本族语的词汇库。汉借词语的大规模借入出现过两个高峰：一是在建国后不久，有关政治制度、经济建设、文化教育等方面的词语涌入阿昌语，如"政治、国家、政府、共产党、共青团、人民、经济、合作社、化肥、文化、教育、小学、中学、地主、富农、农民、工人、干部、解放军、民兵、省、县、公社、大队、队长、社员、解放、打倒、剥削、批判、土改"，等等。第二个高峰是在改革开放至今，表示新事物、新概念、新思想的汉语借词为阿昌语所吸收，比如"改革、开放、小康、现代化、和平、统一、承包、电视、录音机、电冰箱、洗衣机、广告、明星、亚运会、奥运会"，等等。阿昌语对汉语词汇的吸收基本上是与汉语自身的发展同步进行，像早期进入阿昌语的有"包子、馒头、面条、米线、铅笔、灯、电影、信"等，而后对汉语中的一些新词语，比如"面包、三明治、巧克力、冰淇淋、CD、签字笔、台灯、光盘、电子邮件、迪斯科"等词语也一概借入。阿昌语还借贷了数量不菲的四音格结构。比如"水滴石穿、水火不容、不三不四、敌进我退、亡羊补牢、邋里邋遢、东张西望、一国两制、包产到户"等。一些熟语也被借入到阿昌语中。像"三百六十行，行行出状元"、"种瓜得瓜，种豆得豆"、"若要人不知，除非己莫为"、"善有善报，恶有恶报"、"若要书中求富贵，白日耕田夜读书"，等等。阿昌语固有词汇系统中表抽象意义的词语相对缺少，随着生活、劳作场景的转移以及人们文化水平与思想水平的提高，语言表达也相应发生变化，日趋准确和清晰，一些表抽象概念的词语也自然为阿昌语大量借用，如"幸福、福气、爱情、恋爱、财产、衷心、勇敢、健康、自私、卑鄙、无聊、奇特、关系、条件、青春、安慰、想法"，等等。在语法方面，阿昌语通过对汉语语法成分的吸收改变了自身部分语法特点，丰富自身的语言表现力。在同汉语长期的高强度接触中，阿昌语中表示逻辑语义的一些固有的表示方法受到了影响，固有表达能力出现了一定程度的衰退，某些表达方式出现了残缺。汉借虚词的借入适时地填补了由于固有表达成分缺失造成的空位，从而将阿昌语原有的内显语义关系以相对外显的形式固定下来，增强了阿昌语的逻辑语义的清晰度，避免了日常交际中语义的"混码"。在语音方面，阿昌语通过汉语的声母、韵母和声调的部分借贷,自身语音特点表现出与汉语语音系统一定的趋同特性,这不仅对青少年汉语的习得大有裨益,而且也有利于本语语言系统对汉语实词、虚词和短语等成分有效吸收和融入,更好地服务于本语社团。

  总之,阿昌族为了适应语言交际的需要,在词汇、语音和语法等方面,全面吸收汉语的有效成分,并逐渐与阿昌语固有成分进行有机地结合,以满足阿昌族日益进步的社会交际的需要。阿昌语正是受益于汉语的这种补充作用,通过不断丰富发展自身的语言系统,才得以保留并不断地发展下去。

第八章 结语

通过以上各章的分析描写,我们对阿昌族语言的使用情况有了大致轮廓的了解,并形成了一些基本认识。有以下几个认识需要在这里再总括一下。

一 阿昌族语言使用情况的基本特点是什么?

总地说来,阿昌族语言的使用不同地区发展不平衡,主要呈现出两种类型。两种类型是:大部保留母语,部分发生转用。

保留母语型是主要的类型。这种类型分布在潞西、陇川以及梁河的部分地区。在这些地区,阿昌语的使用功能相当稳定。调查统计显示,在潞西县江东乡,95%左右的阿昌族能熟练掌握阿昌语;陇川县的情况也一样,能熟练使用阿昌语的阿昌族占阿昌族总人口的99%以上。只有梁河县出现了较大比例的语言转用,但约有三分之一的阿昌族还能保留阿昌语。所以从总的情况看,可以认为阿昌族大部还保留着自己的母语。

这种语言使用现状的形成,有其深刻的社会文化因素。小片聚居,是阿昌语稳定使用的客观条件。全国阿昌族人口有三万多,85%以上聚居在陇川县户撒乡和梁河县的囊宋、九保三个阿昌族乡。在潞西市江东乡高埂田村,阿昌族人口占全村总人口的67%,村内各小组阿昌族人口比例最少的为89%,最高的达到99%。户撒乡阿昌族人口占全乡总人口的53%,部分村寨阿昌族人口的比例高达97%。梁河县的两个阿昌族乡中,阿昌族人口比例达50%以上的有29个。阿昌族分布的聚居性是其语言能大部保留的主要原因。

语言兼用在一定的条件下还有助于母语的保存。阿昌族与汉族的关系十分密切,经过长期的接触交流,阿昌族已普遍兼用汉语。母语阿昌语和兼用语汉语都是他们生活中不可缺少的交际工具,阿昌语主要在家庭内、村寨内和宗教活动等领域使用,担负着日常交际以及传播民族文化的功能。而汉语则主要在集市、商店、学校、机关单位使用。它们"各司其职",各自在不同场合、不同领域发挥作用。母语与汉语的这种有机互补,有利于阿昌语的保存。这是阿昌语得以保存的另一重要原因。

阿昌语是一种开放型的语言,具有较强的包容性。阿昌语善于从汉语、傣语里吸收自己所需要的成分来丰富自己,特别是新中国建立以来,阿昌语在语音、词汇、语法上都受到汉语较多的影响,从汉语里吸收了大量的词汇来丰富自己。汉语影响成分与阿昌语固有成分融合在一起,极大地增强了阿昌语的活力,这有利于阿昌语的保留。

阿昌族对自己的民族语言是充满着感情的。他们认为语言是一个民族的重要标志之一,作为一个民族应该掌握本民族的语言。他们觉得说阿昌语更亲切,并且认为民族文化中的精华往往在口耳相传的阿昌语中保存,因此把语言传承下去对保护优秀的民族文化财产是很有必要的。这种强烈的民族意识和民族情感也有利于阿昌语的传承。

但是,阿昌语的语言使用还存在另一种类型——部分转用型。由于社会文化、地理分布等原因,分布在梁河的阿昌族有部分人已失去了自己的母语。有些村寨甚至已经整体转用汉语,基本上都成为了汉语单语人。在阿昌语保存较差的村寨中,15岁以下年龄段的阿昌族大部分已转用汉语,母语交际能力基本丧失,已成为汉语单语人。其主要原因是,由于在分布上与文化较发达的腾冲县比邻,囊宋和九保两个阿昌族乡曾为腾冲县所辖,受汉文化的影响较深。这一带的阿昌族,汉语教育起步较早,建国前当地就有部分阿昌族能兼通汉语。

族际婚姻增多,对语言的转用也起到了促进作用。过去,阿昌族主要实行族内婚,主张同姓不婚,族外不婚。20世纪50年代以后,特别是近二十年来,族际婚姻越来越多,现在几乎每个阿昌族村寨都有数量不等族际婚姻家庭。随着"汉—阿昌"族际婚家庭的增多,在这些家庭中,父辈的语言兼用是必需的,而子女的语言转用也是不可避免的。

阿昌族"大部保留母语"和"局部转用汉语"这两种语言使用类型的存在是我们必需面对的现实。应当怎样认识它们存在的必然性及其产生的原因;应当如何看待它们今后的发展趋势,这是我们必须思考的理论问题。

二 在多语环境下的阿昌语,它的特点是什么?它的演变规律是什么?

阿昌语属于开放型语言。长期以来,阿昌语为适应社会发展的需要,吸收了汉语、傣语、景颇语的许多成分来丰富自己,使自己的语言得以更好地为阿昌族的实际需要服务。作为使用人口较少的语言,开放地接纳其他语言的有用成分来丰富自己,是使自己语言得以适应社会需要的最佳选择。

阿昌语吸收外来成分经过了转型的过程。从时间上看,建国前基本上是接受傣语、汉语的共同影响,且以傣语的影响为主;建国后则转为主要受汉语影响。以借词为例,解放前以傣语借词为主,解放以后则基本是汉语借词。语言影响的转型,是阿昌语适应语言生态环境的变化而产生的,是符合阿昌语演变规律的。

三 对阿昌语今后的方向应如何预测?

语言的发展往往受到多种因素、多种条件的制约,不以人的意志为转移,但人们可以通过对语言现状的考察,对语言的演变走向做些可能的预测。这不仅有助于我们了解语言发展演变过程,认识人类语言发展的历史,而且对制定语言政策、语言规划都有积极意义。

虽然阿昌语使用人口少,没有书面文字,并且长期处在不同的强势语言的包围、接触、影响之下,但是从目前阿昌语"大部保留,局部转用"的情况,以及人们对阿昌语的深厚感情中,我们认为在阿昌族的大部分地区,阿昌语仍能稳固使用,并且将在较长时间内保持其语言活力。

在现代化的进程中,随着族群之间的相互融合的加快,语言的融合,甚至消亡的速度也在加快,一些使用人口较少的语言在与使用人口多的强势语言的竞争中面临着前所未有的挑战。作为一个只有三万多人口的"特少民族",阿昌族同样面临着这一挑战。梁河阿昌语历史上遗留下来的语言转用有可能将在部分地区延续。我们高兴地看到,阿昌族地区的一些有识之士已经在认真思考这一问题,在如何保存阿昌语这一文化遗产上作了一些设想。这反映了民族的进一步觉醒,和对民族文化遗产的理性思考。但这一问题毕竟是复杂的,一时还难以认识清楚,有待于今后进一步观察。好在国家的政策是"各民族都有发展和使用自己语言文字的自由",是"民族平等"和"语言平等"政策,这有助于抑制弱势语言的自然衰退。

附　录

一　阿昌语语音系统

（一）陇川阿昌语音系

陇川阿昌语的语音主要有以下几个特点：1. 塞音、塞擦音声母只有清音，没有浊音。2. 有卷舌化的双唇音和舌根音。3. 鼻音分清浊两类。4. 韵母比较丰富，除了单元音韵母外，还有复合元音韵母和带辅音尾韵母。5. 元音不分松紧、长短。6. 声调少，变调现象丰富。

(一) 声母

声母有 37 个：p、ph、m、m̥、pʐ、phʐ、mʐ、m̥ʐ、f、v、ts、tsh、s、t、th、n、n̥、l、l̥、tɕ、tɕh、ɕ、ʑ、ɲ、ɲ̥、tʂ、tʂh、ʂ、ʐ、k、kh、x、ŋ、ŋ̥、kʐ、khʐ、xʐ。按发音部位和发音方法排列如下：

双唇音	p、ph、m、m̥
	pʐ、phʐ、mʐ、m̥ʐ
唇齿音	f、v
舌尖前音	ts、tsh、s
舌尖中音	t、th、n、n̥、l、l̥
舌面音	tɕ、tɕh、ɕ、ʑ、ɲ、ɲ̥
舌后音	tʂ、tʂh、ʂ、ʐ
舌根音	k、kh、x、ŋ、ŋ̥
	kʐ、khʐ、xʐ

声母例词：

p　　pup^{55}　　烂　　　　pau^{31}　　虫

ph	phup⁵⁵	弄烂	phau³¹		朽
m	mu²⁵⁵	（水）泼	mau³¹		天
m̥	m̥u²⁵⁵	（水）弄泼	m̥ɔ²³⁵		教
pʐ	pʐau⁵⁵	（田埂）垮	a³¹pʐo⁵⁵		书
phʐ	phʐau⁵⁵	（田埂）弄垮	phʐo⁵⁵		白
mʐ	mʐaŋ⁵⁵	见	mʐui⁵⁵		蛇
m̥ʐ	m̥ʐaŋ⁵⁵	高	m̥ʐo²⁵⁵		山药
f	fen³¹	分（秒）	fa²³¹tʂaŋ⁵¹		发展
v	vən⁵⁵	疯	vai³¹		划（船）
ts	tsi³¹	骑	tse³¹		衣服
tsh	tshi³¹	洗（手）	tshe³¹		露水
s	si³¹	头皮	se³¹		炫耀
t	tu⁵⁵	象；相似	tan³¹		直
th	thu⁵⁵	扶	than³¹		使直
n	ne³¹	近	nuaŋ⁵⁵		你
n̥	n̥e³¹	使近	n̥uaŋ⁵⁵		推卸
l	lɔ³¹	豹子	ləŋ⁵⁵		摔倒
l̥	l̥ɔ³¹	裤子	l̥əŋ⁵⁵		使摔倒
tɕ	tɕɔ³¹	吃	tɕe⁵⁵		脱（皮）
tɕh	tɕhɔ³¹	盐	tɕhe⁵⁵		十
ɕ	ɕe³¹	偏（心）	ɕɔ³¹		（体）弱
ʑ	ʑe⁵⁵	勤快	ʑɔ³¹		拉
ȵ	ȵɔp⁵⁵	沉	ȵɔ³¹		多
ȵ̥	ȵ̥ɔp⁵⁵	使沉	ȵ̥ɔ³¹		药
tʂ	tʂau³¹	官	tʂam³¹		镜子
tʂh	tʂhau³¹	染（色）	tʂham³¹		泡（汤）
ʂ	ʂua³¹	肉	ʂut⁵⁵		饿
ʐ	ʐua³¹	饱	ʐut⁵⁵		擦（过）
k	kət⁵⁵	脱（鞋）	kaŋ³¹		宽
kh	khət⁵⁵	使脱（鞋）	khaŋ³¹		使宽
x	xau⁵⁵	谁	xɔ³¹		苦
ŋ	ŋau⁵⁵	哭	ŋɔ³¹		五
ŋ̥	ŋ̥au⁵⁵	使哭	ŋa³¹		懒
kʐ	kʐau³¹	断	kʐaŋ⁵⁵		（一）枝

| khz̺ | khz̺au³¹ | 使断 | khz̺aŋ⁵⁵ | 鹅 |
| xz̺ | xz̺ua⁵⁵ | 路 | xz̺o⁵⁵ | 六 |

声母说明：

1. 唇齿音 f 只出现在汉语借词上。
2. 舌面前音 tɕ、tɕh、n̥、ȵ、ɕ、ʑ 的实际音值比舌面前略靠后。
3. 清鼻音 m̥、m̥ʐ、n̥、n̥ʐ、ŋ̊ 发音时略带送气成分。
4. 有些清鼻音的词可以自由变读为浊鼻音。例如：n̥a³¹"簸子"也可读为na³¹，xai⁵⁵ n̥e³¹"这些"也可读为xai⁵⁵ ȵe³¹。有些清边音的词可以自由变读为浊边音。例如：l̥im⁵⁵"轮子"也可读为 lim⁵⁵。
5. 卷舌化用 ʐ 表示，只出现在双唇音和舌根音上。所谓卷舌化，就是发音时舌头略卷起，气流通过舌后时带有轻微摩擦。

（二）韵母

陇川阿昌语韵母有 80 个，分类排列如下：

1. 单元音韵母 8 个：

    i、e、a、ɔ、o、u、ə、ɿ

2. 复合元音韵母 10 个：

    二合元音：ei、ai、oi、ui、iu、au、ua、əu

    三合元音：iau、uai

3. 带辅音尾韵母 62 个：

    —m：im、em、am、ɔm、om、um、əm、iam

    —n：in、en、an、ɔn、on、un、ən、uan

    —ŋ：iŋ、eŋ、aŋ、ɔŋ、oŋ、uŋ、əŋ、iaŋ、uaŋ

    —p：ip、ep、ap、ɔp、op、up、əp、iap

    —t：it、et、at、ɔt、ot、ut、ət、uat

    —k：ik、ek、ak、ɔk、ok、uk、ək、iak、uak

    —ʔ：iʔ、eʔ、aʔ、ɔʔ、oʔ、uʔ、əʔ、aiʔ、uiʔ、auʔ、ouʔ、uaʔ

韵母例词：

i	mi³¹	四	ti⁵⁵	水
e	me³¹	妈（旁称）	te⁵⁵	（宾语助词）
a	ma³¹	不	ta⁵⁵	妨碍
ɔ	sɔ³¹	种（田）	tɕɔ³¹	吃

o	so³¹	走	tɕo³¹	烧
u	su³¹	炸（肉）	tɕhu³¹	（烟）熏
ə	sə³¹	嘶哑	n̠ə³¹	漂
ɿ	ʂɿ⁵⁵	死	tsɿ⁵⁵	遇见
ei	mei³¹	煤	mei⁵⁵ko⁽³¹	美国
ai	mai³¹	歪	pai³¹	跪
oi	xoi³¹	劈	soi³¹	磨（刀）
ui	xui³¹	狗	sui³¹	血
iu	tiu³⁵	扔	miu⁵⁵	（一）种
au	mau³¹	天	nau³⁵	奶
ua	kz̩ua³¹	听	ʂua³¹	肉
əu	tshəu⁵⁵	瞄	lɔʔxəu³⁵	落后
iau	tai³¹piau⁵¹	代表	ɕɔ³¹ɕiau³⁵	学习
uai	tsuai⁵⁵	切（菜）	uai³¹	甜
ip	ɕip⁵⁵	杂乱	n̠ip⁵⁵	撵走
it	pit⁵⁵	搬开	phit³⁵	错
ik	lik⁵⁵	光滑	phik⁵⁵	辣椒
iʔ	a³¹tsiʔ³¹	核	piʔ³¹	笔
ep	thep³⁵	踢	sep⁵⁵	打扮
et	phet⁵⁵	湿	ɕet⁵⁵	八
ek	n̠ek⁵⁵	竹笋	tɕhek⁵⁵	烧（焦）
eʔ	n̠eʔ⁵⁵	是	tɕheʔ⁵⁵	浅
ap	tap³⁵	粘	pap⁵⁵	粗大
at	tat⁵⁵	会（做）	pat⁵⁵	打（铁）
ak	tak⁵⁵	考虑	pak⁵⁵	扒开
aʔ	taʔ⁵⁵	（土）板式	paʔ⁵⁵	羊
ɔp	n̠ɔp⁵⁵	沉	ɔp⁵⁵	捧
ɔt	n̠ɔt⁵⁵	软	lɔt⁵⁵	逃脱
ɔk	n̠ɔk⁵⁵	（潜）水	lɔk⁵⁵	黑
ɔʔ	n̠ɔʔ⁵⁵	眼	lɔʔ⁵⁵	手
op	tʂop⁵⁵	吸（烟）	kz̩op⁵⁵	（罐子）破
ot	xot⁵⁵	做（工）	n̠ot⁵⁵	嘴
ok	kok⁵⁵	（猪）圈	khok⁵⁵	使弯
oʔ	oʔ⁵⁵	猪	z̩oʔ⁵⁵	剃

up	xup^{55}	哄	pup^{55}		烂
ut	xut^{55}	穿	put^{35}		走通
uk	muk^{35}	蒙（头）	tuk^{55}		轻舂
uʔ	uʔ^{31}	蛋	puʔ^{55}		炸
əp	əp^{55}	淹没	ləp^{31}ləp^{31}		疲沓
ət	khət^{35}	刮（猪毛）	ət^{35}		堵（洞）
ək	sək^{55}	二	pək^{55}		射
əʔ	səʔ^{55}	（晒）干	pəʔ^{55}		浸泡
iap	tiap^{55}	靠近	ta^{31}liap^{55}		刚才
uat	xuat^{35}	掷	kuat^{55}		缺（口）
iak	tiak^{35}	裂	piak^{31}tseŋ^{55}		松树
uak	ŋuak^{55}	蹲	tuak^{35}		剁
aiʔ	naiʔ^{51}	外婆	kaiʔ^{35}		可以
uiʔ	a^{31}ʑuiʔ^{31}	口水	kuiʔ^{31}		芭蕉
auʔ	tauʔ^{31}	酒瓶	xuŋ^{31}pauʔ^{31}		肩膀
ouʔ	mouʔ^{51}	妈（直称）	thouʔ^{55}		开始
uaʔ	ʑuaʔ^{55}	织	tʂhuaʔ^{55}		改
im	lim^{55}	轮子	tɕim^{31}		壶
in	in^{55}	房子	tshin^{31}		闭（眼）
iŋ	liŋ^{55}	光秃	tɕhiŋ^{31}		推倒
em	tem^{31}tem^{31}	满满地	tɕem^{31}		尖
en	len^{31}	跨	tɕen^{31}		砍（树）
eŋ	leŋ^{31}	养（猪）	pheŋ^{35}		（筷子）齐
am	nam^{31}	闻	tʂam^{55}		飞
an	nan^{31}	爱（小孩）	tʂan^{55}		瓜架
aŋ	naŋ^{55}	姨（母之妹）	tʂaŋ^{55}		滤
ɔm	ɔm^{55}	熊	mɔm^{31}		软（果子熟透）
ɔn	sɔn^{35}	织（毛衣）	mɔn^{35}		包围
ɔŋ	ɔŋ^{55}	赢	mɔŋ^{31}		粗大
om	nom^{35}	年轻	ʂə^{31}om^{31}		桃子
on	non^{55}	（衣）皱	mon^{31}		灰色
oŋ	tʂha^{55}ʑoŋ^{31}	河	poŋ^{55}		油桶
um	sum^{31}	三	lum^{55}		暖和
un	un^{31}	炕（干）	tun^{31}		推

uŋ	uŋ³¹	卖	puŋ³¹	蒸	
əm	thəm³¹	结（疙瘩）	təm⁵⁵	回（去）	
ən	ən⁵⁵	咽	thən³⁵	吓	
əŋ	pʐəŋ⁵⁵	疮	thəŋ³⁵	撞	
iam	liam⁵⁵	寻找	tiam³¹	写	
uan	uan³¹	领	tuan⁵⁵	阉（鸡）	
iaŋ	liaŋ³⁵	自行车	siaŋ³⁵	歌	
uaŋ	nuaŋ⁵⁵	你	kuaŋ⁵⁵	烤	

韵母说明：

1. e 的实际音值为 [iɛ]。例如：ɕet⁵⁵ "八" 读为 [ɕiɛt⁵⁵]，pen³¹ "木板" 读为 [piɛn³¹]，vet³⁵ "溢" 读为 [viɛt³⁵]。

2. o 带辅音尾实际音值为 [uo]。例如：tʂop⁵⁵ "吸（烟）" 读为 [tʂuop⁵⁵]，xot⁵⁵ "做（工）" 读为 [xuot⁵⁵]。

3. 韵母 -i 的实际音值为 [ɪ]。例如：tɕoi⁵⁵ "牙齿" 读为 [tɕoɪ⁵⁵]，muai³¹ "累" 读为 [muaɪ³¹]。

4. 高平调音节的元音略紧，高升调音节的元音略松。例如：pum³⁵ "（堆）尖"；tat⁵⁵ "会"，tat³⁵ "去（皮）"。

5. uaŋ 作韵母组成的音节在同其他音节连读时可变读为 [ɔŋ]。例如：uaŋ³¹ ȵau⁵⁵ [ɔŋ³¹ ȵau⁵⁵] "蔬菜"、nuaŋ⁵⁵ tu³¹ [nɔŋ⁵⁵ tu³¹] "你们"。

6. ei、əu、iu、iau、uai、iam、iaŋ、uan、iak 等韵母主要出现在借词中。

（三）声调

陇川阿昌语有 4 个声调：高平 (55)、低降 (31)、高升 (35)、全降 (51)。例如：

高平		低降		高升		全降	
mau⁵⁵	菌子	mau³¹	天	mau³⁵	舅父	mou⁵¹	妈妈
xoi⁵⁵	什么	xoi³¹	劈	xoi³⁵	姨父	tin⁵¹	顶
o̥m⁵⁵	熊	o̥m³¹	肚子	o̥m³⁵	烤（火）	ko̥ŋ⁵¹	虾
tɕhaŋ⁵⁵	大象	tɕhaŋ³¹	姜	tɕhaŋ³⁵	塞	tʂhaŋ⁵¹	墙
m̥ɔ⁵⁵	鸟	m̥ɔ³¹	借	net³⁵	编（辫子）	nai⁵¹	奶奶

声调说明：

1. 不带塞音韵尾的音节，高平调的实际调值是 44，比带塞音韵尾的高平调略低。

2. 全降调主要出现在变调和借词里，本族语单音节词上出现很少。

(四) 音节结构类型

1. 元音 　　　　　　　　　o⁵⁵ 寨子， a³¹ 的
2. 元音＋元音 　　　　　　oi⁵⁵ 买， au³¹ 锅
3. 元音＋元音＋元音 　　　uai³¹ 甜
4. 辅音＋元音 　　　　　　ta⁵⁵ 蚯蚓， pa⁵⁵ 醒
5. 辅音＋元音＋元音 　　　tai⁵⁵ 盼， pau³¹ 虫
6. 辅音＋元音＋元音＋元音 tuai⁵⁵ 找， muai³¹ 累
7. 元音＋辅音 　　　　　　uŋ³¹ 卖， ɔm⁵⁵ 熊
8. 元音＋元音＋辅音 　　　uaŋ³¹ 菜， uan³¹ 领
9. 辅音＋元音＋辅音 　　　tap⁵⁵ 粘， lam⁵⁵ （一）排
10. 辅音＋元音＋元音＋辅音 tiap⁵⁵ 靠近， liam⁵⁵ 寻找

在以上十种形式中，4、5、9 三种形式出现频率较大。

（二）潞西方言杏万阿昌语音系

杏万村属云南省德宏傣族景颇族自治州潞西市江东乡高埂田村委会管辖。地处村委会北部，距离村公所 8 公里。杏万村的阿昌语属阿昌语潞西方言，与高埂田村委会所管辖的其他地区的阿昌语大同小异。

杏万村阿昌语的语音特点主要有：1. 声母在双唇部位和舌根部位有腭化和非腭化的对立。2. 鼻音边音只有浊的，没有清化的。3. 没有舌后音，但有舌面音。4. 韵母比较丰富，分单元音韵母、复合元音韵母、带辅音尾韵母三类。5. 辅音韵尾有 7 个：-p、-t、-k、-ʔ、-m、-n、-ŋ。韵尾与元音的配合很不整齐。6. 无鼻化元音韵母，也无元音松紧、元音长短的对立。7. 声调有五个。变调现象不甚丰富。现分述如下：

（一）声母

声母有 26 个：p、ph、m、f、pj、phj、mj、t、th、n、l、ts、tsh、s、tɕ、tɕh、ɲ、ɕ、z、k、kh、ŋ、x、kj、khj、w 按发音部位和发音方法排列如下：

　　　　双唇音　　　　p、ph、m
　　　　　　　　　　　pj、phj、mj
　　　唇齿音　　f
　　　舌尖中音　t、th、n、l
　　　舌尖前音　ts、tsh、s

一 阿昌语语音系统 273

舌面音 tɕ、tɕh、ɲ、ɕ、ʑ
舌根音 k、kh、ŋ、x
         kj、khj
半元音 w

声母例词：

p	pa³³	有	pu³⁵	豪猪
ph	pha³³	趴	phu³⁵	白
m	maŋ⁵¹	老	mu⁵¹	孙子
f	fa³¹	划（船）	fan⁵⁵	翻
pj	pjaŋ⁵¹	耙	pju³³	人
phj	phjaŋ³⁵	（酸）溜溜	phju³⁵	闲（逛）
mj	mjaŋ⁵¹	马	mju³³	养
t	ta⁵⁵	放（置）	ta⁵⁵	上（去）
th	tha⁵⁵	塌	tha⁵⁵	锋利
n	na³³	病	naŋ⁵¹	蚕
l	la³³	裤子	laŋ⁵¹	扯
ts	tsa³³	饭	tsau³³	话
tsh	tsha³³	擦	tshau³³	染
s	sa³³	肉	sam³⁵	铁
tɕ	tɕa⁵¹	干笋	tɕam⁵⁵	冷
tɕh	tɕha³³	看	tɕham³¹	死
ɲ	ɲa⁵¹	多	ɲam³¹	凉（拌）
ɕ	ɕa³¹	（一）会儿	ɕu³³	坏（的）
ʑ	ʑa³¹	奶奶	ʑu³³	拿
k	ka³³	啊	kɯ³⁵	星星
kh	kha⁵⁵	苦	khɯ³⁵	脚
ŋ	ŋa³³	我	ŋɯ³⁵	织（布）
x	xa³³	来	xɯ⁵¹	撕（开）
kj	kja³¹	鸡	kji³⁵	记
khj	khja³¹	硬（要做）	khji³⁵	时候
w	wa³¹	猪	wa³¹	村子

声母说明：

1. f 是借用汉语借词新增的音位。有些词可以与 xu 自由变读。如：xua⁵³¹～fa⁵³¹"划（船）"。

2. s 和 ɕ 在与 i 元音组成的韵母结合时，有时出现自由变读。如：siaŋ³³～ɕaŋ³³"箱"。

3. 汉语借词的舌面音有的可以与舌根腭化音自由变读。如：kjau³³～tɕau³³"教"。

4. 否定词 m³¹"不"，辅音自成音节。

（二）韵母

韵母有 60 个，分类排列如下：

1. 单元音韵母 8 个：

　　　　ɿ、i、ɛ、a、o、u、ɯ、ə

2. 复合元音韵母 12 个：

　　　　ia、iɛ、iu、au、ai、ei、ui、ua、uɛ、əu

　　　　iau、uai

3. 带辅音尾韵母 40 个：

-m：　　am、om、iam、

-n：　　in、ɛn、an、un、ən

　　　　uan、iɛn

-ŋ：　　aŋ、oŋ、əŋ

　　　　iaŋ、ioŋ、uaŋ

-p：　　ap、op

　　　　iap

-t：　　it、at、ut、ət

　　　　uat

-k：　　ak、ok、ək

　　　　iak

-ʔ：　　iʔ、ɛʔ、aʔ、oʔ、uʔ、əʔ

　　　　iɛʔ、iaʔ、uaʔ、aiʔ、əuʔ

　　　　uaiʔ

韵母例词：

ɿ	tsɿ³³	水	sɿ³³	水果
i	ʑi³⁵	酒	thi⁵¹	密
ɛ	pɛ³³	梳子	nɛ³³	红

一 阿昌语语音系统 275

a	a^{33}	要（不要）	pa^{51}		舅母
o	po^{35}	簸（米）	o^{33}		头
u	pu^{33}	背	phu^{35}		白
ɯ	ɯ^{33}	笑	pɯ^{33}		散
ə	lə^{31}	夹	sə^{35}		牵
iɛ	tiɛ^{55}	爹	tiɛ^{35}		（停）止
ia	lia^{55}	千	lia^{35}		舌头
iu	siu^{35}	锈	sɿ^{33} liu^{35}		石榴
au	pau^{51}	虫	mau^{51}		天
ai	ai^{55}	近	tsai^{33}		哥哥
ei	lei^{33}	炒	pei^{51}		鸭子
ui	ui^{33}	买	pui^{51}		晒（太阳）
ua	ua^{55}	下（雨）	pua^{51}		开花
uɛ	kuɛ^{33}	热	tɕuɛ^{31}		到达
əu	pəu^{33}	吧	təu^{51}		了（完成）
iau	thiau^{35}	条	tiau^{33}		钓（鱼）
uai	ʐuai^{31}	切	puai^{51}		租（田）
am	ʐam^{31}	围	pam^{51}		趴（着）
om	om^{51}	肚子	kom^{33}		（太阳）落
iam	liam^{33}	割	tiam^{51}		跳
in	ʐin^{35}	家	ȵin^{33}		低
ɛn	ȵɛn^{31}	乳房	kjɛn^{33}		（一）间（房）
an	tan^{51}	田	man^{33}		草
un	pun^{31}	抱（孩子）	tsun^{33}		老鹰
ən	phən^{35}	桌子	sən^{33}		虱子
uan	tuan^{35}	锯	tuan^{55}		劁（猪）
iɛn	tiɛn^{51}	（一）滴	thiɛn^{33}		（春）天
aŋ	maŋ^{51}	老	naŋ^{51}		踩
oŋ	oŋ^{55}	卖	moŋ^{51}		（开）快
əŋ	əŋ^{35}	长	pəŋ^{31}		脓
iaŋ	liaŋ^{51}	梁	saŋ^{33} liaŋ^{33}		商量
ioŋ	lioŋ^{51}	短			
uaŋ	uaŋ^{33}	进	phuaŋ^{51}		开
ap	ap^{55}	针	tap^{55}		打（人）

op	ɔp⁵⁵	坐	təp⁵⁵	碰
iap	liap³¹	站	thiap⁵⁵	踢
it	ʑit⁵⁵	睡	pjit⁵⁵	麻痹
at	at³³	呕吐	that⁵⁵	慢
ut	ut⁵⁵	小蚂蝗	thut⁵⁵	拔
ət	pət³¹	断	tsət³¹	瞎
uat	luat³⁵	软	tuat³¹	（活）了
ak	ak⁵⁵	二	pak⁵⁵	百
ok	lok⁵⁵	凹	ȵok³¹	尖（儿）
ək	pək³¹	打（枪）	nək³¹	深
iak	tiak⁵⁵	裂	tiak³¹	量
iʔ	pjiʔ³¹	破	tiʔ³¹	滴
ɛʔ	sɛʔ⁵⁵	懂	kjɛʔ³¹	一起
aʔ	kjaʔ³¹	鸡	ŋaʔ⁵⁵	鸟
oʔ	loʔ³¹	锣	aʔ³¹ ȵoʔ³¹	芽儿
uʔ	luʔ³¹	够	ʑuʔ³¹	（一）个（人）
əʔ	tsəʔ⁵⁵	窄	məʔ³¹	墨
iɛʔ	liɛʔ³¹	来	tiɛʔ³¹ laŋ³⁵	蚯蚓
iaʔ	liaʔ⁵⁵	舔		
uaʔ	puaʔ³¹	（花）开	kuəʔ³¹	老鼠
aiʔ	thaiʔ³¹	抬	thaiʔ³¹	台
əuʔ	thəuʔ³¹	（擦）头	wan³³ təuʔ³¹	豌豆
uaiʔ	ŋuaiʔ³¹	弯	uaiʔ³¹	喂（饭）

韵母说明：

1. ɯ 在连用中要带 ɣ，例如：a³¹（ɣ）ɯ³³ "被子"。
2. a 与舌根声母、舌根韵尾结合时，实际音值是 ɑ，例如：kjaʔ³¹[kjɑʔ³¹]"掉（眼泪）"，kaŋ³⁵[kɑŋ³⁵]"生命"。

（三）声调

杏万村阿昌语有 5 个声调：高平(55)、中平(33)、低降(31)、高升(35)、全降(51)。例如：

中平		高升		全降	
tsa³³	饭	tsa³⁵	炸（开）	tsa⁵¹	吃

| tɕha³³ | 看 | tsha³⁵ | 路 | tɕha⁵¹ | 脐带 |
| s₁³³ | 水果 | s₁³⁵ | 死 | (san³³) s₁⁵¹ | 三十 |

高平　　　　　　低降
tshop⁵⁵	戳	tshop³¹	缝
kut⁵⁵	做	kut³¹	脱落
ʑaʔ⁵⁵	痒	ʑaʔ³¹	扫
san⁵⁵	撒（种）	ʑu³¹	娶（妻子）

声调说明：

1. 舒声韵在五个调上都出现，促声韵在本调里只出现在高平、低降两个调上。但舒声韵主要出现在中平、高升、全降三个调上，出现在高平、低降两个调上的大多是借词或变调。

2. 部分带 -ʔ 的词中，有的出现 -ʔ 脱落的趋势，产生带不带 -ʔ 的两读现象。-ʔ 脱落后，声调也发生变化。例如：ʑuʔ³¹ "个（人）" 与 ʑu⁵¹ 变读。

（四）音节结构类型

1. 元音　　　　　　　　　　　　a³⁵　　要（不要）
2. 元音＋元音　　　　　　　　　ai³⁵　　近
3. 元音＋辅音　　　　　　　　　om⁵¹　　肚子
4. 辅音＋元音　　　　　　　　　ȵa⁵¹　　多
5. 辅音＋元音＋元音　　　　　　ŋei³³　　小
6. 辅音＋元音＋辅音　　　　　　ȵin³³　　低
7. 辅音＋元音＋元音＋辅音　　　lioŋ⁵¹　短
8. 辅音＋元音＋元音＋元音＋辅音　ŋuaiʔ³¹　弯
9. 辅音　　　　　　　　　　　　m³¹　　不

（三）梁河阿昌语音系

梁河阿昌语的语音主要有以下几个特点：1. 塞音、塞擦音声母只有清音，没有浊音。2. 鼻音、边音分清化和非清化两类。3. 在双唇声母上有腭化、非腭化的对立。4. 元音无松紧、长短之分，但有鼻化、非鼻化的对立。5. 韵母丰富，除单元音韵母外，还有复合元音韵母和带辅音尾的韵母。辅音韵尾有 -n、-ŋ、-t、-k、-ʔ 5 个。6. 变调丰富。

(一) 声母

梁河阿昌语声母共有 34 个：p、ph、m、m̥、f、pj、phj、mj、m̥j、t、th、n、n̥、l、l̥、ts、tsh、s、tɕ、tɕh、ɕ、ʑ、ɲ、ɲ̥、tʂ、tʂh、ʂ、ʐ、k、kh、ŋ、ŋ̥、x、w。

声母例词：

p	puɯŋ³¹	满	pəʔ³¹	鸭子
ph	phuɯŋ³¹	喷(水)	phəʔ³¹	耙(田)
m	ma³³	妈	mu³¹	(干)活
m̥	m̥a³¹	教	m̥u³¹luŋ³³	斗笠
f	fən³³	肥料	faʔ³¹	浇(水)
pj	pja³¹	黄蜂	pjɛ³¹	羊
phj	phja³¹	山崖	phjɛ³¹	梭子
mj	mjaŋ³³	看见	mjɛʔ³¹	笋
m̥j	m̥jaŋ³³	高	m̥jit³¹	捏(手)
t	tun³¹	推	taŋ³¹khu³¹	板凳
th	thun³¹	关(灯)	thaŋ³¹	柴
n	nai³³	在	no³¹	牛
n̥	n̥ai³³	搁	n̥ut⁵⁵	嘴
l	laʔ³¹	豹子	lia³³	地
l̥	l̥ɛ³¹	嚼	l̥ia⁵⁵	(一)片
ts	tsau³¹	官	tsu³³	人
tsh	tshaʔ⁵⁵	脐带	tʂh₁³³	麂子
s	səʔ³¹	轻	sui³¹	血
tɕ	tɕu³¹	刺	tɕa³¹	吃
tɕh	tɕhu³¹	吐(痰)	tɕha³¹	盐
ɕ	ɕu³¹	修	ɕa⁵⁵	找
ʑ	ʑɛ³¹	烟(叶子烟)	ʑu⁵⁵	搬
ɲ	ɲuɛ³¹	暖和	ɲuk³¹	赶(鸟)
ɲ̥	ɲ̥aŋ³¹	夹	ɲ̥ɛ³¹	烧(山)
tʂ	tʂa³¹	饱	tʂuɯŋ³¹	山
tʂh	tʂha³¹	差(钱)	tʂhaŋ³⁵	(一)把
ʂ	ʂa³¹	肉	ʂaŋ⁵⁵	铁
ʐ	ʐɛn⁵⁵	忍耐	ʐau⁵⁵	旋转
k	kuɯ³¹	大	ka³¹	啊

kh	khɯ³¹	屎	kha³¹	苦
ŋ̊	ŋ̊a³¹	五	ŋa³³	我
ŋ	ŋa³¹	借	ŋaʔ⁵⁵	鸟
x	xa³³	（一）下	xəu⁵⁵	那
w	wa³³	寨子	waʔ³¹	猪

声母说明：

1. 清化鼻音发音时略带送气成分。

2. 清化鼻音和清化边音的词中，有些可以自由变读为非清化鼻音或清化边音。这反映了清化音存在逐渐消失的趋势。例如：n̥³¹ȵɛʔ⁵⁵［n³¹ȵɛʔ⁵⁵］"不是"，tɕa³³ l̥ia³³［tɕa³³ lia³³］"糍粑"。

3. 自成音节的 m 主要出现在否定副词上，在语流中可随后一音节的声母变读为 n、ŋ。例如：m³¹la³⁵［n³¹la³⁵］"不去"，m³¹kai³⁵［ŋ³¹kai³⁵］"不吃"。

4. 带 l̥ 声母的词，有的可以变读为 n̥。例如：l̥ak⁵⁵［n̥ak⁵⁵］晒（太阳），l̥ə⁵⁵［n̥ə⁵⁵］炒（炒菜）。

（二）韵母

梁河阿昌语共有韵母 60 个，分为单元音韵母、复合元音韵母、带辅音尾韵母三类。

单元音韵母有 11 个，其中口元音 9 个，鼻化元音 2 个。鼻化韵母只出现在部分韵母上。ɿ、i、ɛ、a、ɑ、o、u、ɯ、ə、ɛ̃、ɑ̃。

复合元音韵母有 14 个，分二合元音韵母和三合元音韵母两类。二合元音韵母 12 个，三合元音韵母 2 个。

iɛ、ia、iu、ɛi、ai、ɑu、əu、ui、uɛ、ua、iɛ̃、uɑ̃、iau、uai。

带辅音尾的韵母有 35 个，其中单元音带辅音尾的有 28 个，二合元音带辅音尾的有 8 个。辅音韵尾只有 -n、-ŋ、-t、-k、-ʔ 5 个。复合元音带辅音韵尾的韵母较少。

-t：it、at、ut、ət、uat

-k：ak、ok、uk、ɯk、ək

-ʔ：ɿʔ、iʔ、ɛʔ、aʔ、ɑʔ、oʔ、uʔ、əʔ、iaʔ、auʔ、uiʔ、uɛʔ、uaʔ

-n：in、ɛn、an、un、ən

-ŋ：ɛŋ、aŋ、ɑŋ、əŋ、uŋ、ɯŋ、iaŋ、uaŋ

韵母例词：

ɿ	tʂɿ³³	水	ʂɿ³¹	果子
i	ɕi³³	西	mji³¹	火
ɛ	ɕɛ³³	些	mjɛ³¹	簸
a	tsa³¹	小	fa³¹	浇

ɑ	tsɑ^{31}	砸	wɑ^{33}	村
o	ko^{33}	歌	to^{31}	爬
u	ku^{33}	(一) 块	tu^{31}	挖
ɯ	kɯ^{31}	手镯	khɯ^{31}	粪
ə	kə^{33}	好	thə^{31}	撒(尿)
ɛ̃	ʑɛ̃^{31}	烟	pjɛ̃^{31}	扁
ɑ̃	kɑ̃^{31}	〔晒〕干	xɑ̃^{33}	冰
iɛ	liɛ^{31}	蠢	tiɛ^{33} l̥iɑŋ^{33}	蚯蚓
iɑ	liɑ^{33}	旱地	ȵ̥ɑʔ^{31} l̥iɑ^{55}	脸
iu	ʑɑŋ^{31} liu^{35}	杨柳	ʂɿ^{31} liu^{35}	石榴
ɛi	pɛi^{33} mɑ^{55}	太阳	thɛi^{55}	只(有)
ɑi	tsɑi^{33}	酒	xɑi^{31}	还(有)
ɑu	tʂɑu^{31}	(赶) 集	mɑu^{31}	天
əu	kəu^{33}	沟	məu^{33}	(一)亩
ui	tɕui^{31}	光滑	sui^{31}	血
uɛ	ȵ̥uɛ^{31}	暖和	tɕuɛ^{31}	湿
uɑ	kuɑ^{33}	瓜	khuɑ^{33}	夸
iɛ̃	tiɛ̃^{33}	(一)滴	liɛ̃^{31}	连(我)
uɑ̃	tʂuɑ̃^{33}	(一)趟	khuɑ̃^{31}	宽
iɑu	liɑu^{33}	扔	thiɑu^{33}	跳
uɑi	tsuɑi^{33}	切(菜)	mɯŋ^{55} luɑi^{33}	丝瓜
it	m̥jit^{55}	掐	tɕit^{31}	瞎
at	pat^{55}	打(失)	sat^{55}	杀
ut	nut^{31}	拔(草)	sut^{31}	擦
ət	mət^{31}	吹(喇叭)	pət^{55}	(线)断
ɑk	n̥ɑk^{55}	鼻涕	l̥ɑk^{55}	晒
ok	kok^{31}	圈(牛圈)	ʂok^{31}	缝(补)
uk	ȵ̥uk^{31}	赶(鸟)	nuk^{31}	嫩
ɯk	ʂɯk^{55}	树	pɯk^{55}	百
ək	pjək^{55}	躺	phək^{31}	弹(琴)
uɑt	lɑʔ^{31} tuɑt^{55}	老师	ŋ̥uɑt^{31}	点(头)
ɿʔ	ʂɿʔ^{55}	先	tʂhɿʔ^{31}	尺(子)
iʔ	phjiʔ^{55}	撕(纸)	pjiʔ^{55}	破
ɛʔ	ȵ̥ɛʔ^{55}	是	pjɛʔ^{55}	烂

aʔ	paʔ³¹	打（针）	khaʔ³¹	放（盐）	
ɑʔ	pɑʔ³¹	拔（草）	khɑʔ³¹	喂	
oʔ	thoʔ⁵⁵	发（芽）	poʔ³¹	剥（开）	
uʔ	tshuʔ⁵⁵	年	puʔ⁵⁵	包（药）	
əʔ	əʔ⁵⁵	割（草）	təʔ⁵⁵	（母鸡）叫	
iɑʔ	tɕɑʔ³³ liɑʔ⁵⁵	糍粑	liɑʔ³¹	舔	
ɑuʔ	sɑuʔ⁵⁵	藏（东西）	ʐɑuʔ⁵⁵	流（水）	
uiʔ	khuiʔ⁵⁵	应该	uiʔ³¹	包围	
uɛʔ	tɕuɛʔ³¹	湿	ȵuɛʔ³¹	暖和	
uɑʔ	tuɑʔ⁵⁵	短	ʂɯkʔ⁵⁵ xuɑʔ⁵⁵	树叶	
in	zin³³	房子	ɕin³³	信	
ɛn	phɛn³¹	桌	mɛn³¹	门	
ɑn	sɑn³¹	撒（种）	thɑn³¹	弹（琴）	
un	tun³¹	推	thun³³	犁（田）	
ən	fən³³	肥料	nən³³	能（做）	
ɑŋ	xɑŋ³³	先	kɑŋ³¹	很	
əŋ	pəŋ³¹	箩（名）	khəŋ³³	线	
ɛŋ	tɛŋ³³ ɕɛ̄³³	蛹	tɑ³¹ khɛŋ³⁵	（一）夜	
uŋ	uŋ³¹	肚子	tshuŋ³¹	葱	
ɯŋ	tʂɯŋ³¹	山	pɯŋ³³	脓	
iɑŋ	khiɑŋ³³	什么	tiɑŋ³¹	跳	
uɑŋ	xuɑŋ³¹ ko³¹ pɑŋ³³	榕树	tshuɑŋ³³ tsɿ³³	窗子	

韵母说明：

1. a 与 ɑ 是对立的音位。但在舌面音辅音后，a 与 ɑ 对立不明显，发音介于二者之间。如 tɕɑ³¹"鸡"。a 与 ɑ 的对立大多只在单个作韵母上，在复合元音和带韵尾的韵母上，除与喉塞音结合的外，只有 ɑ 无 a。

2. 以 u 和 ʉ 开头的韵母跟 tɕ 类韵母结合时，u 的实际音值是[y]。例如：tɕui³¹[tɕyi³¹]"滑"、tɕhun⁵⁵[tɕhyn⁵⁵]"暗"。

3. ut 的实际读作[uit]。例如：khut³¹[khuit³¹]"做"、ut³¹[uit³¹]"戴"。

4. 零声母的 ɯ 前面带[ɣ]。如：a³¹ɯ³³[a³¹ɣɯ³³]"皮"。

5. 用在汉语借词上的鼻化元音韵母，特别是舌位低的元音韵母，许多人特别是青少年往往伴随-ŋ 韵尾。例如：wɛi³¹tɕhɑ̄³¹[tɕhɑŋ³¹]"围墙" tso⁵¹lɑ̄³¹[lɑŋ³¹]"走廊"。

（三）声调

阿昌语共有五个声调：中平(33)、低降(31)、高平(55)、高升(35)、全降(51)。其中，高平、中平、低降三个调是基本的，高升和高降两个调主要出现在变调和汉语借词里。促声韵主要出现在高平、低降两个调里，舒声韵在五个调上都出现。举例如下：

中平		低降		高平	
pai^{33}	败	pai^{31}	跑	pai^{55}	摆
mau^{33}	菌子	mau^{31}	天	mɯŋ^{55}	地方
lai^{33}	风	lai^{31}	弩	ʂɯk^{55}	树
tɕaŋ^{33}	桥	tɕaŋ^{31}	筐	wɑ̃^{55}	瓦

高升		全降	
cɛ̃^{35}	县	taŋ^{51}	党
zi^{35}	亿	phjẽ^{51} pha^{31}	鱼篓
mə^{31} to^{35}	墨斗	tʂuã^{51} xuã^{31}	塔
mji^{31} khau^{35}	炊烟	aŋ^{33} tʂa^{51}	苦菜

声调说明：

1. 促声韵高平调的实际音值略有降势，是 54 调。如：tʂhɯk$^{55/54}$ "算"、pət$^{55/54}$ "断"。
2. 带塞音尾母的低降调，实际调值略高，读 42。如：ʂu$^{31/42}$ "抽"、pa$^{31/42}$ "打"、phək$^{31/42}$ "弹"。
3. 舒声韵单音节词出现在高平调上的很少，有 mɯŋ^{55} "地方"、ʑɛ^{55} "爸爸"等。

（四）音节结构类型

共有以下八种类型：

1. 元音： u^{33} 买
2. 元音＋元音： au^{31} 锅
3. 元音＋辅音： uŋ^{31} 肚子
4. 辅音＋元音： tsu^{33} 人
5. 辅音＋元音＋元音： tsau^{31} 官
6. 辅音＋元音＋元音＋元音： ŋuai^{31} 弯
7. 辅音＋元音＋辅音： ʂaŋ^{33} 铁
8. 辅音＋元音＋元音＋辅音： tiaŋ^{31} 跳

在以上八种形式中，4、5、7 三种形式出现频率相对较大。

二 阿昌语词汇

汉义	陇川	潞西	梁河
天	mau³¹	mau⁵¹	mɑu³¹
太阳	ni³¹ mɔ³¹, pui⁵⁵	pɛi⁵⁵ ma³³ʹ³¹	pɛi³³ mɑ³³ʹ⁵⁵
月亮	pha³¹ lɔʔ³¹	pau⁵⁵ la³¹	phɑ³¹ lɑ³¹
星星	khẓə⁵⁵	kɯ³⁵	phɑ³¹ kɯ³³
云	xan³¹ tɕin³¹	na³³ mau³³	u⁵⁵ lu⁵⁵
雷	mau³¹ mẓəŋ³⁵	mau⁵¹ khuŋ⁵¹	mau³¹ lui³¹
闪电	tsha³¹ pjik⁵⁵ pjik⁵⁵	lap⁵⁵ ək⁵⁵	xəu³¹ ṣã³⁵
风	l̥i⁵⁵	lɯ³³	lɑi³³
雨	mau³¹ ẓo⁵⁵	mau⁵¹ wa³³	mau³¹
虹	xɔŋ⁵¹ ȵin³¹ nam³¹	kaŋ³⁵	
霜	ŋ̊an⁵⁵	ŋan³⁵	xɑ̃³³
露水	tshe³¹	lu³³ sui⁵⁵	lu³³ ṣui⁵⁵
雾(雾气)	mau³¹ tum⁵⁵, xaŋ³¹ tɕin³¹	na³³ mau³³	u³³ lu³³
火	poi³¹	mji⁵¹	mji³¹
烟	ni³¹ xau³¹	mji⁵¹ʹ³³ khau³³	mji³¹ khau³⁵
蒸气	a³¹ sɔʔ⁵⁵	a³¹ sa⁵¹	ɑ³¹ saʔ³¹
地	m̥i⁵⁵	məŋ⁵¹ʹ⁵⁵ lia⁵¹	mɯŋ⁵⁵ liɑ³¹
山	pum⁵⁵	tsəŋ⁵¹	tṣɯŋ³¹
洞	toŋ³¹	tuaŋ⁵¹	lɑ³¹ tuŋ³³
河	tṣha⁵⁵ ẓoŋ³¹	tsɿ³³ laŋ³³	tṣɿ³³ mɑ⁵⁵
池塘	n̥ɔŋ⁵⁵	tsɿ³³ nom⁵⁵	tṣɿ³³ nuŋ⁵⁵
沟	ti⁵⁵ khẓua³¹	tsɿ³³ kəu⁵⁵	kəu³³
坑		khən³³	khən³³
路	xa⁵⁵ mẓua⁵¹, xẓua⁵⁵	tsha³⁵	tṣhɿ³³ mɑ³³ʹ⁵⁵
平坝子	tan³⁵ toŋ³⁵	pa³⁵ tsɿ⁵¹	pɑ³³ tsɿ⁵⁵
水田	ẓo⁵⁵	tan⁵¹	tɑ̃³¹

旱地	ʐai⁵⁵	lia³³ wui⁵¹	lia³³
石头	liŋ³¹ kɔʔ⁵⁵	laŋ⁵⁵ ka⁵¹	nɯŋ⁵⁵ ka³¹
沙子	sa³¹ le⁵⁵	sa³³ tsɿ⁵⁵	sə³¹ tsa³¹
灰尘	n̥on⁵⁵ mɔk³⁵	pha³³ lau⁵¹	pha³¹ lau³¹
泥巴	n̥on⁵⁵ pen³¹	nam⁵⁵ tsua⁵¹	səʔ³¹ tɕua³¹
土	n̥on⁵⁵	tsua⁵¹	səʔ³¹
水	ti⁵⁵	tsɿ³³	tʂɿ³³
泡沫	a³¹ mʐɔp⁵⁵	phau³¹ tu³⁵	mo³¹ tsɿ³⁵
矿		khuaŋ³⁵	khuaŋ³³
金子	se⁵⁵	ŋui³³	ŋu³³
			ŋu³³ nɛ³³
银子	ŋui⁵⁵	ŋui³³ phu³⁵	ŋu³³ phu⁵⁵
铜	tɔŋ⁵⁵	thuŋ³¹	ʂaŋ³³ xə³³
铁	ʂam⁵⁵	sam³⁵	ʂaŋ³³
锈	siu³⁵	siu³⁵	ɕu³³
煤	mei³¹	məiʔ³¹	mɛi³¹
(木)炭	laŋ³¹ ka³¹	mji⁵¹ kɛ⁵⁵	mji³¹ tɕɛ³¹
盐	tɕhɔ³¹	tsha³³	tɕha³¹
草木灰	ŋa³¹ ʐap³⁵	pha³³ lau⁵¹	pha³¹ lau³¹
石灰	nam³¹ thun³⁵	pha³³ lau⁵¹ a³³ phu³⁵	pha³¹ lau³¹ a³¹ phu³³
地方	tan³⁵		mɯŋ⁵⁵
国家	kɔʔ³¹ tɕa³¹	ko⁵¹/³¹ kja³³	koʔ³¹ tɕa³³
集市	si³¹ thɔʔ⁵⁵	kai³³ tsɿ⁵⁵	tʂau³¹
村子(寨子)	o⁵⁵	wa³³	wa³³
家	in⁵⁵	ʑin³⁵	ʑin³³
邻居		a³¹ ʑam³¹	ʑin³³ a³¹ tshaŋ³⁵
学校	ɕɔʔ³¹ ɕiau³⁵	ɕo⁵¹ ɕau³⁵	ɕoʔ³¹ ɕau⁵⁵
商店		phu³¹ tsɿ³³	ʂaŋ³³ tiɛ̄³³
衙门		tsau³³ kut⁵⁵ ʐa³³	tsau³¹ khuŋ³¹
庙	tʂuaŋ⁵⁵	mjau³⁵	mjau³³
碑		pei⁵⁵	pɛi³³
桥	tɕam⁵⁵	tsam³³	tɕaŋ³³
坟	ʐɿ³¹ tuŋ⁵⁵	laʔ³¹ tuŋ³³	lu³¹ tuŋ³³
身体	a³¹ tu³¹	koŋ³³ to³³	a³¹ to³⁵

头	na³¹ kuaŋ³¹	o³³ nuŋ³³	u³¹ nuŋ³¹
头发	u³¹ mui³¹	tsham³⁵	u³¹ phɛi³¹
辫子	u³¹ tʂuak³⁵	tsham³⁵ pjɛn³⁵	pjē³³ tsɿ⁵⁵
额头	ŋa³¹ tha³⁵	lau³³ mɛn³³ thəu⁽³¹	nau⁵¹ mɛn³¹
眉毛	n̥ɔ⁵⁵ mui³¹	ȵa⁽³¹ mui³³	ȵa⁽³¹ mu³⁵
眼睛	n̥ɔ⁵⁵ tsi⁽³¹	ȵa⁽³¹ tsɿ⁵¹	ȵa⁽³¹ tɕit³¹
睫毛		ȵa⁽³¹ tsɿ⁵¹	ȵa⁽³¹ mu³⁵
鼻子	n̥ɔŋ⁵⁵, ni³¹ xɔŋ⁵⁵	na⁽⁵⁵ kaŋ³⁵	na³¹ khaŋ³³
耳朵	ni³¹ tʂhua³¹	na⁽⁵⁵ phja⁵⁵	na³¹ kɯ³¹
脸	n̥ɔ⁵⁵ n̥ɔ⁵⁵	ȵa⁽³¹ na³⁵	ȵa⁽³¹ lia³³
嘴（口）	n̥ot⁵⁵	nut⁵⁵	nu̥t⁵⁵
嘴唇	n̥ot⁵⁵ tuŋ⁵⁵	nut⁵⁵ tuŋ³¹	nu̥t⁵⁵ ɯ³³
胡子	n̥ot⁵⁵ mui³¹	na³⁵ mui³³	nu̥t³¹ mu³³
下巴	pha³¹ kəŋ³⁵	na⁽⁵⁵ kə³¹ lə³¹	nut⁵⁵ phu⁵⁵
脖子	laŋ³¹ tsəŋ³¹	naŋ⁵⁵ ləŋ³⁵	lɯŋ³³ tsɯŋ⁵⁵
肩膀	xuŋ³¹ pau⁽³¹	la⁽³¹ san³⁵	la⁽³¹ sā³³
背	xa³¹ luŋ³⁵	tsa⁽³¹ tom³³	ta³¹ tuŋ³⁵
胸脯	ɔm³¹ ko⁵⁵	om³³ ka⁽³¹	uŋ³³ puŋ³³
乳房	nau³⁵ tʂu³⁵	ȵɛn³¹	ȵɛ̄³¹
肚子	ɔm³¹ tau³¹	om⁵¹ tau⁵¹	uŋ³¹
肚脐	tɕhi³¹ tɔt⁵⁵	tɕha⁵¹	tsha⁽⁵⁵
屁股	tɕhi³¹ tuŋ³¹	khɯ³³ tuŋ³³	khɯ³¹ tuŋ³¹
大腿	tɕhi⁵⁵ san⁵⁵	thuŋ³³ pau⁵⁵	thaŋ³¹ pau³¹
膝盖	tɕhi⁵⁵ n̥ɔ⁽⁵⁵	khɯ³³ ɕi⁵⁵ thəu⁵¹	khɯ³³ ɕi³³ thəu³¹
小腿	tɕhi⁵⁵ ʂua³¹ pu³⁵	khɯ³³ om⁵¹	khɯ³³ uŋ³³
脚	tɕhi⁵⁵	khɯ³⁵	khɯ³³
脚踝	tɕhi⁵⁵ tɔ⁽⁵⁵	khɯ³⁵ ȵa⁽³¹ᐟ⁵¹	khɯ³³ ȵa⁽³¹ tɕit³¹
胳膊	lɔ⁽⁵⁵ san⁵⁵	la⁽³¹ paŋ⁵⁵ tsɿ⁵⁵	la⁽³¹ uŋ³⁵
肘	lɔ⁽⁵⁵ suak³⁵	la⁽³¹ kuai⁵⁵ tsɿ³³	la⁽³¹ ɕi³⁵ thəu³¹
手	lɔ⁽⁵⁵	la⁽³¹	la⁽³¹
手腕子	lɔ⁽⁵⁵ phu⁵¹	la⁽³¹ᐟ⁵¹ wa³³	la⁽³¹ ŋuai³⁵
手指	lɔ⁽⁵⁵ n̥au³¹	la⁽³¹ ȵau³³	la⁽³¹ ȵau³⁵
拇指	lɔ⁽⁵⁵ mɔ⁽³¹	la⁽³¹ ma³³ᐟ⁵¹	la⁽³¹ ma³⁵
小指	iŋ³¹ oi³¹	la⁽³¹ ȵau³³ za³³ᐟ⁵¹	la⁽³¹ ȵau³⁵ tsa³³

指甲	lɔ⁵⁵ ʂəŋ³¹	la⁽ʔ⁾³¹ səŋ³³	la⁽ʔ⁾³¹ ʂɯŋ³⁵
拳	lɔ⁵⁵ thum³¹	la⁽ʔ⁾³¹ phu³³	la⁽ʔ⁾³¹ phu³⁵
胞衣（胎盘）	tʂhua⁵⁵	ʑi³³ pau³³	ʑi³³ pɑu⁵⁵
脐带	tɕha⁵¹	tɕha⁵¹ pji⁵⁵	tɕhi³¹ tai³³
皮肤	a³¹ ʐ̩⁵⁵	a³¹ ɯ³³	a³¹ ɯ⁵⁵
汗毛		a³¹ mui³³	a³¹ mu³⁵
痣	phai³⁵	tsɿ³⁵	tʂɿ³³
疮	pʐ̩əŋ⁵⁵	pəŋ⁵¹ na³³	pɯŋ³³ na³³
疤	ʐuai⁵⁵	a³¹ pa³³	a³¹ lia³³
天花	kăn⁵⁵ tam³¹	sa³³ tsɿ⁵⁵	pə³¹ sə⁽ʔ⁾³¹
肉	ʂua³¹	sa³³	ʂa³¹
血	sui³¹	sui⁵⁵	sui³¹
奶汁	nau³⁵	ȵɛn³¹ tsɿ³³	ȵɛ̄³¹ tʂɿ³³
筋	a³¹ kʐ̩ə³¹	a³¹ kjin³³	a³¹ tɕin³⁵
脑髓	u³¹ nu⁽ʔ⁾³¹	wu⁵⁵ ȵok⁵⁵/³³	nau³³ tɕi³³
骨头	a³¹ ʐ̩au³¹	a³¹ ʐau³³	a³¹ ʐau³⁵
肋骨	luk³¹ khaŋ³¹ tʂham⁵¹	lə³¹ pa³³ ku⁵¹	uŋ³¹ ʐau³¹
牙齿	tɕoi⁵⁵	tsui³³	tsui³³
舌头	ɕɔ⁵⁵	lia³⁵	nut⁵⁵ tsha⁽ʔ⁾⁵⁵
喉咙	khʐ̩ɔŋ³¹ tʂo³⁵	khom³⁵ lom³¹	khuŋ³¹ ta³¹
肺	a³¹ tɕhot⁵⁵	phŭ⁵¹ lop⁵⁵	pho³¹ lok³¹
心脏（心）	ȵ̥a⁵⁵ lum³¹	nək⁵⁵ lom³⁵	n̥o³¹ luŋ³³
肝	a³¹ ʂəŋ³¹	wu⁵⁵ nək⁵⁵/³³	khau³³ ʂa⁵⁵
肾（腰子）	năm³¹ lim⁵⁵	ʐau³³ tsɿ³³, oŋ³⁵ lom³⁵	ʐau³³ tsɿ³³
胆（苦胆）	saŋ³¹ tɕhi³⁵	tan⁵¹	khu³³ tā³³
肠子	a³¹ u⁵⁵	a³¹ wu³⁵	a³¹ u³³
胃	lɔm⁵⁵	wu³⁵ phu³³	u³³ phu⁵⁵
屎	tɕhi³¹	khɯ³³	khɯ³¹
尿	kă³¹ tʂhə³⁵	ȵi⁵⁵ sɿ³¹	tu³¹ tɕhi³¹
屁	tɕhi³¹ tset⁵⁵	khɯ³³/⁵⁵（tsət⁵⁵）	khɯ³¹ tɕit³¹
汗	a³¹ xə³⁵	a³¹ tsui³³	a³¹ xə³³
痰	ni³¹ ȵan³¹	khoŋ⁵⁵ kjak⁵⁵/³³	khuŋ³¹ tɕha³¹
口水	a³¹ ʐui⁽ʔ⁾³¹	tsa³³ kəŋ³⁵	tɕin³¹ khā³¹
鼻涕	n̥ap⁵⁵	nap⁵⁵	n̥ak⁵⁵

眼泪	ȵɔ⁵⁵ pi⁵⁵	ȵaʔ³¹ pɯ³³	ȵaʔ³¹ pɛi³³
脓	pzʅəŋ⁵⁵	pəŋ³¹	pɯŋ³³
话	ŋeŋ³⁵	tsau³³	tʂau³³
生命	a³¹ muiʔ³¹	kaŋ³⁵	khaŋ³³
阿昌族	ŋa³¹ tshaŋ³¹	ŋa⁵⁵ ȵau³¹	ŋa³¹ tshaŋ³¹
汉族	ka³¹ phuaŋ³¹	xe³⁵	zi³¹ wa³¹
人	tʂo⁵⁵	pju³³	tsu³³
成年人（大人）	tʂo⁵⁵ kzʅə³¹	pju³³ kɯ⁵¹	tsu³³ pjɛ³³
小孩儿	tsă³¹ oi³¹	pju³³ za³³	tsu³¹ wa³¹ tsa³⁵
老人	muaŋ³¹ tsɔ³¹	pju³³ pɛ³³, pju³³ maŋ⁵¹⁄³³	tsu³³ maŋ⁵⁵
老头儿	phɔʔ³¹ muaŋ³¹ tsɔ³¹		tsu³³ maŋ⁵⁵
老太太	tɕhi³¹ muaŋ³¹ tsɔ³¹	pju³³ pɛ⁵⁵	za³³ maŋ⁵⁵
男人	i³¹ tɕi⁵⁵	pju³³ phau³⁵	ȵit³¹ kə³³ tsu³³
妇女	i³¹ ȵɔ³¹	pju³³ ma³³, pju³³ mjit³¹, za³³ mji⁵¹ pju³³	tsa³¹ ȵit³¹ tsu³³
小伙子	tʂă³¹ zʅam³⁵	sa⁵⁵ nau⁵¹ za³¹, ɕin³³ nau⁵⁵ za³¹	ɕau³³ nau⁵⁵ tsa³³
姑娘	tsaŋ³¹ zi³¹	za³³ mji⁵¹ za³¹	tsa³¹ ȵit³¹ tsa³⁵
农民	nuŋ³¹ min³¹	nuŋ³¹ mjin³¹, mu³¹ kut⁵⁵ zi⁵⁵ pju³³	mu³³ khut³¹ ɛiʔ⁵⁵ nuŋ³¹ min³¹
兵	za⁵⁵ tsɔ³¹	tsə³³	tʂə³³
干部	kan³⁵ pu³⁵	kan³⁵ pu³⁵	kā³⁵ pu³⁵
学生	ɕɔʔ³¹ sən³¹	ɕoʔ³¹ sən³³, mau³¹ sau³³ lop³¹⁄⁵⁵	mji³¹ sau³¹ tu³¹ ɛiʔ⁵⁵ tsu³³
老师	lau⁵¹ sʅ³¹	khui⁵⁵ khɯ³⁵ za³³ thau⁵⁵ zi⁵⁵ pju³³ lau⁵⁵ sʅ³³	laʔ³¹ tuat⁵⁵
医生（郎中）	zi³¹ sen³¹	na³³ tɕha³³ zi⁵⁵ pju³³⁄⁵¹	na³³ mjɛ³³ ɛiʔ⁵⁵ tsu³³
铁匠	ʂam⁵⁵ pat⁵⁵ tʂo⁵⁵	sam³⁵ pat⁵⁵ zi⁵⁵	ʂaŋ³³ paʔ⁵⁵ tsu³³
木匠	mu³¹ tɕaŋ³⁵	mu⁵¹ tɕaŋ³⁵ kut⁵⁵ zi⁵⁵ sək⁵⁵ o³³ nuŋ³³	mu³¹ tɕaŋ³³ ʂɯk³¹ tɕa³³ pau³¹
石匠		laŋ⁵⁵ ka⁵¹ pat⁵⁵ zi⁵⁵ pju³³	ȵɯŋ⁵⁵ ka³¹ pau³¹ sʅ³¹ tɕaŋ³³

泥瓦匠		nam³³ tsua³¹ kut⁵⁵ ʑi⁵⁵ pju³³	sə³¹ tɕa³¹ pau³¹
和尚（喇嘛）	pɔŋ³¹ tɕi⁵⁵	xo⁵¹ saŋ³⁵	xo³¹ ʂaŋ³³
尼姑	naŋ⁵⁵ xau⁵⁵	ȵi⁵¹ ku³³	ȵi³¹ ku³³
巫师	me³¹ mot⁵⁵ ʂəŋ⁵⁵	mo³⁵ thau⁵¹	pja³³
			u³³ sɿ³³
乞丐	tɕam³¹ mɔ̥ʔ⁵⁵	laʔ³¹ kam³⁵	laʔ³¹ khaŋ³³
		laʔ³¹ kam³⁵ su³³	
贼（小偷）	tʂo⁵⁵ xau³¹	khau³³ʹ⁵⁵ su³³ʹ⁵¹	laʔ³¹ khau³⁵
皇帝	xuan³¹ ti³⁵	tsau⁵¹ maŋ⁵¹	tsu³³ uŋ³³ ma⁵⁵
官	tʂau³¹	tsau⁵¹	tsau³¹
英雄	ʑin⁵⁵ ɕoŋ³¹		ʑin³³ ɕuŋ³¹
朋友	tʂo⁵⁵ saʔ³¹	mjit³¹ tɕhan³⁵	a³¹ tshaŋ³⁵ tsa³³
瞎子	ȵɔ̥ʔ⁵⁵ tset⁵⁵	ȵaʔ³¹ tsət³¹	ȵaʔ³¹ tɕit³¹ a³¹ tɕit³¹
跛子（瘸子）	tɕhi⁵⁵ kək⁵⁵	khɯ³⁵ pət⁵⁵	khɯ³³ ŋuai⁵⁵
聋子	n̥ɔ³¹ kəŋ³¹	na³³ paŋ³³ʹ⁵¹	na³¹ paŋ³¹
麻子	ȵɔ̥ʔ⁵⁵ pʐaŋ⁵⁵	ȵaʔ³¹ lai³³	pə³¹ səʔ³¹
驼子	laŋ³¹ ŋuŋ³⁵	laŋ³⁵ ŋuŋ⁵⁵	ta³¹ tuŋ³⁵ ŋuŋ³¹
傻子	tʂo⁵⁵ pɔŋ³¹	pju³³ liet³¹	tsu³³ liɛ⁵⁵
疯子	tʂo⁵⁵ vən⁵⁵	pju³³ wun⁵⁵	tsu³³ un⁵⁵
哑巴	ʑa³¹ pa³¹	pju³³ ŋə⁵¹	ʑa³³ pa³³
主人	in⁵⁵ tʂo⁵⁵	a³¹ tɕau³³	aŋ³¹ ʂuŋ³¹
客人	tshe⁵⁵	nom³³	nuŋ³³ tɕhɛ³³
祖宗	len³⁵	tsu³³ tsuŋ³³	phau³¹ pha³¹
爷爷	loŋ³⁵, kuŋ³¹	phau⁵⁵	a³¹ phau³¹
奶奶	tɕhiŋ⁵⁵, ʑa³¹	ʑa³³	a³¹ ʑa³³
父亲	teʔ⁵⁵, a³¹ phɔʔ³¹	a³¹ pha⁵¹	a³¹ pha³¹
			ʑɛ³³
母亲	mouʔ⁵¹, me³¹	a³¹ mji³¹	a³¹ ȵit³¹
			ma³³
儿子	tsɔ³¹ lo³¹	ʑa⁵⁵ lu⁵¹	tsa³¹ loʔ³¹
媳妇	ʂɿ³¹ mɔʔ³¹	tsha³³ ma³³	ʂu³¹ ma³¹
儿媳妇	ʂɿ³¹ mɔʔ³¹	ʑa⁵⁵ lu⁵¹ tsha³³ ma³³	ʂu³¹ ma³¹
女儿	tsaŋ³¹ ʑi³¹	ʑa⁵⁵ mji⁵¹	tsa³¹ ȵit³¹
女婿	tsɔ³¹ mɔʔ³¹	ʑa⁵⁵ maʔ³¹	tsa³¹ maʔ³¹

孙子	mi³¹tsɔ³¹	mɯ⁵¹	mə³¹
			mə³¹tsa³¹lo³¹
哥哥	tʂai⁵⁵	tsai³³	a³¹sai³⁵
姐姐	ʐeʔ³¹	tɕɛ³³	a³¹sai³⁵
			tɕɛ³³
弟弟	a³¹ɲi⁵⁵	ʑa⁵⁵ɲiʔ³¹	a³¹nuŋ³¹
妹妹	a³¹ɲi⁵⁵	na³³ma³³	a³¹naŋ³¹
伯父	luŋ⁵⁵phaʔ⁵⁵	phaʔ³¹ma³³	ta³³tiɛ³³
伯母	paʔ³¹	mjit³¹ma³³	ta³³ma³³
叔叔	xun⁵⁵	phaʔ⁵⁵pjam³³	lau³³ʐɛ³³
			pha³¹ʐaŋ³³
婶母	ʂək⁵⁵	mjit³¹pjam³³	lau³³ʂən⁵⁵
侄儿	tsɔ³¹lo³¹	ʑa³³pjam³³/⁵¹	tʂə³¹ə³³tsɿ⁵⁵
嫂子	pi³¹xaʔ⁵⁵	a³¹pei³⁵	ʐuʔ³¹pə³¹（背称）
			a³¹pə³⁵（面称）
舅父(母之兄)	luŋ⁵⁵phaʔ⁵⁵	au³⁵ɯ³⁵	au³³thaŋ⁵⁵
			au³¹pha³¹
(母之弟)	mau³⁵		khuŋ³³muŋ³³
舅母(母兄之妻)	paʔ³¹	au³⁵ɯ³⁵ʑa³³/³¹	au³³thaŋ⁵⁵ɲaŋ³¹
			au³¹ɲit³¹
			au³¹ɲit³¹ma³⁵
(母弟之妻)	pha⁵⁵ʂək⁵⁵		khuŋ³³muŋ⁵⁵ɲaŋ³¹
			au³¹ɲit³¹tsa³⁵
姨父(母姐之夫)	luŋ⁵⁵phaʔ⁵⁵	naʔ³¹khui³³	ʑi³¹tiɛ³³
(母妹之夫)	xoi³⁵		ʑi³¹tiɛ³³
姨母(母之姐)	paʔ⁵⁵	sau³⁵ʑi³³	ʑi³¹ma³³
(母之妹)	naŋ⁵⁵		ʑi³¹ɲaŋ³³
姑父(父姐之夫)	luŋ⁵⁵phaʔ⁵⁵	luŋ³³khui³³	nai³³kə³³
(父妹之夫)	xoi³⁵		
姑母(父之姐)	paʔ³¹	paʔ³¹ʑɛʔ³¹	nai³³thui⁵⁵
(父之妹)	naŋ⁵⁵		nai³³/³¹thaŋ³³/³¹
亲戚	tshe⁵⁵	nom³³ɲi³³	nuŋ³³tɕhɛ³³
岳父(丈人)	phɔ³¹tʂau³¹	lau⁵¹tsaŋ³⁵zən³³	zo³¹fu³³
			tā³¹ʂəŋ³³

岳母	tɕɔ³¹ tʂau³¹	lau⁵¹ wai³⁵ mu⁵¹	ʐo³¹ mu³³
			tã³¹ n̠it³³
丈夫	n̠i³¹ ŋau⁵⁵	laʔ³¹ ŋau³⁵	laʔ³¹ ŋau³³
妻子	n̠i³¹ mɔʔ³¹	mji³¹ ʑɛ⁵¹	n̠it³¹ n̠a³¹
继母	tɕaʔ³¹ sau³⁵	noŋ³³ mji³¹	tɕi³³ mu³³
继父	phɔʔ³¹ sau³⁵	a³¹ pha³³ a³¹ pja³¹	tɕi³³ fu³³
寡妇	meʔ³¹ maiʔ³¹	kua³³ fu³⁵	kua⁵¹ fu³⁵
鳏夫		kua³³ nan³¹	kua⁵¹ xã³⁵
		ɕin³³ nau⁵¹ a³¹ tiɛ³³	
孤儿	tʂhau⁵⁵ tsɔ³¹	ʐa³³ tɛ³³	ku³⁵ ə³¹
牛	n̥o³¹	nua⁵¹	no³¹
牛奶		nua⁵¹ n̠ɛn³¹	no³¹ n̠ɛ̄³¹
角	khʐau⁵⁵	khjau³⁵	u³³ tɕhau³³
蹄	tɕhi⁵⁵ xo⁵⁵	khɯ³⁵	khɯ³³
毛	a³¹ mui³¹	a³¹ mui³⁵	a³¹ mu³⁵
粪	tɕhi³¹	khɯ³³	khɯ³¹
尾巴	tɕhi³¹ n̠aŋ³⁵	a³¹ mji³³	n̠it³¹ tsha³¹
			ui³³ pa⁵⁵
马	m̥ʐaŋ³¹	mjaŋ⁵¹	m̥jaŋ³¹
羊	paʔ⁵⁵	tshək⁵⁵	pjɛʔ³¹
羊毛	paʔ⁵⁵ mui³¹	tshək⁵⁵ mui³³	pjɛʔ³¹ mu³⁵
驴	m̥ʐaŋ³¹ mau³¹ liʔ³¹	mau³³ li³³	thaŋ³³ la³³
猪	oʔ⁵⁵	waʔ³¹	waʔ³¹
公猪	oʔ⁵⁵ lɔ³¹	waʔ³¹ phau³⁵	waʔ³¹ la³⁵
母猪	oʔ⁵⁵ tseŋ³⁵	waʔ³¹ mjiʔ³¹	waʔ³¹ ma³¹
狗	xui³¹	khui³³	khui³¹
猫	kã³¹ lɔ³¹	laʔ³¹ mjau³⁵	kuaʔ³¹ la³⁵
兔子	pʐaŋ⁵⁵ tai⁵⁵	paŋ³¹ tai⁵¹	paŋ³³ tai⁵⁵
鸡	kʐuaʔ⁵⁵	kjaʔ³¹	tɕaʔ³¹
公鸡	kʐuaʔ⁵⁵ phʐuaʔ³¹	kjaʔ³¹ phaʔ⁵⁵	tɕaʔ³¹ pha³¹
母鸡	kʐuaʔ⁵⁵ tseŋ³⁵	kjaʔ³¹ mjiʔ³¹	tɕaʔ³¹ ma³¹
小鸡	kʐuaʔ⁵⁵ tsɔ³¹	kjaʔ³¹ ʐa³³	tɕaʔ³¹ tsa³⁵
鸡冠	n̥ɔ⁵⁵ pat³⁵	kjaʔ⁵⁵ kuan³⁵	tɕi³³ kuā³³
翅膀	a³¹ tuŋ⁵⁵	a³¹ tuŋ³³	a³¹ tuŋ³³

羽毛	a³¹ mui³¹	a³¹ mui³³	ŋaʔ³¹ mɯ³⁵
鸭子	pi³¹	pei⁵¹	pəʔ³¹
鹅	khʐaŋ⁵⁵	pei⁵¹ ŋoŋ⁵¹	pəʔ³¹ tɕaŋ³¹
鸽子	kai³¹ tɕe⁵⁵	koʔ³¹ tsղ³³	ka³¹ tu³¹
老虎	lɔ³¹	la⁵¹	laʔ³¹ maŋ³¹
龙	mʐui⁵⁵ tʂuŋ³¹	muŋ⁵¹ tɕuŋ⁵¹	luŋ³¹
爪子	tɕhi⁵⁵ phʐai⁵⁵	khɯ³⁵	khɯ³³ ʂɯŋ⁵⁵
猴子	n̥uʔ⁵⁵	laʔ³¹ khaŋ³³	laʔ³¹ khaŋ³³
象	tɕhaŋ⁵⁵	lau³³ ɕaŋ³⁵	lau³³ ɕaŋ³³
豹子	lɔ³¹	la⁵¹	laʔ³¹
熊	ɔm⁵⁵	lau³³ ɕuŋ³¹	lau³³ ɕuŋ³¹
野猪	mu⁵⁵ thən³⁵	tsəŋ⁵¹ waʔ³¹	tsɯŋ³¹ waʔ³¹
鹿	tɕhet⁵⁵ kʐə³¹	ma³³ lu³¹	ma⁵¹ lu³¹
水獭	sam⁵⁵	tsղ³³ kuaʔ³¹	ʂui³³ thã³⁵ mjau³¹
豪猪	phʐo⁵⁵	pu³⁵	xau³¹ tʂu³³
老鼠	kʐoʔ⁵⁵	kuaʔ³¹	kuaʔ³¹
松鼠	na³¹ mʐaŋ³⁵ tsen³⁵	wu³³ tʂhan⁵¹ kuaʔ³¹	ʂɯk⁵⁵ kuaʔ³¹
黄鼠狼	kʐoŋ⁵⁵	xuaŋ³¹ tʂhu⁵¹ laŋ³¹	xuaŋ³¹ ʂu³⁵ laŋ³¹
狼	pum⁵⁵ xui³¹	om³¹ khui³³	pju³¹
狐狸		xu⁵¹ li³⁵	xu³¹ li³³
鸟	m̥ɔʔ⁵⁵	ŋaʔ⁵⁵	ŋaʔ⁵⁵
鸟窝	m̥ɔʔ⁵⁵ sut⁵⁵	ŋaʔ⁵⁵ sut⁵⁵	ŋaʔ³¹ sut⁵⁵
老鹰	ti³¹ mɔ³¹	tsun³³	tɕun³³ ma⁵⁵
猫头鹰	tɕuk⁵⁵ ku⁵⁵ lu⁵¹	mau³³ thəu⁵¹ ʑin³³	mɯŋ³³ ku³³
燕子	tʂak⁵⁵ len³⁵	ɕau³³ zen³⁵	zɛ̃³³ tsղ⁵⁵
大雁	lau⁵⁵ kʐuan³⁵	lau⁵¹ kuan³⁵	lau³¹ kuã³⁵ o³¹
野鸡	kai³¹ thən³⁵	tsəŋ⁵¹/³³ kjaʔ³¹	tsɯk³¹ pha³³
麻雀	tsi⁵⁵ tʂuak⁵⁵	khã⁵⁵ tɕuk³¹	ku³¹ ti³⁵
蝙蝠	uaŋ⁵⁵ liaŋ³¹	pjɛʔ³¹ fu³³	pjɛ³¹ fu³⁵
乌鸦	kã³¹ lam³¹, khãnɔʔ⁵⁵	ka³³ na⁵¹	ka³³ naʔ⁵⁵
斑鸠	tshi⁵⁵ put⁵⁵ tu³¹	khã³³ tsau³³	ku³¹ tu³¹
啄木鸟	saŋ³¹ tseŋ⁵⁵ tuat³⁵ m̥ɔʔ⁵⁵	sək⁵⁵ tsok⁵⁵ ʑi⁵⁵ ŋaʔ⁵⁵	ʂɯk³¹ ȵau³³ ŋaʔ³⁵¹
孔雀	luk³¹ zuŋ⁵⁵	khuŋ⁵⁵ tɕhoʔ³¹	ŋaʔ⁵⁵ ȵau³³
乌龟	tau³⁵	wu³³ kui³³	u³³ kui³³

蛇	mz̻ui⁵⁵	mui³³	m̥jit⁵⁵ laŋ³³
四脚蛇	mz̻ui⁵⁵ tɕhiŋ⁵¹	nam³³ khau³⁵ tɛ³³	tsaŋ³³ tsak⁵⁵
青蛙	phɔ³¹	pa⁵⁵ kuat⁵⁵ ⁄ ³³	pho³¹ ok³¹
蝌蚪	lă³¹ xam⁵¹ təm³⁵	ʑi³¹ ku³¹ tu³⁵	ʑi³¹ ku³¹ tu³¹
鱼	ŋa³¹ ʂua³¹, kăʂua³¹	ŋa³³ sa³³	ŋa³¹ ʂa³¹
鳞	a³¹ tɕet³⁵	ŋa³³ kjap⁵⁵	a³¹ khok³¹
鳝鱼（黄鳝）		ŋa³³ mui³¹ ⁄ ⁵¹	kā³¹ tɕin³¹
泥鳅		n̻i³¹ tɕhu³³, ŋa³³ lai³¹	pjit⁵⁵ tɕui³¹
虾	kɔŋ⁵¹	ɕa³³ tsɿ³³	ɕa³³ tsɿ³³
虫	pau³¹	pau⁵¹	pau³¹
臭虫	phă³¹ tɕhek³⁵	pau⁵¹ nam³³	pau³¹ naŋ³³
跳蚤	l̥i³¹	khui⁵⁵ lɯ⁵⁵	khua³¹ lai³¹
虱	ʂan³¹	sən³³	ʂən³¹
虮子	ʂan³¹ u⁽ʔ⁾³¹	sən³³ wu⁵¹	ʂən³¹ tsa³¹
苍蝇	phɔp⁵⁵	pau³³ mui³³	ʑaŋ³³ mɛi⁵⁵
蛆	nu⁽ʔ⁾⁵⁵	khɯ³⁵ pau³³	lu³¹
蚊子	phɔp⁵⁵	pop⁵⁵	un³¹ tsɿ³⁵
			ʑaŋ³³ mɛi⁵⁵
蜘蛛	kuŋ³¹ kai³⁵ ʑai⁵⁵	kjaŋ³³	tɕaŋ³³ khəŋ³³ pau³¹
蜈蚣	miaŋ⁵¹ sen⁵⁵ tin³¹	wu³¹ koŋ³³	pau³¹ na⁽ʔ⁾³¹
		mui³³ saŋ³³ liaŋ³³	
蚯蚓	ta⁵⁵	tiɛ⁽ʔ⁾³¹ laŋ³⁵	tiɛ³³ l̥iaŋ³³
蚂蝗	nu⁽ʔ⁾⁵⁵; tak⁵⁵	wut⁵⁵	nu³³ tsa⁵⁵
水蛭	nu⁽ʔ⁾⁵⁵	no³¹	nu³³
			thuŋ³¹ pjɛ̄³³
蟋蟀	tɕa³¹ ŋət³⁵	tɕaŋ³⁵ kək⁵⁵ ⁄ ³³	tɕaŋ³³ kɯk⁵⁵
蚂蚁	tɕhi⁵⁵ man⁵⁵	tɕaŋ⁵⁵ man³¹	tɕa³¹ m̥a⁽ʔ⁾³¹
蚕	tshan³¹	naŋ⁵¹	naŋ³³ tsa⁵⁵
蜜蜂	tʂua³¹ ɕaŋ³¹	pjă⁵¹ ʑaŋ³³	tɕi³¹ ʑaŋ³¹
螳螂	tɕaŋ⁵⁵ kz̻am³¹	tsa³¹ laŋ³³	thaŋ³¹ laŋ³¹
蜻蜓	tsen³⁵	sam⁵¹ ʑa⁵¹ pau³³ kai³⁵	thuŋ³³ kuā³³
蝴蝶	phă³¹ z̻am³⁵ tʂam⁵⁵	tsəŋ⁵¹ koŋ³¹ phă³³ lam⁵¹	pha³¹ laŋ³³
毛虫		toŋ³³ ɕaŋ³³	tuŋ³¹ sau³¹
螃蟹	pă³¹ khz̻ə³⁵	phaŋ³¹ xai⁵¹	phaŋ³¹ xai³⁵

树	saŋ³¹ tseŋ⁵⁵	sək⁵⁵	ʂɯk⁵⁵
树枝	ʂək⁵⁵ kʐaŋ⁵⁵	sək⁵⁵ ka⁵¹	ʂɯk⁵⁵ khɑʔ⁵⁵
根	a³¹ mʐuat⁵⁵	a³¹ mət³¹	a³¹ mɛt³¹
叶子	a³¹ xʐoʔ⁵⁵	a³¹ wa⁵¹	a³¹ fɑ³¹
花	kăn⁵⁵ tam³¹	phjin³³ tam³³	phjin³¹ taŋ³¹
果子	ʂə³¹	s̩³³ tsap⁵⁵	s̩³¹
核	a³¹ tsiʔ³¹	a³¹ ts̩³³, a³¹ ɕin³³	a³¹ tɕit³¹
芽儿	a³¹ ŋɔŋ⁵⁵	a³¹ ȵoʔ³¹	a³¹ ȵu³¹
柳树	xaiʔ⁵⁵ tseŋ⁵⁵	ʑaŋ³¹ liu⁵¹ paŋ³³	ʑaŋ³¹ liu³⁵ paŋ³³
松树	piak³¹ tseŋ⁵⁵	wu³³ tshan³¹ paŋ³³	ʂɑ³¹ ʑɛ³¹ paŋ³³
竹子	o³¹	waʔ⁵⁵ paŋ³³/³¹	waʔ³¹ paŋ³¹
竹笋	ȵek⁵⁵	waʔ⁵⁵ mjit³¹	mjɛʔ³¹
藤子	nui⁵⁵	tui³³	tu³¹ nuk³¹
刺儿	tɕo³¹	tsu⁵¹	tɕu³¹
桃	ʂə³¹ om³¹	s̩³³ om³³	s̩³¹ uŋ³¹
梨	maʔ³¹ kɔʔ³¹	s̩³³ saŋ³³	liɛ³¹ tsa³³
李子			s̩³¹ khɑ³¹
橘子	maʔ³¹ tʂuak⁵⁵	kjuʔ³¹ ts̩⁵⁵	tɕoʔ³¹ ts̩³⁵
柿子	maʔ³¹ xo³⁵ liŋ⁵⁵	pha³³ s̩³¹ ts̩³³	s̩³³ ts̩⁵⁵
苹果		phjiŋ³¹ ko⁵¹	phjin³¹ ko³⁵
葡萄	phu³¹ thau³¹	phu³¹ thau³³	phu³¹ thau³³
石榴		s̩³³ liu³⁵	s̩³¹ liu³⁵
板栗	maʔ³¹ tɔp³⁵	pan³³ liʔ³¹	pã³³ liʔ³¹
芭蕉	kuiʔ³¹	phă³³ tɕau³³	phɑ³¹ s̩³³
甘蔗	phă⁵⁵ liŋ⁵⁵	a³¹ tɕhau³⁵	a³¹ tʂhau³³ paŋ³³
核桃	maʔ³¹ tɔi³⁵	pa³³ kop⁵⁵	pha³³ koʔ⁵⁵
水稻	tɕo³¹ tseŋ⁵⁵	ku⁵¹	tʂ̩³³ ku³³
糯米	nam³¹ moi⁵¹	noŋ³³ ma³³	no³³ mji⁵⁵
种子	a³¹ ȵau³¹	a³³ mjau³³	a³¹ ȵau³⁵
秧	ka³¹ li⁵¹	ku⁵¹/³¹ lɯ³³	tɕhi³¹ tɕa³¹
穗	tɕo⁵⁵ nam⁵⁵	ku⁵¹/³¹ sui³³	ku³¹ naŋ³³
稻草	ku³¹ ʐau³¹	man³³ noŋ³¹	ku³¹ tɕhe³³
谷粒	ka³¹ tsui³¹ lum³¹	ku⁵¹/³¹ lom³³	ku³¹ l̩uŋ³⁵
麦子	ka³¹ tsui³¹ lum³¹	məʔ³¹ ts̩³³	mə³⁵ ts̩³³

荞麦	tɕau⁵⁵	khu⁵⁵ khjau³¹	tɕhau³¹
玉米（苞谷）	xau³¹ tʂhua⁵⁵	la²³¹ khaŋ³³ khɯ³³，	tɕau³³ xua⁵⁵
小米		ɕau³³ mji⁵¹	ɕau³³ mji⁵⁵
棉花	tu³¹ u⁵⁵	tu³³ wu⁵¹	tu³¹ u³¹ paŋ³³
麻	ma²³¹	xo³³ ma²³¹	ma²³¹
菜	uaŋ³¹	aŋ³³	aŋ³¹
白菜	pə³¹ tshai³⁵	aŋ³³′⁵⁵ phu³³	aŋ³¹ phu³³
青菜		aŋ⁵⁵ tɕa³³ / aŋ⁵⁵ kha³³	aŋ³¹ tʂa⁵⁵
油菜		tsha³³ tshu⁵¹ aŋ³³， zu⁵¹ tshai³⁵	ʂa³¹ tɕhu³⁵ aŋ³¹
韭菜		xu⁵⁵ pjɛn³³	tʂu³¹ ma³¹
芫荽（香菜）		zɛn⁵¹ sui³⁵	zɛ³¹ sui³³
萝卜	uaŋ³¹ tɕhi⁵⁵ pu²³¹	aŋ⁵⁵ khɯ³³′³¹	aŋ³¹ khɯ³¹
芋头	mui³¹	mui³³	mji³¹ za²³¹
茄子	ma²³¹ xə³⁵	ma⁵⁵ khɯ³⁵	mə³¹ khə³³
辣椒	phik⁵⁵	nam³³′³⁵ phjit⁵⁵	a³¹ tshɯk⁵⁵
葱	pha³¹ mo³⁵	xu³³ mo⁵¹′³³	tshuŋ³¹
蒜	ka³¹ sun³⁵	la²³¹ suan³⁵	la²³¹ suā³³
姜	tɕhaŋ³¹	tɕhaŋ³³	tshaŋ³¹
莴笋		wo³³ sun⁵¹′³³	wo³³ sun⁵⁵
马铃薯	jaŋ³¹ ji³⁵	tshək⁵⁵ sɹ³³	zaŋ³¹ zi³³
红薯		san³³ zo⁵⁵	ʂā³³ zo³¹
香椿		ɕaŋ³³ tshun³³	ɕaŋ³³ tʂhun³³
冬瓜	pak³¹ mon³⁵	phji³³ om⁵¹	tuŋ³³ kua³³
南瓜	tʂha³¹ ʐɔm³⁵	nua³³ tsoŋ³¹ aŋ³³	mjiŋ⁵⁵ kua³³
黄瓜	tiaŋ³¹ xo³¹	toŋ³¹ khua³³	tuŋ³¹ khua³¹
葫芦		om³⁵	uŋ³³
豆	ka³¹ tshe²³¹	nu²³¹ khjau³⁵	nuk³¹ tɕhi³¹
黄豆	ka³¹ tshe²³¹	nu²³¹ wui³⁵	nuk³¹ tɕhi³¹ a³¹ xə³³
黑豆		nu²³¹ na²³¹	nuk³¹ tɕhi³¹ a³¹ na²³¹
蚕豆	thu³¹ tə²⁵⁵	nu²³¹ suaŋ³³	tshā³¹ təu³³
豌豆	phu³¹ kʐam³⁵	wan³³ təu²³¹，nu²³¹ lom³⁵	wā³³ təu³³
扁豆		nu²³¹ pjɛt⁵⁵	tʂha³¹ to³³

花生	thu⁵⁵ lin⁵⁵	loʔ³¹ ti³⁵ ɕoŋ³³ , ȵaʔ³¹ lai³⁵	lo³¹ ti³³ sən³³
芝麻	tʂɿ⁵⁵ ma⁵⁵	nam³³ pɛ³³	tʂɿ³³ mɑ³³
草	sa⁵⁵	man³³	tɕhɛ³³
稗子		pai³⁵ tsɿ⁵⁵	pai³³ tsɿ³³
茅草	tsi³¹	mau³¹ tshau⁵¹	tɕhiŋ³¹ tā³¹
蘑菇	mau⁵⁵	mau³¹	mau³³
木耳	mau⁵⁵ kun⁵¹	kuaʔ³¹ na³³ phja³³	mu³¹ ə³⁵
烟叶		mjaʔ³¹ wa⁵¹	zɛ̄³¹ fa³¹
米	tshen⁵⁵	tshən³⁵	tɕhin³³
饭	tɕɔ⁵⁵	tsa³³	tɕɑ³³
面条		kua³⁵ mjɛn³⁵	mjɛ̄³⁵ thiau³¹
粑粑	xau³¹ pa³¹	tsa³³ lia⁵¹	tɕa³³ lia⁵⁵
肉	ʂua³¹	sa³³	ʂa³¹
肥肉		sa³³ tshu⁵¹ᐟ³³	ʂa³¹ tɕhu³⁵
瘦肉	sua³¹ muan⁵⁵	san³³ nɛ³³	ʂa³¹ ȵɛ³⁵
油	si³¹ tɕɔ⁵⁵	sa⁵⁵ tshu³¹	ʂa³¹ tɕhu³¹
		tsha⁵⁵ tshu³¹	
豆腐			təu³³ xu⁵⁵
臭豆腐		nuʔ³¹ pop⁵⁵ a³³ nam³³	təu³¹ xu³³ ɑ³¹ naŋ³³
醋		a³³ tɕin³⁵	tshu³³
胡椒			xu³¹ tɕau³³
花椒	ɕap⁵⁵ ʂə³¹	a³¹ pjit⁵⁵	xua³³ tɕau³³
糖	năm³¹ muai³¹	khan³⁵ tɕi³⁵	ʂa³³ thaŋ³¹
			a³¹ tʂhau³³
红糖		a³³ tɕhau³⁵ ,	khā³³ tɕin³¹
		xoŋ³¹ thaŋ³¹	xuŋ³¹ thaŋ³¹
蛋	uʔ³¹	wu³³	u³¹
蜂蜜		pja⁵¹ᐟ⁵⁵ ən⁵¹	tɕi³¹ zaŋ³¹ əŋ³⁵
汤	a³¹ zʅən³¹	la⁵⁵ pha³¹ᐟ⁵¹	lɑʔ³¹ phaʔ³¹
酒	tsi⁵⁵ , lau³¹ xə³⁵	zi³⁵	tsai³³
白酒		zi³⁵ phu³⁵	tsai³³ phu⁵⁵
茶	tʂhaʔ³¹	la⁵⁵ pha³¹ᐟ⁵¹	lɑʔ³¹ phaʔ³¹
烟叶		mjaʔ³¹ ua³¹ᐟ⁵¹	zɛ̄³¹ fa³¹
鸦片		mjaʔ³¹ naʔ³¹	zɛ̄³¹ nɑʔ³¹

药	n̥ɔ³¹	mjaʔ³¹	mjɑ³¹
糠	oʔ⁵⁵ phoi³¹（粗糠）	pha⁵⁵ lau³¹,	wɑʔ³¹ phu³⁵
	oʔ⁵⁵ phoi³¹ tɕeʔ³¹（细糠）	waʔ³¹ phui³³	
		waʔ³¹ phui³³ a³¹ kjɛ⁵¹（粗糠）	
猪食	oʔ⁵⁵ tɕɔ⁵⁵	waʔ³¹ tsa³³	wɑʔ³¹ tɕɑ³³
		waʔ³¹ phui³³ a³¹ mom³³	
马料	ma⁵⁵ liau³⁵	m̥jaŋ⁵¹ tsa³³	m̥jɑŋ³¹ tɕɑ³³
线	khz̩ən⁵⁵	khən³⁵	khən³³
布	ti³¹ tʂaŋ³¹	mei³³ təŋ³³	mu³¹ tuɯŋ³⁵
丝	mai³¹ tɕhe³⁵	khən³⁵ ən³⁵	khən³³
衣	tse³¹	mei³³	tsə³¹ mə³¹
		mei³³ taʔ³¹ toŋ³³	
衣领	tse³¹ xɔ³¹ sə³¹	mei³³ kaʔ³¹, mei³³ ʑam³¹	tsə³¹ mə³¹ lin³⁵
衣袖	tse³¹ lɔ⁵⁵	pei⁵⁵ laʔ³¹ʹ⁵⁵	lɑʔ³¹ suŋ³⁵
扣子	tse³¹ təm³¹	n̥u⁵¹ tsɿ³³	n̥u³³ tsɿ⁵⁵
裤子	l̥ɔ³¹	la⁵⁵	l̥uŋ³¹ kuɑ³¹
裤腿儿		la⁵⁵ khɯ³⁵ʹ⁵¹	khɯ³³ suŋ⁵⁵
裙子	taŋ³¹ kɔ³⁵	mən⁵⁵ khjin⁵¹（短裙）	tɕhin³¹ tsɿ³⁵
		khjin⁵¹ tsɿ³³（长裙）	
（女子）头巾	phaʔ³¹ tʂuaŋ³⁵	wu⁵⁵ khop⁵⁵ʹ³³	u³¹ pai³¹
（男子）包头	pa³¹ tuaŋ³⁵	maʔ³¹ mau³⁵	u³¹ pai³¹
帽子	u³¹ suŋ³¹	maʔ³¹ mau³⁵	u³¹ khok³¹
腰带	tɕu⁵⁵ ve³¹ tshe³¹	sai³⁵ phjɛ³¹	tu³¹ tɕhi³⁵
袜子	uaʔ³¹	waʔ³¹ tsɿ⁵⁵	wɑ³¹ tsɿ³⁵
鞋	kap³¹ tin⁵⁵	khɯ³⁵ʹ³¹ nɛ³³	khɯ³³ tin³³
梳子	phz̩a³¹	pɛ³³	phjɛ³¹
篦子		pɛ³³ʹ³⁵ thi⁵¹ʹ³¹	phjɛ³¹ tsaʔ³¹
耳环	ni³¹ tʂhua³¹ kɔŋ³¹	naŋ⁵¹ʹ³³ ŋuai⁵⁵	nɑ³¹ pu³¹
戒指		laʔ³¹ tɕin³³	ʂəu³³ ku³³
手镯	lɔʔ⁵⁵ lum³¹	taŋ³³ khən³³	kɯ³¹
毛巾		səu⁵¹ kjin³³	ʂəu³³ tɕin³³
被子	mi⁵⁵	mei³³ tsaŋ⁵⁵	mu³¹ tʂaŋ³⁵
毯子		mei³³ ʑam⁵¹	thā³³ tsɿ⁵⁵
棉絮		thai³³ tsɿ³³	thai³³ tsɿ³³

褥子		ʐu̠ʔ³¹ tsʅ³³	ʐ̩u³¹ tsʅ³⁵
枕头	u³¹ thuʔ³¹	wu⁵⁵ khu⁵¹	ʑit³¹ ʐa³³ u³¹ khok³¹
席子	m̥ʐ̠o³¹	mu⁵⁵ luʔ⁵⁵, si ʔ³¹ tsʅ⁵⁵	ɕi³¹ tsʅ³⁵
蓑衣	tʂɔŋ³¹ m̥ʐ̠uaŋ⁵⁵ tse³¹	pom³³	tɕa³¹ muŋ³⁵
斗笠	mā³¹ kʐ̠aŋ³¹	tsa⁵⁵ koŋ³¹	m̥u³³ luŋ³³
房子	in⁵⁵	ʑin³⁵, ʑi⁵⁵ mau³⁵	ʑin³³
厕所		khɯ³³ kok³¹	khɯ³¹ thə³¹ tuŋ³¹
楼	tɕoŋ⁵⁵	ʑin³⁵	ləu³¹ tsʅ³⁵
火塘		mji⁵¹ phən³¹, mji⁵¹ tuaŋ⁵¹	mji³¹ khuŋ³¹ luŋ³¹, mji³¹ khuŋ³¹
牛圈	kok⁵⁵	nua⁵¹ kun³¹, nua⁵¹ kok³¹	no³¹ kok³¹
猪圈	oʔ⁵⁵ kok⁵⁵	waʔ³¹ kok³¹	waʔ³¹ kok³¹
鸡圈	kʐ̠uaʔ⁵⁵ kok⁵⁵	kjaʔ³¹ kok³¹	tɕaʔ³¹ kok³¹
砖	tʂuan³¹	tsuan³³	tʂuā³¹
瓦	ua⁵⁵	wa⁵¹	waʔ⁵⁵
木板	pen³¹	sək⁵⁵ sɛ⁵⁵	pā³³ tsʅ⁵⁵
木头	ʂək⁵⁵	sək⁵⁵ paŋ⁵¹	ʂɯk⁵⁵
柱子	in⁵⁵ tsəŋ⁵⁵	ʐəŋ³³ paŋ³³	khun³³ tsɯŋ³³, tʂu³³ tsʅ⁵⁵
门	pă³¹ tu³⁵	khom³⁵	khuŋ³¹
门槛	maŋ³¹ khan⁵⁵	khom³⁵ waŋ³³ ʐa⁵¹	mē³¹ khā³⁵
窗子	tʂhaŋ⁵¹ tɔŋ³¹	tshuaŋ³³ tsʅ⁵⁵	tʂhuaŋ³³ tsʅ³³
橡子	tʂhuan³¹	tshuan³¹ tsʅ⁵⁵	tʂhuā³¹ tsʅ³⁵
台阶	tɕam³¹ thək³⁵	kā³³ laŋ³³	khə³¹
梯子	tɕam³¹ thək³⁵	thi⁵⁵ tsʅ⁵⁵	kha³³ laŋ⁵⁵
园子	khʐ̠am⁵⁵	ʐɛn³¹ tsʅ⁵⁵	tɕhan³³
桌子	phən³⁵	phən³⁵	phɛn³¹
椅子	taŋ³¹ xuʔ³¹	taŋ⁵⁵ khu³¹	taŋ³¹ khu³¹
床	ku³⁵	ʑit⁵⁵ ʐaʔ³¹	ʑit³¹ ʐaʔ³³
箱子	siaŋ⁵⁵ tsʅ⁵⁵	ɕaŋ³³ tsʅ⁵⁵	ɕaŋ³³ tsʅ⁵⁵
脸盆	uaŋ³¹ tuaŋ⁵⁵	ȵaʔ³¹ tshʅ³³ phən⁵¹	kā³³ laŋ³³
肥皂	tshau³¹ piau³¹	tshau³³ pjau³³	tshau³³ pjau³³

镜子	tṣam³¹	pju³³ liaŋ³³ tɕha³³ ʐi⁵⁵, pju³³ liaŋ³³ tɕau⁵⁵ ʐi⁵⁵	tsu³³ liaŋ³³ tʂau³¹ ɕi⁵⁵ tɕiŋ³³ tsʅ⁵⁵
扫帚	ʐă⁵⁵ pun³¹	ʐaʔ³¹ pun³³	ʐa³¹ pɛn³⁵
灯	tam³¹ phai⁵⁵	tən³³	tən³¹
灯笼		tən³³ loŋ³³	tən³³ luŋ⁵⁵
蜡烛	să³¹ mi⁵⁵	mji⁵¹ tuaŋ³³	mji³¹ tu³¹ l̥ia³¹ laʔ³¹ tʂu³¹
柴	thuaŋ³¹	thaŋ⁵⁵	thaŋ³¹
火炭	laŋ³¹ ka³¹	mji⁵¹ kjɛ³³	mji³¹ tɕɛʔ³¹
火柴	ʐaŋ³¹ xɔ⁵⁵	ʐaŋ⁵¹ xo³¹ mji⁵¹ kjap⁵⁵	ʐaŋ³¹ xo³⁵
灶	xɔ³¹ tsau³⁵	tsau³⁵, mji⁵¹ khat⁵⁵ ʐi⁵⁵	tsau³³ khau³¹
锅		au³³	au³¹
盖子	a³¹ tshi⁵⁵	phu³⁵ lom³¹, phom³³ ʐi⁵⁵	kai³³ kai³³
蒸笼	tɕɔ⁵⁵ puŋ³¹	tsa³³ poŋ³³	tʂən³³ luŋ⁵⁵
刀	mʐ̩au³¹	mjau⁵¹	mjɑu³¹
锅铲		aŋ⁵⁵ sa⁵¹ ʐi⁵⁵/³³	
调羹	kăk³⁵ tsɔ³¹	khu³³ ʐi⁵⁵	kɑ³³ lək⁵⁵ tsa³³
碗	tɕɔ³¹ xɔʔ⁵⁵	khua⁵¹	khuaʔ⁵⁵
盘子	phan³¹	phan³¹ tsʅ³³, aŋ⁵⁵ khua⁵¹	phā³¹
碟子		tiɛʔ³¹ tsʅ³³	
筷子	tam⁵⁵ tʂo³¹	tsu⁵¹	tɕaŋ³¹ tʂu³⁵
瓶子	phiŋ⁵¹	kuan³⁵ tsʅ⁵⁵	kuā³³ kuā³³
水桶	ti⁵⁵ thuŋ⁵⁵	thoŋ⁵⁵	thuŋ⁵⁵
箍儿	a³¹ pɔk³⁵	khun⁵¹ ta³³	ku³¹
瓢	phiauʔ⁵⁵	khu³³	tsʅ³³ kə³³ phjau³¹
三角架	tɕeŋ⁵⁵	ko³³ kja³³	sā³³ tɕoʔ³¹
火钳	tam⁵⁵ ȵap⁵⁵	mji⁵¹ tshei³⁵ ʐi⁵⁵, xuo⁵¹ kjaʔ³¹	xo³³ tɕɛ⁵⁵
吹火筒	kuŋ³¹ pau³⁵	xuo³³ thoŋ³³, mji⁵¹ mut³¹ ʐi⁵⁵	xo³³ thuŋ³³
篮子		kjaŋ⁵¹	thi³¹ lo³¹
扇子		san³⁵ tsʅ⁵⁵	ʂak⁵⁵
背带(背小孩用)	poi³¹ thiʔ³¹ tɕheʔ³¹	pei³³ ʐau³³	pɛi³³ tai³³
算盘		suan³⁵ phan⁵¹	suā³⁵ phā³¹

秤	tṣaŋ³¹	tɕaŋ³⁵ khjin⁵¹	tɕaŋ³³ khuɑʔ⁵⁵
钱	ŋui⁵⁵	thəŋ³³	tuŋ³¹ tɕhɛ̃³³
本钱	pən⁵⁵	pən⁵¹ tɕhɛn³¹	
价钱	a³¹ xan³¹	xai³⁵ n̩a⁵¹	a³¹ phɑu³⁵
债		tshɑ³³ ti³³	
尺子	a³¹ suak³⁵	tsh₁³¹ ts₁³³	tṣh₁ʔ³¹ ts₁³⁵
针	ap⁵⁵	ap⁵⁵	ək⁵⁵
锥子	mat³⁵	tsui⁵⁵ ts₁⁵⁵, tsuan³⁵ ʑi⁵⁵	ṣaŋ³³ tɕhuɛ̃³³
钉子	lak³¹ tiŋ³⁵	tin⁵⁵ ts₁⁵⁵	ṣaŋ³³ tɕhuɑ̃⁵⁵ tsa³³
剪刀	tɕam³¹ n̩ip³⁵	mjau⁵¹ ʑa⁵¹	tɕɛ̃³³ ts₁⁵⁵
伞	tṣuaŋ³¹	ʑaŋ³¹ tshən³³	tɕuŋ³¹
锁	so⁵⁵	suo⁵¹	so³³
钥匙	so⁵⁵ kak⁵⁵	ʑoʔ³¹ tsh₁⁵¹	ʑo³¹ tṣh₁³⁵
棍子	tam⁵⁵	taŋ³³ khoŋ⁵⁵	ku³¹ li̩aŋ³⁵
轮子	l̩im⁵⁵	lun³¹ ts₁³³	lun³¹ ts₁³⁵
马鞍	mẓəŋ³¹ an³¹	an³³ ts₁³³	ɑ̃³³ ts₁⁵⁵
牛轭	naŋ³¹ xuiʔ⁵⁵	wan³³ tan³³	wɑ̃³¹ tɑ̃³¹
船	xə⁵⁵	tshuan³¹	phɑ³¹
木筏	xə⁵⁵	phɑ³¹ kau³³	phɑ³¹
斧头	u³¹ tɕɔŋ³¹	wa³³ tsoŋ⁵¹	u³¹ tɕuŋ³¹
锤子	ṣək⁵⁵ phu⁵⁵	tshuiʔ³¹ ts₁⁵⁵	tṣhui³¹
凿子	tsuŋ³¹	tsoʔ³¹ ts₁⁵⁵	tso³¹ ts₁³⁵
锯子	lik³¹ lə³¹	sək⁵⁵ liam⁵⁵ mjau⁵¹/³¹, tau³⁵ kji³⁵	tɕi³³ ts₁⁵⁵
刨子	thui³¹ phau³⁵	thui³⁵ pau³³	thui³³ pɑu³³
犁	thən³⁵	thai³⁵	thun³³
耙	phə³¹	pjan⁵¹, tsua³³ phɑʔ³¹/⁵¹	phə³¹
锄头	n̩ɔŋ³¹	khom³³ ma³³	laŋ³¹ khaŋ³¹
扁担	kan³¹ tam⁵⁵	kan⁵¹	a³¹ kɑ̃³⁵
绳子	toi³¹	tui³³	tu³¹
麻袋		pjit³¹	tɕɛ̃³³
箩筐	tuaŋ⁵⁵	kjaŋ⁵¹	tɕaŋ³¹
肥料	ŋə⁵⁵	xui³¹ liau³⁵	fən³³
镰刀	ʑ̍it⁵⁵ mɔʔ³¹	mjau⁵¹ ŋuaiʔ³¹	mjau³¹ ŋuai³¹

臼	tɕham³¹ təŋ³¹	ʐɛn⁵¹ kju³⁵	ʐɛ̄³¹ tɕu³³
杵	a³¹ su⁵⁵	ʐɛn⁵¹ kju³⁵ paŋ³⁵	ʐɛ̄³¹ tɕu³³ paŋ³³
筛子	pa³¹ khʐ̩əŋ³¹	tshən³⁵ nun⁵¹ ʐi⁵⁵, sai³⁵ thi⁵¹	pə³¹ sə³¹
簸箕	lam³¹ pɔ³¹	pə⁵⁵ ləŋ³¹/⁵¹, pjam³⁵ ləŋ³¹/⁵¹, tshən³⁵ pjam³⁵ ʐi⁵⁵	puŋ³³ luŋ³³
磨	lui³⁵	mo³⁵	mo³³
织布机	ʐɔ³¹ kan⁵¹	ʐa³¹ kan³³	ʐa³¹ kā³⁵
梭子			so³³ tsɿ⁵⁵
枪	kʐ̩ɔŋ³¹	mji⁵¹ om⁵⁵, thoŋ³¹ phau³⁵ tsa³³	mjɑu³³ tɕhɑŋ³³ mji³¹ uŋ³¹
子弹	kʐ̩oŋ³¹ ṣə³¹	tsɿ³³ tan³⁵, mjau⁵¹ tɕhaŋ⁵⁵ tsɿ³¹	mɑ³³ tsɿ⁵⁵
弓	kaŋ³⁵	nu⁵¹	kuŋ³³
箭	kaŋ³⁵ mʐ̩ua³¹	tɕɛn³⁵ tan³⁵ koŋ⁵⁵	tɕɛ̄³³
网	vaŋ⁵¹	waŋ⁵¹	wɑŋ⁵⁵
信	a³¹ pʐ̩o⁵⁵	sin³⁵	a³¹ ɕin³³
画	xua³⁵	xua³⁵	thu³¹ xuɑ³³
书	a³¹ pʐ̩o⁵⁵	mau³⁵ sau⁵⁵	mu³¹ sɑu³¹
纸	lai³¹ tse⁵⁵	mau³⁵ sau⁵⁵	mu³¹ sɑu³¹
笔	pi³¹	pji³¹, lai⁵⁵ ʐi⁵⁵	pji³¹
墨水	mə³¹ ṣui⁵¹	mə³¹	mə³¹ ṣui³⁵
图章		koŋ³³ tsaŋ³³	tṣaŋ³³
话	ŋeŋ³⁵	tsau³³	tṣau³³
故事	a³¹ pum³⁵	kje³³ pji³³	ku³³ sɿ³³
谚语		ku⁵¹ xua³⁵	
谜语	xam⁵¹ pin³¹	mji³¹ ʐi⁵¹	mji³¹ ʐi³⁵
歌	siaŋ³⁵	khei³⁵	ko³³
球	tɕhu³¹	khju³¹	tɕhu³¹
鼓	tɕeŋ⁵⁵	tsəŋ³³	tsɯŋ³¹
锣	mɔŋ⁵⁵	lo³¹ ku⁵¹	mɑŋ³³
笛子	ti³¹ tsɿ⁵¹	ɕau³³	ti³¹ tsɿ³⁵
箫	pha³¹ lə³⁵ tɕam⁵⁵	ɕau³³	ɕau³³

胡琴(二胡)	ə³¹ xu⁵⁵	ə³⁵ fu⁵¹	ɕɛ̄³¹ tsɿ³⁵
鞭炮	phau³⁵ tsaŋ⁵¹	phau³⁵ tsaŋ⁵¹	phau³³ tʂaŋ⁵⁵
神仙	tam³¹	mau⁵¹ pju³³	ʂən³¹ ɕɛ̄³³
鬼	ʂɿ⁵⁵ pzua⁵⁵	tam⁵¹	ʂɿ³¹ pja³³
佛	pha⁵⁵ za⁵⁵	foˀ³¹	fu³¹
菩萨	phu³¹ sa³³	phu³¹ sa³³	phu³¹ sɑ³³
(烧的)香	ja⁵⁵ phau³⁵	ɕaŋ³³, xom³⁵	ɕaŋ³¹
灵魂	a³¹ pzua⁵⁵	tam⁵¹	a³¹ pja³³
运气	a³¹ nam³⁵	zin³⁵ khji³⁵	zin³³ tɕhi³³
力气	a³¹ xzaŋ⁵⁵	om⁵¹ pa³³ʹ³⁵	a³¹ ɕaŋ³⁵
脾气	a³¹ tʂai⁵⁵	phjiˀ³¹ khji³⁵	phji³¹ tɕhi³³
礼物	xoŋ⁵⁵ phak³⁵	li⁵¹	u³¹ tɕɛ̄³³
姓	ȵau³¹	mjau³¹	a³¹ tun³⁵
名字	a³¹ ȵiŋ⁵⁵	a³¹ na³⁵	a³¹ mjin³³
裂缝	tiak³¹	tiak⁵⁵	a³¹ tʂa³³
影子	a³¹ zit⁵⁵	a³¹ pjaˀ³¹	a³¹ pja³³
梦	it⁵⁵ mɔˀ⁵⁵	it⁵⁵ ma⁵¹	zit³³ mɑˀ⁵⁵
东	pui⁵⁵ thoˀ⁵⁵ pa³¹	pei⁵⁵ ma³³ thua⁵¹ zaˀ³¹ʹ³⁵	pei³³ thoˀ⁵⁵ zaˀ³¹
南	nan³¹	nan³¹	nā³¹ faŋ³³
西	ni³¹ mɔ³¹ ɔŋ⁵⁵ pa³¹	pɛi³³ ma³³ kom³³ za³¹	pɛi³³ kuŋ³³ zaˀ³¹
北	pəˀ³¹	pəˀ³¹	pə³¹ faŋ³³
中间	a³¹ kuŋ⁵⁵	a³¹ kɔŋ³¹	a³¹ kuŋ³¹
旁边	a³¹ ʐam⁵⁵	a³¹ ʐam³¹	a³¹ ʐaŋ³¹
左	lɔˀ³¹ nam³¹ pa³¹	tso³³ pjɛn³³	tso³³ pjɛ̄³³
右	lɔˀ³¹ ʐɔ⁵⁵ pa³¹	ʐo³⁵ pjɛn³³	ʐu³³ pjɛ̄³³
前(边)	ȵɔˀ⁵⁵ siˀ³¹	wan³³ pja³⁵ʹ³¹	wā³³ tə³³
后(边)	nɔŋ⁵⁵ pa³¹	noŋ³³ pja³³	nuŋ³³ tə³³
			nuŋ³³ pjaˀ⁵⁵
外(边)	a³¹ nɔk⁵⁵	a³¹ ŋɛ³⁵	a³¹ noˀ³¹
里(边)	a³¹ xau⁵⁵	a³¹ kau³⁵	a³¹ khau³¹
(桌子)上	tɕaŋ⁵⁵	a³¹ tha⁵¹	thaˀ³¹
(桌子)下	muˀ⁵⁵	a³¹ mu⁵¹	a³¹ thə³⁵
今天	xai⁵⁵ ȵen³¹	khun⁵¹ʹ⁵⁵ ȵi⁵¹ʹ⁵⁵	kha³³ nai³³

昨天	man³⁵	man⁵¹ʲ³¹ khji³⁵	a³¹ mā³¹
前天	si³¹ ȵen³¹	man⁵¹ʲ³¹ ȵi⁵¹ʲ⁵⁵	a³¹ mā³¹ s₁³³ nai³³
			a³¹ mā³¹ thɯ⁵⁵ nai³¹
明天	pha⁵⁵ nap⁵⁵	kha⁵¹ nap⁵⁵ khji³⁵	kha³³ nɯk⁵⁵
后天	pha⁵⁵ ȵen³¹	kha⁵¹ nap⁵⁵ ȵi⁵¹ʲ⁵⁵	kha³³ nɯk⁵⁵ s₁⁵⁵ nai³³
今晚	xai⁵⁵ ȵen³¹ ni³¹ tɕhot³⁵	khun⁵¹ʲ⁵⁵ ȵi⁵¹ koŋ³¹ phjaŋ³⁵	kha³³ nai³³ m̥jaŋ³³
明晚	phă nap⁵⁵ ni⁵⁵ kz̩ɔm⁵⁵	kha⁵¹ nap⁵⁵ khji³¹ koŋ³¹ phjaŋ³⁵	kha³³ nɯk⁵⁵ kuŋ³³ m̥jaŋ³³
昨晚	man³⁵ ni³¹ kz̩ɔm⁵⁵	man⁵¹ khji³¹ʲ³⁵ koŋ³¹ʲ⁵¹ phjaŋ³⁵	a³¹ mā³¹ m̥jaŋ³³
白天	ni²³¹	ȵi⁵¹ ȵa³⁵ koŋ⁵¹	nai³¹ tə³³
早晨	ni³¹ z̩ua³¹	ȵi⁵¹ʲ³¹ ȵa³⁵	nai³¹ ma³⁵
			nai³¹ ȵa³⁵
上午		koŋ³¹ phjaŋ³⁵	ʂaŋ³³ u⁵⁵
下午		koŋ³³ tɕu³³	tɕa³³ tʂhaŋ³³ lu³¹
晚上	ni³¹ tɕhot³⁵	koŋ³¹ phjaŋ³⁵	kuŋ³³ m̥jaŋ³³
半夜	taŋ³¹ ŋən⁵⁵	ta⁵¹ mjin³³ maŋ³³	pā³³ zɛ⁵⁵
日、日子	ȵen³¹	pei³³ ȵi⁵⁵	nai³¹
初一	tā³¹ ȵen³¹	tsho³³ ʑi⁵¹	tsho³³ ʑi³¹
初二	sək⁵⁵ ȵen³¹	tsho³³ ə³⁵	tsho³³ ə³⁵
月	pau⁵¹ l̥ɔ³⁵	pau³⁵ la⁵¹ʲ³³	zɛ³¹
一月（正月）	tā³¹ pau⁵¹ l̥ɔ³⁵	tsən³³ zɛ³³	tʂuŋ³³ zɛ³¹
二月	sək⁵⁵ pau⁵¹ l̥ɔ³⁵	ə³⁵ zɛ³³	ə³⁵ zɛ³¹
月初		pei³³ pau³⁵ la⁵¹ a³¹ tha⁵¹	zɛ³¹ tʂhu³³
		zɛ³¹ thəu³¹	
月中		pei³³ pau³⁵ la⁵¹ a³¹ koŋ⁵¹	zɛ³¹ tʂuŋ³³
		zɛ³¹ tson³³	
月底		zɛ³¹ ti⁵¹	zɛ³¹ ti³⁵
年	n̥ək⁵⁵	tshu⁵¹	tshu²⁵⁵
今年	xai⁵⁵ nək⁵⁵	ku⁵¹ tshu⁵¹	ku³³ tshu²⁵⁵
去年	si³¹ nək⁵⁵	xau³³ tshu⁵¹	ʑi³¹ nɯk³¹
前年	si⁵¹ tā³¹ nək⁵⁵	xau³³ ɯ⁵⁵ tshu⁵¹	zi³¹ nɯk³¹ sai³¹ tshu²³¹
明年	si³¹ nək⁵⁵	noŋ³³ tshu⁵¹	s₁³³ nɯk⁵⁵
后年		noŋ³³ ɯ⁵⁵ tshu⁵¹	thə⁵⁵ s₁³³ nɯk⁵⁵
从前	ku³¹ ȵen³¹	aŋ⁵¹ʲ³³ khau⁵¹	aŋ³¹ khau³³
古时候	ku³¹ lai⁵⁵	nam³⁵ khau⁵¹ʲ³⁵	tshu²⁵⁵ tshau³³ ma⁵⁵ khau³³

现在	xai⁵⁵ xu⁽³¹, a³¹ xu⁽³¹	tsʅ⁵⁵ khji³⁵, tshʅ³³ ɕa⁵¹	xɑ⁵⁵ tɕhi³³ khɑ³³ tsai³³
将来	xai⁵⁵ ku³¹ pa³¹	noŋ³³ ȵi⁵¹	xɑi³³ xui³¹
今后	xai⁵⁵ ko⁽³¹ pa³¹	noŋ³³ ȵi⁵¹	xɑi³³ xui³¹
春	lən³¹ sam³¹	tshun³³ thiɛn³³	ʂɯk⁵⁵ ȵ̥u³¹ fɑ³¹ mja³³
夏	tsan⁵⁵	kuɛ³³ mja³³	tā³¹ tsa³¹ mja³³
冬	tɕhɔŋ³¹	tsiam³³ mja⁵¹	tʂhɑŋ³¹ mja³¹
除夕		ta³⁵ nɛn⁵¹ san³³ sʅ⁵¹	tʂhu³¹ ɕi³¹
新年		pei³³ tshu⁵¹ a³¹ sək⁵⁵	tɑ³⁵ nɛ̄³¹ sā³³ ʂʅ³¹ tʂhu³¹ ɕi³¹
一	ta³¹	ta⁽³¹	tɑ³¹
二	sək⁵⁵	ak⁵⁵	sʅ⁵⁵
三	sum³¹	som³⁵	suŋ³¹
四	mi³¹	mɯ³³	mə⁽³¹
五	ŋo³¹	ŋa⁵¹	ŋɑ³¹
六	xz̩o⁽⁵⁵	tshu⁵¹	tɑ³¹ pjɑ³¹ suŋ³¹ luŋ³⁵ lu³¹
七	ȵit⁵⁵	ȵit⁵⁵	phɑ³¹ kɯ³³ nɑ⁽³¹ tɕit³¹ tɕhi³¹
八	ɕet⁵⁵	phən³⁵ khɯ³⁵	tɑ³¹ pjɑ³¹ mə³¹ luŋ³⁵ pɑ³¹
九	kau³¹	khjau⁵¹	lɑ⁽³¹ ŋuɑi³¹ tɕu³³
十	tɕhe⁵⁵	ta⁽³¹ tshei³⁵	tɑ³¹ tʂhʅ³³
十一	tɕhe⁵⁵ ta³¹	ta⁽³¹ tshei³⁵（taŋ³⁵）ta⁽³¹ᐟ⁵⁵ lom³⁵	tɑ³¹ tʂhʅ³³ tɑ³¹ luŋ³⁵
十二	tɕhe⁵⁵ sək⁵⁵	ta⁽³¹ tshei³⁵（taŋ³⁵）ak⁵⁵ lom³⁵	tɑ³¹ tʂhʅ³³ sʅ⁵⁵ luŋ³³
十三	tɕhe⁵⁵ sum³¹	ta⁽³¹ tshei³⁵（taŋ³⁵）som³⁵ lom³⁵	tɑ³¹ tʂhʅ³³ suŋ³¹ luŋ³⁵
二十	tā³¹ sau⁵⁵	ak⁵⁵ tshei³⁵ᐟ⁵¹	sʅ⁵⁵ tʂhʅ³³ ə³⁵ ʂʅ³¹
（一）百	pak³⁵	ta⁽³¹ pak⁵⁵	pɯk⁵⁵
零		a⁵¹ kom³⁵	lin³¹
千	xiŋ⁵¹	ta⁽³¹ lia³³	tɕhɛ̄³³ tɕhuā³³
万	mun³¹	ta⁽³¹ khua⁵¹	wā³³

第一	ta³¹	ti³⁵ʑi⁵¹	ti³⁵ʑi⁵¹
(一)个(人)	ʐu⁵⁵	ʐu³¹	ʐu³¹
(一)个(碗)	lum³¹	lom³³	luŋ³⁵
(三)条(河)	ʂəŋ⁵⁵	khat⁵⁵	thiɑu³¹
(一)条(绳子)	khʐ̩əŋ⁵⁵	khat⁵⁵	ku³³
(一)条(鱼)		to³³	to³⁵
(一)张(纸)	tuŋ³¹, tʂap⁵⁵	tsaŋ⁵⁵	tʂaŋ³³
(一)个(鸡蛋)	lum³¹	lom³³	luŋ³⁵
(两)只(鸟)	tu³¹	to³³	to³⁵
(一)口(猪)		to³³	to³⁵
(一)头(牛)		to³³	to³⁵
(一)根(棍子)	ʐ̩au⁵¹	khat⁵⁵	pɑŋ³³
(一)根(草)	ʐ̩au³¹	khat⁵⁵	pɑŋ³³
(一)粒(米)	lum³¹	lom³³	luŋ³⁵
(一)把(扫帚)	khʐ̩ap⁵⁵	pa³³	tʂhaŋ³⁵
			pɑ³³
(一)把(刀)	khʐ̩ap⁵⁵	pa³³	tʂhaŋ³⁵
(一)棵(树)	tseŋ⁵⁵	paŋ³³	pɑŋ³³
(两)本(书)	pun⁵⁵	pən⁵¹	pən³³
(一)座(桥)	tɕam⁵⁵	khat⁵⁵	tu³³
(一)把(米)	sup⁵⁵	kja⁵¹	tɕha³¹
(两)枝(笔)	ʐ̩au³¹	kan³¹	ku³³
(一)堆(粪)	kɔŋ⁵⁵	pom³³	puŋ³³
(一)桶(水)	thuŋ⁵⁵	thoŋ³³	ku³³
(一)碗(饭)	xo⁵⁵	khua⁵¹	khuɑ³¹
(一)块(地)	tʂap⁵⁵	lia³³	tɕhɑŋ³⁵
(一)块(石头)	tʂham⁵¹	lom³³	ku³³
(一)片(树叶)	tʂap⁵⁵	lia³³	phji³³
(一)朵(花)	pɔŋ³¹	tua⁵⁵	to³⁵
(一)句(话)	xun³¹	khun³³	khun³⁵
(一)件(衣)	tuŋ³¹	toŋ³³	tuŋ³³
(一)双(鞋)	tɕom³¹	tsom⁵¹	tɕuŋ³¹
(一)节(竹子)	pʐ̩oŋ³¹	tɕhin⁵¹	tɕɛ³¹
(一)筐(菜)	tuaŋ⁵⁵	kjaŋ⁵¹	tɕaŋ³¹

(一)背(柴)	kun⁵¹	khun⁵¹	pau³⁵
(一)捆	pan⁵⁵	khun⁵¹	khun³³
(一)捧	op⁵⁵	kop⁵⁵, phən⁵¹	phuŋ³³
(一)半		pja⁵¹	pã³³
(一)岁口(牛、马)	nək̥⁵⁵	tshu⁵¹	tshuʔ⁵⁵
(一)驮	laŋ³¹	to³⁵	tɑ³³
(一)斤(羊肉)		khjin⁵¹	tɕɑŋ³³
(一)串(珠子)	ʂoi⁵⁵	tshuan³⁵	tʂhuã³³
(一)滴(油)	tɕɔk⁵⁵	ti²³¹, tiɛn⁵¹	tiɛ̃³⁵
(一)间(房)	xɔŋ⁵¹	kjɛn³³	luŋ³⁵
(一)瓶(酒)	tau²³¹	om³⁵	uŋ³³
			phjiŋ³¹
(一)盒(药)		xo²³¹	xo²³¹
(一)斤	tɕin³¹		tɕɑŋ³³
(二)两(酒)	khz̩au³¹	liaŋ⁵¹	luŋ³¹
(一)里	lak⁵⁵	loŋ⁵¹, li⁵¹	tɕɛ³¹
(一)庹(两手伸直的长度)	lam⁵⁵	li⁵¹	phai³³
(一)尺	suak³⁵	tsh̩³¹	tʂh̩²³¹
(一)丈		pai⁵¹	s̩⁵⁵ phai³³
(一)拃(拇指中指张开的长度)	tho⁵⁵	tsa⁵¹	tʂɑ³³
(一)肘	suak³⁵	kuai⁵¹	kuai³³
(一)步		pu³⁵	pu³⁵
(一)元(块)	mun³¹	khjap⁵⁵	thaŋ³³, tɕhək³¹
(一)角(毛)	tɕo²³¹	khɯ³⁵	thaŋ³¹, tɕo²³¹
(一)亩	mu³¹	mu⁵¹	məu³³
一会儿	ta³¹ liap⁵⁵	ta²³¹ ɕa⁵¹	ta³¹ tɕhi³³
(一个)月	pau⁵³ lɔ³⁵	ta²³¹ pau³⁵ la⁵¹	ʑɛ³¹
(一)年	nək̥⁵⁵	ta²³¹ tshu⁵¹	tshuʔ⁵⁵
(一)岁	nək̥⁵⁵	ta²³¹ tshu⁵¹	tshuʔ⁵⁵
(一)代(人)		ta²³¹ pan³⁵, ta²³¹ tai³⁵	tai³³
(去一)次	pan⁵⁵, pɔk⁵⁵	xui²³¹	kuŋ³⁵
			tsh̩³³

(来一)回		xui⁂³¹	kuŋ³⁵
			xui³¹
(打一)下	lau⁵⁵	ɕɑ⁵¹	xɑ³³
一些	ta³¹ khz̩əm⁵¹	tsh₁³⁵/³¹ n̠ɑ³³	n̠ɑ³³ khɯ⁵⁵
几个	xoi³¹ n̠e⁂³¹ z̩u⁂⁵⁵	xai³¹ n̠ɑ³³	khɑ³³ n̠ɑ³¹ tɑ³¹ ʑu⁂³¹
每天	ku⁵⁵	ku⁂³¹ n̠i⁵¹/³¹ kha⁵¹	ku⁵⁵ nai³³
每个		ku⁂³¹ ʑu⁂³¹ kha⁵¹	ku³³ ʑu⁂⁵⁵
我	ŋɔ⁵⁵	ŋɑ³³	ŋɑ³³
我俩	ŋɔ⁵⁵ nək⁵⁵	ŋo³³ to³³ ak⁵⁵ ʑu⁂³¹/⁵¹	ŋu³¹ tuŋ³³ ʂ₁⁵⁵ ʑu⁂⁵⁵
我们	ŋɔ⁵⁵ tu⁂³¹	ŋo³³ to³³	ŋu³¹ tuŋ³³
			ŋo³¹ tuŋ³³
你	nuaŋ⁵⁵	naŋ³³	nɑŋ³³
你俩	nuaŋ⁵⁵ nək⁵⁵	n̠i³³ toŋ³³/⁵¹ ak⁵⁵ ʑu⁂³¹	n̠i³¹ tuŋ³³ s₁⁵⁵ ʑu⁂⁵⁵
你们	nuaŋ⁵⁵ tu⁂³¹	n̠i³³ toŋ³³/⁵¹, n̠in³³ toŋ³³/⁵¹	n̠i³¹ tuŋ³³
他	n̥aŋ³¹	ɕaŋ⁵¹	ʂaŋ³¹
他俩	n̥aŋ³¹ nək⁵⁵	ɕi³³ toŋ³³/⁵¹ ak⁵⁵ ʑu⁂³¹	ʂ₁³¹ tuŋ³³ s₁⁵⁵ ʑu⁂⁵⁵
他们	n̥aŋ³¹ tu⁂³¹	ɕi³³ toŋ³³/⁵¹	ʂ₁³¹ tuŋ³³
大家	tɑ³¹ tʂə⁵⁵ kuai⁵⁵	ta⁂³¹ kjɛ⁂³¹	tɑ⁵¹ xo⁂³¹
自己	ŋɔ⁵⁵	a³¹ tu³⁵	a³¹ thu³⁵
别人(人家、别个)	su⁵⁵	a³¹ tɕhaŋ³³/³⁵	ka³¹ ʑu⁂³⁵
这	xai⁵⁵	xa³³	xɑ⁵⁵
这个		tsh₁³⁵/³³ lom³³	xɑ⁵⁵ ʑu⁂³¹
这些	xai⁵⁵ n̠e⁂³¹	tsh₁³⁵/³³ n̠ɑ⁵⁵	xɑ⁵⁵ n̠ɑ⁂³¹
这里	xai⁵⁵ thɔ⁂⁵⁵	xa³³ tu³⁵	xɑ⁵⁵ thɑ⁂⁵⁵
这边	xai⁵⁵ pa³¹	tsh₁³⁵ pja³³	xɑ⁵⁵ pja³³
这样	xai⁵⁵ miu⁵⁵	xai³³ tsu³⁵, tsh₁³⁵ tsu³⁵	xɑ³³ zɑŋ³³
那1(较远指)	the⁵¹ thɔ⁂⁵⁵	xau³³/³¹ pja³³ pja³¹	xəu⁵⁵ pja³¹ pja³¹
那2(最近指)	the⁵⁵	xau³³/³¹ pja³³	xəu⁵⁵ pja³¹
谁	xau⁵⁵	xai³³ ʑu⁂³¹/⁵¹	kha⁵⁵ ʑu⁂³¹
什么	pi³¹ si⁵⁵	ʑaŋ³⁵ tsoŋ⁵¹ ʑaŋ³⁵ ku⁵⁵	khiaŋ³³
哪个		xai³³ ʑu⁂³¹/⁵¹	kha⁵⁵ ʑu⁂³¹
哪里	xoi⁵⁵ thɔ⁂⁵⁵	a³¹ pjɛ³⁵	khə³³ tə³³
多少	xoi⁵⁵ n̠e⁂³¹	xai³³/³⁵ n̠ɑ⁵¹	khɑ³³ n̠ɑ³¹
为什么		xai³³/³⁵ ma⁵¹ ti³³	khɑ³³ su³¹

全部	pzˌa⁵⁵ pzˌa⁵⁵	kəŋ³³ kəŋ³³	ʂu³³
大	kzˌə³¹	kɯ⁵¹	kɯ³¹
小	n̥i⁵⁵	ŋei³³	ŋə³³
高	m̥zˌaŋ⁵⁵	mjaŋ³⁵	mjaŋ³³
低	n̥on⁵⁵	ɲin³³	m̥jin⁵⁵
矮	n̥on⁵⁵	ɲin³³	m̥jin⁵⁵
长	səŋ⁵⁵	əŋ³⁵	sɯŋ³³
短	zɔŋ³¹	lioŋ⁵¹	tuã³¹
远	ve³¹	wɛ⁵¹	wai³¹
近	ne³¹	ai³³	ɑi³¹
宽	kaŋ³¹	khuan³³	khuã³¹
窄	n̥ap⁵⁵	tsə³¹	tsə³¹
厚	kan³¹	kan⁵¹	kã³¹
薄	ɕam³⁵	ʑam⁵¹	ʂaŋ³¹
深	lək⁵⁵	nək³¹	lɯk⁵⁵
浅	tɕhe⁵⁵	tɕhen⁵¹	tɕhẽ³³
满	pzˌəŋ³⁵	pəŋ³¹	pəŋ³¹
空	kzˌoŋ⁵⁵	koŋ³⁵	kuŋ³¹
瘪	sɔm⁵⁵	sɔm³⁵	suŋ³³
多	n̥ɔ³¹	n̥a⁵¹	n̥a³¹
少	nəŋ³¹	nəŋ⁵¹	nɯŋ³¹
园	lum³¹	thuan³¹	thuã³¹
扁	phzˌap⁵⁵	pjɛt⁵⁵, pɛ⁵¹	pjẽ³¹
尖	liam³¹	tshun³⁵	tɕhuẽ³³
平	tɕaŋ³¹	phjin³¹	phjin³¹
弯	kok⁵⁵	ŋuai³¹	ŋuai³¹
黑	lək⁵⁵	na³¹	a³¹ nɑ³¹
白	phzˌo⁵⁵	phu³⁵	a³¹ phu³³
红	na⁵⁵	nɛ³³	a³¹ ɲɛ³³
黄	ləŋ³⁵	wui³⁵	a³¹ xə³³
绿	ɲau⁵⁵	ɲau³³	a³¹ ɲau³³
蓝	sɔm³¹	ɲau³³	a³¹ ɲau³³
重	li³¹	lɯ⁵¹	lɑi³¹
轻	ʑaŋ⁵⁵	sei⁵¹	sə³¹

快	mzˌap⁵⁵	lui³³	ʂɿ³³
慢	ȵen³¹	man³⁵, phjiʔ³¹, ʑa⁵¹	tsa³³tsa³³
早	nɔʔ⁵⁵	aŋ⁵¹	aŋ³¹
锋利（快）	thɔʔ⁵⁵	tha⁵¹	thaʔ³¹
胖	pzˌau³¹	pjau⁵¹	pjau³¹
（人）瘦	kuak⁵⁵	ku⁵¹	xai³³
干	sə⁵⁵	wui⁵¹	kã³¹
湿	phet⁵⁵	tsui⁵¹	tɕuɛʔ³¹
硬	kzˌak⁵⁵	khoŋ³⁵	khuŋ³³
软	ȵɔt⁵⁵	nu⁵¹	pjɛt³¹
脆	səp⁵⁵	tshui³⁵	tshui³³
乱	kzˌut⁵⁵	nuŋ⁵¹	luã³³
对	tsɿ⁵⁵	ŋut⁵⁵	pjẽ³¹
错	ŋɔŋ³¹	m³¹ŋut⁵⁵	ŋuŋ³¹
			tsho³³
真	tʂən³¹	kəŋ³⁵	a³¹kɯŋ³³
假	pzˌuaʔ⁵⁵	pja⁵¹	a³¹pjaʔ³¹
新	ʂək⁵⁵	sək⁵⁵	a³¹ʂɯk⁵⁵
旧	tʂhau³¹	tshau³³	a³¹tshau³⁵
好	tɕi⁵⁵	kei³³	kə³³
坏	tɕa⁵⁵	kaŋ⁵¹	kaŋ³¹
贵	kɔ⁵⁵	tɕhaŋ⁵⁵	ka³³
贱（便宜）	po⁵⁵	phjen⁵¹ʑi³⁵	phau³¹
老（植物～）	tɕe³⁵	kjɛ⁵¹	tɕɛ³³
年老	muaŋ³¹, tɕe³⁵	maŋ⁵¹	maŋ³¹
嫩（植物～）	ȵuat⁵⁵	nu⁵¹	nuk³¹
美	tɔm³⁵	tɕau⁵⁵kei³¹	liaŋ³³pa³³
丑	tʂha³¹	tɕha³³khei³³	tʂau³¹kua³¹
热	pu⁵⁵	kuɛ³³	kuai³³
（天气）冷	kzˌuat⁵⁵	tɕam⁵⁵	tʂhaŋ³¹
暖和	lum⁵⁵	nuɛ³¹	ȵuɛʔ³¹
难	ko³¹	kut⁵⁵khei³³	khut³¹kua³⁵
容易	ŋai⁵⁵	kut⁵⁵kei³³/³¹, ʑoŋ³¹ʑi³⁵	khut³¹kə³³
（气味）香	up⁵⁵	xom³⁵	xuŋ³¹

臭	nam⁵⁵	nam³³	nɑŋ³³
酸	mz̩ək⁵⁵	tɕin³⁵	a³¹tʂhən³³
甜	uai³¹	tɕhau³⁵	a³¹tʂhau³³
苦	xɔ³¹	kha⁵⁵	khɑ³¹
辣	tshek⁵⁵	phjit⁵⁵	tshɯk⁵⁵
咸	xɔ³¹	kha⁵⁵	khɑ³¹
涩	sop³⁵, phan⁵⁵	phan³⁵	phā³³
闲		ɕɛn³¹	ɕɛ̄³¹
忙	maŋ³¹	maŋ³¹	mɑŋ³¹
富	tə⁵⁵	pa³³	pɑ³³
穷	phz̩an³⁵	ʐak³¹	phjɛ̄³³
干净	kz̩əŋ³¹	kəŋ⁵¹	kā³³tɕin³³
脏	ək³⁵	tsha⁵¹	lɑʔ³¹thɑ³³
聪明	phai³⁵	tɕɛn³³	tɕhuā³³
傻		paŋ³¹	a³¹liɛ³¹
老实	lau⁵⁵ʂɿ³¹	lau³¹ʂɿ³¹	lau⁵¹ʂɿ³¹
懒	ŋa³¹	kjɛn³¹	tɕɛ̄³¹
高兴	se⁵⁵	kau³³ɯ³³	kau³³
拔(草)	thut⁵⁵	nut³¹	nut³¹
耙(田)	phə³¹	pjaŋ⁵¹	phə³¹
(桌上)摆着(东西)		ta⁵⁵	pai⁵⁵
摆动	l̥e³⁵	nəŋ³⁵	wai³³
拜(菩萨)	pai³¹	koŋ³⁵	pai³³
搬(家)	pit⁵⁵	thoŋ⁵¹, xei³⁵	tɕhaŋ³¹
帮助	paŋ⁵⁵	tɕuɛ³³	tɕɛ³³
绑	toi³¹	tui³³	phu³¹
包(药)	tshet⁵⁵	thop⁵⁵	puʔ³¹
剥(花生)	tɕhe⁵⁵	khɛ³³	khuai³³
饱	z̩ua³¹	om⁵¹/³³tsa³³	tʂa³¹
抱(小孩)	pun³⁵	pun³¹	pən³¹
背(孩子)	pei³⁵, poi³⁵	pu⁵¹	pu³¹
闭(口)	thum³¹	mɯ⁵⁵	tɕhin³¹
必须		a³¹kəŋ³⁵	
编(辫子)	net³⁵	pjɛn³⁵, tsɯk³¹	tsɯk⁵⁵

病	nɔ⁵⁵	nɑ³³	nɑ³³
补（衣服）	phɔ⁵⁵	pha³⁵	phɑ³³
擦（桌子）	sut⁵⁵	sut⁵⁵	sut³¹
猜（谜语）	tshai³¹	tshai⁵⁵	tshai³³
踩	nuaŋ³¹	naŋ⁵¹	nɑŋ³¹
插（秧）	tshen³¹	tsoŋ⁵⁵	suŋ³¹
拆（房子）	tʂua⁵⁵	tshə³¹	ʂɑ³¹
缠（线）	l̥in³⁵	khun⁵¹	ko⁵⁵
（嘴）馋	tʂhan⁵¹	tshan³¹	lau³³
唱（歌儿）	siaŋ⁵⁵ɕiaŋ⁵⁵	khei³⁵	khə³³
炒	l̥ə⁵⁵	lei³⁵	l̥ə³³
沉	n̥əp⁵⁵	loʔ³¹	loʔ³¹
称（粮食）	khz̩aŋ⁵⁵	tɕaŋ³³	tɕaŋ³³
撑（伞）	kuaŋ³¹	pat³¹	tshən³¹
盛（饭）	kə⁵⁵	khu³³	kə³³
吃	tɕo³¹	tsa⁵¹	ʂuʔ³¹
舂（米）	thuŋ³¹	thoŋ³³	thuŋ³¹
抽（烟）	tʂɔp⁵⁵,ʂo⁵⁵	su⁵¹	ʂuʔ³¹
出去	thoʔ⁵⁵ lɔ³⁵	thua⁵¹	thoʔ⁵⁵
出（太阳）	thoʔ⁵⁵ z̩ə³⁵	thuaʔ³¹	thoʔ⁵⁵
出来[自动]	thoʔ⁵⁵ z̩ə³⁵	thuaʔ³¹⁄⁵⁵ liɛ³¹	thoʔ⁵⁵ lɑ⁵⁵
锄（草）	tʂhak⁵⁵	khək⁵⁵	pɛn³³
穿（衣）	xut⁵⁵	wut³¹	ut³¹
吹（喇叭）	m̥ut⁵⁵	mut³¹	mət³¹
搓（绳子）	l̥əŋ³⁵	liau⁵¹	ʐau³¹
打（人）	teʔ⁵⁵	ka³⁵	paʔ³¹
打（枪）	pək⁵⁵	pat³¹	pɯk³¹
打喷嚏		tɕhu⁵¹	thai³³
打鼾		məŋ³³	n̥ɑ³³
带（钱）	ʂoi³¹	zu³³	tʂhu³³
戴（帽子）	xut⁵⁵	wut³¹	ut³¹
戴（手镯）	xut⁵⁵	tap⁵⁵	ut³¹
到达（家里）	te³⁵	tɕuɛʔ³¹	tɕɛʔ³¹
滴（水）	tɕək⁵⁵	kjaʔ³¹	ʐau³³

掉（眼泪）		kja³¹	tɕi³¹
钓（鱼）	net³⁵	tiau³³	kəu³³
叠（被子）	təp³⁵	tsə³¹	tʂə³¹
（蚊子）叮	pan³¹	ŋat³¹, tin³³	khə³¹, tiŋ³³
钉（钉子）	tiŋ³⁵	tin³⁵	tin³³
丢失	tʂɔ⁵⁵	pat³¹ phju⁵¹	pat⁵⁵ tshu³³
懂	sa³⁵	sɛ⁵⁵	ɕɛ³¹, tuŋ³¹
动［自动］		lu³⁵, nəŋ³⁵	n̥uŋ³¹
读（书）	nai³⁵	tu³¹	tu³¹
堵（漏洞）	ət³⁵	tshau⁵¹	tsu³¹
渡（河）	kʐo³¹	tu³⁵	ko³³
（线）断	pʐat⁵⁵	pət³¹	pət⁵⁵
（将线）弄断	phʐat³⁵	kut⁵⁵ phət⁵⁵	tɕhau³¹ pət⁵⁵
堆（稻草）	kɔŋ⁵⁵	pom³³	tui³³
剁（肉）	tuak³⁵	to³⁵	to³³
饿	ʂut⁵⁵	lau³³	lau³³
发（芽）	a³¹ ŋɔŋ⁵⁵ tho⁵⁵	a³¹ n̥o³¹ thua⁵¹	tho⁵⁵
翻（衣）	phu⁵⁵	fan⁵⁵	a³¹ fā³⁵
放（水）		kat⁵⁵	pjɛ³³
放牧	phuaŋ³¹	puai³¹	tʂau³¹
飞	tʂam⁵⁵	pjam³³	tsaŋ³³
分（粮食）	miaŋ³⁵	kam³³	kaŋ³³
缝	xʐop⁵⁵	tshop⁵⁵	ʂok⁵⁵
疯	vən⁵⁵	un⁵⁵	un⁵⁵
敷（药）	phɔk⁵⁵	tsa⁵¹	pu³¹
孵（小鸡）	up⁵⁵	xop⁵⁵	xok⁵⁵
腐烂	ɕu³⁵	pop³¹	a³¹ tshau³⁵
盖（被子）	thap⁵⁵	pu⁵¹	phu³¹
盖（房子）	muk³⁵	kai³⁵	phu³¹
（衣服）干了	sə⁵⁵	wui⁵¹	kā³¹
赶（集）	sɔ³⁵ ɔŋ⁵⁵	saŋ³⁵	waŋ³³
赶（牛）	loi⁵⁵	khat³³	n̥uk³¹
干（活儿）	a⁵⁵ mu⁵⁵ tien³⁵	kut⁵⁵	khut³¹
敢	kai³¹	om⁵¹	uŋ³³

割(肉)[他动]	xa³¹	liam³⁵	ʑaŋ³¹
给	tsi³¹	pji⁵¹	tɕi⁷³¹
够	kom³⁵	lu⁷³¹	lu³¹
跟(在后面)	tʂhaŋ³⁵	tɕhaŋ⁵¹	tshaŋ³¹
耕(田)	lə³¹	thai³⁵	thun³³
钩	khou³⁵	kə³³ləu³³	kəu³¹
刮(毛)	khz̩ət³⁵	kuɑ⁷³¹	kuɑ³¹
刮(风)	lɔ⁵⁵	mut³¹	mət³¹
挂(在墙上)	xuai³¹	kua³⁵	kuɑ³³
关(门)	kaŋ³⁵	mɯ⁵⁵	mjin³¹
跪	pai³¹	ŋok³¹	nuk³¹
滚	liŋ³⁵	kun⁵¹	kun³³
过(年)	sa⁵⁵ne⁷⁵⁵	ko³⁵	ko³³
过(桥)	kz̩ɔ³¹	ko³⁵	ko³³
害羞	ȵɔ⁷³¹sɔ⁷⁵⁵	ʑa⁵¹	ȵit³¹sa⁷³¹pɑ³³
害怕	z̩o⁷⁵⁵	tan³³	tʂu³¹
含(一口水)	om⁵⁵	ŋom³³	ŋuŋ³³
喊(人开会)	kz̩ə⁵⁵	kɯ³³	kɯ³³
			əu⁵⁵
喝(茶)	ʂo⁷⁵⁵	su⁵¹	ʂu⁷³¹
合适	xə⁷³¹	khja³¹xau³³	tɕha³¹xau³⁵
恨	tsit⁵⁵	ȵa⁷³¹thau³⁵	tɕhɛ⁵⁵ȵaŋ³³
烘(衣服)	əm³⁵	kaŋ³³	kaŋ³³
哄	xup⁵⁵	pja³³	phja⁷³¹
划(船)	uai⁷³¹	tu³⁵,fa⁷³¹	xuɑ³¹
画(画儿)	xua³⁵	xua³⁵,fa³⁵	xuɑ³³
怀孕		ʑa⁵¹pa³³	uŋ³¹tau³¹
还(账)	tɕhap⁵⁵	tshap³¹	sɑi³¹
还(钢笔)	tɕhap⁵⁵	tshap³¹	sɑi³¹
换	po⁷⁵⁵	ʑa⁵¹	ʂɑ⁷³¹
回	təm⁵⁵	la³³	lɑ⁷³¹
会(织布)	tat⁵⁵	tap³¹	tɕaŋ³³
			taŋ³³
活了[自动]	tut⁵⁵	tuat³¹	tut⁵⁵

挤		tɕi⁵¹	tʂaŋ³¹
			tɕi³³
记得	toŋ⁵⁵	tɕi³³ ta³³	tɕi³³ ɛiʔ⁵⁵
系(腰带)	tshe³¹	tshɿ³³	phu³¹
夹(菜吃)	n̥ap⁵⁵	tshei³⁵	n̥aŋ³¹
剪	tɕhip³⁵	n̥am³³	tɕɛ³³
讲(故事)	kai⁵⁵	tsop³¹	kai³³
教(书)	m̥ɔ³⁵	ma⁵¹	m̥a³¹
嚼	mam³¹	lei⁵⁵	lə³¹
(公鸡)叫	thun⁵⁵	tun³⁵	thun³³
(母鸡)叫	tək³¹	məŋ³³	khə³³
(猫)叫	mʐəŋ⁵⁵	məŋ³³	mɯŋ⁵⁵
(马)叫	mʐəŋ⁵⁵	məŋ³³	mɯŋ⁵⁵
(狗)叫	kʐap⁵⁵	kjap³¹	tɕək⁵⁵
揭(锅盖)	phɔŋ³⁵	phuaŋ⁵¹	phɯŋ³¹
结(果子)	ʂə³¹	sɿ³³	ʂɿ³¹
结婚	tsaŋ³¹ i³¹ ʂa⁵⁵	ʑu³¹ ka³³	tsu³³ mu³³
解(疙瘩)	phi⁵⁵	phɯ³⁵	phu³³
借(钱)	m̥ɔ³¹	tɕi³³	ŋa³¹
借(工具)	m̥ɔ³¹	ŋa⁵⁵	ŋa³¹
进(屋)	ɔŋ⁵⁵	waŋ³³	waŋ³³
浸泡	tsin⁵⁵	tɕɛ³¹	tɕuŋ³³
锯	lə³¹	tuan³⁵	lə³³
开(门)	phɔŋ³⁵	phuaŋ⁵¹	phəŋ³¹
(花)开(了)	pɔŋ³⁵	puaʔ³¹	po³¹
开(车)	lui⁵⁵	tkhai³³	khai³³
开(会)		khai³³	khai³³
砍(树)	tɕen³¹	tsan³¹	tɕɛ̄³¹
看(书)	en³¹	tɕha³³	tʂau³¹
看见	en³¹ mʐaŋ⁵⁵	mjaŋ³¹	mjaŋ³³
考试		khau³³ sɿ³¹	khau³³
烤(火)	kuaŋ⁵⁵	kaŋ³³	kaŋ³³
靠(墙)	ŋa⁵⁵	khau³³	khau³³
磕头		n̥i⁵⁵ thoŋ⁵⁵	mjit³¹ thuŋ³¹

咳嗽	khz̩ɔŋ³¹ tʂhau³¹	tsau³³	khuŋ³¹ tshau³¹
渴	ʂut⁵⁵	lau³³	lau³³
刻	hak³⁵	khə³¹	khə³¹
啃	kz̩at⁵⁵	khei⁵⁵	khə³¹
抠	khou³¹	khəu³³	əu³¹
扣（扣子）	thəm³¹	khəu³⁵	khəu³³
哭	ŋau⁵⁵	ŋau³³	ŋau³³
跨（一步）	len³¹	tsha⁵⁵	tɕha³³
困	ɕɔ³¹	ʑi³³ ma³³ pat³¹	ʑit³¹ lau³³
拉	ʐɔ³¹	laŋ³¹	ʐɛ³¹
拉屎	ɔm³¹ pan³¹	sa³¹	khɯ³¹ thə³¹
辣	tshek⁵⁵	pjit⁵⁵	tshɯ⁵⁵
落下（东西）		kja³¹	ləu³¹
来	ʐ̩ə³⁵	liɛ³¹	la⁵⁵
捞	tau⁵⁵	sei⁵¹, lap³¹	sə³¹
累	muai³¹	lui³⁵	aŋ³³
连接	kap³⁵	tsa⁵⁵	tɕha⁵⁵
裂（开）	tiak³⁵	tiak⁵⁵	tʂa³³
（水）流动	so³¹	mju⁵⁵	ʑau³³
（房子）漏（雨）	ʑau⁵⁵	ʑau³³	ʑau³³
聋	kəŋ³¹	paŋ⁵¹	paŋ³¹
乱	kz̩ət⁵⁵	noŋ⁵¹	luā³³
（太阳）落	ɔŋ⁵⁵	kom³³	kuŋ³³
骂	tʂə⁵⁵	tsəu³³	ȵa³³
满	pz̩əŋ³⁵	pəŋ³¹	pəŋ³¹
梦	it⁵⁵ mɔ⁵⁵	(ʑit⁵⁵ ma³³) ma³¹	ʑit³³ m̥a⁵⁵
埋	m̥z̩op⁵⁵	mop⁵⁵	ŋok³¹
买	oi⁵⁵	wui³³	u³³
卖	uŋ³¹	oŋ⁵⁵	uŋ³¹
没有	ma³¹ pɔ⁵⁵	m³¹ pa³³ʹ³¹	m³¹ pa³⁵
摸	sut⁵⁵	mo⁵⁵	məu³¹
磨（刀）	soi³¹	sui⁵⁵	su³¹
磨（面）	lui³⁵	mo³⁵	mo³³, ȵɛ̄³³
拿	ȵu⁵⁵	ʑu³¹	ʑu³³

捏	tɕhɔm⁵⁵	tshək⁵¹	m̥jit⁵⁵
呕吐	phat⁵⁵	phat⁵⁵	phaʔ³¹
趴		pap⁵⁵	pjɛk⁵⁵
（人）爬	to³¹	tua³³	to³¹
爬（山）	thɔ³⁵	kjak⁵⁵	to³¹
爬（树）	tɔʔ⁵⁵	ta ʔ³¹	to³¹
捧（在手里）		kop⁵⁵	phuŋ³³
劈（柴）	xoi³¹	khjam⁵⁵	tɕu³¹
漂（在水上）	n̥ə³¹	phjɑu⁵⁵	phjɑu³¹
（衣服）破（了）	tɔŋ³¹	pjiʔ³¹	pjiʔ⁵⁵
（碗）破（了）	kʐop⁵⁵		kop³¹ pjiʔ⁵⁵
（把碗）打破	khʐop⁵⁵		khan³³ khop⁵⁵ phji ʔ⁵⁵
欺骗	pʐuaʔ⁵⁵	pjaʔ⁵⁵	phjɛ̄³³
骑（马）［自动］	tsi³¹	tsɿ³³	tɕhi³¹
使骑		tsɿ³³ tiɛʔ⁵⁵	
使起		ʐu³³ ta³³ liɛʔ³¹	
牵（牛）	ʂa⁵⁵	sə³⁵	ʂə³³
欠（钱）	ʂau⁵⁵	tshɑ³³	tʂhɑ³¹
掐		tshək³¹	lə³¹
抢夺	lu³⁵	luʔ³¹	lu³¹
劁（猪）	tuan⁵⁵	tuan⁵⁵	tuɑ̄³¹
切（菜）	tsuai⁵⁵	ʐuai³¹	tsuai⁵⁵
娶（妻子）	ʂa⁵⁵	ʐu³¹	thə³³
去	lɔ⁵⁵	laʔ³¹	laʔ³¹
驱赶	loi⁵⁵	laʔ³¹ tiɛʔ⁵⁵ ⁄ ³¹	n̥uk³¹
缺（了一个口）	kuat⁵⁵	xak⁵⁵	tɕhɛ³¹
染（布）	tʂhau³¹	tshau³³	tshau³¹
嚷	ʐau³¹	məŋ³³	əu³³
洒（水）	kʐən³¹	sut³¹	sā³¹
撒（尿）	tʂhə³¹	tshu³³	thə³¹
撒（种子）	san³¹	san⁵⁵	sɑn³¹
塞（洞）	n̥en⁵⁵	tshau⁵¹	sai³³
（珠子）散了		pɯ³³	puʔ⁵⁵
解开	phək⁵⁵	phɯ³⁵	phuʔ⁵⁵

扫(地)	lum³¹	ʑa³¹	ʑa³¹
杀(人)[他动]	sat⁵⁵	sat⁵⁵	sat⁵⁵
筛(米)	khʐəŋ³¹	sai³³	ʂai³¹
晒(衣服)	l̥ap⁵⁵	lap⁵⁵	lɑk⁵⁵
商量	pɔŋ⁵⁵	saŋ³³liaŋ³³	saŋ³³liaŋ⁵⁵
上(楼)	tɔ⁵⁵	ta⁵⁵	tɑ³¹
烧火(煮饭)		khat⁵⁵	phu³¹
伸(手)	kə³¹	tsət⁵⁵	tʂhən³¹
生(孩子)	tiak³⁵	sui³³	ʂu³¹
省(钱)		sən³¹	sɛn³³
试(一试)	o³¹	tsam⁵¹	ʂɿ⁵⁵
是	n̥e⁵⁵	ŋut⁵⁵	n̥ɛ⁵⁵
收到(信)	ʂəu³¹	ʑa³¹ʑo³³	ʂəu³¹
梳(头发)	phʐa³¹	pjɛ³³	phjɛ³¹
输	se³⁵	su⁵⁵	ʂu³¹
(饭)熟(了)	tʂua⁵⁵	kja³¹	tʂɑ³¹
(果子)熟(了)	ŋeŋ³⁵	mjin⁵¹	uŋ³³
			mjin³¹
数(数目)	an³⁵	ʑau³³	ʑau³³
漱(口)	tʂui³¹	su³⁵	su³¹
(从树上)摔(下来)	kʐua³⁵	kuan³⁵	kuã³³
闩(门)	ɕau³¹	kaŋ³⁵	phu³¹
拴(牛)	ʂuan³¹	tui³³	tu³¹
睡[自动]	e³¹	ʑit⁵⁵	ʑit³¹
(使)睡		ʑit⁵⁵ʑɛ³³xɛ³⁵	
说(话)	kʐai⁵⁵	tsop³¹	kai³³,tɕuk⁵⁵
撕破	tshe⁵⁵	pi³¹	phji⁵⁵
死	ʂɿ⁵⁵	sɿ³⁵	ʂɿ³³
(米粒)碎了[自动]	kui³¹	sui³⁵	sui³³
算	an³⁵	suan³⁵	tshɯk⁵⁵
锁(箱子)	so⁵⁵	so⁵¹	so³³
弹(棉花)		than³¹	pək³¹
弹(琴)		than³¹	than³¹
躺(在床上)	ŋa⁵⁵	khau³⁵	pjək³¹

逃跑	pi³¹	pjau³¹	pai³¹
(头)痛	xə³¹	na³³	na³³
舔	liap⁵⁵, le⁵⁵	lia⁵⁵	lia³¹
挑选	ʐa³¹	ɕɛn⁵¹	wai³¹
(用扁担)挑	ʐo⁵⁵	wa³¹	wa³¹
跳舞	tseŋ⁵⁵ kɔ⁵⁵	wu⁵¹ thiau⁵¹	u³³ tiaŋ³¹
(用脚)跳	kɔ³⁵	tiam³¹	tiaŋ³¹, thiau³³
听	kʐua³¹	kja⁵¹	tɕa³¹
听见	kʐua³¹	ʐa³¹ kja⁵¹	ʐa³¹ tɕa³¹
停止	nɔ³¹	thiŋ³¹ tiɛ³⁵	thiŋ³¹
(路)通		tuaŋ³³	thuŋ³¹
吞	thun³¹	mjau³³	ȵau³³
偷	xau³¹	khau⁵⁵	khau³¹
吐(痰)	tɕho³¹	tu³³	tɕhu³¹
推	tun³¹	tun⁵¹	tun³¹
脱(衣)	khʐək⁵⁵	khut⁵⁵	khut³¹
(马)驮(货)	tuaŋ³⁵	tho³¹	ta³³
挖(地)	tu³¹	khək⁵⁵	tu³¹
弯[自动]	kok⁵⁵	ŋuai³¹	ŋuŋ³¹
弄弯	khok⁵⁵	khan³¹ ŋuai³¹/⁵¹	kha³³ ŋuai³¹
完[自动]	pʐua³¹	pjɛ³³	pjɛ³¹, pji³¹
玩耍	tse⁵⁵	ȵɛ⁵⁵	liɛ³¹ tɕa³³
忘记	ȵi³⁵	mɛ³¹ la³⁵	mjit³¹ la³⁵
闻(嗅)	nam³¹	nam⁵¹	naŋ³¹
问	ȵi³¹	mji⁵¹	mji³¹
洗(碗)	phop⁵⁵	tɕhi⁵⁵	tɕhi³¹
洗(手)	tɕhi³¹	tɕhi⁵⁵	tɕhi³¹
喜欢	se⁵⁵	kau³³ ɯ³³	kau³³
瞎	tset⁵⁵	tsə³¹	tɕit³¹
下(楼)	tsɔ⁵⁵	ʐa³¹	tsa³¹
(鸡)下(蛋)	u³⁵	wu⁵¹	ʂu³¹
下(雨)	ʐo⁵⁵	wa⁵⁵	mau³¹ wa³³
响	mʐəŋ⁵⁵	məŋ³³	muŋ³³
想	sam⁵⁵	ŋam⁵⁵	ŋaŋ³¹

象	tu⁵⁵	tu³³	tu³³
削(铅笔)	pha³¹	ɕo²³¹, tsuat⁵⁵	ɕo²³¹
笑	ʐə⁵⁵	ɯ³³	ɯ³³
写	tiam³¹	lai⁵⁵	thau³¹ ɕɛ³³
泻(肚子)	pan³¹	sun³⁵	ʂun³³
相信	ʑom³⁵	ɕin³⁵	ɕin³³
擤(鼻涕)	xʐau²³⁵	tshau⁵¹	tshau³¹
醒	pa⁵⁵	nau⁵¹	nau³¹
休息	nɔ³¹	na⁵¹	na²³¹
修(机器)	mʐa⁵⁵	sa⁵¹	mjɛ³³
学	ʑəŋ³¹	ɕo²³¹	ɕo²³¹
寻找	liam⁵⁵, tuai⁵⁵	ʑa³⁵	ɕa³³
压	tek³⁵	nei⁵¹	n̥ə³¹
阉(鸡)	tuan⁵⁵	tuan⁵⁵	tuã³¹
腌(菜)		ʑɛn⁵⁵	ʑɛ̃³¹
痒	jɔ³¹(ʑɔ³¹)	ʑa²⁵⁵	ʑa³¹
养(鸡)	leŋ³¹	mju³³	ȵu³³
摇(头)	n̥on³⁵	nəŋ³⁵	wai³³
咬	pan³¹	ŋat³¹	khə³¹
舀(水)	kə⁵⁵	khu⁵⁵	kə³³
要(不要)	ȵu⁵⁵	a³³/³⁵	ma³³
(水)溢(出来)	vet³⁵	phən⁵⁵	phɛn³¹
依靠	khau³⁵	khau³⁵	khau³³
赢	ɔŋ⁵⁵	ʑin³¹	ʑin³¹
应该		ʑin³⁵ kai⁵⁵	khui²⁵⁵ / ʑin³³ kai³³
游泳	luai⁵⁵ luai⁵⁵	tsɿ³³ lu⁵⁵	tʂɿ³³ lu³³
有(钱)	pə⁵⁵	pa³³	pa³³
有(人)	ni⁵⁵	pa³³	pa³³
栽(树)	sɔ³¹	tsoŋ⁵⁵	suŋ³¹
在	ni⁵⁵	ȵi³³	nai³³
增加	pə³¹	kat⁵⁵	ȵa³¹
扎(刺)	toi³¹	thau⁵⁵	thau³¹

眨(眼)		tʂhək⁵⁵	khɑ³¹ pat³¹
摘(花)	ʂaŋ⁵⁵	tʂhək⁵⁵	ʂaŋ³³
粘(住了)	tʂap³⁵ tʂhap³⁵	tap³¹	tək³¹
站	ʐap⁵⁵	liap³¹	ʐək⁵⁵
张(嘴)	xɔ³⁵	xa⁵¹	xɑ³¹
长(大)	kz̩ə³¹	kɯ⁵¹	kɯ³¹
晒(太阳)	toŋ³⁵	lap⁵⁵	l̥ak⁵⁵
(马蜂)蛰(人)	tuat³⁵	tin³³	tin³³
蒸(饭)	poŋ³¹	tshuʔ⁵⁵	tɕhu³¹
知道	sɑ³⁵	ɕɜ⁵¹	ɕɜ³¹
织(布)	z̩uaʔ⁵⁵	ʐaʔ³¹	ʐaʔ³¹
指	l̥e³⁵	thau³³	tui³³
种(麦子)	sɔ³¹	tsoŋ⁵⁵	lə³¹
肿	z̩am³¹	ʐam⁵¹	phau³¹
煮	z̩au⁵⁵	tsau⁵¹	tʂhau³¹, fu³¹
抓(东西)	tʂa³¹	mjit⁵⁵	tɕha³¹, tʂhok⁵⁵
转(身)	n̥oŋ⁵⁵ pa³¹ xai³⁵	tsuan³¹	tʂuā³³
装(粮食)	xat⁵⁵	kat³¹	thəŋ³³
追	loi⁵⁵	khat⁵⁵	ȵuk³¹
捉	tʂhɔp⁵⁵	mək⁵⁵	tʂhok⁵⁵
走	so³¹	sua³³	so³¹
足够		luʔ³¹	lu³¹
醉	ʐet⁵⁵	fən⁵⁵	ət³¹
坐	ni⁵⁵	op⁵⁵	nai³³
做(事情)	xot⁵⁵	kut⁵⁵	khut³¹
马上(走)		ka³³ lui³³	kɯ³¹ ʂɿ³⁵
(你)先(走)	si³¹ mu⁵⁵	wan⁵⁵	ɕɛ̄³³
(他)常常(来)	pu³¹ loʔ⁵⁵	a⁵⁵ lau⁵¹, ʑi⁵⁵ lau⁵¹	i³³ lau⁵⁵
慢慢(说)	ȵen³¹ ȵen³¹	ʐa⁵¹ ʐa⁵¹, ʑi⁵⁵ ʐa⁵¹	tsa³³ tsa³³
很(重)	tɕum⁵¹	tsa³⁵, lə⁵¹ kɯ³³	kaŋ³³
真(好)		kən³⁵(kei³³)	ɑ³¹ kɯŋ³³
都(来了)	kuai⁵⁵	kəŋ⁵⁵ kəŋ⁵¹	kɯŋ³³ kɯŋ⁵⁵
一起(学习)		kjɛʔ³¹	ta³¹ tɕhe³³
还(有许多)	ʂə³⁵	xai³³	xai³¹

(我)也(去)	ʐe³¹	xoŋ⁵⁵	ʐɛ³³
再(说一遍)	tsai³⁵, xzₐa³⁵	tsai³⁵	tsɑi³³
可能(下雨)		kan³¹	kho⁵¹ nəŋ³¹
(他)大概(是汉族)		kan³¹	tʂhɑ³⁵ pu³¹ to³³
不(吃)	ma³¹	m³¹	m³¹ n³¹
没(吃)		m³¹	m³¹ n³¹
别(吃)	ta³¹	taʔ³¹	tɑ³¹
从(去年)到(现在)		wan³³ kai⁵⁵, xau⁵⁵ khji³¹	khɯ³³ tɕɛʔ³¹
比(月亮大)	tiak³⁵	pjɛ³³	pji³³
(哥哥)和(弟弟)	lɔ⁵⁵	taŋ³⁵	mɑʔ⁵⁵
(他)的(书)		ʑi⁵⁵	ɛi⁵⁵

三　阿昌语基本句型

1. 今天天气不好。

    陇川：xai⁵⁵ ȵen³¹ mau³¹ ma³¹ tɕi⁵⁵.
    　　　今　天　天　不　好

    潞西：khun⁵¹ ȵi⁵¹ thiɛn³³ khji³⁵ m³¹ kei³³。
    　　　今　天　天　气　不好

    梁河：khɑ⁵⁵ nɑi³³ thiɛ̄³³ tɕhi³³ n³¹ kə³⁵。
    　　　今天　　天气　　不好

2. 他是汉族。

    陇川：ȵaŋ³¹ kǎ³¹ phuaŋ³¹ ȵe⁽⁵⁵ ne⁽⁵⁵。
    　　　他　汉族　　　是　（助）

    潞西：ɕaŋ⁵¹ sɿ³⁵ xɛ³⁵ maŋ³³。
    　　　他　是　汉　族

    梁河：ʂaŋ³¹ lɑ³³ ʑi³¹ wɑ³¹。
    　　　他（话助)汉族

3. 我拿了哥哥的书。

    陇川：ŋɔ⁵⁵ tʂai⁵⁵　ɑ³¹ɑ³¹ pʐo⁵⁵ ȵu⁵⁵ pɔ³¹。
    　　　我　哥哥　（助)书　拿　（助)

    潞西：ŋa³³ ŋui³⁵　tsai³³ ʑi⁵⁵ mau³⁵ sau⁵⁵ ʐu³³ ti⁵¹。
    　　　我　我家的　哥　的　　书　拿　了

    梁河：ŋɑ³³ ɑ³¹ sɑi³⁵ ɛi⁽⁵⁵　mu³¹ sɑu³¹ ʐu³³ lɑ⁽³¹ kəu³¹。
    　　　我　哥哥　（结助)书　　拿　去　了

4. 我吃饱了。

    陇川：ŋɔ⁵⁵ tɕɔ³¹ xɔ⁽³¹ ʐuɑ³¹ pɔ³¹。
    　　　我　吃　(助)饱　（助)

    潞西：ŋa³³ om⁵¹/⁵⁵ tsa³³/⁵¹ təu⁵¹。
    　　　我　肚　吃　　　了

    梁河：ŋɑ³³ uŋ³¹ tʂɑ³¹ tʂɑ³¹ xəu³⁵。
    　　　我　肚子　饱　了

5. 你说过了吗？

陇川：nuaŋ⁵⁵ kz̩ai⁵⁵ tʂhau³¹ pɔ³¹ la³¹?
　　　你　　说　　过　　（助）（助）

潞西：naŋ³³ tsop³¹ ua⁵¹ ko⁵¹ mo⁵¹?
　　　你　说　过　吗

梁河：naŋ³³ tɕuk⁵⁵ wa³³ kəu³¹ liɛ³¹?
　　　你　说　过　了　吗

6. 你说什么？

陇川：nuaŋ⁵⁵ pi³¹ si⁵⁵ kz̩ai⁵⁵?
　　　你　什么　说

潞西：naŋ³³ ʐaŋ³⁵ tsoŋ⁵¹ tsop³¹ʹ⁵⁵ ti³³ mo⁵¹?
　　　你　什么　说　着　呢

梁河：naŋ³³ khiaŋ³³ kai³³ nɛiʔ⁵⁵?
　　　你　什么　说　着

7. 你去不去？

陇川：nuaŋ⁵⁵ lɔ³⁵ ma³¹ lɔ³⁵?
　　　你　去　不　去

潞西：naŋ³³ kaʔ³¹ lai⁵¹?　　naŋ³³ laʔ³¹ʹ⁵¹ m³¹ laʔ³¹ʹ⁵¹?
　　　你　格　去　　　你　去　不　去

梁河：naŋ³³ laʔ³¹ ɛiʔ⁵⁵　n³¹ laʔ³⁵?
　　　你　去（语助）不去

8. 你去还是不去？

陇川：nuaŋ⁵⁵ lɔ³⁵ neʔ⁵⁵ la³¹, ma³¹ lɔ³⁵ la³¹?
　　　你　去（助）（助），不　去（助）

潞西：naŋ³³ laʔ³¹ʹ⁵¹ pu³⁵ tsɿ⁵⁵ m³¹ laʔ³¹ʹ⁵¹?
　　　你　去　还　是　不去

梁河：naŋ³³ laʔ³¹ m³³ ʂɿ³¹ n³¹ laʔ³⁵?
　　　你　去　还是　不去

9. 你吃饭了吧？

陇川：nuaŋ⁵⁵ tɕɔ⁵⁵ tɕɔ³¹ pɔ³¹ la³¹?
　　　你　饭　吃（助）（助）

潞西：naŋ³³ tsa³³ tsa⁵¹ təu⁵¹ mo⁵¹?
　　　你　饭　吃　了　吗

梁河：naŋ³³ tɕa³¹ xəu³³ po³⁵?

你 吃 了 （语助）

10. 啊,这么小!

陇川：a⁵¹, xai⁵⁵ xẓə⁵³¹ tsɔ³¹！
　　　啊，　这　么　　小

潞西：mai³⁵ ʑi⁵¹, xau³³/³⁵ ɯ⁵¹ ʑai³³！
　　　啊　　　这么　　　小

梁河：mɛ³¹ mɛ³¹ ɑ⁵⁵ su³¹ kɯŋ³¹ ŋə³³！
　　　啊　　　这么　　　　小

11. 哎呀,你买来了!

陇川：a³¹ ka⁵¹, nuaŋ⁵⁵ oi⁵⁵ ẓə³⁵ pɔ³¹！
　　　哎呀， 你　买　来 （助）

潞西：o⁵¹, ʑaŋ⁵¹ kɯ³³ ui³³ la³³ ti⁵¹！
　　　哎呀 怎么　买　来　啦

梁河：mɛ³¹ mɛ³¹, naŋ³³ u³³ la⁵⁵ kəu³¹！
　　　哎呀　　你　买　来　了

12. 让他去吧!

陇川：n̥aŋ³¹ te⁵⁵ lɔ³⁵ xu⁵⁵ ɔ³¹！
　　　他（助）去　让（助）

潞西：ɕaŋ⁵¹/³³ lə³¹ la⁵³¹ saŋ³³ ka⁵¹！
　　　他　（宾助）去　使

梁河：ʂaŋ³¹ tə³³ la⁵³¹ ʂaŋ³³！
　　　他 （结助）去　(谓助)

13. 你给我吧!

陇川：nuaŋ⁵⁵ ŋɔ⁵⁵ te⁵⁵ tsi³¹ ɔ³¹！
　　　你　我（助）给（助）

潞西：naŋ³³ ŋa³³ lə³¹/³³ pɛ⁵¹ xɛ⁵⁵！
　　　你　我（宾助）给　吧

梁河：naŋ³³ ŋa³³ tə³³ tɕi⁵³³ a³³！
　　　你　我　(结助)给（话助）

14. 你再说一遍!

陇川：nuaŋ⁵⁵ tsai³⁵ ta³¹ pɔk⁵⁵ kẓai⁵⁵ ʂə³⁵！
　　　你　再　一　遍　说　还

潞西：naŋ³³ tsai³⁵ ta⁵³¹ xui⁵³¹ tsop³¹ lɛ⁵⁵/³³！
　　　你　再　一　遍　说　吧

梁河：naŋ³³ tsɑi³⁵ ʑi³¹ pjɛ̃³³ kɑi³³ ɑ³³！
　　　你　再　一　遍　说（语助）

15. 你是汉族，我是阿昌族。
　　陇川：nuaŋ⁵⁵ kɑ³¹ phuaŋ³¹，ŋɔ⁵⁵ ŋa³¹ tʂaŋ³¹。
　　　　　你　汉族，　　我　阿昌
　　潞西：naŋ³³ sɿ³⁵ xɛ³⁵ maŋ³³，ŋa³³ sɿ³⁵ ŋa³³ tshaŋ³³。
　　　　　你　是 汉 族　 我　是　阿昌族
　　梁河：naŋ³³ lɑ³³ ʑi³¹ wɑ³¹，ŋa³³ lɑ³³　ŋa³¹ tshaŋ³¹。
　　　　　你（话助）汉族　我（话助）　阿昌族

16. 你好，他不好。
　　陇川：nuaŋ⁵⁵ tɕi⁵⁵，n̥aŋ³¹ ma³¹ tɕi⁵⁵。
　　　　　你　好，他　不　好
　　潞西：naŋ³³ kei³³，ɕaŋ⁵¹ m³¹ kei³³。
　　　　　你　好　他　不 好
　　梁河：naŋ³³ kə³³ ɛi⁷⁵⁵，　ʂaŋ³¹ n³¹ kə³⁵。
　　　　　你　好（语助）他　不好

17. 他很高。
　　陇川：n̥aŋ³¹ tɕum⁵¹ mz̩aŋ⁵⁵。
　　　　　他　很　高
　　潞西：ɕaŋ⁵¹ mjaŋ³⁵ lə⁵¹ kɯ³³。
　　　　　他　高　很
　　梁河：ʂaŋ³¹ mjaŋ³³ kaŋ⁵¹。
　　　　　他　高　很

18. 我吃饭了。
　　陇川：ŋɔ⁵⁵ tɕɔ⁵⁵ tɕɔ³¹ pɔ³¹。
　　　　　我　饭　吃 （助）
　　潞西：ŋa³³ tsa³³ tsa⁵¹ təu⁵¹。
　　　　　我　饭　吃　了
　　梁河：ŋa³³ tɕa³¹ xəu³⁵。
　　　　　我　吃　了

19. 我不要圆的。
　　陇川：ŋɔ⁵⁵ a³¹ lum³¹ tou⁷³¹ ma³¹ n̥u⁵⁵。
　　　　　我　圆的　样　不　要
　　潞西：ŋa³³ a⁵⁵ lom³³ m³¹ ma³⁵。

三　阿昌语基本句型　325

　　　　　我　圆的　　不要
　　梁河：ŋa³³ a³¹ luŋ³¹ n̩³¹ ma³⁵。
　　　　　我　圆的　　不要
20. 他戴红帽子。
　　陇川：n̥aŋ³¹ na⁵⁵ na⁵⁵ sɿ³¹ u³¹ suŋ³¹ xut⁵⁵。
　　　　　他　红红（助）帽子　戴
　　潞西：ɕaŋ⁵¹ ma⁵¹ mau³³ a³³ nɛ³³ ut⁵⁵ ti⁵⁵。
　　　　　他　帽子　红　戴着
　　梁河：ʂaŋ³¹ u³¹ khok³¹ a³¹ xɛ³³ ut⁵⁵ nɛi⁵⁵。
　　　　　他　帽子　红的　戴着
21. 我脚麻了。
　　陇川：ŋo⁵⁵ tɕhi⁵⁵ nəm³¹ sɔ³¹。
　　　　　我　脚　麻　着
　　潞西：ŋa³³ khɯ³³ pjit⁵⁵ ti⁵⁵。
　　　　　我　脚　麻　着
　　梁河：ŋa³³ khɯ³³ tsɯk⁵⁵ kəu³¹。
　　　　　我　脚　麻　（体助）
22. 我来学习阿昌语。
　　陇川：ŋo⁵⁵ ŋa³¹ tʂhaŋ³¹ ŋeŋ³⁵ ʐɔ³⁵ zəŋ³³。
　　　　　我　阿昌　语　来　学习
　　潞西：ŋa³³ ŋa³³ tshaŋ³³ tsau³³ ɕo⁵⁵ la³³ ma⁵¹。
　　　　　我　阿昌　话　学　来
　　梁河：ŋa³³ la⁵⁵ ka³³　ŋa³¹ tshaŋ³¹ tʂau³³ ɕo⁵⁵ ɛi⁵⁵。
　　　　　我　来（结助）阿昌语　　　学（语助）
23. 他让我下去。
　　陇川：n̥aŋ³¹ ŋo⁵⁵ təu³³ tsɔ⁵⁵ lɔ³⁵。
　　　　　他　我　下　去
　　潞西：ɕaŋ⁵¹ ŋa³³ lə³¹ ʐa⁵⁵ lɛ⁵⁵ kei³³。
　　　　　他　我（宾助）下　去　让
　　梁河：ʂaŋ³¹ ŋa³³ tə³³　tɕi⁵⁵ tsa⁵¹ la⁵⁵。
　　　　　他　我（结助）给　下　去
24. 他给客人一支烟。
　　陇川：n̥aŋ³¹ tshe⁵⁵ ni³¹ xau³¹ ta³¹ z̥au³¹ tsi³¹ sɔ³¹。
　　　　　他　客人　烟　一支　给着

潞西：ɕaŋ⁵¹ nom³³ n̠i³³ lə³¹   mja⁷³¹ ta⁷³¹ paŋ³³ pji⁵¹ᐟ⁵⁵ la³³。
　　　他　客　人（宾助）烟　一　支　给（语助）

梁河：ʂaŋ³¹ zɛ̄³¹ ʑi³¹ ko³³ nuŋ³³ tɕhɛ³³　tə³³ tɕi⁷³¹ ɛi⁷⁵⁵。
　　　他　烟　一　支　客人（结助）给（语助）

25. 你教我汉话吧！

陇川：nuaŋ⁵⁵ ŋɔ⁵⁵ te⁵⁵ ka̠³¹ phuaŋ³¹ ŋeŋ³⁵ m̥ɔ⁷³⁵ a⁷³¹！
　　　你　我（助）汉族　　话　教（助）

潞西：naŋ³³ ŋa³³ lə³¹　　xɛ³⁵ tsau³³ᐟ³¹ ma⁵⁵ zɛ⁷³¹！
　　　你　我（宾助）汉话　　教

梁河：naŋ³³ ŋa³³ tə³³　　ʑi³¹ wa³¹ tʂau³³ ma̠³¹ ɛi⁷⁵⁵！
　　　你　我（结助）汉语　　　教（语助）

26. 我想他不在家。

陇川：ŋɔ⁵⁵ tak⁵⁵ sɔ³¹ n̠aŋ³¹ ʑin⁵⁵ tiə⁵⁵ ma³¹ nɛi³⁵。
　　　我　想　着　他　家　　不　在

潞西：ŋa³³ ŋam⁵⁵ ta⁵⁵ ɕaŋ⁵¹ ʑin³⁵ m̥³¹ n̠i³³ᐟ³¹。
　　　我　想　他　家　不　在

梁河：ŋa³³ ŋaŋ³¹ na³³ ʂaŋ³¹ ʑin³³ n³¹ nai³³。
　　　我　想　他　家　不　在

27. 墙上挂着一把刀。

陇川：tʂhaŋ³¹ tiə³⁵ mʐau³¹ ta³¹ khəp⁵⁵ ʐaŋ⁵⁵ sɔ³¹。
　　　墙上　刀　一　把　挂

潞西：tɕhaŋ⁵¹ tha⁵¹ mjau⁵¹ ta⁷³¹ pa³³ kua³⁵ ti⁷⁵⁵。
　　　墙（结助）刀　一　把　挂　着

梁河：tɕhaŋ³¹ tə³³　mjau³¹ ta³¹ tʂhaŋ⁵⁵ kua³³ nɛi⁷⁵⁵。
　　　墙（结助）刀　一　把　挂　着

28. 昨天比今天热。

陇川：man³⁵ xai⁵⁵ n̠en³¹ mə³¹ kɔ⁷³¹ pu⁵⁵ n̠ɛ³³。
　　　昨天　今天　　热

潞西：maŋ⁵¹ khji³⁵ pji⁵¹ khun⁵¹ n̠i⁵¹ kuɛ³³。
　　　昨　天　比　今　天　热

梁河：a³¹ mā³¹ pji³³　kha⁵⁵ nai³³ kuai³³ ɛi⁷⁵⁵。
　　　昨天　比　今天　热（语助）

29. 桃子被他吃了。

陇川：ʂə³¹ om³¹ n̥aŋ³¹ a³³ tɕɔ³¹ pɔ³¹。
　　　桃子　他（助）吃　（助）

潞西：sɿ³³ om³³ ɕaŋ⁵¹ kɯ³³　su⁵¹ ta⁵¹。
　　　桃子　他　（施助）吃　了

梁河：ʂɿ³¹ uŋ³¹ ʂaŋ³¹ xa³¹　tɕa³¹ xəu³⁵。
　　　桃子　他（施助）　吃　了

30. 谷子被牛吃了。

陇川：ka³¹ tsui⁷³¹ no³¹ tɕɔ³¹ pɔ³¹。
　　　谷子　　牛　吃　（助）

潞西：kuʔ³¹ nua³³ kɯ³³　tsa³³ tiʔ⁵⁵。
　　　谷子牛　（施助）吃　了

梁河：ku³¹ no³¹ xa³³　tɕa³¹ xəu³⁵。
　　　谷子牛（施助）吃　（体助）

31. 我要红的,他要绿的。

陇川：ŋo⁵⁵ a³¹ na⁵⁵ n̥u⁵⁵，naŋ³¹ a³¹ n̥au⁵⁵ n̥u⁵⁵。
　　　我　红的　要，　他　绿的　　要

潞西：ŋa³³ a³³ nɛ³³ ai³⁵，ɕaŋ⁵¹ a³³ n̥au³³ ai³⁵。
　　　我　要红的　　　他　要绿　的

梁河：ŋa³³ a³¹ n̥ɛ³³ ma³³ ɛiʔ⁵⁵，ʂaŋ³¹ a³¹ n̥au³³ ma³³ ɛiʔ⁵⁵。
　　　我　红的　要　（语助）他　绿的　要　（语助）

32. 是姨妈去,还是嫂嫂去？

陇川：paʔ⁵⁵ lɔ³⁵　sɿ³¹　la³¹，ma⁵⁵ ʂə³⁵ pi³¹ xaʔ⁵⁵ lɔ³⁵ sɿ³¹ la³¹?
　　　姨妈去　（助）（助），还　是　嫂嫂　去　（助）（助）

潞西：paʔ³¹ ʐɛʔ³¹ lai³¹/⁵¹，pu³³ tsɿ⁵⁵ sɿ³⁵ a³³ peiʔ³⁵ lai³¹/⁵¹?
　　　姨　妈　去　　还　是　　嫂嫂去

梁河：ʑi³¹ n̥aŋ³³ laʔ³¹ ɛiʔ⁵⁵，m³³ sɿ³¹ a³¹ pə³⁵ laʔ³¹ ɛiʔ⁵⁵?
　　　姨妈　　去(语助)还　是　嫂嫂　去(语助)

33. 他不仅会说,而且会写。

陇川：n̥aŋ³¹ kz̩ai⁵⁵ tat⁵⁵ sɿ³¹　tsɔ³¹ ma³¹ kɔʔ³¹ tiam³¹ tat⁵⁵ neʔ⁵⁵ ʂə³⁵。
　　　他　说　会　（助）只　不　仅　　写　　会　（助）还

潞西：ɕaŋ⁵¹ ʐu³⁵ taʔ⁵⁵ tsop⁵⁵，ʐu³⁵ taʔ⁵⁵/³¹ lai⁵⁵。
　　　他　又　会　说　　又会　写

梁河：ʂaŋ³¹ ʐu³³ taŋ³⁵ kai³³，ʐu³³ taŋ³⁵ thau³¹。
　　　他　又　会　说　　又会　写

34. 你做完后回家吧！
　　陇川：nuaŋ⁵⁵ xot⁵⁵ pz̩a³¹ xɔʔ³¹ in⁵⁵ te⁵⁵ lə³⁵ aʔ³¹！
　　　　　你　做　完　（助）家（助）回（助）
　　潞西：naŋ³³ pɛʔ⁵⁵ kut⁵⁵ la³³　ʑin³⁵ lɛʔ⁵⁵ xɛ⁵⁵！
　　　　　你　完　做　之后　家　回　吧
　　梁河：naŋ³³ pjiʔ³¹ khut⁵⁵ kun³³　tɕu⁵⁵ ʑin³³ tə³³　laʔ³¹ ɛiʔ⁵⁵．
　　　　　你　完　做　（体助）就　家（结助）去（语助）

35. 他病了，可是还去犁田。
　　陇川：n̥aŋ³¹ nɔ⁵⁵ s₁³¹　pɔ³¹，kuai⁵⁵ ʂə³⁵ zɔ⁵⁵ lə³¹ lɔ³⁵ neʔ⁵⁵ ʂə³⁵。
　　　　　他　病（助）（助），可　是　田　犁　去（助）还
　　潞西：ɕaŋ⁵¹ na³³ tso⁵¹ taʔ⁵⁵，xai⁵¹ tan⁵¹ thai³⁵ la⁵⁵。
　　　　　他　病　的话　还　水田　犁　去
　　梁河：ʂaŋ³¹ nɑ³³ pa³³ kəu³¹，　tā³³ s₁³³ xai³³ tā³³ thun³³ laʔ³¹ xɛiʔ⁵⁵。
　　　　　他　病　有（体助）但是　还　田　犁　去　了

36. 下雨的话我就不出来。
　　陇川：mau³¹ z̩o⁵⁵ pə³¹ xɔʔ³¹ ŋɔ⁵⁵ ma³¹ thoʔ⁵⁵ z̩ə³⁵。
　　　　　雨　下（助）的话我　不　出　来
　　潞西：mau⁵¹ wa³³ taʔ⁵⁵，ŋa³³ m³¹ thuaʔ⁵⁵ laʔ³¹。
　　　　　雨　　　我 不 出　来
　　梁河：mɑu³¹ wɑ³¹ ɛiʔ⁵⁵ xuɑ³⁵，ŋa³³ tɕu⁵⁵ n³¹ thoʔ⁵⁵ lɑʔ⁵⁵。
　　　　　雨　下　的　话　我　就　不出　来

37. 他走，我也走。
　　陇川：n̥aŋ³¹ so³¹，ŋɔ⁵⁵ ʑe³¹ so³¹。
　　　　　他　走，我　也　走
　　潞西：ɕaŋ⁵¹ sua³³，ŋa³³ ʑɛ³³ sua³³。
　　　　　他　走　我　也　走
　　梁河：ʂaŋ³¹ so³¹ ɛiʔ⁵⁵，ŋa³³ ʑɛ³³ so³¹ ɛiʔ⁵⁵。
　　　　　他　走（语助）我　也　走（语助）

38. 因为做错了事，所以爸爸说我。
　　陇川：a⁵⁵ mu⁵⁵ xot⁵⁵ ŋɔŋ³¹ xɔʔ⁵⁵，teʔ⁵⁵ ŋɔ⁵⁵ te⁵⁵ ka³¹ s₁³¹。
　　　　　事　做　错　因为，爸爸我（助）说（助）
　　潞西：ŋa³³ ʑaŋ³⁵ s₁³⁵ kut⁵⁵ tsho³⁵ taʔ⁵⁵，ŋui³⁵ te³³⁄⁵¹ ŋa³³ lə³¹ tsop³¹ lai³³。
　　　　　我　事情　做　错　（助），爸爸　我　说　（助）
　　梁河：khut³¹ ŋuŋ³¹ xəu³⁵，　so³¹ ʑi³¹ a³¹ pha³¹ ŋa³³ tə³³　n̥a³³ nɛiʔ⁵⁵．

做　　错　（体助）　所以　爸爸　我（结助）说　着

39. 为了他好好读书，我经常帮助他。

陇川：n̥aŋ³¹ a³¹ pʐo⁵⁵ tɕi⁵⁵ tɕi⁵⁵ ʑəŋ³¹ ʂaŋ³⁵ xɔʔ³¹ ŋɔ⁵⁵ n̥aŋ³¹ te⁵⁵　pu³¹ lo⁵⁵ te⁵⁵　sɿ³¹。
　　　他　书　　好好　读　为了　我　他（助）经常　　帮助（助）

潞西：wui³⁵ la³¹ ɕaŋ⁵¹ mau³⁵ sau⁵⁵ tu⁵¹ kei³³′⁵¹, ŋa³³ xai³³ khji³³′³¹ nɛ³³ ɕaŋ⁵¹ lə³¹　　tsuɛ³³ ti⁵⁵。
　　　为了　他　书　　读　好　我　经常　　　　他（宾助）帮助　着

梁河：ʂaŋ³¹ mu³¹ sau³¹ kə³³ kə³³ tu³¹ tɕɛʔ³¹ ka³¹, ŋa³³ i³³ lau⁵⁵ ʂaŋ³¹ tə³³　tɕɛ³³ nɛi⁵⁵.
　　　他　书　好好　读　为了　我　经常　他（结助）　帮助着

40. 有什么，吃什么。

陇川：pi³¹ si⁵⁵ pɔ⁵⁵, pi³¹ si⁵⁵ tɕɔ³¹。
　　　什么　有，什么　吃

潞西：ʑaŋ³³ tsoŋ⁵⁵ pa³³′⁵¹ ʑaŋ³³ tsoŋ⁵⁵ tsa⁵¹′³¹。
　　　什么　有　什么　吃

梁河：khiaŋ³³ pa³³, khiaŋ³³ tɕa³¹。
　　　什么　有　什么　吃

41. 弟弟越走越远。

陇川：a³¹ n̥i⁵⁵ kătau³¹ so³¹ kătau³¹ vɛ³¹。
　　　弟弟　越　　走　越　　远

潞西：ʑa⁵¹ n̥i³¹ ʑɛʔ³¹ lai³¹ ʑɛʔ³¹ wɛ⁵¹。
　　　弟弟　越　走　越　远

梁河：ɑ³¹ nuŋ³¹ ʑɛ³¹ pha³³ so³¹ ʑɛ³¹ pha³³ wai³¹。
　　　弟弟　越　走　越　远

42. 你不要去。

陇川：nuaŋ⁵⁵ ta³¹ lɔ³⁵ aʔ³¹。
　　　你　别　去（助）

潞西：naŋ³³ taʔ³¹ la⁵¹。
　　　你　别　去

梁河：naŋ³³ ta³¹ laʔ³¹。
　　　你　别　去

43. 我还没吃饭。

陇川：ŋɔ⁵⁵ ma³¹ tɕɔ³¹ ʂə³⁵。
　　　我　没　吃　还

潞西：ŋa³³ tsa³³ m³¹ tsa⁵¹ ləŋ³³。
　　　我　饭　没　吃

梁河：ŋɑ³³ n³¹ tɕɑ³⁵ ʂən³¹ 。
　　　我　没 吃　还

44. 慢慢走，别跑！
　　陇川：ȵen³¹ ȵen³¹ so³¹ , tɑ³¹ pi³¹ ！
　　　　　慢　慢　　走，别　跑
　　潞西：ʑa⁵⁵ ʑa⁵¹ sua³³ , tɑʔ³¹ pjau ʔ³¹ ！
　　　　　慢　慢 走，　别　跑
　　梁河：tsa³³ tsa³³ so³¹ , tɑ³¹ pɑi³¹ ！
　　　　　慢　慢　走　别　跑

45. 你不会写。
　　陇川：nuaŋ⁵⁵ ma³¹ tiam³¹ tat⁵⁵ 。
　　　　　你　　不　写　　会
　　潞西：naŋ³³ m³¹ tɑʔ³¹ lai⁵⁵ 。
　　　　　你　不 会　写
　　梁河：nɑŋ³³ n³¹ tɑŋ³⁵ thau³¹ 。
　　　　　你　不 会　写

46. 他哭了。
　　陇川：n̥aŋ³¹ ŋau⁵⁵ pɔ³¹ 。
　　　　　他　哭　（助）
　　潞西：ɕaŋ⁵¹ ŋau³³ tiʔ⁵⁵ 。
　　　　　他　哭　着
　　梁河：ʂaŋ³¹ ŋau³³ kəu³¹ 。
　　　　　他　哭　了

47. 我把他弄哭了。
　　陇川：ŋɑ⁵⁵ n̥aŋ³¹ te⁵⁵ ŋau⁵⁵ pɔ³¹ 。
　　　　　我 他　（助）使 哭（助）
　　　　　ŋɑ⁵⁵ n̥aŋ³¹ te⁵⁵ ŋau⁵⁵ xu⁵⁵ pɔ³¹ 。
　　　　　我 他（助）哭　使 （助）
　　潞西：ŋɑ³³ ɕaŋ⁵¹ lə³¹ 　sa⁵¹ ŋau³³ tiʔ⁵⁵ 。
　　　　　我　他（宾助）整 哭　着
　　梁河：ŋɑ³³ ʂaŋ³¹ tə³³ 　təu³³ ŋau³³ xəu³³ 。
　　　　　我　他　（结助）弄　　哭了

48. 他的衣服破了。
　　陇川：n̥aŋ³¹ tse³¹ tseʔ⁵⁵ pɔ³¹ 。

　　　　　他　衣服破　（助）
　潞西：ɕaŋ³⁵ mei³³ʼ⁵¹ pji²³¹ʼ⁵⁵ ti²⁵⁵。
　　　　　他的衣服　　破　　着
　梁河：ʂaŋ³⁵ tsə³¹ mə³¹ pji²⁵⁵ kəu³¹。
　　　　　他的衣服　　破　了

49. 他把衣服弄破了。
　陇川：n̥aŋ³¹ tse³¹ tshe²⁵⁵ pɔ³¹。
　　　　　他　衣服使破（助）
　　　　n̥aŋ³¹ tse³¹ tse²⁵⁵ xu⁵⁵ pɔ³¹。
　　　　　他　衣服破　使（助）
　潞西：ɕaŋ⁵¹ kɯ³³　ɕaŋ³⁵ mei³³ʼ⁵¹ sa³³ phji⁵¹ ti²⁵⁵。
　　　　　他（施助）他的衣服　　整　破　着
　梁河：ʂaŋ³¹ tsə³¹ mə³¹ tə³³　phji²⁵⁵ kəu³¹。
　　　　　他　衣服（结助）　弄破　了

50. 一斤十两。
　陇川：ta³¹ tɕin³¹ ʂə³⁵ tɕhe⁵⁵ khz̩ua³¹。
　　　　　一斤　是　十　两
　潞西：ta²³¹ khjin³⁵ ta²³¹ tshei³⁵ loŋ⁵¹。
　　　　　一斤　　　　十　　两
　梁河：ʑi³¹ tɕin³³ la³³　ʂɿ³¹ liaŋ³³。
　　　　　一斤（话助）　十　两

四　田野调查工作日志

2006年11月6日,中央民族大学"985"工程创新基地"阿昌族语言使用现状及其演变课题组"成立,举行了第一次课题组成员会议。会议布置课题任务,讨论计划,初步分工。

2006年11月7日至20日,课题组成员分别进行调查前的准备工作。包括：收集、复印已有的阿昌族、阿昌语研究成果;熟悉阿昌族的基本情况;大致了解阿昌语的特点;配备调查所需的仪器(电脑、摄像机、照相机、录音机等);编写调查问卷和调查提纲等。

2007年1月26日至1月31日,课题组组长戴庆厦教授抵达德宏傣族景颇族自治州首府所在地潞西市芒市镇,与课题组成员时建进行阿昌语本体研究,整理阿昌语音系,发音合作人为梁河县曩宋乡中心小学副校长梁其松。

(时建于2006年11月先赴云南省德宏傣族景颇族自治州梁河县,进行阿昌语使用情况的调查与阿昌语语料搜集。戴庆厦教授抵达芒市的第二天,时建就由梁河转至芒市汇合。)

1月31日晚,课题组五位成员离京赴云南。

2月2日晚,课题组五位成员经昆明飞抵芒市。

2月3日上午,课题组成员向潞西市江东乡高埂田村阿昌族村民曹连芳先生了解其家庭的阿昌语使用情况。

下午,到潞西市新华书店购买有关阿昌族的书籍、画册以及地图。

2月4日,课题组成员整理阿昌语三个方言点(陇川、潞西、梁河)的语料,进一步熟悉阿昌语的2000个基本词汇。

2月5日上午,课题组五位成员到潞西市江东乡高埂田村调查。村长曹先其与村委书记曹明达热情接待了课题组成员,并积极配合调查工作。他们与课题组成员进行了座谈,介绍高埂田村的基本概况。

下午,课题组成员向高埂田村委会借阅了高埂田村所辖区域内的七个阿昌族聚居的村民小组(高埂田、遮告、温乖、大岭干、常新寨、小新寨、杏万)的分户档案资料,进行抄录工作,为阿昌语入户调查做准备工作。

晚上,专访高埂田村村长曹先其。

另两位成员仍留芒市,继续与梁其松调查梁河阿昌语。一直延续到2月11日。这期间除了记录3000个基本词汇外,还整理了音系和基本语法特点。对梁河阿昌语的基本特点以及受汉语影响的情况有了了解。

2月6日,课题组成员到达高埂田村遮告村民小组,向组长曹先德了解本村民小组的基本情况。并对组长曹先德的语言观念及其家庭的语言使用情况进行了调查。之后,由曹先德带路,课题组成员对遮告村民小组 29 户村民进行挨家挨户的入户调查。还选择了不同年龄段、不同性别的三位阿昌族(曹艳萍、曹祖明、曹祖买)进行阿昌语语言能力的测试。

2 月 7 日上午,课题组成员整理遮告村民小组语言使用情况入户调查的资料。

下午,德宏州人大"岁末特困户慰问团"到达高埂田村委会,课题组成员与慰问团的成员进行座谈,进一步了解高埂田村的经济文化发展情况。

晚上,继续进行阿昌语语言能力测试,测试对象是曹祖芬和曹明存。并与曹祖芬、曹明引、曹小映座谈,了解他们对阿昌语的语言态度。

2 月 8 日,课题组成员分别向高埂田村常新寨村民小组组长曹明长、大岭干村民小组妇女主任符保芹和温乖村民小组组长马生连三人了解各自村寨的阿昌语使用情况,并对这三位以及高埂田村民小组的王祖发进行了阿昌语的语言能力测试。两名课题组成员还对遮告小组的大学生曹丽芳和高埂田小学校长王永祥作了专访。

2 月 9 日,课题组成员在高埂田村小新寨组长俸磊的陪同下,挨家挨户地调查每户村民的语言使用情况。向俸磊父亲俸本云作了语言观念的问卷调查,并对其阿昌语语言能力进行测试。请村民曹先菊用汉语当地方言演唱阿昌族情歌,并录音保存。

2 月 10 日上午,课题组成员到高埂田村民小组入户调查阿昌语的使用情况。

下午,向高埂田村杏万村民小组组长帕祖云了解该村寨的阿昌语使用情况。并对帕祖云进行阿昌语语言能力的测试。

晚上,课题组成员进行工作交流,整理本周的各种调查资料。

2 月 11 日上午,课题组成员对高埂田村的妇女主任俸小满与高埂田小学校长王永祥二人进行阿昌语语言能力测试,并通过交谈了解他们的语言观念。

下午,戴庆厦教授应邀在德宏州团结报做《当前民族语文工作的几个问题》的报告。赴高埂田调查的课题组成员傍晚返回芒市。

晚上,德宏州团结报宴请课题组成员。

2 月 12 日,赴高埂田村的课题组成员汇报工作。整理调查资料,将数据核对后,逐一输入电脑。

2 月 13 日白天,继续整理调查材料,并开始总结高埂田村阿昌语的使用情况。

晚上,课题组召开办公会,部署去下一个调查点(德宏州陇川县户撒阿昌族自治乡)的工作。

2 月 14 日上午,课题组成员冒雨乘车抵陇川县户撒阿昌族自治乡乡政府所在地,驻扎在古松宾馆。

下午,课题组成员即到户撒乡乡政府初步了解乡基本情况。乡政府曹秘书热情接待。

晚上,课题组成员召开办公会,讨论户撒乡阿昌语得以完好保存的各种因素。

2 月 15 日上午,课题组成员与户撒乡寸待富乡长进行座谈,了解全乡经济、文化、教育、卫生等方面的基本情况。并到户撒乡中心校(乡教委)借阅全乡《文化户口册》。

下午,课题组分三个组同时展开工作。第一组赴户早村来席村民小组和老混东村民小组,进行入户调查,了解这两个村民小组的家庭内部个人语言使用情况和语言观念,以及不同时期、不同场合的语言使用情况。

第二小组向户撒乡项姐村东么上寨村民小组的曹成仓老师、保平村拉启村民小组樊在福主任调查所在村寨的语言使用情况。并对曹成仓和彭兴卓两位教师进行阿昌语语言能力测试。

第三小组对户撒乡寸待富乡长、乡人大许本学主任进行了专访。

2月16日,课题组成员先后到户撒乡芒旦、户早两个村民小组,进行入户调查。并对芒旦村民尹相过、许喃软和孙祖芝进行了阿昌语语言能力测试。

2月17日,课题组成员对户撒乡潘乐村村民郭美仙和副乡长尹永昌的儿子尹俊进行阿昌语语言能力测试。

课题组全体成员在古松宾馆齐聚一室,观看中央电视台的春节联欢晚会,在边疆阿昌寨度过了难忘的除夕夜。

2月18日(大年初一)上午,继续整理材料。

晚上,课题组全体成员设便宴,表示对户撒乡寸乡长的感谢。

2月19日(大年初二)清晨,课题组成员离开户撒乡,前往第三个调查点梁河县。

中午,课题组成员到达梁河县城,住在县交通宾馆。

下午,课题组成员赴梁河县九保乡丙盖村永和村民小组调查。德宏州人大副主任赵家培(阿昌族)专程到永和村看望课题组,并与课题组交谈。午后,由村民小组组长赵兴卫陪同,入户调查语言使用情况。课题组还分别对赵副主任、梁河县民宗局局长赵兴光、九保乡乡长曹明华进行了专访。

傍晚,赴梁河县囊宋乡关璋村进行入户调查。到达村寨后,正值村民举行立秋民俗仪式。寨上父老见到课题组来了解阿昌族情况十分亲切,纷纷向课题组成员敬酒。

晚,到关璋村曹先强家访问。戴教授六年前曾由民宗局局长陪同与云南师范大学袁焱教授到该村调查阿昌语。曹先强现为云南省电视台栏目总监(阿昌族的第一位电视工作者),曾是中央民族大学学生。戴庆厦教授二十多年前曾向曹先强记录过梁河阿昌语。此次他趁春节机会回到家乡与课题组巧遇,感慨万分,其父母用阿昌族饭菜招待了课题组成员,并与课题组成员进行了亲切而热烈的座谈。

2月20日,课题组部分成员向梁河县九保乡永和组长赵兴卫了解永和村民小组的语言使用情况。部分成员赴囊宋乡调查。

2月21日,课题组成员在囊宋乡政府分别向囊宋乡牛场地村民小组组长杨书昌、上弄别村民小组组长尹东升、老关璋村民小组组长曹先忠、墩欠村民小组组长纳从应四位,了解各村民小组的语言使用情况。并对他们四人以及囊宋乡政府秘书杨艳进行阿昌语语言能力测试。

课题组成员还专访了曩宋乡乡长梁其昌。

中午,曩宋乡梁乡长和徐书记设宴盛情款待课题组成员。

下午,课题组成员赴曩宋乡中心小学参观,在梁其松副校长(对课题组的调查工作予以积极帮助,做出贡献)家做客,亲切座谈。

2月22日上午,课题组成员离开梁河县,回到芒市。

下午,请江东乡高埂田村杏万村民小组的曹美顺、俸露菊以及温乖村民小组的马小惠合作,记录高埂田的词汇。

2月23日,课题组成员分为四个小组,就实词、虚词、词组和句子这四个专题与发音人合作,记录相关语料。

2月24日,继续记音。

2月25日,由于任务繁重,新增了发音合作人曹芹书(高埂田村杏万村民小组村民),记录阿昌语的句子,整理阿昌语的基本句型。

2月26日,课题组校对几日来所记录的语料。

2月27日上午,课题组成员离开芒市,回到昆明。

下午,课题组长戴庆厦教授飞抵北京。

2月28日清晨7点,课题组其他成员乘火车回京。

3月3日至4月10日,课题组成员整理调查资料,核对数据,提炼观点,酝酿成文。

4月11日至4月25日,审稿。

4月30日,定稿,书稿送至商务印书馆。

五　照片

1. 作者在陇川县户撒阿昌族乡人民政府前合影

2. 向曹彩芹、范绍兰调查高埂田阿昌语使用情况

3. 向符保芹调查语言使用情况

4. 向马生连调查阿昌语使用情况

5. 向老村长尹相过测试阿昌语语言能力

6. 向曹美顺调查阿昌语词汇

7. 州人大副主任赵家培梁河民宗局赵局长专程到永和村与调查组会面

8. 调查组成员在阿昌族村寨欢度除夕

9. 调查组成员与阿昌族兄弟亲如一家

10. 高埂田村阿露窝罗节图腾

11. 户撒阿露窝罗节图腾

12. 梁河阿露窝罗节图腾

13. 梁河关璋村阿昌族民居

14. 户撒阿昌族妇女喜气洋洋迎春节、购买年货

15. 阿昌族乡曩宋中心小学

16. 户撒阿昌族堂屋

17. 户撒集市阿昌族用本族语言交谈

18. 高埂田村长曹先其一家

参 考 文 献

戴庆厦、崔志超编著:《阿昌语简志》,民族出版社,1985年。
戴庆厦著:《藏缅语族语言研究》(四),中央民族大学出版社,2006年。
戴庆厦主编:《中国濒危语言个案研究》,民族出版社,2004年。
戴庆厦、何俊芳著:《语言和民族》(二),中央民族大学出版社,2006年。
黄布凡主编:《藏缅语族语言词汇》,中央民族学院出版社,1992年。
何俊芳:《也谈我国民族的语言转用问题》,载《民族研究》,1999年第3期。
袁焱著:《语言接触与语言演变》,民族出版社,2001年。
陇川县史志办、政协陇川县文史委编:《户撒史话》,云南民族出版社,2002年。
中国人民政治协商会议梁河县委员会编:《梁河阿昌族今昔》,云南民族出版社,2003年。
赵家培主编:《阿昌之魂》,德宏民族出版社,2006年。

后　　记

　　1975年,我为了藏缅语族语言比较的需要,开始接触了阿昌语,做了一些调查。1975年,我与云南民族大学崔志超教授接受中国少数民族语言简志丛书编辑出版的任务,开始调查编写《阿昌语简志》,曾赴云南省德宏傣族景颇族自治州调查阿昌语。其间主要调查了阿昌语陇川方言,还对梁河方言、潞西方言做了简要的调查。1985年,在调查的基础上我和崔志超教授出版了《阿昌语简志》(由民族出版社出版)。这一时期的调查,赖美云、梁泽昌、曹先强、曹连茂等阿昌族给予我们热情帮助,使我们能比较顺利地掌握了阿昌语的基本情况。

　　1997年,云南师范大学教师袁焱随我攻读语言学博士。我让她主攻阿昌语,毕业论文定为与阿昌语有关的题目。1998年,我与她赴陇川、梁河调查阿昌语,侧重在阿昌语语言接触与语言演变上。调查期间,两地的干部、教师及群众都给我们热情的帮助。回去后,袁焱写成她的博士论文《语言接触与语言演变——阿昌语个案调查研究》,答辩时得到好评。该论文于2001年5月由民族出版社出版。袁焱于2002年晋升教授。

　　至此,我们对陇川阿昌语有了基础的研究。但总觉得不够,特别是对梁河、潞西两个方言所知甚少,而且对阿昌语整体的语言使用状况还缺少微观的认识。盼望有一天能再去阿昌族地区进行田野调查。

　　2005年,国家重点项目——中央民族大学"985创新工程"获准并正式启动,"阿昌语使用现状及其演变"列为该工程的项目之一。2006年10月起我们就开始酝酿课题、确定任务、组织人马、编写大纲。我们组织了"阿昌族使用现状及其演变"调查组,调查组成员有戴庆厦、时建、邱月、常俊之、赵敏、崔霞、赵燕珍等七人;确定的课题任务是比较全面、系统地调查阿昌族语言使用现状及其演变,计划在以往调查研究和这次调查研究的基础上写成专著《阿昌族的语言使用现状及其演变》。

　　2006年11月,课题组成员时建就已到梁河地区调查梁河方言,做先期准备工作。经过三个月的工作,他收集了大量有关梁河方言的词汇、语法材料和阿昌族语言使用状况的材料。2007年1月26日至2月11日,课题组成员全部汇集潞西县,分两路工作。一路在芒市整理、分析梁河方言的语料;一路到高埂田村做潞西方言的田野调查。在芒市整理分析材料期间,梁河县曩宋乡中心小学副校长梁其松专程来到芒市帮助我们整理分析材料,共同度过了一段紧张田野调查生活。

　　2月14日整个调查组在芒市汇集后,赴陇川县户撒乡做田野调查,并在那里与阿昌族一起过了春节。今年的春节是在语言田野调查中度过的,课题组成员虽远离家乡,但都觉得分外有意义。当大家围聚在一起观看春节晚会后,第二天一早就起来抓紧时间整理语料。

2月19日课题组又转战梁河方言区,在那里深入调查了语言使用情况。多亏梁河县民族宗教局局长赵兴光、曩宋乡长梁愿昌的大力支持,我们到了九保乡和曩宋乡的一些村寨,做了个案调查和一些语言能力测试,使调查任务顺利完成。德宏州人大副主任赵家培(阿昌族)在九保乡热情接待了我们,给我们介绍了许多阿昌族的情况。

2月22日,我们回到芒市。除继续整理调查材料外,还抓紧时间记录高埂田方言的语音、词汇和语法特点。高埂田乡曹美顺、俸露菊、马小惠和曹芹书等四位阿昌族姐妹,全心全意地帮助我们调查,使我们对该地阿昌语的特点有了更深入的了解。她们那种淳朴善良、富于感情、乐于助人的品德和素质,深深留在我们的脑海里。

至27日,我们的田野调查已完满结束。课题组成员满载着田野调查的收获、以及阿昌族同胞的深情厚意,回到了北京。回京后,大家又转入材料的整理和编写。到4月30日,书稿落成。

一次难忘又有意义的语言国情调查,给课题组成员留下了难以磨灭的回忆。特别是参加课题组的博士生们,他们受到了一次严格的语言调查训练,接受了一次少数民族群众真情的熏陶,学到了在象牙塔课堂里所学不到的知识。

我们谨将此书献给朴实热情、对新生活充满激情的阿昌族人民!衷心感谢在阿昌语调查过程中帮助我们的人们!

戴 庆 厦

2007年4月18日于中央民族大学